새번역 논어

새번역 논어

2014년 12월 8일 개정판 1쇄 발행

지은이 | 이수태
펴낸이 | 이문수
편집 | 이만옥
펴낸곳 | 바오출판사

등록 | 2004년 1월 9일 제313-2004-000004호
주소 | 서울시 마포구 연남동 567-39 301호(121-842)
전화 | 02)323-0518 / 문서전송 02)323-0590
전자우편 | baobooks@naver.com

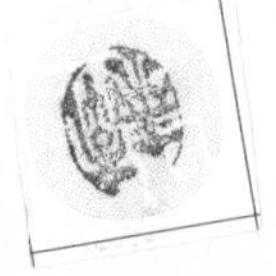

ISBN | 978-89-91428-16-4 03140

※ 이 책의 초판은 1999년 출판사 '생각의나무'에서 출간되었다. 2009년 같은 출판사에서 표지 개정판이 출간되기도 했다.

개정판

一

이수태

바오

초판 머리말

1.

인류의 긴 역사와 다양한 문명은 역시 그만큼 다양하고 많은 삶의 지혜를 제시해 왔다. 그 다양함과 많음은 때때로 그것을 섭렵해 보려는 우리의 의욕을 압도할 정도다. 그러나 그 지혜의 일정 부분은 단순한 대증처방이거나 방법론이 결여된 생경한 원칙의 강조로 분류될 수 있다. 또 그보다 한 차원 나은 경우라 하더라도 섬세하기는 하지만 결국 문제점의 그늘을 벗어나지 못한 지적 조바심에 불과하거나 혹은 현실의 탁한 대기를 뚫고 신기루처럼 떠오르는 이념의 찬란함에 그치는 경우가 많다. 말을 넘어선 실제로서, 소문이 아닌 목도目睹로서, 미숙이 아닌 성숙으로서, 본질의 깊이를 관철하고 있는 지혜는 우리 인류사에 결코 흔히 나타났던 것이 아니다.

논어는 그 흔치 않은 경우의 대표적 사례로서 우리에게 주어져 있다. 논어는 우리를 압도해 오는 저 지혜의 다양함과 많음을 그 자체의 놀랄 만한 밀도로써 오히려 압도하고 있는 희유한 기록이다. 논어는 수많은 지혜들이 넘어서고자 하였으나 넘어서지 못한 고개를 넘어섰으며 넘어선 그곳의 이야기를 힘차고 당당하게 들려주고 있다.

그러나 이 경이로운 책의 진가眞價는 오랜 역사를 통하여 이 책에 대해 형성되어 온 성가聲價와는 반드시 일치하지 않는다. 실상을 말하자면 이 책의 진가는 오히려 그 성가에 의해 가리어져 왔다고 해도 과언이 아니다. 이 책은 지금도 여전히 많은 비밀을 지니고 있으며 그것은 이 책의 진실이 시대의 흐름에 따라 그에 관한 이해도를 누적하여 갈 수 있는 성격의 것이 아니라 각 시대에 있어서 항상 처음부터 새롭게 주목되고 발견되어야 하는 특이한 운명을 지니고 있기 때문이다. 그 점에서 이 한 권의 번역서도 단지 하나의 번역에 그치는 것이 아니라 논어의 진실을 모색하는 우리 시대의 몫의 하나라고 나는 감히 생각하는 것이다.

이 『새번역 논어』는 논어의 많은 부분에 걸쳐 종래와는 다른 번역을 제시하고 있다. 그것은 이 번역서의 외형적으로 드러나는 가장 큰 특징이라고 할 수 있다. 물론 그 결과에 오류가 없다고 장담할 수는 없겠지만 최종적으로 내어놓는 많은 개역은 오랜 반추의 시간과 스스로 설정한 가장 가혹한 반론을 거친 것들이다. 따라서 그것이 단지 천여 년 혹은 이천여 년에 걸친 지배적 해석에 상치한다는 이유만으로 도외시되지는 않기를 바란다.

중요한 것은 그것이 단지 번역 상에 나타난 표면적 차이를 의미하는 것이 아니라 논어의 세계를 조망하는 전체적인 인식의 차이를 반영한다는 사실이다. 속성상 원문에 얽매일 수밖에 없는 번역이라는 제한된 작업에서 그러한 인식의 차이가 얼마나 폭넓게 또 의미 있게 작용할 것인가 하는 의문은 정당한 것이다. 그것이 가능하다는 것은 번역이 다름 아닌 논어를 대상으로 하고 있다는 데에 있다. 논어는 단지 번역만에 있어서도 그러한 인식의 근본적 차이를 가능케 할 만큼 그 자체가 광대한 폭을 지니고 있다. 과거와는 다른 그 인식의 차이는 『논어의 발견』에서 집중적으로 다루어질 것이다.

2.

『새번역 논어』에서의 번역과 편집은 다음과 같은 몇 가지 방침에 따라 수행되었다.

첫째, 모든 논어 단편은 기왕의 분장分章 관례를 답습하지 않고 엄격한 재검토 과정을 거쳐 새롭게 분장되었다. 애초 나는 장의 구분만큼은 어느 정도 확립된 관례가 있으면 그에 좇으려 했고 구태여 독자적인 시도를 원하지 않았다. 그러나 번역을 하는 과정에서 장의 구분은 점점 심각한 과제로 다가왔고 결국 이 문제를 근본적으로 다루지 않고는 완벽한 논어 번역에도 이를 수 없다는 결론에 이르렀다. 그 구체적인 내용과 분장分章의 논리는 『논어의 발견』에 하나의 단원으로 편입되어 있다.

둘째, 한문 원문을 제시하여 가급적 원문에의 접근을 돕되 원문에는 구두점만 달고 하니, 하니라, 이면, 이리오 따위의 토를 달지 않았다. 많은 경우 이러한 구투의 토가 오히려 독자로 하여금 말투의 권위에 사로잡히게 함으로써 원문의 정확한 뜻에 접근하는 것을 가로막을 뿐 아니라 더러는 번역자의 잘못된 해석적 입장을 원문에까지 소급시키는 역할을 하기 때문이다. 엄밀하게 말하면 구두점도 같은 위험을 안고 있지만 구두점마저 없을 경우 원문에의 접근을 너무 어렵게 할 수도 있다는 점을 고려하여 구두점만은 표기키로 하였다.

셋째, 과거의 지배적인 해석과 견해를 달리하는 경우에는 '종래의 해석'을 소개하여 독자로 하여금 객관적으로 판단할 수 있도록 하였다. 그런 경우에는 대부분 역자의 해석적 입장이 함께 개진되어 있으니 참고할 수 있을 것이다.

넷째, 주석은 어려운 한자나 문구에 대한 뜻풀이와 본문을 이해하는 데에 필수적인 부가적 정보의 제공, 해석적 입장의 제시 등 본문 이해에 도움이 되는 범위 안에서 전개하였다. 경우에 따라 전혀 주석이 붙어 있지 않은 단편도 있고 긴 주석이 붙어 있는 단편도 있으나 이는 어디까지나 주석상의 필요성에 의한 것으로서 그 단편의 중요도와는 아무런 상관이 없다.

다섯째, 이 번역서에서 나는 원칙적으로 참고 주석 이외에 논어 단편을 보다 쉽게 풀이하기 위한 강설講說을 자제하였다. 이른바 강설講說이니 상론詳論이니 해의解義니 하는 이름으로 소개되는 각종 해설은 논어 단편의 의미를 보다 근접하게 이해시키겠다는 순수한 취지에도 불구하고 대부분 그 취지를 살리지 못하고 있다. 그것은 해설자의 탓이라기보다는 논어 그 자체의 성격 탓이다. 논어는 그 자체가 그 자체에 대한 최선의 해설이기도 한 방식으로 씌어졌다. 만약 논어가 그 생명력을 잃지 않고도 더 손쉽게 접근할 수 있는 해설을 가질 수 있다고 한다면 이미 공자 자신이 그 방법을 택했을 것이다. 시구詩句와도 같은 논어 단편의 섬세한 생명력을 고려할 때 독자의 최후의 독법은 역시 본문을 독자 스스로의 눈으로 보고, 이해하고, 느끼는 것이라 생각한다. 다만 본문만으로는 오해될 소지가 있거나 그 의미를 놓치기 쉬운 경우 등에는 다소의 해설을 피하지 않았다.

여섯째, 번역은 원문의 도움 없이 그 자체만으로 완전한 '한글 논어'가 될 수 있도록 고려하였다. 번역문은 그 내용에 있어서도 공자의 진의에 근접해야 하겠지만 한글 문장으로서도 아름다움과 기품 그리고 정확성을 갖추어야 한다고 생각했다. 그러나 결과는 그러한 목표를 달성하는 것이 얼마나 어려운 것인가를 확인해 주었을 뿐이다. 적지 않은 한자 용어는 정확한 우리말을 아예 갖지 못하고 있다. 이를테면 政이나 敬 따위가 그렇다. 政을 정치로 번역하든 정사로 번역하든 불만족스럽기는 마찬가지다. 敬도 공경으로 번역하든 경건으로 번역하든 그 어떤 우리말로도 흡족하게 담아 낼 수가 없다. 따라서 최선을 다한다고 했지만 적지 않은 직역이 전달상의 미진함을 불만족스럽게 안고 있고 역시 적지 않은 의역이 원문의 간결함에서 수다스럽게 멀어져 버렸다. 다만 마지막 손질을 하면서 『선조명찬언해본宣祖命撰諺解本』과 대조 검토를 한 것은 불필요한 의역을 자제하고 문장을 간결하게 하는 데에 그나마 큰 도움이 되었다고 생각한다.

일곱째, 가급적 한자어보다는 한글을 많이 쓰고자 하였다. 나는 한문 교육이 좀 더 강화되어야 한다고 생각하는 한글전용론자로서 논어의 가장 중요한 개념 중의 하나인 仁을 '어질다' 혹은 '어짊'으로 새기는 데에 주저하지 않았다. 거기에는 단지 한글 애용의 의미만 있는 것이 아니라 仁의 개념 범위가 우리말의 '어질다'의 개념 범위와 대부분 겹쳐지고 있다는 나의 해석적 입장이 포함되어 있다. 다만 '어짊'은 조어造語에 가까운 것이 사실인데 이로 인하여 독서 과정에서 느껴지는 생경함은 당분간 감내하여 줄 것을 당부하고 싶다. 나는 그 생경함이 仁을 '인'으로 번역하는 생경함보다 반드시 더 크지는 않을 것이라 생각한다. 어질다는 용어를 우리 시대에 되살려 내지 않는다면 이 고급스런 용어도 지난날의 다른 수많은 고급 우리말과 마찬가지로 조만간 사어 사전의 한 귀퉁이를 차지하고 말 것이기 때문이다.

3.

논어를 번역하면서 나는 종종 시스티나 성당의 천정에 매달려 미켈란젤로의 성화를 복원했다는 어느 사나이의 심정을 떠올리곤 했다. 오랜 세월의 때를 그의 조심스런 손길이 벗겨 내었을 때, 그리고 그 속에 숨어 있던 15세기 적 미켈란젤로의 안광眼光과 숨결을 처음 대했을 때 모르기는 하지만 그는 창작에 버금가는 기쁨을 느꼈을 것이다. 하나의 단편에서 오랫동안 숨겨져 왔던 논어의 진정한 면모를 발견했다는 확신이 드는 날은 나는 흥분된 마음에 잠시 일손을 놓지 않으면 안 되곤 했다. 그리고 참으로 무수히 이 발견이 모든 정열이 흔히 빚어내곤 한다는 저 착시인지 아니면 이천오백여 년을 격한, 한 세계와의 진정한 교감인지를 반문하지 않을 수 없었다. 이 책의 출간에는 이 여전한 반문의 의미가 포함되어 있다.

1999. 10.

이수태

개정판 머리말

책이 나온 지 15년 만에 개정판을 내게 되었다. 나로서는 자못 감회가 크다. 15년이면 개인적으로도 사회적으로도 많은 변화가 수반될 수밖에 없는 세월이다. 그러나 논어에 관한 나의 해석적 입장은 15년 전이나 지금이나 거의 바뀐 것이 없다. 그것이 다행이라면 다행이다.

사실 해방 이후 나온 논어 번역서들이 200여 종이 넘는데 그 중에서 전통적인 해석을 큰 폭으로 바꾼 번역서로는 나의 책을 넘어서는 것이 없다. 그것은 어쩌면 중국, 일본 등 외국에서 나온 책들을 다 포함하더라도 마찬가지일 것이다. 15년 전, 책 이름에 감히 '새번역'이라는 말을 붙였던 것도 바로 그 때문이었다.

해석이 바뀐 것이 거의 없지만 이번 개정판에서 나는 제법 많은 곳에 손을 대었다. 손을 댄 원칙이랄까 개정판의 특징을 소개하자면 다음과 같다.

첫째, 번역 본문은 초판 번역 본문과 대동소이하다. 다만 초판 머리말에서도 밝혔듯이 번역문은 "원문의 도움 없이 그 자체만으로 완전한 '한글 논어'가 될 수 있도록" 하기 위해 좀 더 알기 쉽게, 좀 더 공자의 발언 취지에 근접하도록 표현을 가다듬었다.

둘째, 초판에서 나는 강설講說이니 해의解義니 하는 것을 최대한 자제하겠다고 선언하고 실제 불친절할 정도로 강설을 아꼈다. 당시 많은 논어 번역서들이 역자의 사견으로 공자의 진면목을 가리고 있는 경우가 많다고 생각했기 때문이다. 그러나 세월이 지나면서 생각해 보니 그것은 방향을 잘못 잡은 것이었다. 역자가 공자를 가려서는 안 되지만 그렇다고 해서 그것이 강설 자체에 대한 기피로 나타날 것은 아니었다. 문화와 세월의 차이로 공자의 모습이 제대로 보이지 않는 사각死角지대가 존재하는 한, 역자가 일정한 길잡이 역할을 하는 것은 불가피하다는 생각을 뒤늦게서야 하게 된 것이다. 강설의 분량이 늘어난 것은 당연한 결과였다.

셋째, 이 책을 처음 낼 때 나는 무의식중에 『새번역 논어』와 『논의의 발견』 두 책을 한 벌의 저술로 여기고 있었다. 두 책은 번역서와 해설서로서 상호 의존 관계를 가지고 있다고 생각했던 것이다. 이 둘을 한 벌로 여긴 대표적 흔적이 바로 『새번역 논어』에 수없이 등장하는 저 『논어의 발견』 참고 표시(예: ☞ 『논어의 발견』 Ⅱ-9)였다. 이 참고 표시는 불필요할 정도로 많았는데 이번 개정판에서 나는 그것을 모두 삭제했다. 꼭 참고할 필요가 있을 경우에는 그 내용을 『새번역 논어』에 직접 기술하는 방식으로 바꾸었다. 그러다 보니 『새번역 논어』의 해설 분량이 크게 늘어났는가 하면 같은 내용이 두 책에 중복되는 사례가 좀 많아졌다. 대신 두 책은 각각 독립적인 책이 되었다.

초판 머리말에서 나는 '새번역' 작업을 미켈란젤로가 그린 시스티나 성당 천정화의 대대적 '복원 작업'에 비유했다. 그만큼 발견의 흥분에 들떠 있었다고 할까? 15년이 지나 개정판을 내는데 기이하게도 나는 그때와 똑같은 느낌에 젖는다. 별로 달라진 것이 없다. 설렘마저 비슷하다. 다만 한 가지 달라진 것이 있다면 그때는 경학계와 독서계에 대한 막연한 기대감 같은 것이 있었다. 내 책이 출간되면 경학계와 독서계가 열렬히 환영해 줄지도 모른다는 들뜬 기대감이었다.

기이하게도 지금은 별로 그런 기대를 하지 않는다. 기대하지 않는 정도가 아니라 오히려 그러지 않기를 바란다. 지난 15년 동안과 마찬가지로 나는 나의 책이 그저 어슴프레한 뒤안길에서 비전秘傳처럼 가물거리는 것을 보람이자 숙명으로 알겠다. 그런 변화가 오다니 내가 생각하기에도 신기하다. 그것이 어쩌면 15년 세월과 그 세월이 나를 올려다 놓은 이순耳順 굽이의 선물이 아닌가 한다.

이번 개정판 작업에는 신앙인 아카데미 소속 회원들의 많은 도움이 있었다. 특히 이종한 선생님의 치밀한 검토와 고견이 없었더라면 몇몇 중요한 오류는 아마 이번 기회에도 바로잡지 못했을 것이다. 이 자리를 빌려 도와주신 모든 분들께 다시 한 번 감사의 말씀을 드린다.

2014. 9.

이수태

차례

초판 머리말 5

개정판 머리말 11

1. 학이學而 ---- 17

2. 위정爲政 ---- 37

3. 팔일八佾 ---- 61

4. 이인里仁 ---- 89

5. 공야장公冶長 ---- 109

6. 옹야雍也 ---- 143

7. 술이述而 ---- 173

8. 태백泰伯 ---- 207

9. 자한子罕 ---- 227

10. 향당鄕黨 ---- 257

11. 선진先進 ---- 279

12. 안연顔淵 ---- 309

13. 자로子路 ---- 335

14. 헌문憲問 365

15. 위령공衛靈公 411

16. 계씨季氏 441

17. 양화陽貨 459

18. 미자微子 485

19. 자장子張 501

20. 요왈堯曰 523

부록 531

공자 연표/공자 제자 일람/중국 역대 왕조/주周나라의 변천/공자 생존 시 주요국 세계世系/ 공자 생존 시 노나라 삼환三桓 세계世系/지도(춘추시대의 중국/춘추시대의 중원 제후국/춘추시대의 노나라 인근)

인명색인 541

| 일러두기 |

1. 원칙적으로 서명(書名)은 『 』로 표기하였다. 다만 논어는 너무 자주 나오는 관계로 편의상 논어로 기재하였으며, 『춘추좌씨전(春秋左氏傳)』은 『좌전(左傳)』으로 약칭하였다.

2. 인용을 할 때 인명으로만 표기된 경우는 각각 다음 자료에 의한 것이다.
   공안국(孔安國), 마융(馬融), 정현(鄭玄), 포함(包咸), 진군(陳群), 왕숙(王肅), 주씨(周氏), 주생렬(周生烈), 하안(何晏) : 『논어집해(論語集解)』
   황간(皇侃) : 『논어의소(論語義疏)』
   형병(邢昺) : 『논어정의(論語正義)』
   주자(朱子) : 『논어집주(論語集註)』
   오규 소라이(荻生徂徠) : 『논어징(論語徵)』

3. 논어의 편장에 따라 구성된 주석서의 경우는 서명만 인용하고 구체적인 편장은 적시하지 않았다.

4. 인용된 『시경(詩經)』의 시는 『詩經』(이가원 감수역, 홍신문화사)을 토대로 하되, 부분적으로 수정한 경우도 있다.

5. 인명은 일반 주석과 구별하여 하단에 각주로 하되, 원칙적으로 맨 처음에 나오는 경우에 각주를 달고, 두 번째 나오는 경우에는 각주가 붙은 편장을 안내(예:3/13 각주 참조)하였으며, 세 번째 이후에는 표기하지 않았다.

1
학이學而

학이편은 총 16개 장으로서 그 중 9개 장만 공자의 말이고 나머지 7개 장은 제자들의 말이다. 유자의 말이 3개 장, 증자의 말이 2개 장, 자공과 자하의 말이 각 1개 장이다.

학이편은 아직 배우는 단계에 있는 미숙한 학도들에게 배움의 기초를 가르친다는 다소 근시안적 편집 취지를 보여 주고 있다. 그러다 보니 편집의 주된 목표도 공자의 어록을 만든다기보다는 공자학단 전체의 권위와 정통성을 확보하는 쪽에 있었던 것 같다.

1/1

선생님께서 말씀하셨다.

"배워서 때에 따라 익히니 또한 기쁘지 않으냐? 벗이 있어 멀리서 찾아오니 또한 즐겁지 않으냐? 남이 알아주지 않아도 섭섭해하지 않으니 또한 군자가 아니냐?"

子曰:學而時習之,不亦說乎?有朋自遠方來,不亦樂乎?人不知而不慍,不亦君子乎?

- 子(자) : 일반적으로 성 뒤에 子를 붙이면 존칭이 된다. 여기서처럼 그냥 子만 쓰는 경우는 더 극진한 존칭이 되며 논어에서는 대부분 공자를 가리킨다.
- 時習之(시습지) : 배운 것을 실제 생활을 통해 익힘.
- 說(열) : 기뻐하다. '열'로 읽으며 悅과 같다.
- 有朋(유붕) : 벗이 있어. 有를 허사에 가깝게 해석하는 경우도 있으나 여기서는 원래의 의미에 좇아 해석하는 것이 낫다. 6/3의 有顔回者好學이나 9/7의 有鄙夫問於我를 참조할 수 있다. 벗은 원래 알던 벗이라기보다는 소문을 듣고 찾아오는 낯설지만 뜻 있는 벗을 주로 말한다.
- 慍(온) : '성내다' 혹은 '노여워하다'로 번역하는 경우가 많으나 慍은 불만이 내면에 뭉쳐 있는 상태를 말한다. 따라서 여기서는 조금 강도가 약하기는 하지만 '섭섭해 하다'라는 표현을 택했다.
- 君子(군자) : 원래 지배계급의 인물을 뜻하였으나 점차 이상적 품성을 갖춘 사람을 말하게 되었다. 어진 자仁者나 성인聖人에 비해서는 다소 현실적인 측면을 가지고 있다.
- 세 번에 걸친 '또한 ~ 하지 않으냐?'不亦 하는 말은 기쁨과 즐거움과 군자다움에 관해 부귀영화나 높은 신분 등 속된 가치관을 암암리에 전제로

하고 있기 때문에 공자가 완전히 다른 관점에서 제시하는 '배워 익힘', '벗이 멀리서 찾아옴' 등이 '또한亦'이 되는 것이다. 그러므로 亦에 별 의미가 없다고 보는 일부의 해석은 잘못이며 亦은 사고를 반전시키고 아이러니 효과를 거두는 매우 중요한 기능을 가지고 있다.

1/2

유자有子[1]께서 말씀하셨다.

"그 사람됨이 효성스럽고 우애로우면서 윗사람 범하기를 좋아하는 자는 드물다. 윗사람 범하기를 좋아하지 않으면서 변란 일으키기를 좋아하는 자는 지금껏 없었다. 군자는 기본에 힘쓸 것이니 기본이 갖추어지면 도道가 열리게 된다. 효성스럽고 우애롭다는 것은 어짊의 기본이 되겠구나."

有子曰:其爲人也孝弟,而好犯上者,鮮矣.不好犯上,而好作亂者,未之有也.君子務本,本立而道生.孝弟也者,其爲仁之本與.

- 爲人(위인) : 사람됨.
- 孝弟(효제) : 효성스러움과 우애로움. 孝는 부모를 대하는 자식의 정성, 弟는 형을 대하는 아우의 정성을 말한다. 다만 여기서 말하는 효제는 단순한 가족 내에서의 효제에 국한되지 않고 일반적인 사회생활에서의 효제를 포함한다.

---

1) 유자(有子) : 공자의 제자. 성은 유(有), 이름은 약(若)이다. 그의 나이에 대해서는 공자보다 43세 연하, 36세 연하 등 여러 설이 있으나 13세 연하라는 설이 신빙성이 높다. 논어에 그와 공자의 대화는 전혀 보이지 않고 단 네 개의 단편에 그의 말이 남아 있다. 공자 사후 자유, 자하, 자장 등의 제자들이 유자를 공자에 이어 학단의 지도자로 모시려 한 적이 있으나 증자가 반대하였다는 기록이 『사기』와 『맹자』에 있다. 실제 그는 공자 사후 공자학단의 지도자 역할을 한 것으로 보이나 일정 시점 후에 그 역할은 증자에게로 넘어간 듯하다.

- 犯上(범상) : 위를 범함. 윗사람을 범함. 즉 하극상.
- 鮮(선) : 드물다.
- 作亂(작란) : 난을 일으키다. 분란紛亂을 짓다.
- 其爲仁之本與(기위인지본여) : 爲仁之本을 한마디로 보는 견해가 있고 仁之本을 한마디로 보는 견해가 있다. 대부분의 주석가들이 爲仁之本을 선택하나 君子務本, 本立而道生과의 관련성을 고려하면 仁之本을 선택하는 것이 옳다고 여겨진다. 本은 가지와 잎과 꽃이 비롯되는 뿌리라는 뜻으로 근본이나 기본, 기초 정도로 해석된다. 따라서 본질本質, 정수精髓의 뜻으로 확대 해석할 필요는 없다고 본다.

1/3

선생님께서 말씀하셨다.
"세련된 말과 의젓한 모습이 어짊인 경우는 드물다."

子曰:巧言令色,鮮矣仁.

- 巧言(교언) : 세련된 말. 유창한 말. 『시경』 소아小雅 우무정雨無正편에 巧言如流라는 구절이, 교언巧言편에는 巧言如簧(簧은 관악기의 부리에 장치하여 그 떨림으로 소리를 내는 얇은 판을 말함)이라는 구절이 있다. 두 구절 모두 巧言을 부정적인 의미로 사용하였다.
- 令色(영색) : 아름다운 모습. 아름다운 외양. 여기서는 令을 의젓하다로 번역했다. 『시경』 대아大雅 증민烝民편에 令儀令色이라는 구절이 있는데 巧言과는 달리 令色이 긍정적인 의미로 사용되고 있다.
- 巧言令色이라는 말 자체에 부정적인 의미가 직접 포함되어 있지는 않다. 오히려 세속적 차원에서는 미려함이 인정될 때 비로소 鮮矣仁에 의해 반전이 이루어지며 문장 전체에 생동감이 부여된다. 따라서 이를 "교묘한 말과 꾸민 표정" 등으로 번역하는 것은 타당치 않다. 정약용丁若鏞도 그의

『논어고금주論語古今注』에서 "교언영색 자체가 죄악은 아니며 때로는 좋은 사람을 가리키기도 하여 그 때문에 드물다는 말이 정확한 말이니 만일 절대 없다고 했다면 거짓이 되었을 것이다"巧言令色不是罪惡…有時乎有好人…鮮矣二字眞是稱停語, 若云絕無則違於實矣고 하였다.

- 鮮矣仁(선의인) : 어짊인 경우가 드물다. 이 말을 대부분 "어짊이 적다"고 해석하나 문맥상 적절하지 않다. 『율곡언해본栗谷諺解本』은 "仁이 져그리니라"로 번역하였고 『선조명찬본宣祖命撰本』은 "仁할 이 鮮하니라"로 번역하였다. 仁을 仁者로 본 점을 제외하고는 『선조명찬본』의 시각이 옳다고 본다.

1/4

증자曾子[2]께서 말씀하셨다.

"나는 하루에도 몇 번씩 자신을 살펴본다. 남을 위해 도모할 때 진실치 못하지는 않았던가? 벗들과 교제할 때 믿음성이 없지는 않았던가? 이어받은 가르침을 아니 익히지는 않았던가?"

曾子曰:吾日三省吾身.爲人謀而不忠乎?與朋友交而不信乎?傳不習乎?

- 三省(삼성) : 세 번 살펴본다는 견해와 세 가지로 살펴본다는 견해가 대립하고 있다. 뒤에 세 가지가 열거되어 있다는 점에서 후자가 옳다고 보기도 하나 이는 우연의 일치가 아닌가 한다. 여기서 세 번은 꼭 정해진

2) 증자(曾子) : 공자의 제자. 성은 증(曾), 이름은 삼(參)이다. 공자보다 46세 연하로서 아버지 증석(曾晳)과 함께 공자의 문하에 있었다. 공자 사후 공자의 손자 자사(子思)를 가르쳤고 자사는 맹자의 스승이 되었다고 전해지고 있어 훗날 유가들에게 종성(宗聖)으로 추앙되었다. 구도자적 자세가 남달랐던 그는 논어에서도 진지함의 표본을 보이고 있다.

횟수를 의미하는 것이 아니라 여러 번을 뜻한다 하겠다.

- 爲人謀(위인모) : 남을 위하여 무언가를 도모하고 꾀하다. 남들과 관련된 모든 작위作爲를 말한다.
- 傳不習乎(전불습호) : "아직 익히지 않은 것을 제자들에게 전술傳述하지는 않았던가" 하는 해석과 "공자로부터 전승된 가르침을 못 익히지는 않았던가" 하는 두 가지 해석이 대립하고 있으나 후자가 옳다고 본다. 우선 不忠乎, 不信乎, 不習乎 세 구절이 쓰인 용법의 일관성을 고려하더라도 그렇고 공자의 가르침대로 자신을 수련하는 것을 필생의 과제로 삼은 증자의 삶의 태도를 보더라도 그렇다. 특히 공자의 어록이 『논어』라는 이름으로 불리기 전에 종종 傳으로 불리었다는 사실을 상기해 보면 여기서 말하는 傳도 바로 그런 의미의 傳이었을 가능성이 높다. "전수하기만 하고 아니 익히지는 않았던가" 하는 해석도 있다.
- 不~乎?는 한국어의 표현법으로 하자면 "~하지 못하지는 않았던가?" 하는 이중부정형 문장이 된다.

1/5

선생님께서 말씀하셨다.

"제후의 나라를 다스림에 있어서는 매사에 경건히 임하여 신뢰를 쌓고 절약하며 사람을 사랑해야 한다. 또 백성을 동원할 경우에는 때를 가려서 해야 한다."

子曰:道千乘之國,敬事而信,節用而愛人,使民以時.

- 千乘之國(천승지국) : 병거兵車 일천 기를 동원할 수 있는 나라, 즉 제후의 나라를 말한다. 萬乘之國은 천자의 나라를 말하며 百乘之家는 세력 있는 대부의 가家를 일컫는다.

- 敬事(경사) : 일에 경건히 임하는 것.
- 節用而愛人(절용이애인) : 물자를 아껴 쓰고 사람을 사랑함. 節用은 사물에 대한 기본 태도이고 愛人은 인간에 대한 기본 태도라 할 수 있다.

1/6

선생님께서 말씀하셨다.

"젊은이는 집에 들어와서는 효도하고 나가서는 공손해야 하며 신중하고 미더울 뿐더러 널리 뭇 사람을 사랑하고 어진 이를 가까이할 것이니 이를 행하고도 남은 힘이 있으면 글을 배울 것이다."

子曰:弟子入則孝,出則弟,謹而信,汎愛衆而親仁.行有餘力,則以學文.

- 弟子(제자) : 오늘날 말하는 제자와는 다른 것으로 아우弟 및 자식子이라는 원래의 뜻에서 발전하여 그런 정도의 젊은이를 일컫는 말이다.
- 出則弟(출즉제) : 나가서는 공손함. 여기서 弟는 아우가 형을 대하듯이 공손함을 말한다.
- 謹(근) : 삼가다. 정중하다. 신중히 하다. 어려워하다.
- 汎(범) : 널리廣. 폭넓게.
- 親仁(친인) : 어진 이를 친근히 하다. 어진 이를 가까이하다.
- 汎愛衆而親仁은 19/3의 君子尊賢而容衆과 뜻을 같이한다고 볼 수 있다.

1/7

자하子夏[3]께서 말씀하셨다.

"현명함을 중히 여기고 겉모습은 가벼이 여길 것이다. 부모를 섬김에 그 힘을 다할 수 있고 임금을 섬김에 그 몸을 바칠 수 있으며 벗들과 사귐에 말에 믿음성이 있다면 비록 배우지 못하였다 말하더라도 나는 반드시 그를 배웠다고 말하겠다."

子夏曰:賢賢易色.事父母能竭其力,事君能致其身,與朋友交,言而有信,雖曰未學,吾必謂之學矣.

종래의 해석 자하께서 말씀하셨다. "호색하는 마음을 현자를 좋아하는 마음으로 바꾼다." (뒷부분 같음)

• 賢賢易色(현현이색) : 이 문구에 대한 해석은 분분하다. 공안국孔安國이 易를 '바꾸다'는 뜻의 '역'으로 읽으며 "호색하는 마음으로 현자를 좋아하게 되면 선하다한 것"言以好色之心好賢則善이라 해석한 이래 형병邢昺이나 주자, 정약용 등 대부분의 주석가들은 공안국의 해석을 따르고 있다. 안사고顔師古는 易를 "이"로 읽으며 "현자를 존중하고 여색을 대수롭지 않게 생각한다"尊上賢人, 輕略于色고 해석하였다. 종래의 해석은 모두 賢賢易色을 자하가 이어서 말하는 세 가지 행위와 마찬가지의 어떤 예시적例示的 행위로 보고 있다. 그 경우 모두 네 가지의 행위가 예시된 셈이다. 그러

---

3) 자하(子夏) : 공자의 제자. 성은 복(卜), 이름은 상(商). 『사기』「중니제자열전(仲尼弟子列傳)」에 의하면 공자보다 44세 연하로서 증자, 자유, 자장 등과 함께 제자들 중 가장 나이가 적은 축에 속한다. 자하는 다소 안목이 좁고 보수적이기는 하지만 성실하고 진지했으며 공자 사후 서하(西河) 지방에 살면서 많은 제자를 거느리는 한편 전적(典籍) 연구에 많은 업적을 남겼다. 훗날 위(魏)나라 문후(文侯)의 스승이 되었다고 한다.

賢賢易色은 우선 문장 구조가 事父母 이하의 세 가지 행위 묘사와는 다르다. 賢賢易色은 예시 행위가 아니라 "현명함을 중히 여기고 외양은 중요하게 생각하지 않는다"는 뜻으로, 자하가 제시하는 '원칙'이다. 事父母 이하의 세 가지 행위는 이 원칙의 구체적 예시라 할 것이고 외양色은 바로 글공부라는 좁은 의미의 배움, 즉 학력學歷을 지칭한다. 자하는 외견상으로 많이 배웠느냐 그렇지 못했느냐 하는 문제를 중요하게 생각하지 않고 오직 그 됨됨이가 현명하냐 그렇지 못하냐 하는 것만을 중요시하겠다는 원칙을 제시하고 그에 관해 세 가지 예를 들어 설명했던 것이다.

- 논어에서 色이 '여색'을 의미하는 경우는 위작僞作을 제외하고는 전혀 없다. 9/17, 16/7 해설 참조

선생님께서 말씀하셨다.

"군자는 정중하지 않으면 위엄을 갖지 못한다. 배우면 고루함에 빠지지 않는다. 충성스러움과 믿음직함에 주력하여라. 자기보다 못한 자를 벗하지 마라. 잘못했다면 고치기를 꺼리지 마라."

子曰:君子不重則不威.學則不固.主忠信.無友不如己者.過則勿憚改.

- 서로 직접 관련은 없는 것으로 보이는 짧은 기록 다섯이 하나로 묶인 형태로 보인다. 각각 子曰을 넣어 5개의 단편으로 나눌 수도 있었을 터이나 편집자는 하나의 단편으로 취급한 것 같다. 主忠信 이하의 문장은 9/24에 다시 모습이 보인다.
- 固(고) : 고루하다. 고지식하다. 자기 세계에만 갇혀 좁은 소견에 집착함을 말한다.
- 無友不如己者(무우불여기자) : 자기만 못한 자를 벗하지 마라. 이 말은 자기만 못한 자를 무시하여 그런 자와는 상종도 하지 말라는 뜻이 아니

다. 자기보다 나은 자는 주변에 두지 않고 의도적으로 자기보다 못한 자만을 주변에 두려는 왜곡된 의지를 경계한 말이다. 이런 왜곡된 심리는 다음 문장에 드러나는 바, 잘못을 하고도 그것을 고치기를 '꺼리는'憚 왜곡된 심리와 상응하는 것이기도 하다.

- 憚(탄) : 기탄하다. 꺼리다.

1/9

증자께서 말씀하셨다.

"일의 끝을 신중히 하고 먼 것을 추구하면 백성의 덕이 두터워질 것이다."

曾子曰:愼終追遠,民德歸厚矣.

종래의 해석 증자께서 말씀하셨다. "부모의 장사를 신중히 치르고 조상에 대한 제사를 정성껏 지내면 백성의 덕이 두터워질 것이다."

- 曾子(증자) : 1/4 각주 참조.
- 愼終(신종) : 끝을 신중히 함. 일의 처음에 정성을 다하는 것은 누구나 하는 일이지만 끝은 대부분 소홀히 하기 쉽다. 『시경』 大雅 · 蕩之什 · 蕩에는 "처음은 누구나 잘 하지만 끝을 잘 맺는 경우는 드물다"靡不有初, 鮮克有終는 구절이 있고 노자의 『도덕경』에도 "마무리 짓기를 처음처럼 신중히 하면 그르치는 일이 없다"愼終如始則無敗事는 말이 나온다.
- 追遠(추원) : 먼 것을 추구함. 가까운 것을 추구하는 것은 누구나 하는 일이지만 먼 것은 사려 깊은 자만이 추구할 수 있다. 『논어의소論語義疏』에는 "가까운 것을 믿고 먼 것을 저버리는 것은 뜻있는 선비가 꺼리는 바다"信近負遠, 義士之所棄라는 해석이 소개되어 있기도 하다. 15/12에 나오는 "사람이 먼 생각이 없으면 반드시 가까운 근심이 있다"人無遠慮, 必有近憂는 말도

같은 차원의 이야기다.

- 신주나 고주가 모두 愼終을 상례에, 追遠을 제례에 관련시키는 종래의 해석을 주로 하면서도 부차적으로 말의 원래 뜻에 따른 해석도 인정하는 입장을 취하고 있는데, 이 선후는 이제 바뀔 때가 되었다고 생각한다. 증자의 성격이나 주된 관심(8/8 참조) 등을 고려하더라도 愼終追遠을 상례와 제례에만 관련시키는 것은 적절해 보이지 않는다.

1/10

자금子禽[4]이 자공子貢[5]에게 물었다.

"선생님께서는 어느 한 나라에 이르시면 반드시 그 나라의 정치 상태를 아십니다. 스스로 그것을 구하신 것입니까? 아니면 누가 얘기해 준 것입니까?"

자공이 말하였다.

"선생님께서는 온후함과 선량함과 공손함과 검약과 겸양을 기준으로 하여 그것을 얻는 것이오. 선생님께서 구하시는 것은 여느 사람이 구하는 것과는 다를 것이오."

---

4) 자금(子禽) : 진자금(陳子禽). 성은 진(陳), 이름은 항(亢). 논어의 다른 단편에서 자공이나 공자의 아들 백어에게 子라고 존칭하고 있는 것을 보면 연령이 상대적으로 낮았던 듯하다. 『공자가어(孔子家語)』에 의하면 공자보다 40세 연하라고 한다. 그래서 공자의 제자라는 설도 있고 자공의 제자라는 설도 있다. 진(陳)나라 사람이었다는 기록으로 미루어 보면 공자가 외유에서 돌아올 때 따라온 제자일 가능성도 있다. 자장/25에서 자금은 공자보다 자공이 더 낫다고 하다가 자공으로부터 핀잔을 듣는 등 3개의 관련 단편을 남기고 있다.

5) 자공(子貢) : 공자의 제자. 성은 단목(端木), 이름은 사(賜). 공자보다 31세 연하였고 위나라 사람이었다. 자로와 더불어 논어에 가장 자주 이름이 나오는 제자로서 공자와 각별히 친밀한 관계를 가지고 있었으며 깊숙하고 의미 있는 많은 대화를 나누었다. 그는 성격이 원만했고 남들과 잘 어울렸으며 특히 공자에 대해 보인 절대적 존경은 자장/23, 24, 25 등에 감동적으로 그려져 있다. 공자 사후 공자의 언행을 후세에 전하는 데에 누구보다 결정적인 역할을 한 것으로 추정된다.

子禽問於子貢曰:夫子至於是邦也,必聞其政.求之與,抑與之與?子貢曰:夫子溫良恭儉讓以得之.夫子之求之也,其諸異乎人之求之與.

종래의 해석 자금이 자공에게 물었다. "선생님께서는 어느 한 나라에 이르시면 반드시 그 나라의 정치를 들으십니다. 듣기를 요청하신 것입니까? 아니면 임금이 자발적으로 말해 준 것입니까?" 자공이 말하였다. "선생님께서는 온후하시고 선량하시고 공손하시고 검약하시고 겸양하심으로써 그것을 얻는 것이오. 선생님께서 요청하시는 것은 여느 사람이 요청하는 것과는 다를 것이오."

- 是邦(시방) : 어느 한 나라. 하안何晏은 이를 매방每邦으로 해석했다. 15/10에 居是邦也라는 같은 표현이 나온다.
- 必聞其政(필문기정) : 반드시 그 정치 상태를 안다. 聞은 들어 안다는 뜻이지만 여기서는 듣는다는 의미보다 간취한다는 의미가 더 강하다. 聞을 순전히 피동적인 들음으로만 이해하면 그 나라 군주로부터 직접 정정政情을 듣는 것으로 되어 이 단편 전체가 오역에 빠진다. 알게 되는 정치 상태는 구체적인 정치 상황이라기보다는 정치의 수준 내지 도道에 근접한 정도, 문제점 등이라고 짐작된다.
- 抑(억) : 반어사. 그러나, 도리어, 아니면 등으로 문장의 흐름이 반전되는 곳에 쓰이는 어조사.
- 其諸(기저) : 어조사. 의미는 정확하지 않으며 이익李瀷은 『논어질서論語疾書』에서 찬탄하는 뜻이라고 추정하고 있으나 적절해 보이지 않는다.
- 자금은 공자가 그 나라의 정치를 소상히 아는 것을 보고 어떻게 그것을 알게 되었는지 기이하게 여기고 있다. 자공은 공자가 그 나라의 정치를 알게 되는 경위가 다른 사람처럼 정보적情報的 접근에 의한 것이 아니라 직관적 간취直觀的 看取임을 밝힌 것이다. 따라서 溫良恭儉讓도 공자의 다섯 가지 미덕이라고만 할 것이 아니라 더 나아가 공자가 그 나라 정치를 판단하는 판단기준이라 할 것이다. 13/14에서 공자가 염유冉有에게 계

강자의 정치는 정치가 아니라 자신의 일일 뿐이라고 폄하하고 있는 것과 관련시켜 이해할 수 있다.

1/11

선생님께서 말씀하셨다.

"아버지께서 살아 계신 동안은 그 뜻을 살피고 아버지께서 돌아가신 후에는 그 행적을 살핀다. 삼년이 되도록 돌아가신 아버지의 노선을 바꾸지 않는다면 효성스럽다 할 수 있다."

子曰:父在觀其志,父沒觀其行.三年無改於父之道,可謂孝矣.

- 觀(관) : 그냥 보는 見과 달리 그 내용을 깊이 들여다보고 생각하는 행위
- 三年無改於父之道(삼년무개어부지도) : 19/18에 나오는 "맹장자孟莊子의 효도 가운데서 다른 것은 해낼 수 있겠으나 아버지의 신하와 아버지의 정책을 바꾸지 않는 것은 능히 해내기 어렵다"는 유사 내용을 고려할 때 일반인의 경우를 전제한 것이라기보다는 주로 위정자들의 통치 행태를 전제한 것으로 보인다. 따라서 제자들에게 한 말일 수도 있지만 젊은 시절의 계강자 등 대부 가문의 후계자나 기타 자제들에게 한 말일 가능성이 높다. 4/20에 같은 구절이 거듭 나온다.

1/12

유자께서 말씀하셨다.

"예의 효용으로서 조화가 귀중하다. 옛 왕들의 도道도 그 점에서 아름다웠던 것인데 작고 큼이 다 여기서 비롯하였다. 행해지지 않는 것이 있으면 조화의 원리를 알아 조화시켜야겠지만 예로써 조

절하지 않는 한 역시 행해지지 못할 것이다."

有子曰:禮之用,和爲貴.先王之道,斯爲美,小大由之.有所不行,知和而和,不以禮節之,亦不可行也.

- 有子(유자) : 1/2 각주 참조.
- 用(용) : 쓰임, 효용.
- 先王(선왕) : 앞선 왕들. 선왕은 특별한 경우가 아닌 한 대부분 주나라를 창건한 무왕武王과 그의 아버지 문왕文王을 가리킨다.
- 小大(소대) : 작고 큼. 사물 또는 인물에 대한 평가를 말한다. 따라서 일반적으로 "모든 일"이라는 뜻으로 말하는 "크고 작은 모든 일"에 준하여 해석하는 것은 잘못이다. "몸에는 귀하고 천함이 있고 작고 큼이 있다"(體有貴賤, 有小大. 『孟子』 告子上) 참조.

1/13

유자께서 말씀하셨다.

"믿음직함은 의로움에 가까우니 말한 것을 지킬 수 있다. 공손함은 예에 가까우니 치욕을 멀리할 수 있다. (이처럼) 그 친한 것을 잃지 않음으로써 또한 종통宗統을 이어갈 수 있다."

有子曰:信近於義,言可復也.恭近於禮,遠恥辱也.因不失其親,亦可宗也.

종래의 해석 유자有子께서 말씀하셨다. 약속한 것이 의로움에 가까우면 그 말은 실천할 수 있다. 공손함이 예에 가까우면 치욕을 멀리할 수 있다. "가까이할 만한 사람을 잃어버리지 않는다면 역시 그를 받들어 종주를 삼을 수 있다."

- 復(복) : 지키다. 이행하다. 준수하다. "復言"은 '말한 것을 지키는 것', '말한 것을 이행하는 것'을 뜻한다.
- 其親(기친) : 그 친한 것, 즉 信과 恭처럼 義와 禮에 각각 친한 것. 親은 결국 앞서 나온 近과 사실상 같은 말이 된다. 정명도程明道는 아예 親近於禮義라는 표현을 쓰고 있다.(『논어정의論語精義』)
- 宗(종) : 宗統, 宗派, 宗師 등에서처럼 가르침의 일파一派를 세우는 일.
- 의도 예도 확보하기 어렵게 되었지만 믿음직함이나 공손함은 의나 예에 친한 것으로서 지금도 확보할 수 있다. 그 친한 것을 잃지 않음에 인하여 孔門之脈을 이어갈 수 있다는 지적이다. 맹자가 羞惡之心은 義의 단서가, 辭讓之心은 禮의 단서가 될 수 있음을 지적한 사실을 상기하면 이해가 빠를 것이다. 아마 이 말은 유자가 공자 사후 공자학단을 맡아 공자가 없는 상태에서 어떻게 공문의 종지宗旨를 세우거나 종통宗統을 이어갈 수 있을까를 고민하는 과정에서 나온 말로 추정된다. 그렇다면 맹자의 사단설四端說만큼이나 역사적으로 중대한 의의가 있는 말인데 주자의 잘못된 해석이 이를 놓쳐버린 셈이다. 바른 해석의 사례로는 『논어정의』에 기록된 정명도程明道와 정이천程伊川의 해석이 있는데 주자가 왜 그들의 해석을 외면했는지는 괴이한 느낌이 들 지경이다.(상세내용은 『논어의 발견』 Ⅲ-2-다 참고)

1/14

선생님께서 말씀하셨다.

"군자는 먹는 데에 있어서 배부름을 추구하지 않고 사는 데에 있어서 편안함을 추구하지 않는다. 일에는 민첩하고 말에는 신중하며 도 있는 곳으로 나아가 바르게 처신한다면 배우기를 좋아한다 할 것이다."

子曰:君子食無求飽,居無求安.敏於事而愼於言,就有道而正焉,可謂好學也已.

- 就有道而正焉(취유도이정언) : "바른 도를 지닌 사람에게 나아가 스스로를 바로잡는다"는 해석은 주자의 必就有道之人, 以正其是非에 따른 것으로 비약이 많은 해석이다. 如殺無道以就有道(12/20)에서처럼 단지 바른 지향점을 찾아 나아가는 것을 의미한다 할 것이다.

1/15

자공이 말했다.

"가난하면서도 비굴하지 않고 부유하면서도 거만하지 않다면 어떻습니까?"

선생님께서 말씀하셨다.

"괜찮다. 그러나 가난하면서도 즐거워하고 부유하면서도 예를 좋아하는 것만은 못하다."

자공이 말하였다.

"시경에서 '자른 듯, 벼린 듯, 쫀 듯, 간 듯' 한 것은 바로 이를 두고 한 말이겠군요?"

선생님께서 말씀하셨다.

"사賜야. 비로소 함께 시를 말할 수 있게 되었구나. 가는 것에 대해 일러 주었더니 오는 것까지 아는구나."

子貢曰:貧而無諂,富而無驕,何如?子曰:可也,未若貧而樂,富而好禮者也.子貢曰:詩云,如切如磋,如琢如磨,其斯之謂與?子曰:賜也,始可與言詩已矣.告諸往而知來者.

- 諂(첨) : 아첨하다. 비굴하게 처신하다.
- 詩(시) : 『詩經』을 말함. 공자 당시에는 아직 『시경』이라는 이름으로 불리지 않았고 다만 『詩』라고 불리었다.
- 賜(사) : 자공子貢의 이름. 자공에 대해서는 1/10 각주 참조
- 諸(저) : 之於지어를 발음상 줄여서 표현한 것.
- 如切如磋,如琢如磨(여절여차, 여탁여마) : 『시경詩經』, 위풍衛風, 淇澳기욱의 한 구절. 인격의 끊임없는 도야를 옥돌 다듬기에 비유한 표현이라 하겠다. 기욱은 위나라 무공武公을 찬미한 노래라 하는데 앞부분은 다음과 같다.

  瞻彼淇澳(첨피기욱) 기수의 물구비를 바라보니
  綠竹猗猗(녹죽의의) 푸른 대나무 우거졌도다
  有斐君子(유비군자) 아름다운 그분께선
  如切如磋(여절여차) 자른 듯, 벼린 듯
  如琢如磨(여탁여마) 쫀 듯, 간 듯
  瑟兮僩兮(슬혜한혜) 위엄이 있고도 너그러우며
  赫兮喧兮(혁혜훤혜) 빛나고도 뚜렷하구나
  有斐君子(유비군자) 아름다운 그분을
  終不可諼兮(종불가훤혜) 끝내 잊지 못하겠네

- 告諸往而知來者(고저왕이지래자) : 往은 옛 일, 來는 앞 일로 해석하는 경우가 많으나 대화의 내용에 비추어 무리한 해석이다. 往은 가는 것, 來는 오는 것을 의미한다. 서울에서 부산까지 가는 것에 대해 가르쳐 주면 단순한 자는 그저 가는 것만 알겠지만 그 내용을 이해할 수 있는 자는 부산에서 서울로 오는 것도 알게 될 것이다. 공자는 자공이 貧而樂 운운을 듣고 시의 의미와 연관 지은 것이 곧 자공이 자신의 말을 고지식하게 이해하지 않고 往來가 자유롭게 이해할 수 있었다는 점을 칭찬한 것이다. 제임스 레게James Legge는 "I told him one point, and he knew its proper sequence"라 의역하였는데 전래의 해석에 비하면 원래의 취지에 더 가깝다 하겠다.

- 자신을 수양해 가는 단계는 계속 심화되기 때문에 끊임없이 노력해야 한다는 점을 자공이 잘 이해해서 공자가 칭찬한 것이다.

1/16

선생님께서 말씀하셨다.

"남이 나를 알지 못하는 것을 한탄할 일이 아니라 내가 남을 알지 못하는 것을 한탄할 일이다."

子曰:不患人之不己知,患不知人也.

- 患(환) : 아프게 여기다. 한탄하다. 근심하다.
- 不己知(불기지) : 不知己와 같음. 목적어와 타동사가 도치된 경우임.

2
위정 爲政

24개 장 모두 공자의 말로만 이루어져 있다. 이 점에서 학이편과는 달리 공자의 말을 모은다는 취지가 강하게 나타나 있다.

제5장에서 제8장까지 4개 장에 효도에 관한 언급이 모여 있는 것을 제외하면 내용상 이렇다 할 특징은 없다. 특히 옛 학자들 중 일부가 학이편은 배움에 관한 내용을, 위정편은 정치에 관한 내용을 모은 것이라고 주장하기도 하였으나 편명이 각 편 모두冒頭의 몇 글자로 만들어진 것임을 고려할 때 전혀 근거 없는 주장이다.

2/1

선생님께서 말씀하셨다.

"정치를 덕으로써 하는 것은 비유하자면 북극성이 제 자리를 지키고 뭇 별들이 그를 둘러싸고 도는 것과 같다."

子曰:爲政以德,譬如北辰居其所,而衆星共之.

- 北辰(북신) : 북극성
- 共之(공지) : 그것을 공유하다. 즉 모든 별들이 북극성을 공통된 중심으로 삼고 도는 것을 말한다.
- 居其所(거기소) : 자신의 자리에 거하다. 자신의 자리를 지킨다. 동양의 정치사상에서는 위정자가 북극성처럼 자리를 지키고 뭇 별들을 견인하는 것을 가장 이상적인 구도로 여긴다. 居其所는 임금이 얼굴을 남쪽으로 향하고 앉아 있다는 뜻의 소위 남면사상南面思想을 만들어 내었다.

2/2

선생님께서 말씀하셨다.

"시 삼백 편을 한마디로 규정하자면 '생각에 사악함이 없다'는 것이다."

子曰:詩三百,一言以蔽之曰,思無邪.

- 詩三百(시삼백) : 『시경詩經』의 시 삼백 편. 현재의 시경은 총 311편으로 국풍國風 160편, 소아小雅 80편, 대아大雅 31편, 송頌 40편으로 구성되어 있다. 그 중 소아의 생시笙詩 6편은 편명篇名만 남아 있으므로 실제 전해지는

것은 305편이다. 성호星湖 이익李瀷은 마지막 5편은 상송商頌으로서 은대殷代의 것이므로 주대周代의 시만으로는 300편이라 한다.

- 蔽(폐) : 덮다. 가리다. 정의하다, 규정하다는 뜻으로 사용된 춘추시대의 관용적 표현.
- 思無邪(사무사) : 생각에 사악함이 없다. 시는 그리워하고 원망하고 즐거워하고 슬퍼하는 마음을 꾸밈없이 노래한 것이기 때문에 본질적으로 솔직하며 사곡邪曲되지 않다는 뜻. 박세당朴世堂도 자신의 『사변록思辨錄』에서 "시 삼백 편에는 비록 선함과 악함이 뒤섞여 있지만 모두 자연스런 감정에서 나온 것으로 꾸미거나 거짓된 말이 없기에 '생각에 사악함이 없다'고 한 것이다"라고 주석하였다. 思無邪라는 말은 원래 『시경』 노송魯頌 중 경駉이라는 시의 일절이다. 들판에 뛰노는 건강한 말을 노래한 시로 思無邪라는 말과 직접적 관련성은 거의 없다. 해당 시에서 思는 별 의미가 없는 어조사에 불과하지만 공자는 그 시를 취한 것이 아니라 그 문구를 취했기 때문에 인용 시 공자는 思에 생각이라는 의미 부여를 하였을 것으로 보고 思無邪를 '생각에 사악함이 없다'고 번역하였다.

2/3

선생님께서 말씀하셨다.

"정령政令으로 이끌고 형벌로 다스리면 백성들은 겨우 따르게는 되겠지만 부끄러워할 줄 모르게 된다. 덕으로 이끌고 예로 다스리면 부끄러워할 줄 알게 되고 또 저절로 갖추어 갈 것이다."

子曰:道之以政,齊之以刑,民免而無恥.道之以德,齊之以禮,有恥且格.

- 齊(제) : 가지런히 하다. 정리하다. 다스리다. 평정平正하다.
- 免(면) : 면하다. 免은 주자의 "免而無恥란 단지 형벌은 면하나 부끄러워함이 없는 것을 일컫는다"免而無恥,謂苟免刑罰,而無所羞愧는 해설에 따라 대부

분 형벌을 면한다는 뜻으로만 해석하고 있다. 이러한 해석은 앞는 刑자의 영향을 받은 것으로 보이나 刑은 民免과 간접적으로는 되겠지만 직접 관련되지는 않는다. 따라서 免은 꼭 형벌을 면한다으로만 볼 것이 아니라 政令과 刑罰에 담긴 요구사항을 소극적으로 충족시킴으로써 책임을 다하는 것으로 여기는 일련의 사태를 넓게 의미한다고 할 것이다. 비슷한 해석 같지만 엄밀히 따지면 차이가 있다.

- 格(격) : 고주에서 하안何晏은 "바로잡다"格正也로 풀이했고 신주에서 주자는 "선에 이르다"至於善로 풀이했다. 『예기禮記』 치의緇衣편에는 이 단편에 대한 부연으로 보이는 子曰:夫民敎之以德,齊之以禮,則民有格心,敎之以政,齊之以刑,則民有遯心이라는 말이 나오는데 여기에서 格을 遯둔, 즉 '달아나다'는 뜻의 반대로 보아 '오다'來는 뜻으로 해석하기도 한다. 格을 해석하기가 그만큼 어려움을 보여 주는 셈인데 여기서는 덕으로 이끌고 예로 다스리는 목적에 자율적으로 맞추어지는 것으로 보아 "갖추다"라는 표현을 택하였다. 대체로 格이라는 말은 다양한 용례를 검토하건데 그릇에 뚜껑이 꼭 맞듯이 요구되는 어떤 것에 자율적으로 잘 부합符合함을 의미한다고 하겠다.

2/4

선생님께서 말씀하셨다.

"나는 열다섯에 배움에 뜻을 두었고 서른에 정립되었으며 마흔이 되어서는 현혹되지 않았고 쉰이 되어 천명을 알게 되었고 예순이 되어서는 귀가 순응하였으며 일흔이 되어서는 마음 내키는 대로 행하더라도 법도를 넘지 않았다."

子曰:吾十有五而志于學,三十而立,四十而不惑,五十而知天命,六十而耳順,七十而從心所欲,不踰矩.

- 于(우) : ~에. 於와 같다.
- 立(입) : 서다. 정립되다. 나름대로 인생관과 세계관을 갖추어 일정한 입장을 갖게 되다.
- 耳順(이순) : 귀가 순응하다. 세상의 모든 일을 들음에 이해되고 포용되지 않는 일이 없게 되었음을 말한다. 어짊의 경지와 밀접하게 관련되어 있다. 주자는 "듣는 대로 마음에 통하여 거슬리는 바가 없으니 앎이 지극한 데에 이르러 생각하지 않아도 알게 되는 것이다"聲入心通, 無所違逆, 知之之至, 不思而得也라고 하였는데 적절한 해설이라 하겠다.
- 踰(유) : 넘다越.
- 矩(구) : 자尺 또는 법法. 법도法度.
- 단 하나의 문장으로 잘 압축된, 세상에서 가장 짧고 감동적인 자서전이라 해도 과언이 아닐 것이다.

2/5

맹의자孟懿子[1]가 효도에 관해 물으니 선생님께서 말씀하셨다.

"어기지 않는 것입니다."

번지樊遲[2]가 수레를 모는 중에 선생님께서 그 말을 일러 주셨다.

---

1) 맹의자(孟懿子) : 노나라 삼가(三家) 중 맹씨가의 대부. 성은 중손(仲孫), 이름은 하기(何忌), 시호는 의(懿)다. 공자보다 20여 세 아래였다. 『좌전』 소공(昭公) 7년조에 의하면 그의 아버지 맹희자(孟僖子)는 죽음을 앞두고 두 아들에게 앞으로 성인이 될 공구를 사사(師事)하도록 당부했다. 맹희자가 죽은 것은 소공(昭公) 24년, 즉 공자 나이 34세 때의 일이다. 따라서 34세밖에 안 된 공자가 그런 예언의 대상이 되기는 어렵지 않는가 하는 차원에서 이 기록을 허구로 보는 학자도 많다. 어쨌든 이 이야기는 맹씨가와 공자의 인연도 결코 얕지 않았음을 말해 주는 것이다. 맹의자는 노나라의 중요한 실력자이기는 했지만 계손씨와 양호 등의 틈바구니에서 많은 시달림을 받기도 하였다.

2) 번지(樊遲) : 공자의 제자. 성은 번(樊), 이름은 수(須), 자는 자지(子遲). 공자보다 37세 연하였다고 한다. 논어에 5회 등장하지만 당시 아직 어렸던 탓인지 지적 수준이 상대적으로 낮아 보이는 점을 제외하고는 뚜렷한 특징을 보이고 있지 않다. 『좌전』 애공 11년조에도 그의 이름이 나오는데 제나라와의 전쟁에 염유(冉有)를 도와 참여하고 있다.

"맹손孟孫이 나에게 효도에 관해 묻기에 내가 '어기지 않는 것'이라고 말해 주었다."

번지가 말했다.

"무엇을 말씀하신 것입니까?"

선생님께서 말씀하셨다.

"살아 계실 때에는 예로써 섬기고 돌아가시면 예로써 장사지내고 예로써 제사 지내야 한다는 말이다."

孟懿子問孝,子曰:無違.樊遲御,子告之曰:孟孫問孝於我,我對曰,無違.樊遲曰:何謂也?子曰:生,事之以禮.死,葬之以禮,祭之以禮.

• 御(어) : 어거하다. 수레를 몰다.

2/6

맹무백孟武伯[3]이 효도에 관해 묻자 선생님께서 말씀하셨다.

"부모가 오직 그의 질병에 대해서만 걱정하는 것입니다."

---

3) 맹무백(孟武伯) : 노나라의 대부. 성은 중손(仲孫), 이름은 설(泄) 또는 체(彘), 시호는 무(武), 자는 백(伯). 앞장에 나오는 맹의자의 아들로서 애공 14년에 아버지의 뒤를 이어 노나라의 대부가 되었다. 『좌전』에 의하면 맹무백은 대부가 되기 전에 맹씨가의 식읍인 성(成)읍에서 말을 기르려 하자 읍재인 공손숙(公孫宿)이 "부친께서는 성읍의 어려운 입장을 생각하시어 말을 기르지는 않으셨습니다" 하고 반대했다. 맹무백은 분노하여 성읍을 습격하였으나 성공하지 못하였는데 그 후에도 성읍에서 온 사자를 채찍질해 돌려보내거나 맹의자의 초상 시 문상 온 성읍 대표들을 집안에 들이지 않는 등 횡포를 부림으로써 결국 애공 15년 두려움에 떨던 성읍 사람들은 노나라를 배신하고 제(齊)나라에 붙어 버렸다. 이러한 기록과 무(武)자가 시호로 붙은 점 등을 고려할 때 맹무백은 성격이 포악하고 분란 일으키기를 좋아하여 아버지 맹의자의 근심거리였던 것 같다. 대부가 된 후에 애공과도 사이가 좋지 않아 나중에 애공은 월(越)나라로 망명하려다 죽게 된다.

孟武伯問孝, 子曰 : 父母唯其疾之憂.

• 이 짧은 단편에 관해서는 해석이 분분하다. 其를 부모로 보아 "부모에 대해서는 오직 병이 나실까 근심해야 합니다"라고 해석하기도 하나 내용상 아무래도 밋밋한 점이 있다. 또 其를 자식으로 보아 "부모는 오직 자식이 병이 날까 근심하십니다" 하는 주자의 해석도 있으나 이 경우는 반론의 여지를 더 많이 안고 있다. 위의 해석은 마융馬融이 제기하고 형병邢昺이 지지한 구설舊說로서 주자도 그의 『논어집주論語集註』에서 "역시 통한다"고 하여 배척하지는 않았던 설이다. 즉 부모에 대한 효도는 부모가 그(자식)의 건강에 대해서만 근심하도록 하는 것이라는 말이다. 자식의 됨됨이나 행동거지에 대해서는 전혀 근심할 것이 없도록 하고 단지 질병만은 인위적으로 어쩔 수 없기에 걱정을 하시더라도 효도에 어긋나는 것이 아니라는 말이니 역시 공자다운 반어적 표현법이라 하겠다. 따라서 구설만이 바른 해석이며 이 해석이라야 포악한 말썽꾼 맹무백과의 관련성은 물론 원문에서 唯자가 지니는 기능을 비롯하여 之자를 써서 문장을 특이하게 구성한 이유 등이 밝혀진다.

2/7

자유子游[4]가 효도에 관해 묻자 선생님께서 말씀하셨다.

"오늘날의 효도라는 것은 능히 부양할 수 있는 것을 말한다. 개나 말에 이르러서도 모두 키울 수는 있는 것이니 공경하지 않는다면 무엇으로 구별하겠느냐?"

---

4) 자유(子游) : 공자의 제자. 성은 언(言), 이름은 언(偃), 자유는 그의 자이다. 공자보다 45세 연하로서 공자의 제자들 중 가장 연소한 축에 속한다. 그는 균형 잡힌 인격의 소유자였던 것 같고 무성(武城)의 읍재를 지냈다.

子游問孝,子曰:今之孝者,是謂能養.至於犬馬,皆能有養,不敬,何以別乎?

- 원문에는 부모를 부양하는 일이나 개나 말을 키우는 일이나 모두 養으로 되어 있다. 동일한 번역어로 마땅한 낱말이 없는 것이 아쉽다.

2/8

자하子夏가 효도에 관해 묻자 선생님께서 말씀하셨다.

"겉모습만으로는 (효도가 되기) 어렵다. 일이 있을 경우에 젊은 사람이 그 노고를 도맡고 술과 음식이 있을 경우에 어른이 드시게 한다 해서 과연 그것이 효도가 되겠느냐?"

子夏問孝,子曰:色難.有事,弟子服其勞,有酒食,先生饌,曾是以爲孝乎?

종래의 해석 자하가 효도에 관해 묻자 선생님께서 말씀하셨다. "부모의 안색을 살펴 가며 모시기 어렵다." (뒷부분 같음)

- 子夏(자하) : 1/7의 각주 참조.
- 色難(색난) : 겉모습만으로는 (효도가 되기) 어렵다. 보통 "부모의 안색을 살펴 잘 모시기 어렵다"는 해석과 "즐거운 안색으로 부모를 모시기가 어렵다"는 두 가지 해석이 주종을 이루나 어느 것을 택하든 뒷문장과의 연결에 무리가 있다. 공자의 말뜻은 외형적으로 드러나는 것色:弟子服其勞나 有酒食,先生饌 등으로는 효도라 단정하기 어렵다難는 뜻이다. 전통적 해석은 이제 과감히 버릴 때가 되었다. 色難이라는 표현의 쓰임에 관해서는 8/21의 才難과 대조하며 이해해 볼 필요가 있다.

:) : 맡아 하다. 좇다. 承服, 服務, 服役 등에서의 예와 같음.

先生(선생) : 어른. 부형. 오늘날의 교사 내지 스승이라는 뜻과는 다름.

- 曾(증) : 이에乃 혹은 곧則.
- 이 단편은 앞의 2/7과도 의미상 연관되어 있으며 둘을 병치한 이유도 거기에 있을 것이다. 모두 효의 본질과 외양의 문제를 다루고 있다.

2/9

선생님께서 말씀하셨다.

"내가 회回[5]와 더불어 말해 보면 종일토록 한마디 반론도 없는 것이 마치 바보 같다. 그러나 물러난 뒤 그 하는 바를 살펴보면 또한 족히 배운 것을 구현하니 회는 결코 바보가 아니다."

子曰:吾與回言,終日不違如愚.退而省其私,亦足以發,回也不愚.

- 不違(불위) : 어기지 않다. 이의나 반론을 제기하지 않다.
- 發(발) : 발현하다. 배운 바를 구현하다.
- 私(사) : 사사로운 면모, 개인적인 언행.
- 안연이 처음 공자의 문하에 들어왔을 때 공자가 그를 지켜보며 남다른 점을 발견하던 시절의 발언으로 보인다.

---

5) 회(回), 안회(顏回) : 공자의 제자. 성은 안(顏), 이름은 회(回), 자는 자연(子淵). 공자보다 30세 연하였다고 전해진다. 논어에 주로 안연(顏淵)이라는 이름으로 나온다. 공자의 가장 뛰어난 수제자였고 공자의 외유에도 동반하였지만 불행히도 공자보다 약 2년 먼저 죽었다. 공자는 그의 생전이나 사후 그를 칭찬하는 데 인색함이 없었고 그의 단명을 내내 가슴 아파했다.

2/10

선생님께서 말씀하셨다.

“그가 하는 바를 보고 그 동기를 살피며 그가 흡족히 여기는 바를 관찰하면 사람이 어떻게 자신을 숨길 수 있겠느냐! 사람이 어떻게 자신을 숨길 수 있겠느냐!”

子曰:視其所以,觀其所由,察其所安,人焉廋哉!人焉廋哉!

- 所以(소이) : 하는 바. 어떤 상황 하에서 개인이 보여 주는 말이나 행동. 따라서 오늘날 까닭이라는 뜻으로 쓰이는 所以와는 다르다.
- 所由(소유) : 말이나 행동의 이유, 동기. 오늘날 까닭이라는 뜻으로 쓰이는 所以는 이 所由에 가깝다.
- 所安(소안) : 편안히 여기는 바. 그가 취하는 행동의 결과와 관련하여 최종적으로 그가 수용하는 것을 말한다. 所由가 행위를 하게 된 동기라면 所安은 행위 시 그 결과를 좋아하거나 감내하는 입장이라 하겠다.
- 視其所以→觀其所由→察其所安은 관찰의 단계적 심화라는 관계에 있다.
- 廋(수) : 숨기다.

2/11

선생님께서 말씀하셨다.

“옛것을 되살려 새롭게 깨닫는다면 그것으로 스승을 삼을 수 있다.”

子曰:溫故而知新,可以爲師矣.

종래의 해석 선생님께서 말씀하셨다. "옛것을 되살려 새롭게 깨닫는다면 가히 남의 스승이 될 수 있다."

- 溫(온) : 데우다燖. 그 의미를 되살리다, 추체험하다는 뜻.
- 爲師(위사) : 스승을 삼다. 남의 스승이 될 수 있다可以爲人師고 새기는 전통적 해석은 명백히 잘못된 해석이다. 이 단편은 우리가 어떻게 더 높은 깨달음에로 나아갈 수 있느냐 하는 문제를 다루고 있다. 따라서 이 단편은 7/23의 三人行,必有我師焉이나 19/22의 夫子焉不學?而亦何常師之有?에서처럼 굳이 정해진 스승이 없더라도 옛것을 좋아하여 배우다 보면 그것을 스승 삼아 나아갈 수 있다는 말이다. 아마 주변에서 자주 공자에게 누구로부터 배웠느냐고 물었기 때문에 이 말을 한 것이 아닌가 한다. 공자는 한 번도 좋은 스승의 필요성이나 중요성을 강조하지 않았다.

2/12

선생님께서 말씀하셨다.
"군자는 그릇이 아니다."

子曰:君子不器.

종래의 해석 선생님께서 말씀하셨다. "군자는 어느 한 가지 용도로만 사용되는 그릇과 같은 존재가 아니다."

- 사람의 크기를 큰 그릇 또는 작은 그릇으로 표현하는 것과 관련하여 생각해 볼 일이다. 군자는 무엇을 담기에는 부적절한 존재라는 인식이 이 단편의 배후에 깔려 있다. 그릇의 개념을 넘어서면서 비로소 군자의 개념이 시작된다. 따라서 모든 방면에 두루 쓰일 수 있는 사람이 군자이기 때문에 이 말을 했다는 식의 주석은 공자의 의중을 완전히 빗나가고 있

다. 공자의 이 말에는 지상적 존재로서의 일말의 거세감마저 반영되어 있다.(상세내용은 『논어의 발견』 Ⅲ-2-나 참고)

2/13

자공이 군자에 관해 묻자 선생님께서 말씀하셨다.
"먼저 그 말을 행하고 나서 그 말을 좇는다."

子貢問君子, 子曰: 先行其言, 而後從之.

종래의 해석 자공이 군자에 관해 묻자 선생님께서 말씀하셨다. "먼저 그 말을 행하고 나서 그것을 말한다."

- 其言(기언) : 자공이 하는 말이겠지만 당시 자공이 스스로 실천하기에 앞서 먼저 그에 관하여 즐겨 말하고 추수追隨하며 경배의 대상으로 삼던 '공자의 말' 또는 고어 등으로 봄이 무방할 것이다.
- 從之(종지) : 그 말을 좇다. 그 말의 높고 위대함에 경탄하고 그 말을 받들지만 동시에 스스로 실천해야 할 것임을 진지하게 의식하지 못하는 상태를 가리킨다. 좋은 말을 들으면 그것을 실천하기에 앞서 먼저 그 말을 좇는, 즉 감탄과 경배의 대상으로 삼는 자공의 체질 내지 습벽을 겨냥한 것이다. 9/23의 法語之言, 能無從乎에서와 같은 의미로 쓰였다. 從之를 '따라서 말한다' 등으로 괴이하게 풀이하는 전통적 해석은 명백한 잘못이다. 전통적 해석은 '추수追隨와 경배'의 위험에 대한 인식이 없는 상태에서 풀어 낸 억지해석이며 문법적으로도 질서를 잃고 있다.

2/14

선생님께서 말씀하셨다.

"군자는 총체적으로 보고 대비적對比的으로 보지 않으나 소인은 대비적으로 볼 뿐 총체적으로 보지 못한다."

子曰:君子周而不比,小人比而不周.

종래의 해석 선생님께서 말씀하셨다. "군자는 두루 사귀고 편파적이지 않으며 소인은 편파적이고 두루 사귀지 못한다."

- 周(주) : 두루. 즉 전체적 시각. 총체적 이해. 아무리 조그마한 신변사身邊事도 전체 구도 속에서 조망하고 판단하고 행동할 수 있는 능력이나 자세.
- 比(비) : 총체적 시각을 갖추지 못한 상태에서 어쩔 수 없이 나타나게 되어 있는 피아구분彼我區分에 의한 대비적 시각과 그에 따른 삶의 편당적 자세, 행동. 이러한 관점에는 나쁜 의미의 원근법이 적용된다.
- 이 단편은 주자의 해석처럼 사람들과 친화하는 문제를 두고 한 말이 아니라 보편적인 삶의 자세를 두고 한 말이다. 정확한 역어를 고르기가 극히 힘든 대표적 단편으로서 번역상 "본다"는 말을 썼지만 단지 보는 문제에 국한되지 않음은 물론이다.

2/15

선생님께서 말씀하셨다.

"배우기만 하고 생각하지 않으면 망연해지고 생각하기만 하고 배우지 않으면 위태로워진다."

子曰:學而不思則罔,思而不學則殆.

- 罔(망) : 절실함이 없이 망연함. 자기 일처럼 여겨지지 않고 아득히 먼 곳에서 일어나는 남의 일처럼 여겨지는 것을 말한다. 배우더라도 그것이 자신과는 아무 관련이 없는 듯이 여겨지기 때문에 곧 공허해진다.
- 殆(태) : 절실하기는 하지만 외곬으로 빠지거나 극단에 치우쳐 중용을 잃어버리게 되는 위태로움.

2/16

선생님께서 말씀하셨다.
"이단을 공격하는 것은 그 자체가 해로운 것이다."

子曰:攻乎異端,斯害也已.

종래의 해석 선생님께서 말씀하셨다. "이단을 전공하는 것은 해로울 뿐이다."

- 攻(공) : 공격하다. 攻을 전공專攻으로 본 일반적 해석은 잘못이다. 이단에 대한 공격은 잘못된 측에 대한 정당한 비난이라는 명분에도 불구하고 자기발전의 길을 막고 이단의 반동을 유발하는 등 해만 끼칠 뿐이라는 것이 공자의 견해다. 박세당朴世堂은 그의 『사변록思辨錄』에서 "이단을 전공하는 것은 해로울 뿐이다"고 한 주자의 설이나 "이단을 공격하면 해가 그치게 된다"는 또 다른 설은 모두 얕고 좁은 소견에서 나온 것病於淺陋으로서 그런 뜻이라면 하나마나 한 말에 지나지 않을 것이라고 혹평하고 이 단편을 8/11의 "사람이 어질지 못함을 너무 심하게 싫어해도 세상을 어지럽힌다"人而不仁,疾之已甚,亂也에 준하여 이해하는 방안을 일찍이 제시한 바 있다. 박세당의 견해가 더 합당하다.
- 異端(이단) : 다른 극단. 중용을 얻지 못한 경우의 양단화兩端化 현상에 의해 나타나는 것으로서 11/17의 過와 不及, 13/21의 狂과 狷이 그 한 형태로서 상호적으로 볼 때 결국 서로 이단이 된다. 그리스도교 전통에서 말

하는 정통orthodoxy의 반대 개념으로서의 이단heterodoxy과는 원칙적으로 아무 관련이 없다.

2/17

선생님께서 말씀하셨다.

"유由[6]야, 너에게 아는 것을 가르쳐 주랴? 아는 것을 아는 것으로 하고 모르는 것을 모르는 것으로 하는 것, 그것이 바로 아는 것이다."

子曰:由,誨女知之乎?知之爲知之,不知爲不知,是知也.

- 由(유) : 자로子路의 이름. 보통 제자들에 대한 호칭에는 賜也 등으로 也를 붙이지만 여기서는 也를 붙이지 않았다. 이는 자로의 나이가 다른 제자들보다 많고 공문孔門 내에서 그의 위상이 남달리 높았음을 의식한 때문으로 보인다. 15/4의 由, 知德者鮮矣에도 역시 也는 붙어 있지 않다.
- 誨(회) : 가르치다.
- 女(여) : 너. 汝와 같음.
- 누구나 "너 자신을 알라"는 소크라테스의 명제를 떠올릴 만큼 중요한 단편이다. 앎에 관한 공자의 기본 관점이 모두 담겨 있다고 해도 과언이 아니다.

---

6) 유(由), 자로(子路) : 공자의 제자. 성은 중(仲), 이름은 유(由), 자는 자로(子路) 또는 계로(季路). 『사기』에 의하면 공자와의 나이 차이가 9세였다고 한다. 그는 논어에 가장 자주 이름이 나오는 제자로서 용기가 있고 의협심이 강했다. 중요한 문제에 걸쳐 종종 공자와 견해를 달리할 정도로 공자의 강력한 비판자이기도 했지만 공자 대한 존경심은 깊었다. 그는 공자의 제자이면서도 공자학단 내에서 나름대로의 세력을 갖고 있는 제2인자였던 것으로 보인다. 노의 실권자인 계강자(季康子)의 가재(家宰)를 지내기도 할 정도로 정치인으로서 명성이 높았다. 애공 15년 위나라에 있던 중 위나라의 정변에 휘말려 공자보다 3~4개월 먼저 세상을 뜬다.

2/18

자장子張[7]이 녹을 위해 배우자 선생님께서 말씀하셨다.

"많이 들어 의심스러운 것은 제쳐 놓고 나머지를 신중히 말하면 허물이 적을 것이다. 많이 보아 위태로운 것은 제쳐 놓고 나머지를 신중히 행하면 뉘우침이 적을 것이다. 말에 허물이 적고 행동에 뉘우침이 적으면 녹은 그 가운데에 있다."

子張學干祿,子曰:多聞闕疑,愼言其餘,則寡尤.多見闕殆,愼行其餘,則寡悔.言寡尤,行寡悔,祿在其中矣.

- 干祿(간록) : 녹을 구하다. 干은 구하다, 바라다, 요구하다라는 뜻. 일각에서는 『시경』 대아大雅, 한록旱麓에 나오는 간록기제干祿豈弟라는 시구와 연관을 짓기도 하지만 불필요한 수고로 보인다.
- 多聞闕疑(다문궐의) : 일반적으로는 "많이 들어 의문을 해소하는 것"으로 해석하고 있다. 그러나 闕이 빠트리다, 궐하다, 갖추지 못하다不供 또는 비우다空의 뜻으로 쓰이는 점에 비추어 보면 의문의 해소라는 뜻이 되기에는 아무래도 무리하며, 따라서 "의심스러운 것을 제쳐 놓는 것, 제외시키는 것"을 말한 듯하다. 13/3의 君子於其所不知,蓋闕如也라든지 15/26의 吾猶及史之闕文也에서도 闕은 동일한 용례로 쓰이고 있다.
- 其餘(기여) : 그 나머지. 남은 것. 여기서 말하는 나머지는 의심스럽거나 위태로운 것을 제쳐 놓은 나머지이므로 결국 의심스럽지 않고 위태롭지 않아 확신이 가는 것을 말한다. 공자는 그 확신이 가는 것마저도 신중히 말하고 행할 것을 강조한다.

---

7) 자장(子張) : 공자의 제자. 성은 전손(顓孫), 이름은 사(師), 자는 자장(子張). 공자보다 48세 연하였다. 진(陳)나라 사람이라는 기록으로 미루어 볼 때 공자가 외유 후 귀국 시 데리고 온 제자였을 가능성이 있다. 그는 기백이 뛰어났지만 그에 상응할 만큼 어진 품성은 갖추지 못한 젊은이였다.

- 尤(우) : 탓. 허물. 흉됨.
- 祿(녹) : 흔히는 나라에서 관리에게 주는 곡식, 금전 등의 보수를 말하나 여기서는 배움이나 바른 언행에 따라 저절로 주어지는, 눈에 보이지 않는 포괄적 의미의 보상報償, reward을 말한다. 논어에 드물게 등장하지만 매우 중요한 의미를 지닌 낱말이다.

2/19

애공哀公[8]이 물었다.

"어떻게 하면 백성들이 따르겠습니까?"

선생님께서 대답하셨다.

"곧은 것을 들어 굽은 것 위에 놓으면 백성들이 따를 것이나 굽은 것을 들어 곧은 것 위에 놓으면 백성들이 따르지 않을 것입니다."

哀公問曰:何爲則民服?孔子對曰:擧直錯諸枉則民服,擧枉錯諸直則民不服.

- 服(복) : 복종하다. 순종하다. 따르다. 승복하다.
- 擧直(거직) : 곧은 것을 들다. 곧은 것을 거양하다. 곧은 이를 천거하다로 풀이하기도 하지만 굳이 협의로 해석할 필요는 없다.
- 錯(조) : 두다置. 정현본鄭玄本에는 錯가 措로 되어 있다.

---

8) 애공(哀公) : 노나라의 군주. 성은 희(姬), 이름은 장(蔣). 아버지 정공(定公)의 뒤를 이어 노나라의 군주가 된 것은 B.C. 494년이었다. 그 후 애공 11년, 공자가 천하주유에서 돌아오자 그는 공자를 국로(國老)로 대우하며 많은 자문을 구했다. 그러나 그는 이미 계강자 등 삼환씨(三桓氏)의 실권에 농락되는 무력한 애송이 군주에 불과하였고 공자 사후 이들의 세력을 꺾어 보려다가 오히려 이들에게 밀려 월(越)나라로 망명하는 신세가 되었다. 공자가 죽었을 때에는 애절한 조사를 내리기도 하였다.

- 諸(저) : 之於의 줄임말. 여기서 之는 直이 된다. 『율곡언해본』과 『선조명찬본』에서는 "모든"으로 새기고 있으나 받아들이기 어렵다. 딕直을 거擧ᄒᆞ고 모든 왕枉을 조錯ᄒᆞ면(『율곡언해본』)
- 枉(왕) : 굽다. 굽은 것.
- 孔子(공자) : 공자를 다른 곳에서는 모두 子로 칭하였으나 이곳에서는 애공과 대화하고 있으므로 孔子라 칭하여 군주에 대한 예를 갖추고 있다. 다른 단편에서도 이 원칙은 유지되고 있다.

2/20

계강자季康子[9]가 물었다.

"권장하여 백성들로 하여금 공경스럽고 충성스러워지도록 하는 것이 어떻겠습니까?"

선생님께서 말씀하셨다.

"엄숙히 정사에 임하면 공경스러워지고 효성과 자애를 다하면 충성스러워집니다. 선을 거양하여 가르치는 것이 불가능하면 권장하게 됩니다."

季康子問:使民敬忠以勸,如之何?子曰:臨之以莊則敬,孝慈則忠.擧善而教,不能則勸.

---

9) 계강자(季康子) : 노나라의 대부. 노나라의 실권을 장악하고 있던 세 가문(孟氏, 叔氏, 季氏) 중 가장 세력이 큰 계씨 가문을 이끌었다. 애공 3년에 아버지 계환자(季桓子)의 뒤를 이어 대부가 되었고 이후 애공 11년 외유 중에 있던 공자를 다시 노나라로 불러들였다. 그는 자로, 염유 등 공자의 많은 제자를 등용하였는데 공자가 종종 그를 신랄히 비판하였음에도 불구하고 그는 비교적 공자를 존중하였고 예의도 갖추었다. 전통적으로 그는 군주를 도외시했다는 이유로 무도참람(無道僭濫)한 대부로 일컬어져 왔지만 당시 군주는 유명무실했고 공자도 그를 실권자로 인정하는 데에는 인색하지 않았다. 시법(諡法)에 강(康)자는 백성을 안락하게 하고 위무한 경우(安樂撫民)에 붙이는 만큼 그는 비교적 민심을 얻었던 것 같다.

종래의 해석 계강자가 물었다. "백성들로 하여금 공경스럽고 충성스러워지며 부지런히 힘쓰게 하려면 어떻게 해야 합니까?" 공자께서 대답하셨다. "엄숙히 정사에 임하면 공경스러워지고 효성과 자애를 다하면 충성스러워집니다. 선한 사람을 등용하여 무능한 사람을 가르치면 백성들은 부지런히 힘쓰게 될 것입니다."

- 勸(권) : 권장함. 권고함. 말미의 勸은 "권장하게 됩니다"라고 풀이하였으나 "권장할 수도 있겠지요"로 풀이할 수도 있다. 전자의 경우에는 권장을 부정적으로 보는 셈이고 후자의 경우에는 제한된 의의를 인정하는 셈이 되는데 전자가 진의였을 것으로 본다.
- 莊(장) : 엄숙함. 장중함.
- 擧善而敎(거선이교) : 선을 거양하여 가르침. 따라서 臨之以莊과 孝慈는 계강자 자신의 몸가짐을 말한다. 不能을 敎의 목적어로 보는 전통적 해석, 즉 "불능한 자들을 가르치다"는 명백히 잘못된 해석이다.

2/21

어떤 사람이 공자에게 말했다.

"선생님께서는 어째서 정치를 하지 않으십니까?"

선생님께서 말씀하셨다.

"서경에 '효성스러우시오! 효성이야말로 형과 아우에게 우애를 다하게 하고 정사에까지 베풀어지는 것이오!' 하는 말이 있습니다. 이도 또한 정치니 어찌 그것만을 정치라 하겠소."

或謂孔子曰:子奚不爲政?子曰:書云,孝乎惟孝,友于兄弟,施於有政,是亦爲政,奚其爲爲政.

- A 謂 B 曰(A 위 B 왈) : A가 B에게 말하다. 단지 'A 謂 B'로만 되어 있는 것은 'A가 B를 두고 말하다'라는 뜻이 된다. 논어에서 유일한 예외는 9/20의 子謂顔淵曰:惜乎!吾見其進也,未見其止也가 있을 뿐이다.
- 奚(해) : 어찌. 어떻게.
- 書(서) : 『書經』을 말함. 『詩經』을 당시 그냥 '詩'라고 불렀던 것과 같음.
- 孝乎惟孝,友于兄弟,施於有政(효호유효,우우형제,시어유정) : 인용 구절은 『서경』, 君陳편에 惟孝,友于兄弟,克施有政라는 표현으로 나오는데 僞古文으로 판정되었다.
- 其爲(기위) : 그것을 함. 즉 상대방이 말하는 것처럼 조정에 나아가서 정치를 하는 것.

2/22

선생님께서 말씀하셨다.

"사람이 믿음이 없으면 그를 어찌할 수 없다. 큰 수레에 수레채잡이가 없고 작은 수레에 끌채잡이가 없다면 무엇으로 그 수레를 나아가게 할 수 있겠느냐?"

子曰:人而無信,不知其可也.大車無輗,小車無軏,其何以行之哉?

- 信(신) : 여기서 말하는 信은 일반적인 믿음직함이나 신뢰성 등이 아니라 수레가 앞으로 나아간다는 비유에서처럼 사람이 향상해 나아감에 있어 그 도道에 대한 믿음이라고 볼 것이다. 이 점에서 5/26 朋友信之의 信과 동일한 대상을 가지고 있다고 할 수 있다. 信을 고주나 신주는 일반적인 믿음성으로, 정약용은 스승에 대한 믿음으로 보고 있으나 무리해 보인다. 信을 도에 대한 믿음으로 해석한 사례는 북송北宋의 후중량侯仲良이 유일한데 그는 信者有諸己也.信於仁則爲仁,信於義則爲義,信於禮則爲禮라 하였다.(『논어정의』)

- 不知其可(부지기가) : 그가 가한지를 알지 못한다. 즉 그가 가능성이 있는 인물인지 알지 못한다는 뜻으로 결국 그를 어떻게 하지 못한다, 도와줄 수 없다는 정도의 말이다.
- 輗(예) : 수레채잡이轅端持衡者. 수레의 앞부분에 가로지르는 채로서 소나 말에 연결시켜 끌도록 하는 나무를 말한다. 수레를 의인화해서 볼 때 이 수레채잡이가 바로 믿음信을 뜻한다. 이 수레채잡이로써 수레는 끌려갈 모든 준비가 된 것이라고 할 수 있다.
- 軏(월) : 끌채잡이車轅湍持衡木. 작은 수레의 끌채 끝으로 멍에를 매는 부분. 예輗와 기능은 거의 같다.

2/23

자장子張이 물었다.

"십세 후의 일을 알 수 있겠습니까?"

선생님께서 말씀하셨다.

"은나라는 하나라의 예에 기인하였으니 보태지고 감해진 것을 알 수 있다. 주나라는 은나라의 예에 기인하였으니 보태지고 감해진 것을 알 수 있다. 주나라를 잇는 어떤 나라가 있다면 비록 백세 후의 일이라도 알 수 있다."

子張問:十世可知也?子曰:殷因於夏禮,所損益可知也.周因於殷禮,所損益可知也.其或繼周者,雖百世可知也.

- 子張(자장) : 2/18 각주 참조
- 十世(십세) : 주자에 의하면 世는 역성수명易姓受命의 단위로서 十世는 왕조가 열 번 바뀔 기간이라 한다. 그러나 16/2나 16/3에서 쓰인 예를 보면 世는 왕권세습의 단위로서 평균 30년을 말한다. 주자의 견해를 지지하는

주석가들은 여기서 말하는 世와 계씨편에서 말하는 世는 서로 다르다고 하지만 일본의 오규 소라이荻生徂徠 같은 사람도 왕권세습의 단위로 보고 있다. 여기서도 世를 왕권세습의 단위로 보아 十世는 약 300년으로 본다.

- 夏(하) : 하왕조. 우禹에 의해 창건된 왕조로서 B.C. 2070년부터 B.C. 1600년까지 지속되었다. 그 이전은 이른바 삼황오제 시대에 속한다. 마지막 왕 걸傑에 이르러 타락함으로써 탕湯에 의해 멸망하였다고 하나 역사학적으로 그 존재가 증명된 바는 없다.
- 殷(은) : 은왕조. 탕에 의해 창건된 왕조로서 B.C. 1600년부터 B.C. 1046년까지 지속되었다. 당대에서는 상商이라 불렀으나 주대에 와서 은殷으로 불렀다. 무리한 동이 정벌과 풍속의 타락 그리고 마지막 왕 주紂의 폭정 등으로 주 무왕에 의해 멸망했다. 한때 은왕조도 전설적 시대로 간주된 적이 있으나 이른바 은허殷墟의 발굴로 많은 갑골이 발견되었고 갑골문자의 해독 결과 사서에 기록되어 있는 역대 왕의 계보까지 거의 일치한다는 것이 밝혀졌다.
- 周(주) : 주왕조. 주 무왕은 아버지 서백西伯:文王의 뒤를 이어 은왕조를 멸망시키고 B.C. 1046년 주왕조를 창건한다. B.C. 256년 멸망할 때까지 비교적 오래 지속되었는데 도읍을 호경鎬京에서 낙읍洛邑으로 옮긴 시점(B.C. 771년)을 전후하여 그 이전을 서주西周시대, 그 이후를 동주東周시대라 부른다. 동주시대는 다시 진晋나라가 한韓, 조趙, 위魏 3국으로 사실상 분열된 B.C. 453년을 기점으로 춘추시대와 전국시대로 나뉜다. 춘추시대와 전국시대의 구분은 경우에 따라 진나라의 분열이 주왕실로부터 공인된 B.C. 403년, 혹은 『춘추』의 기록이 끝나는 B.C. 476년을 기점으로 삼기도 한다.

2/24

선생님께서 말씀하셨다.

"자기에게 해당하는 귀신이 아닌데도 제를 올리는 것은 아첨하는 짓이다. 옳은 일을 보고도 행하지 않는 것은 용기가 없음이다."

子曰:非其鬼而祭之,諂也.見義不爲,無勇也.

- 其鬼(기귀) : 자신이 모셔야 할 귀신. 여기서 鬼라고 하는 존재는 오늘날 흔히 부정적으로 생각하는 무서운 귀신과는 달리 사후에도 후손들로부터 기억되고 존중받는 존재로서의 귀신을 말한다. 전국 초기의 묵자墨子는 귀신을 공경할 것을 누구보다 강조하였다.
- 諂(첨) : 아첨하다.
- 자기에게 해당하는 귀신이 아닌데도 제를 올린다는 것은 자기 조상이 아닌데도 어떤 다른 의도, 무언가 순수하지 못한 목적이나 필요성 때문에 제를 올리는 것으로 보인다.

3
팔일八佾

예악에 대한 관심이 두드러지게 나타나 있다. 논어 안에서도 고풍스런 모습을 보여 주고 있으며 이는 당시에도 의고적 관심 내지 취향이 특수한 영역으로 남아 있었음을 말해 준다.

3/1

공자께서 계씨季氏에 대해 말씀하셨다.

"뜰에서 팔일무를 추니 이를 감히 한다면 무엇인들 감히 못하겠느냐?"

孔子謂季氏:八佾舞於庭,是可忍也,孰不可忍也?

- 季氏(계씨) : 노나라의 실권을 장악하고 있던 세 가문 중 가장 세력이 컸던 가문의 대부. 계환자季桓子일 수도 있겠으나 아마 그의 아들 계강자季康子일 것이다.
- 八佾舞(팔일무) : 천자의 무악舞樂을 말한다. 천자는 여덟 줄八佾:一佾은 8명을 써서 모두 64명으로 무악을 베푼다. 제후는 여섯 줄六佾, 대부는 네 줄四佾, 사士는 두 줄二佾을 쓰는 것이 법도였다. 원래 무악이란 여덟 가지 소리金, 石, 絲, 竹, 匏, 土, 革, 木를 조화시키고 팔방의 악풍을 연출하기 때문에 최고 여덟의 수를 쓴다. 『춘추春秋』에 보면 노나라 은공隱公 5년(B.C. 718년)에 은공이 사당을 세우고 무악을 베풀 때 중중衆仲의 자문을 받아 처음으로 육우六羽:羽는 새깃을 잡고 춤추는 사람을 말하며 육우는 육일과 같음를 봉헌했다初獻六羽는 기록이 있다. 제후인 은공도 육일을 썼거늘 하물며 대부인 계씨가 천자만이 쓸 수 있는 팔일을 썼다는 것은 참월한 행위가 된다. 그러나 『예기』 제통祭統편에 보면 주공周公이 몰하자 성왕成王과 강왕康王이 주공의 공로를 기리기 위해 천자의 예악을 노나라에 허락하면서 팔일로 대하大夏를 춤추게 한 바 노나라에서 이를 폐하지 않고 이어 왔다고 하니 당시 노나라에서 팔일무를 추는 것이 잘못된 일은 아니었다. 다만 계씨가 할 수 있는 예악은 아니었던 것 같다.
- 忍(인) : 참다. 견디다. 여기서 참는다는 것은 긍정적 의미의 참음이 아니라 부정적 의미의 참음, 즉 법도를 넘어서고도 아무렇지 않게 여기는 것을 말한다. 『맹자孟子』에 나오는 "사람이 다 사람에게 차마 못하는 마음을

가지고 있다"人皆有不忍人之心-公孫丑上고 할 때의 忍과 같다. 敢에 "참고 ~ 하다"忍爲는 뜻이 있으므로 여기서는 "감히 ~ 하다"로 의역했다.

- 孰(숙) : 누구 또는 무엇. 여기서는 무엇의 뜻으로 사용되었다.

3/2

삼가三家의 사람들이 옹가雍歌를 부르며 제사를 파하자 선생님께서 말씀하셨다.

"시경의 '제사를 도와 드리는 제후들, 천자의 모습 아름다우셔라'를 어떻게 삼가의 묘당廟堂에서 쓸 수 있단 말인가!"

三家者以雍徹,子曰:相維辟公,天子穆穆,奚取於三家之堂!

- 三家者(삼가자) : 노나라의 실권을 장악하고 있던 맹씨, 숙씨, 계씨 집안의 사람들.
- 雍(옹) : 『시경』周頌편의 雝=雍. 인용된 시는 옹의 총 16개 행 중 2개 행이다. 雍은 무왕이 문왕의 제사를 드리는 노래라 전한다.
- 徹(철) : 벗겨 가다剝取. 파하다. 떠나다去.
- 相(상) : 돕다助.
- 維(유) : 이此.
- 辟公(벽공) : 제후. 辟은 임금. 辟王이라 할 경우에는 천자를 의미하고 辟公이라 할 경우에는 제후를 의미한다.
- 穆(목) : 아름답다. 깊고 평온하다.
- 堂(당) : 묘당廟堂. 정사를 논의하던 집. 일부에서는 마당이라고 하나 취하기 어렵다.
- 3/1과 그 의미가 서로 통하며 따라서 역시 천하질서의 문란함을 한탄한 것이다.

3/3

선생님께서 말씀하셨다.

"사람이 되어 어질지 못하면 예가 다 무엇이냐? 사람이 되어 어질지 못하면 음악이 다 무엇이냐?"

子曰:人而不仁,如禮何?人而不仁,如樂何?

- 禮와 樂을 각각 언급하고 있으나 합하면 禮樂이다. 겉으로 드러나기로는 예악이지만 예약의 본질에서 양성되는 것은 결국 어짊임을 말하고 있다.

3/4

임방林放[1]이 예禮의 근본을 물으니 선생님께서 말씀하셨다.

"크구나, 그 질문이! 예는 사치스러울 바에야 차라리 군색한 것이 낫다. 상을 당해서는 태연할 바에야 차라리 비통해하는 것이 낫다."

林放問禮之本.子曰:大哉問!禮,與其奢也,寧儉.喪,與其易也,寧戚.

- 與其 A 寧 B(여기 A 녕 B) : A보다는 차라리 B가 낫다.
- 奢(사) : 사치하다. 분수에 넘치다.
- 儉(검) : 넉넉지 못하다. 적다. 군색하다. 옹색하다. 검소하다는 말은 지나치게 긍정적인 의미를 가지기 때문에 이 문장에서는 적절치 못하다.
- 易(이) : 수이 여기다. 데면데면하다. 덤덤하다. 태연하다. 여기서 易는

---

1) 임방(林放) : 논어에 두 번 이름이 나오는 것을 제외하고는 어떤 문헌에서도 언급이 없다. 공자의 제자라는 설, 비간(比干)의 후예라는 설, 주나라 평왕(平王)의 세자인 임개(林開)의 후예라는 설이 있으나 공자의 제자라는 설이 무난해 보인다.

戚과의 관계에서 볼 때 크게 슬퍼하지 않고 태연한 것, 죽음을 가벼이 여기는 감정 상태를 말한다. 정현鄭玄이 『논어집해論語集解』에서 "易는 마음을 편히 갖는 것이다"易和易也라고 주석한 것이 옳다.

- 戚(척) : 괴로워하다. 비통해하다. 哀를 중심으로 볼 때 易의 대척점에 위치하는 것을 戚이라고 할 수 있다. 황간皇侃은 『논어의소論語義疏』에서 "戚은 슬픔이 예를 넘는 것이다"戚哀過禮也라고 하였다.
- 임방이 물은 것은 예가 아니라 예의 근본이다. 그런 까닭에 공자는 그 질문이 크다고 말한 것이다. 그러나 공자는 예의 근본에 대한 직접적 언급은 피하고 있다. 예의 근본은 군색함에 있지도 않고 상을 당해 비통해함에 있지도 않다. 단지 사치할 바에는 군색할 것, 상을 당해 태연할 바에는 비통해할 것을 제시하여 예의 근본을 향한 방향만 가리켜 주고 있다. 즉 왜 사치하기보다는 군색함을, 태연함보다는 비통해함을 지향하는지를 생각해보면 예의 근본에 접근할 수 있으리라는 것이 공자의 의도인 듯하다.

3/5

선생님께서 말씀하셨다.

"오랑캐들도 그들의 임금을 모시는 것이 중국이 임금 무시함과는 같지 않다."

子曰:夷狄之有君,不如諸夏之亡也.

- 不如(불여) : "~만 못하다"가 일반적인 쓰임이지만 여기서는 "~과는 같지 않다"로 풀이하였다. "夷狄은 有君이라도 諸夏의 亡보다 못하다"고 하여 중국의 문화적 우월성을 지적한 것으로 보는 견해도 있다. 만약 그렇다면 구태여 有君이니 亡니 하는 말을 동원할 필요가 없을 것이다. 고주古注에 이어 형병邢昺에 이르기까지 "~만 못하다"는 해석으로 일관해 왔으나 송대에 이르러 정이천程伊川, 양시楊時, 윤돈尹焞 등이 대부나 배신陪

臣들의 참람함을 지적한 것으로 보고 새로운 해석을 시도하였다. 그러나 不如가 "~과는 같지 않다"는 뜻으로 쓰인 사례가 별로 없기 때문에 고주가 옳을 가능성은 여전히 높다.

- 諸夏(저하) : 중국의 별칭. 따라서 저하는 중원의 여러 나라, 즉 사방의 이적들에 둘러싸인 중국을 의미한다. 諸夏라는 명칭의 유래는 명확하지 않다. 『논어의소論語義疏』에 기록된 황간皇侃의 설에 의하면 諸는 之로서 의미 없는 덧말語助이며 夏는 大로서 중국의 예禮가 크다는 점을 지칭한 것이라고 하나 설득력이 있어 보이지 않는다. 『논어유고論語類考』에 기록된 풍의馮椅의 설에 의하면 諸夏는 제후諸侯를 지칭하는 것으로서 무왕이 주왕조를 창건한 후 작위爵位를 부여한 나라를 말한다고 하나 역시 하나의 설에 불과하다.
- 亡(무) : 없음. 무로 읽고 無와 같음. 실제로 임금이 없음을 말하는 것이 아니라 임금을 있으나 마나 하게 여기는 것.

3/6

계씨季氏가 태산에서 여제旅祭를 지내려 하자 선생님께서 염유冉有[2]에게 말씀하셨다.

"네가 말릴 수 없겠느냐?"

염유가 대답하였다.

"어쩔 수 없습니다."

선생님께서 말씀하셨다.

"슬프다! 태산의 신이 임방만도 못하단 말인가!"

---

2) 염유(冉有) : 공자의 제자. 성은 염(冉), 이름은 구(求), 자는 자유(子有). 공자보다 29세 연하였다. 후에 계강자의 가재(家宰)가 됨. 논어에 비교적 자주 이름이 나오며 공자로부터 실무 능력을 인정받지만 세금 인상, 토벌 정책 등 때문에 호된 비판도 받는다. 깊이 있는 배움의 길에는 큰 뜻이 없었던 것 같은데 논어에 비해 『좌전』에 기록된 행장이 좀 더 돋보인다.

季氏旅於泰山. 子謂冉有曰:女弗能救與?對曰:不能. 子曰:嗚呼!曾謂泰山不如林放乎!

- 季氏(계씨) : 3/1의 각주 참조. 여기서 계씨는 계강자季康子다.
- 旅(려) : 산에 지내는 제사 이름祭名. 사량좌謝良佐에 의하면 천자는 천지天地에 제사를 지내고 제후는 봉토 내의 산천山川에 제사를 지내며 대부는 오사五祀에 제사를 지내고 선비나 서인은 조고祖考에게 제사를 지낸다. 계씨는 대부이므로 태산에는 제사를 지낼 수 없는 것이 원칙이었다.
- 泰山(태산) : 노나라 북쪽에 있던 산 이름. 태산은 오악五嶽 중에서도 으뜸 되는 산으로서 원래 천자가 제사를 지내는 산이었다. 그러나 주나라의 예법이 쇠미해짐에 따라 춘추시대에 와서는 거의 천자가 제사를 지내지 않았다. 『좌전』 은공隱公 8년조에는 정나라 군주가 태산에서 지내는 제사를 도우라고 하면서 천자가 나누어 준 팽祊땅을 천자의 허락도 없이 노나라의 허許땅과 바꾼 사실이 기록되어 있다. 그만큼 태산지사泰山之祀가 의미를 잃고 있었기 때문에 계씨 같은 사람이 천자의 예를 참람하게 흉내 낼 소지도 있었던 셈이다.
- 弗(불) : 不과 같음.
- 救(구) : 구하다. 여기서는 실질적으로 "말리다"止라는 뜻으로 쓰임馬融.
- 曾謂泰山, 不如林放(증위태산, 불여임방) : 이 문장에 대하여는 다음과 같은 포함包咸의 해석을 주자를 비롯한 모든 주석가들이 석연치 않은 채로 추종해 왔다.

  "신은 비례非禮를 흠향치 않는다. 임방은 일찍이 예를 알고 있었다. (비례임을) 속이고 제사를 올리려 하다니 태산의 신이 도리어 임방만도 못하단 말인가(비례임을 모를 것이란 말인가)!"神不享非禮. 林放尙知禮. 大山之神反不如林放耶, 欲誣而祭之也. 『論語義疏』

  이에 대해 한유韓愈는 그의 『논어필해論語筆解』에서 다음과 같이 주장하고 있다.

  "謂는 마땅히 爲자가 되어야 하니 염유가 태산에 비례를 행하는 것은 도리어 임방이 예를 물은 것보다 못함을 말한 것이다. 포함包咸이 '태산의 신이 (도리어 임방만도 못하단 말인가)' 하고 말한 것은 잘못이다."韓日:謂當作爲字,言冉有爲泰山非禮,反不如林放問禮乎.包言泰山之神,非其義也『論語筆解』

한유의 해석은 원문을 임의로 바꾼 점에서 무리가 있지만 공자의 비교 핵심이 "태산의 신과 임방"에 있지 않고 "염유와 임방"에 있다고 본 점에서 새로운 해석의 가능성을 제시하고 있다.

3/7

선생님께서 말씀하셨다.

"군자는 다툴 일이 없으나 활쏘기에서는 필경 다투게 된다. 서로 절하고 사양하면서 사대射臺에 오르고, 끝나면 내려와 함께 술을 마시니 그렇게 다투는 것이 군자다."

子日:君子無所爭,必也射乎!揖讓而升,下而飮,其爭也君子.

- 射(사) : 활쏘기. 육예六藝의 하나.
- 揖(읍) : 두 손을 가슴 부위에서 맞잡으며 가볍게 머리를 숙여 하는 절.
- 下而飮(하이음) : 활쏘기를 마치고 내려와 술을 마심. 정약용은 下를 활쏘기에서 지는 것으로 해석하나 무리한 해석이다.
- 이 단편의 취지는 활쏘기가 비록 서로 다투는 기예이기는 하나 다툼에 앞서 서로 읍양하며 올라가고 다투고 나서도 함께 술을 마시니, 그런 다툼은 서로를 진멸시키기 위해 아무런 인간적 격식도 없이 이전투구식으로 전개되는 다툼과는 달리 일정한 규칙과 법도 안에서 인간적 존엄을 유지하며 다투는 군자의 다툼이 된다는 뜻이다. 흔히 이 단편은 군자가 벌이는 다툼의 성격을 揖讓而升과 下而飮 자체에서 찾으려 하기 때문에 해석의 방향을 잘못 설정하는 경우가 많다.

3/8

자하子夏가 물었다.

"'짓는 웃음 고와라, 반짝이는 눈매 어여뻐라, 순수한 바탕이 고운 무늬 되었네' 하는 것은 무엇을 말한 것입니까?"

선생님께서 말씀하셨다.

"그리는 일이 있은 후에야 순수함이 살아난다는 뜻이다."

자하가 말하였다.

"예가 있은 후라는 뜻인가요?"

선생님께서 말씀하셨다.

"나를 일깨워 주는 자는 상商이다. 비로소 함께 시를 말할 수 있게 되었구나."

子夏問曰:巧笑倩兮,美目盼兮,素以爲絢兮,何謂也?子曰:繪事後素.曰:禮後乎?子曰:起予者商也,始可與言詩已矣.

종래의 해석 자하子夏가 물었다. "'짓는 웃음 고와라, 반짝이는 눈매 어여뻐라, 흰 바탕에 고운 무늬 베풀었네' 하는 것은 무엇을 말한 것입니까?" 선생님께서 말씀하셨다. "그리는 일은 흰 바탕이 갖추어진 뒤에 한다는 뜻이다." 자하가 말하였다. "예는 나중이라는 뜻인가요?" 선생님께서 말씀하셨다. "나를 일깨워 주는 자는 상商이다. 비로소 함께 시를 말할 수 있게 되었구나."

- 子夏(자하) : 1/7의 각주 참조.
- 倩(천) : 예쁘다. 용모가 아름답다.
- 盼(반) : 예쁘다. 눈동자가 초롱초롱하다. 곁눈질하다.
- 絢(현) : 무늬. 문채. 문채가 있어 고움.

- 인용된 시는 『시경』 위풍衛風편 석인碩人의 일절로 제나라의 여인 장강莊姜이 위나라의 장공莊公에게 시집왔을 때 위나라의 한 시인이 그녀를 맞아 노래한 시라고 한다. 碩人은 모두 28행인데 위에 인용된 3행 중 마지막 행, 素以爲絢兮는 현재의 『시경』에는 나오지 않는다. 인용 구절과 관련된 제8행에서 제14행까지를 소개하면 다음과 같다.

  手如柔荑(수여유제)　손은 부드러운 띠싹 같고
  膚如凝脂(부여응지)　살결은 엉긴 기름 같네
  領如蝤蠐(영여추제)　목덜미는 나무좀 같고
  齒如瓠犀(치여호서)　이는 박씨 같네
  螓首蛾眉(진수아미)　매미 이마에 나비 눈썹
  巧笑倩兮(교소천혜)　짓는 웃음 고와라
  美目盼兮(미목반혜)　반짝이는 눈매 어여뻐라

- 繪事後素 및 禮後乎는 일반적으로 위의 해석과는 반대로 해석되고 있다. 즉 흰 바탕 위에 채색을 한다든가 하는 예가 나중에 온다는 식으로 해석하는 것이 그것이다. 그러나 11/1에서 공자가 예악에 먼저 나아가기를 권하고 있음을 고려하 볼 때 위와 같이 해석하지 않으면 일관성이 없다. 실제로 공자는 언제나 형식을 통해 내용을 확보하려 하였다. 새 해석은 정이천程伊川의 "흰 바탕은 그리기를 기다려 현란해지듯이 아름다운 기질은 예를 기다려 덕을 이룬다"美質待禮以成德, 猶素待繪以成絢는 해석을 바른 해석으로 보았다.

3/9

선생님께서 말씀하셨다.

"하夏나라의 예를 내가 능히 말할 수는 있으나 기杞나라가 그 증거가 되기에는 부족하다. 은殷나라의 예를 내가 능히 말할 수는 있으나 송宋나라가 그 증거가 되기에는 부족하다. 문헌이 부족하기 때문이다. 문헌만 충분하다면 내가 능히 입증할 수 있다."

子曰:夏禮吾能言之,杞不足徵也.殷禮吾能言之,宋不足徵也.文獻不足故也,足則吾能徵之矣.

- 杞(기), 宋(송) : 기나라와 송나라. 무왕이 周를 세운 후 선대 왕조였던 夏와 殷을 존중하는 의미에서 두 왕조의 후예들로 하여금 夏의 우禹임금과 殷의 탕왕에게 제사 지내게 하기 위하여 세워 준 나라. 기나라에는 우왕의 후손인 동루공東樓公을, 송나라에는 은나라의 마지막 왕 주紂의 서형庶兄인 미자계微子啓를 봉했다. 기나라는 당초 지금의 하남성 기현杞縣에 있었으나 춘추시대 초기에 지금의 산동성 안구安邱 일대로 옮겨간 이후 오랑캐 문화의 영향을 받아 공자 당시에는 이미 하나라의 전통을 거의 잃고 있었던 것으로 보인다. 송나라는 지금의 상구현商丘縣에 있었는데 역시 은례殷禮에서 크게 멀어져 있었을 것이다.
- 徵(징) : 부르다召, 거두다斂, 구하다求의 뜻이 있으나 여기서는 그런 뜻에서 파생된 인증引證하다, 구체적인 예를 보이다 하는 의미로 쓰였음.
- 文獻(문헌) : 전적典籍과 현자賢者라는 설이 있다.

3/10

선생님께서 말씀하셨다.

"체제禘祭를 지낼 때 술을 부어 강신降神을 빈 이후의 절차는 나는 보고 싶지 않다."

子曰:禘,自旣灌而往者,吾不欲觀之矣.

- 禘(체) : 천자가 지내던 큰 제사王者之大祭. 원래는 하夏의 대제大祭를 은殷사람들은 체禘라 일컬었다 한다. 종묘의 역대 선왕들을 합사合祀하는 제사, 즉 체협禘祫이라고도 하나 조상을 기리는 제사라기보다 원래는 하늘

天에 대한 제사였던 것으로 보인다. 『예기』 상복소기喪服小記편과 대전大傳편에 각각 "예에 제왕이 아니면 체제를 지내지 않는다. 제왕은 그 시조가 나온 곳에서 체제를 지내고 그 조부를 배향한다"禮不王不禘, 王者禘其祖之所自出, 以其祖配之는 동일 문장이 보인다. 그러나 노나라만큼은 성왕(成王)의 명에 따라 천자의 예악으로 노나라의 시조 주공을 제사 지내도록 하였기 때문에 체제를 지낼 수 있었다 한다.成王以周公爲有勳勞於天下, 是以封周公於曲阜, 地方七百里, 革車千乘, 命魯公世世祀周公以天子之禮樂. 『禮記』 明堂位

- 灌(관) : 제사 절차의 일환으로 울창주鬱鬯酒를 부어 신을 부르는 일.
- 이 단편은 이해하기 어렵다. 여기서는 어쩔 수 없이 "이미 울창주鬱鬯酒를 부어 강신降神을 빈 이후의 절차는 보고 싶지 않다"고 하는 전통적 해석을 따랐으나 강신을 빈 이후에는 체제를 지냄에 성의가 없어서 공자가 보고자 하지 않았다는 그간의 해설이 무엇을 근거로 한 것인지 분명치 않다. 결국 정확한 의미를 포착하기는 어렵지만 旣 또는 往 등의 용어에서 유추하건대 대단히 중요한 의미를 지닌 체제가 그 본래의 의미를 살리지 못하고 단지 형식적으로만 치러지고 있는 것에 대해 불만을 표출한 것으로 보인다.

3/11

어떤 사람이 체제禘祭의 이치를 물으니 선생님께서 말씀하셨다.

"모릅니다. 그 이치를 아는 자에게 있어서 천하란 여기에 올려놓고 보여 주는 것과 같을 것입니다"

하고 자신의 손바닥을 가리키셨다.

或問禘之說. 子曰: 不知也. 知其說者之於天下也, 其如示諸斯乎! 指其掌.

- 禘之說(체지설) : 체제의 이치. 체제가 가지는 의미.
- 諸(저) : 之於. 之는 천하.

- 斯(사) : 이것. 여기서는 뒤에 나오는 掌, 즉 손바닥을 말한다.
- 『예기』 제통祭統편에 나오는 다음과 같은 설명을 참고할 수 있다.

"체제禘祭와 상제嘗祭의 의미가 커서 나라를 다스리는 근본이 되니 알지 않으면 안 된다. 그 의미를 밝히는 자는 임금이요 그 일을 능히 행하는 자는 신하다. 그 의미를 밝히지 못하면 임금 노릇이 온전치 못할 것이요 그 일을 능히 행하지 못하면 신하 노릇이 온전치 못할 것이다." 禘嘗之義大矣, 治國之本也, 不可不知也. 明其義者君也, 能其事者臣也. 不明其義, 君人不全, 不能其事, 爲臣不全.

3/12

'제사를 지낼 때에는 앞에 있는 듯이 하라. 신에게 제사를 지낼 때에는 신이 앞에 있는 듯이 하라.'

선생님께서 말씀하셨다.

"나는 제사에 함께하지 않으면 제사를 지내지 않은 것 같다."

祭如在,祭神如神在.子曰:吾不與祭,如不祭.

- 祭如在,祭神如神在(제여재, 제신여신재) : 공자의 행동을 소묘한 것으로 보기도 하나 당시의 고어古語나 뇌사誄辭일 가능성이 더 크다.
- 與祭(여제) : 제사에 함께하다. 단지 참석하는 것이 아니라 제사의 과정에 마음을 다하여 동참하는 것을 말한다.

3/13

왕손가王孫賈[3]가 물었다.

"'방 서남쪽 구석에 정성을 들이기보다 차라리 부엌에 정성을 들여라'는 말은 무슨 말입니까?"

선생님께서 말씀하셨다.

"그렇지 않습니다. 하늘로부터 죄를 얻으면 기도할 곳이 없어집니다."

王孫賈問曰:與其媚於奧,寧媚於竈.何謂也?子曰:不然.獲罪於天,無所禱也.

- 媚(미) : 아첨하다諂. 상긋거리다. 정성을 들이다.
- 奧(오) : 방의 서남쪽 구석西南隅. 중국 가옥에서 가장 깊숙한 곳이며 방에서 나름대로 신성시되는 모퉁이로 여기서 제사를 지낸다고 한다.
- 寧(녕) : 차라리.
- 竈(조) : 부엌. 부뚜막. 우리도 부엌에서 조왕신竈王神을 모시는 민간신앙이 있다.
- 인용된 구절은 당시의 속담으로 보인다. 위나라의 주요 정치인과 공자와의 대화인 만큼 비중 있는 내용을 담고 있을 것이다. 속담의 구조와 공자의 대답을 종합할 때 이 속담은 "하늘의 요구에 응해서 구차하고 어렵게 살기보다는 실속을 차려 세속적 복락을 누리며 살라"는 뜻을 지닌 것으로 보인다.

---

3) 왕손가(王孫賈) : 위나라의 대부. 맹약 등 의전 문제를 담당했던 것으로 보인다. 헌문/20에 보면 그는 위령공을 도와 군사의 일을 맡아 잘 처리하였다 한다. 『좌전』 정공(定公) 8년조에 의하면 진(晋)나라와 모욕적으로 체결한 맹약을 위령공으로 하여금 파기하게 하고 그 과정에서 왕손가가 나서 위나라 사람들을 교묘히 설득, 단결시켜 진(晋)나라와 결사 항전을 다짐케 한다.

3/14

선생님께서 말씀하셨다.

"주周나라는 하夏, 은殷 이대二代를 거울삼았으니 찬란하구나, 그 문화여! 나는 주를 따르겠다."

子曰:周監於二代,郁郁乎文哉!吾從周.

- 監(감) : 거울. 鑑과 같음.
- 二代(이대) : 하夏와 은殷 두 왕조.
- 郁郁(욱욱) : 문채 나다. 찬란하다.

3/15

선생님께서 태묘太廟에 들어가시면 매사에 물으시니 어떤 사람이 말하였다.

"누가 추鄹 지방 사람의 아들이 예를 안다고 하였는가? 태묘에 들어서면 매사에 묻기만 하니."

선생님께서 이를 들으시고 말씀하셨다.

"그렇게 하는 것이 예다."

子入太廟,每事問.或曰:孰謂鄹人之子知禮乎?入太廟,每事問.子聞之曰:是禮也.

- 太廟(태묘) : 종묘宗廟와 같다. 여기서는 주공을 모신 묘廟.
- 鄹(추) : 공자의 고향인 노나라의 한 고을 이름. 지금의 산동성 곡부曲阜

부근에 있었다. "추 지방 사람의 아들"鄹人之子이라는 말에는 공자를 '피와 땅'Blood and Soil에 환원함으로써 그의 독자성 내지 위대성을 인정하지 않으려는 무의식적 계산이 깔려 있다.

3/16

선생님께서 말씀하셨다.

"활쏘기는 과녁 맞히는 것을 위주로 하지 않아 실력을 같은 등급으로 하지 않는다. 이것이 옛날의 도였다."

子曰:射不主皮,爲力不同科,古之道也.

- 皮(피) : 과녁. 과녁을 맞히다.
- 爲力(위력) : 힘을 쓰다. 실력.
- 科(과) : 과정. 품수. 등급.
- 爲力不同科(위력부동과) : 활 쏘는 사람의 실력에 따라 등급을 나눔으로써 최고 실력자를 다투지 않는다는 뜻이다. 마융馬融의 주와 황간皇侃의 소에 의하면 옛날에는 실력에 따라 상중하 삼과三科로 나누어 활을 쏘았으나 주말周末에 이르러서는 이 등급을 없애고 모두 일과一科로 하였다고 한다. 『논어의소論語義疏』
- 3/7 君子無所爭章과 의미상 서로 통한다.

3/17

자공子貢이 곡삭제告朔祭에서 양을 희생으로 쓰는 예법을 없애려 하자 선생님께서 말씀하셨다.

"사賜야, 너는 그 양을 사랑하지만 나는 그 예를 사랑한다."

> 子貢欲去告朔之餼羊.子曰:賜也,爾愛其羊,我愛其禮.

- 去(거) : 없애다. 버리다.
- 告朔(곡삭) : 매월 초하루朔日 제후가 종묘에서 지내는 제사.
- 餼(희) : 먹이다. 제물로 바치다.
- 賜(사) : 자공子貢의 이름.
- 爾(이) : 너.
- 愛(애) : 사랑하다. 아끼다. "아끼다"로 번역하는 것도 틀린 것은 아니지만 그 경우 양을 아끼는 이유가 단지 재물을 아끼기 위한 것처럼 여겨질 가능성이 있어 다소 포괄적이기는 하지만 사랑하다로 번역하였다.

3/18

선생님께서 말씀하셨다.

"임금을 섬김에 예를 다하면 사람들은 이를 아첨으로 여긴다."

> 子曰:事君盡禮,人以爲諂也.

- 爲(위) : ~라 여긴다.
- 諂(첨) : 아첨하다. 알랑거리다.

3/19

정공定公[4]이 물었다.

"임금은 신하를 부리고 신하는 임금을 섬겨야 하지 않겠습니까?"

공자께서 대답하셨다.

"임금은 신하를 예로써 부리고 신하는 임금을 충심으로써 섬겨야 할 것입니다."

定公問:君使臣,臣事君,如之何?孔子對曰:君使臣以禮,臣事君以忠.

- 일견 평범한 대화처럼 보이지만 정공의 질문 속에는 위계질서를 명분으로 군주의 권위를 회복해 보려는 의지가 역력하다. 정공 당시는 이미 대부들이 실권을 장악한 단계를 넘어 대부의 신하인 배신陪臣들이 권력을 넘보던 때였음을 상기할 필요가 있다. 공자의 대답은 군신의 관계를 확립하는 것은 단순한 위계질서의 회복을 통해서 가능한 것이 아니라 예와 충의 회복이라는 더 큰 범주 속에서 이루어지지 않으면 안 됨을 말한 것이다.

3/20

선생님께서 말씀하셨다.

"관저關雎는 즐거우나 음란하지 않고 애틋하나 감상에 떨어지지 않는다."

---

4) 정공(定公) : 노나라의 군주. 소공(昭公)의 아우고 애공(哀公)의 아버지다. B.C. 509년부터 B.C. 495년(공자 44세~58세)까지 15년 간 재위하였다. 『좌전』에 의하면 공자가 사공(司空), 사구(司寇) 등의 벼슬을 한 것이 모두 정공 당시였고 정공 14년에 드디어 천하주유를 떠난다. 정공과 공자와의 대화는 13/15에 한 번 더 나온다.

子曰:關雎,樂而不淫,哀而不傷.

- 關雎(관저) : 『시경』「국풍國風」의 첫 시다. 전문은 다음과 같다.

關關雎鳩(관관저구) 징경이 우는 소리
在河之洲(재하지주) 모래톱에 들리네
窈窕淑女(요조숙녀) 아리따운 아가씨는
君子好逑(군자호구) 사나이의 좋은 짝
參差荇菜(참치행채) 올망졸망 마름 풀들
左右流之(좌우유지) 이리저리 찾는다
窈窕淑女(요조숙녀) 아리따운 아가씨
寤寐求之(오매구지) 자나 깨나 그리네
求之不得(구지부득) 구해도 얻을 수 없어
寤寐思服(오매사복) 자나 깨나 그 생각뿐
悠哉悠哉(유재유재) 끝없는 이 마음
輾轉反側(전전반측) 잠 못 이뤄 뒤척이네
參差荇菜(참치행채) 올망졸망 마름 풀들
左右采之(좌우채지) 이리저리 뜯는다
窈窕淑女(요조숙녀) 아리따운 아가씨
琴瑟友之(금슬우지) 거문고로 즐기리
參差荇菜(참치행채) 올망졸망 마름 풀들
左右芼之(좌우모지) 이리저리 고르고
窈窕淑女(요조숙녀) 아리따운 아가씨
鐘鼓樂之(종고낙지) 북을 치며 즐기리

- 淫(음) : 즐거움이 지나쳐 탐닉에 이른 상태. 음일함.
- 傷(상) : 감상感傷. 슬픔이나 애틋함이 지나쳐 마음이 상하기에 이른 상태.

3/21

애공哀公이 재아宰我[5]에게 사社에 관해 묻자 재아가 대답하였다.

"하후씨夏后氏는 소나무로 하였고 은나라 사람은 잣나무로 하였으며 주나라 사람은 밤나무로 하였습니다."

"백성들로 하여금 두려워 떨게 한 것입니다."

선생님께서 그 말을 들으시고 말씀하셨다.

"이루어진 일은 설명하지 않고 끝난 일은 간하지 않으며 이미 지나간 일은 탓하지 않는 법이다."

哀公問社於宰我.宰我對曰:夏后氏以松,殷人以柏,周人以栗.曰:使民戰栗.子聞之曰:成事不說,遂事不諫,既往不咎.

- 哀公(애공) : 노나라의 군주. 2/19 각주 참조.
- 社(사) : 토지의 신을 제사 지내는 곳. 그곳에는 나라별로 특정한 나무를 심었는데 단지 그 지역의 나무를 심었을 뿐 특별한 의미가 있는 것은 아니었다 한다.各樹其土之所宜木-孔安國, 朱子
- 夏后氏(하후씨) : 夏 왕조의 시조 우禹를 말함.
- 咎(구) : 탓하다. 책망하다.
- 使民戰栗(사민전율) : 이 단편을 최초로 주석한 공안국孔安國은 단지 "(재아가) 주나라에서 밤나무를 썼다는 이유로 문득 使民戰栗也라 하였다"因周用栗,便云使民戰栗也라고만 하여 使民戰栗 자체에 대해서는 해석하지 않

5) 재아(宰我) : 공자의 제자. 성은 재(宰), 이름은 여(予), 자는 자아(子我), 공자와의 나이 차이는 분명치 않으나 30여세 연하였던 것으로 보인다. 논어에 드물게 이름이 나오며 말을 잘했던 것 같다. 낮잠을 자다가 공자로부터 크게 꾸지람을 듣는 5/10의 일화가 유명하다. 17/21에는 삼년상이 너무 길다는 주장을 하여 공자로부터 핀잔을 듣는 일화도 있다. 그러나 『맹자』「공손추상(公孫丑上)」편에는 재아가 "내가 보기에는 선생님(공자)은 요순보다 훨씬 나으시다"는 말을 했다는 기록도 있다.

았다. "백성들로 하여금 두려워 떨게戰慄 하였다"는 해석은 하안何晏이 처음이며 주자도 "두려워하는 모습"恐懼貌이라 하여 이를 추종하였다. 여기에서도 부득이 전통적 해석을 따른다. 그러나 栗에서 재아가 戰慄을 착상하였다거나 社에서 죄인을 형륙刑戮하기도 하였기 때문이라는 설명만으로는 재아가 왜 그런 말을 하였는지 충분히 이해할 수 없다. 따라서 使民戰栗의 의미도 여전히 모호한 것으로 남는다. 아마 재아가 아무런 필연성도 없는 과거의 사실을 들추어 거기에 무슨 필연적 인과관계가 있는 양 설명하였으므로 공자가 나무란 것이 아닌가 추정된다.

• 咎(구) : 허물. 죄과. 나무라다. 책망하다.

3/22

선생님께서 말씀하셨다.

"관중管仲[6]은 그릇이 작구나!"

누군가가 말하였다.

"관중은 검소하였습니까?"

선생님께서 말씀하셨다.

"관중은 세 곳에 저택을 두었고 가신들을 겸직시키지 않았으니 어찌 검소할 수 있었겠느냐?"

"그러면 관중은 예를 알았습니까?"

선생님께서 말씀하셨다.

"임금이 수색문樹塞門을 세우면 관중도 역시 수색문을 세우고 임

6) 관중(管仲) : 제(齊)나라의 명재상. 제의 환공(桓公)을 도와 춘추시대의 패자가 되게 하였고 관포지교(管鮑之交)로도 유명하다. 환공 41년(B.C. 653년), 즉 공자가 태어나기 102년 전에 죽었으므로 공자보다는 거의 한 세기 반 정도 앞선 인물이다. 따라서 공자 당시에는 이미 선대 사람들의 정치적 행적을 논할 때 좋은 의미에서든 나쁜 의미에서든 자주 거론되는 정치 교과서적 인물이었다.

금이 양 군주간의 우호를 위해 반점反坫을 두면 관중도 역시 반점을 두었으니 관중을 두고 예를 안다 하면 누군들 예를 모르겠느냐."

子曰:管仲之器小哉!或曰:管仲儉乎?曰:管氏有三歸,官事不攝,焉得儉?然則管仲知禮乎?曰:邦君樹塞門,管氏亦樹塞門.邦君爲兩君之好,有反坫,管氏亦有反坫.管氏而知禮,孰不知禮?

- 三歸(삼귀) : 정확한 고증이 없다. 세 곳의 돌아가 쉴 수 있는 저택, 세 부인, 대명臺名 등 여러 설이 있으나 세 곳의 저택이 가장 적절해 보인다.
- 官事(관사) : 가신들이 일을 맡음.
- 不攝(불섭) : 겸직하지 않다.
- 樹塞門(수색문) : 대문 안을 직접 들여다보지 못하도록 가리개용의 작은 담장을 친 문.
- 兩君之好(양군지호) : 두 임금이 우호를 나눔.
- 反坫(반점) : 제후가 회맹 시 마신 술잔을 엎어 놓는 잔대盞臺.
- 고증되지 않았거나 고증이 엇갈리는 용어가 많아 부분적으로 불명확한 데가 있으나 『사기』「관안열전管晏列傳」에 기초해서 판단하건대 관중이 대부로서 제후의 예를 따랐을 뿐 아니라 검소하지 않고 사치했던 점을 비판한 것으로 보인다. 관중은 이러한 행태를 통해 스스로 부귀영달을 과시하려 하였으나 공자는 바로 그 점을 들어 관중의 그릇이 작았다고 말한 것이다. 이 평가는 「관안열전」에서 "관중의 재산은 제나라 왕실 재산에 못지않았고 삼귀, 반점이 다 갖춰져 있었으나 제나라 사람들은 이것을 분에 넘치는 사치라고 생각하지 않았다"는 평가와 정면으로 배치된다. 그런 점에서 볼 때 공자가 "관중은 그릇이 작구나!" 하고 말한 것은 다분히 의도적인 데가 있으며 이는 관중을 거의 전설적 영웅이자 위대한 인생의 표본처럼 여겼던 당시의 가치관에서 볼 때 거의 충격적인 평가였음이 틀림없다. 그러나 본장을 제외한 나머지 단편에서 그에 대한 공자의 역사적 평가는 대체로 긍정적이다.(14/10, 14/17, 14/18)

3/23

선생님께서 노나라의 악사장에게 말씀하셨다.

"음악은 알 수 있습니다. 처음 시작할 때에는 흩어진 것들이 모이는 듯하고 따르다 보면 조화가 이루어지고 명료해지고 찬연해지니 이로써 이루어지는 것입니다."

子語魯大師樂曰:樂其可知也.始作,翕如也.從之,純如也,皦如也,繹如也,以成.

- 大師樂(태사악) : 음악을 관장하는 벼슬 이름. 大師樂官名也라는 하안何晏의 주석에서 구두점을 어디에 두느냐에 따라 大師만을 악관樂官의 칭호로 보고 뒤의 樂은 일반적인 음악으로 보는 견해도 있다.
- 翕(흡) : 합하다合. 모으다聚. 거두다斂.
- 純(순) : 순수하다. 온전하다. 전일하다. 조화되다.
- 皦(교) : 밝다明. 명료하다.
- 繹(역) : 빛나다. 盛한 모양. 주자는 "이어져 끊어지지 않음"相續不絕으로 해석하고 있다.
- 成(성) : 이루어지다. 음악 용어로 "한 소절이 끝나다"는 뜻으로 보기도 한다.
- 일반적으로 이 단편은 공자가 주악奏樂에 관한 일련의 과정을 설명하는 것으로 보고 있다. 그러나 공자가 전문 악사에게 주악상의 단순한 과정을 설명한다는 것은 어울리지 않는다. 음악을 "알 수 있습니다" 하고 그 지적인 측면을 말하고 있다는 점, 始作→從之→以成의 과정이 일련의 점증하는 완성도를 보이고 있으나 고대 시의 구조로 미루어 볼 때 고대 음악이 연주 진행에 따라 모종의 점증 구조로 되어 있었으리라고 추정하기가 어렵다는 점, 공자가 "음악을 통해 이룬다"成於樂, 8/9고 함으로써 음악에 인격 완성成의 기능을 인정하고 있다는 점 등을 고려하면 이 단편은

단순한 주악 과정의 설명이 아니라 음악의 연주나 감상을 통한, 비교적 장기간에 걸친 '교화敎化의 과정'을 설명한 것일 가능성이 있다. 그러나 정확한 의미를 파악하기는 매우 어려운 단편이다.

3/24

의봉인儀封人이 자청하여 선생님을 만나 뵙고 말했다.

"군자가 이 정도라면 내가 일찍이 만나 보지 못한 바도 아니오."

종자가 그것을 보고는 나와서 말했다.

"여러분, 어찌 선생님의 초라한 신세에 낙담하십니까? 천하가 무도해진 지 오래되었으니 하늘은 장차 우리 선생님을 목탁木鐸으로 삼으실 것입니다."

儀封人請見曰:君子之至於斯也,吾未嘗不得見也.從者見之,出曰:二三子!何患於喪乎?天下之無道也久矣,天將以夫子爲木鐸.

종래의 해석 의봉인이 선생님을 뵙기를 청하며 말하였다. "군자들이 이곳에 오면 내가 만나 보지 못한 적이 없었소." 제자들이 만나 뵙게 하였다. (의봉인이) 나와서 말하였다. "여러분, 어찌 선생님의 초라한 신세에 낙담하십니까? 천하가 무도해진 지 오래되었으니 하늘은 장차 선생님을 목탁으로 삼으실 것입니다."

- 儀封人(의봉인) : 儀는 위나라 국경지방의 한 지명으로 『논어유고論語類考』에 의하면 개봉부開封府 의봉촌儀封村이 그곳으로 추정된다. 封人은 주자에 의하면 국경을 관리하는 하급 관직명이라고 하나 잘못된 판단으로 보인다. 좌전에 나오는 여섯 명의 봉인들 중에는 경卿으로 신분이 격상된 사례가 두 번이나 되고 제후들과 밀접한 관계를 유지하고 있었던 것을

보면 특정 지역을 포괄적으로 책임지고 있던 지방 토호였을 것으로 추정된다.

- 請見(청현) : 뵙기를 청하다. 그러나 여기서는 뵙기를 청하여 상면이 이루어진 것까지를 내용상으로 함유하고 있기 때문에 "자청하여 뵙다"로 번역하였다. 請見이 그런 식으로 사용된 사례가 많지는 않지만 『맹자』 「공손추하公孫丑下」편에 나오는 "賈請見而解之"라든가 『논어주소論語注疏』에 나오는 "儀封人旣請見夫子" 등의 사례가 발견되고 있다.
- 君子之至於斯也(군자지지어사야) : 군자의 이에 이름, 즉 군자가 이 정도라면 하는 실망의 표현. "不圖爲樂之至於斯也"(음악을 함이 이에 이를 줄은 미처 몰랐다, 7/15)에서와 동일한 용법인데 단지 여기서는 부정적 평가일 뿐이다.
- 二三子(이삼자) : 여러분, 얘들아 등 두세 명의 사람을 부르는 호칭. 여기서는 의봉인과 그 수행자 일행을 지칭한 것으로 보인다. 스승이 제자에게, 임금이 대부에게 쓰는 경우가 많으나 하대부가 상대부들에게 쓰는 경우도 있는 것을 보면 비교적 폭넓게 쓰인 복수 이인칭이었음을 알 수 있다.
- 何患於喪乎(하환어상호) : 종자가 의봉인에게 한 말로 "어찌 선생님의 초라한 신세에 낙담하십니까?" 하는 뜻. 喪은 공자가 지위를 잃고喪 일개 야인으로 떠도는 초라한 신세를 말한다. 何患은 왜 낙담하는가, 뭐가 문제인가, 문제될 것이 없다 하는 뜻. 전통적 해석에서는 이 말이 의봉인이 종자에게 하는 말이라 하였는데 잘못된 판단이다.
- 木鐸(목탁) : 타봉이 나무로 만들어진 요령. 새로운 정령을 반포할 때 관원들이 주의를 환기시키기 위하여 이 목탁을 흔들고 다녔다고 한다. 원래의 의미에서 발전하여 예언자적 사명을 띠고 출현하는 선각자 또는 이인異人을 의미하고 있다.
- 이 단편에 등장하는 종자는 자공이었을 가능성이 높다. 그는 일부러 자신의 존재를 숨기고 이 단편을 기록하지 않았나 한다.

3/25

선생님께서 소韶에 대하여 말씀하셨다.

"아름다움을 다하였을 뿐 아니라 선함도 다하였다."

무武에 대해 말씀하셨다.

"아름다움은 다하였으나 선함은 다하지 못하였다."

子謂韶:盡美矣,又盡善也.謂武:盡美矣,未盡善也.

- 韶(소) : 순舜임금의 음악.
- 武(무) : 무왕武王의 음악.
- 순임금은 우禹에게 천자의 자리를 선양하여 하왕조를 열게 하였다. 그러나 무왕은 비록 폭군 주紂를 쳤다고는 하지만 결국 제후의 신분으로 은을 무너뜨리고 주왕조를 창건한 셈이다. 역대의 성왕들은 자신의 음악을 제정하여 천하를 교화하였는데 그들의 진실함과 아름다움의 정도가 그 음악에 각각 반영된 것으로 보고 있다.
- 『좌전』 양공襄公 29년조의 기록에 의하면 오나라의 현인 계찰季札이 노나라를 예방하여 갖가지 음악을 듣고 비평할 때 武와 韶에 대하여 각각 다음과 같이 말하고 있다.
  대무의 무악을 듣고 그는 "아름답도다. 주나라의 성盛함이 이처럼 훌륭했던가요?" 하였고, … 소소韶箾의 무악을 듣고는 "덕이 지극하고 위대합니다. 마치 하늘이 덮어 주지 않음이 없고 땅이 받쳐 주지 않음이 없는 것과 같습니다. 비록 아주 융성한 덕이라 하더라도 이보다 더할 수는 없겠습니다. 더 듣지 않겠습니다. 다른 음악이 더 있다 하더라도 저는 감히 청하지 않겠습니다" 하였다. 見舞大武者,曰:美哉!周之盛也,其若此乎…見舞韶箾者,曰:德至矣哉!大矣哉!如天之無不幬也,如地之無不載也.雖甚盛德,其蔑以加於此矣.觀止矣.若有他樂,吾不敢請已.

3/26

선생님께서 말씀하셨다.

"높은 자리에 앉아서 너그럽지 않고 예를 행할 때 공경스럽지 않으며 상사喪事를 당해서도 슬퍼하지 않는다면 내가 무엇을 더 살펴보겠느냐?"

子曰:居上不寬,爲禮不敬,臨喪不哀,吾何以觀之哉?

- 觀(관) : 살펴보다. 눈여겨보다. 觀은 본다는 뜻이지만 視와는 달리 그 안에 기대나 탐구 따위를 담고 있는 관찰 행위다. 8/12에 나오는 如有周公之才之美,使驕且吝,其餘不足觀也已에서 觀이 쓰인 방식을 참조할 수 있다.

4
이인 里仁

처음 7개 장이 모두 어짊에 관한 공자의 언급이다. 말할 나위도 없이 의도적으로 모아진 것이다. 제18장부터 연속 4개 장은 효孝에 관한 언급이다. 전반적으로 이 제4편은 기록자의 높은 정신적 수위를 보여 주고 있다. 많은 주석가들이 단편의 진의를 포착하지 못함으로써 잘못읽기와 잘못된 번역이 특히 많이 나타나고 있다.

4/1

선생님께서 말씀하셨다.

"어짊에 터 잡는 것이 아름다운 것이다. 어짊을 선택하여 그에 자리 잡지 않는다면 어찌 앎을 얻겠느냐?"

子曰:里仁爲美.擇不處仁,焉得知?

- 里仁(이인) : 어짊에 터 잡다. 어짊에 정주定住하다. 맹자는 "무릇 어짊은 하늘의 높은 작위이며 사람의 편히 살 집이다"夫仁,天之尊爵也,人之安宅也-公孫丑上고 말했다. "마을이 인후한 것이 … " 운운의 일반적 해석은 어짊의 본질에 비추어 잘못된 것으로 보인다. 里는 6/2에 나오는 居敬의 居에 견주어 해석할 수 있으며 실제 종래 소수설에 의하여 居의 뜻으로 해석되어 왔다.
- 이해하기 쉬운 단편은 결코 아니다. 어짊仁과 아름다움美 그리고 앎知의 상호관계가 언급되어 있다는 사실만으로도 깊이 성찰할 필요가 있는 단편이다.

4/2

선생님께서 말씀하셨다.

"어질지 못한 자는 자신을 다잡은 상태에 오래 머무르지 못하고 즐거움에도 길게 머무르지 못한다. 어진 자는 어짊을 평안히 여기고 아는 자는 어짊을 이롭게 여긴다."

子曰:不仁者,不可以久處約,不可以長處樂.仁者安仁,知者利仁.

종래의 해석 선생님께서 말씀하셨다. "어질지 못한 자는 곤궁한 상태에 오래 머무르지 못하고 즐거움에도 길게 머무르지 못한다." (뒷부분 같음)

- 約(약) : 다잡음. 자신을 지킴. 約은 도의 길을 걷는 자가 세속의 평균적 가치관에 스스로를 풀어놓지 않고 자기 자신을 내면의 기준에 따라 온전히 다잡아두는 외롭지만 긍지에 찬 행위를 말한다. 約을 빈곤困-孔安國, 貧困-皇侃 · 邢昺, 窮困-朱子으로 본 전통적 해석은 잘못된 것이다. 約를 전속纏束, 즉 "두려운 마음으로 몸을 검속하여 방자하지 않음"竦然束躬不敢放肆이라 풀이한 정약용의 견해가 비교적 정확하다. 논어에서 約이 검약이나 곤궁을 의미하는 경우는 단 한 차례도 없다.

4/3

선생님께서 말씀하셨다.

"오직 어진 자만이 남을 좋아할 수도 있고 남을 미워할 수도 있다."

子曰:唯仁者,能好人,能惡人.

- 어짊을 갖춘 단계에서만 남을 좋아하고 미워하는 것이 의미 있는 행위가 된다. 그렇지 못한 단계에서 남을 좋아하고 미워하는 것은 모두 이기적 동기에 얽혀 있기 마련이다.

4/4

선생님께서 말씀하셨다.

"진실로 어짊에 뜻을 둔다면 악은 없다."

子曰:苟志於仁矣,無惡也.

종래의 해석 선생님께서 말씀하셨다. "진실로 어짊에 뜻을 둔다면 악한 일은 하지 않을 것이다."

- 苟(구) : 진실로. 적어도. 단지.
- 無惡也(무악야) : 악은 없다. 악함은 없다. 악의 객관적 존재를 부정하는 말이며 일반적으로 풀이되듯이 인에 뜻을 두는 자에게 사악함 혹은 악행이 없다는 안이한 뜻이 아니다. 고대 동양에서 악evil의 개념은 미약하기는 했지만 없지는 않았다. 다만 惡을 오로 읽으면서 미워함이 없다고 하는 것은 악이 없다는 것과 결과적으로 같은 말이 되어 해석상 가능성이 있다고 하겠다.
- 어짊에 뜻을 두게 되면 모든 악은 악 이전의 것으로 환원된다. 그리하여 악이 없어지는 것이다. 그것이 어짊이 야기하는 기적이다. 어짊에 관한 언급으로 논어 전편에 걸쳐 가장 위대한 한마디이다.

4/5

선생님께서 말씀하셨다.

"부귀는 모든 사람이 바라는 바이지만 유도有道한 가운데에서 얻은 것이 아니면 처하지 않는다. 가난하고 천한 것은 모든 사람이 싫어하는 바이지만 유도한 가운데에서 얻은 것이 아니면 떠나지 않는다. 군자가 어짊을 떠나서야 어떻게 이름을 이루겠느냐? 군자는 잠시 동안도 어짊에 어긋남이 없어야 하니 위급함을 당해서도 반드시 이에 의하고 파탄에 이르러서도 반드시 이에 의해야 한다."

子曰:富與貴,是人之所欲也,不以其道得之,不處也.貧與賤,是人之所惡也,不以其道得之,不去也.君子去仁,惡乎成名?君子無終食之間違仁,造次必於是,顚沛必於是.

- 不以其道得之(불이기도득지) : 그 도로써 얻은 것이 아니라면. 유도有道한 가운데에서 얻은 것이 아니라면. 이 문장은 종래 수많은 주석가들을 괴롭혀 왔는데 그것은 其道를 부귀나 빈천에 이르는 '정상적인 방법'으로 해석해 왔기 때문이다. 그렇다면 원문에 착오가 있다고 볼 수밖에 없다. 그러나 其道를 부귀나 빈천을 낳던 시대의 '유도有道함이라는 조건'을 의미한다면 구태여 원문에 착오가 있다고 보지 않아도 된다. 공자는 "나라에 도가 있으면 가난하고 천한 것이 부끄러운 것이고 나라에 도가 없으면 부유하고 귀한 것이 부끄러운 것"이라 했다邦有道,貧且賤焉,恥也.邦無道,富且貴焉,恥也 8/14. 따라서 무도한 세상에서는 부귀에 처하지 않는 것과 빈천에서 떠나지 않는 것이 각각 정당한 행동이 된다.
- 惡(오) : 어찌何.
- 成名(성명) : 이름을 이루다. 여기서 이름은 '군자'라는 이름을 가리킨다.
- 終食之間(종식지간) : 밥을 먹을 정도의 시간. 한 식경食頃. 잠시 동안.
- 造次(조차) : 造는 잠깐, 次는 갑자기. 위급한 형세, 위기상황을 말한다. 주자도 "위급하고 구차한 때"急遽苟且之時라 하였다.
- 顚沛(전패) : 顚은 엎어짐, 沛는 자빠짐. 몰락, 좌절, 파탄의 경우. 주자 역시 "기울어지고 뒤집혀서 유리표박하는 경우"傾覆流離之際라 하였다.
- 위기나 좌절의 경우에도 어짊을 떠나서는 안 된다는 말은 어짊에 관한 매우 깊이 있는 시사점이다.

4/6

선생님께서 말씀하셨다.

"나는 어진 것을 좋아하는 자나 어질지 못한 것을 미워하는 자를 본 적이 없다. 어진 것을 좋아하는 자라면 더할 나위가 없지만 어질지 못한 것을 미워하는 자도 그로써 어짊을 위하는 것이니 어질지 못한 자가 자신에게 영향을 끼치지 못하도록 하기 때문이다. 하루라도 어짊에 힘을 쓸 수 있는 자가 있는가? 나는 힘이 부족한 사람은 보지 못하였다. 아마 그런 사람이 있겠지만 나는 아직 그런 사람을 보지 못하였다."

子曰:我未見好仁者,惡不仁者.好仁者,無以尙之.惡不仁者,其爲仁矣,不使不仁者加乎其身.有能一日用其力於仁矣乎?我未見力不足者.蓋有之矣,我未之見也.

- 未見(미견) : 보지 못하였다. 본 적이 없다. 평범한 말이기는 하지만 논어에 자주 나오는 이 未見이라는 말은 이 세상에 대한 공자의 매우 강력한 비판을 담고 있다. 상응하는 요구도 담겨 있음은 물론이다.
- 無以尙之(무이상지) : 尙은 가하다. 그것好仁에 더 가할 것이 없다. 즉 더할 나위가 없다.
- 蓋有之矣(개유지의) : 蓋는 대개, 아마도. 之는 힘을 쓸 수 있는 사람. 따라서 "아마 그럴 수 있는 사람이 있을 것이다"는 뜻이다.
- 어질지 못함을 미워하는 것惡不仁의 의의를 말하고 있는 유일한 단편이다. 그러나 어짊을 좋아하는 것을 보조하는 정도의 위치에 두고 있다.

4/7

선생님께서 말씀하셨다.

“사람의 잘못이란 각자 자기 집단에 치우쳐 있는 것이다. 이 잘못을 보는 것이 곧 어짊을 아는 것이다.”

子曰：人之過也，各於其黨．觀過，斯知仁矣．

종래의 해석 선생님께서 말씀하셨다. “사람의 잘못은 각자 자기 집단에 따라 다르다. 잘못을 보면 그가 어진 정도를 알 수 있다.”

- 各於其黨(각어기당) : 자기 집단에 치우쳐 있는 것. 각자 자기들 입장에서만 생각하는 것. 따라서 過＝各於其黨의 관계에 있다. 일반적으로 “잘못은 각기 그 부류에 따라 다르다”고 해석하는 것은 “過는 各於其黨하다”고 보는 입장인데 이 글의 취지, “過는 各於其黨이다”를 곡해한 해석이다. 其黨은 견해를 같이 하는 집단으로 정치적, 사회적 집단으로 축소시켜 생각할 수도 있지만 민족, 국가, 피부색, 세대, 성, 종교, 사회계급, 직업 등으로 끝없이 확대 해석할 수도 있다. 공자는 이 過의 조건을 인간의 운명으로 인식하고 있으며 그것은 공자 자신에게 있어서도 예외가 아니다. 다만 그런 조건을 통찰하는 것만으로 역설적으로 과오에서 벗어난다는 것이 공자의 획기적 방법론이다.
- 觀過(관과) : 잘못을 보는 것. 즉 자기 견해나 입장이 자기 집단에 치우친 것일 수 있음을 관찰하고 객관적 이해를 찾아 노력하는 일. 여기서 觀過도 觀過＝知仁의 관계에 있다.
- 어짊에 대한 논어의 언급 중 백미라고 할 수 있는 이 단편은 이천오백 년 동안 전적으로 잘못된 해석에 묻혀 왔다. 종래의 해석은 이 단편의 진의에 근접조차 하지 못하고 있다.

4/8

선생님께서 말씀하셨다.

“아침에 도를 들으면 저녁에 죽어도 좋다.”

子曰:朝聞道,夕死可矣.

- 聞(문) : 듣다. 여기서 듣는다는 것은 단순한 청각적 들음을 의미하는 것이 아니라 들어 앎 내지 깨달음을 포함한다.
- 도가 목숨을 능가하는 지향점임을 천명한 대표적 단편이다. 이 말을 들은 제자들의 느낌이 어떠했을까를 짐작해 봄직한 단편이다.

4/9

선생님께서 말씀하셨다.

“선비가 도에 뜻을 두고도 남루한 옷과 거친 음식을 부끄러워한다면 아직 족히 서로 의논할 만하지 못하다.”

子曰:士志於道,而恥惡衣惡食者,未足與議也.

- 議(의) : 의논하다. 상의하다. 의견을 나누다.
- 앞장인 4/8과 더불어 도를 지향하는 자의 강한 의지를 말하고 있다.

4/10

선생님께서 말씀하셨다.

"군자가 천하를 대함에 있어서는 절대적으로 '이것이다' 하는 것도 없고 절대적으로 '이것은 아니다' 하는 것도 없다. (매사를) 옳음義에 견줄 따름이다."

子曰:君子之於天下也,無適也,無莫也.義之與比.

- 適(적) : 맞갖다. 꼭 들어맞다. 이것이다 하다. 즉 절대적 긍정.
- 莫(막) : 말다勿. 못하다. 이것은 안 된다. 즉 절대적 부정.
- 義之與比(의지여비) : (매사를) 義라는 척도에 견주다. 比를 親으로 본 형병邢昺의 견해나 從으로 본 주자의 견해보다 校견줌로 본 정약용의 견해가 합당해 보인다. 그는 『논어고금주論語古今注』에서 다음과 같이 말했다.
  "比는 비교를 말한다. 군자는 천하의 모든 사물에 대하여 꼭 해야 한다는 것도 없고 꼭 하지 말아야 한다는 것도 없다. 오직 의로움에 비교하여 의로움에 맞으면 이를 행하고 위배되면 그만두는 것이다. 이것이 이른바 시중時中의 의로움이다"比者校也.君子於天下之萬事萬物,無必焉,無勿焉.惟義是校,中於義則行之,違於義則止之.此所謂時中之義也.
- 15/25의 吾之於人也,誰毁誰譽와 의미상 맞닿아 있다.

4/11

선생님께서 말씀하셨다.

"군자는 덕을 마음에 두고 소인은 영토領土를 마음에 둔다. 군자는 엄히 정죄定罪되는 것을 마음에 두고 소인은 적당히 양해諒解되는 것을 마음에 둔다."

子曰:君子懷德,小人懷土.君子懷刑,小人懷惠.

종래의 해석 선생님께서 말씀하셨다. "군자는 덕을 마음에 두고 소인은 편히 살 곳을 마음에 둔다. 군자는 법에 대한 두려움을 마음에 두고 소인은 수혜受惠를 마음에 둔다."

- 懷德(회덕), 懷土(회토) : 德은 그 자체로서는 한 뼘의 영역도 가지지 않는 마음의 일편一片에 불과하지만 천하를 모을 수도 있다. 그러나 소인은 덕은 마음에 두지 않고 덕의 결과인 영토, 즉 그의 힘이 미치는 범위權域, 領域만을 마음에 둔다. 그러나 스스로 그 구심점이 되지 못하기에 종내 일신을 보전하기도 어려워진다. 여기서 德과 土는 정확히 대립되는 개념이다. 또 여기서 말하는 군자와 소인은 일반적 인간 유형이라기보다 주로 정치 지도자의 유형으로 제시되었다고 할 것이다.
- 懷刑(회형), 懷惠(회혜) : 懷刑은 높은 곳에 삶의 기준을 두고 자신의 잘못過과 미달을 자책하는 엄한 마음이다. "자신의 잘못을 보아 속으로 자기와 쟁송한다"見其過而內自訟(5/27)는 것이 바로 그것이다. 반대로 懷惠는 잘못과 미달이 있더라도 삶의 기준을 제멋대로 낮추거나 왜곡하여 그것을 합리화, 정당화하려는 왜소한 마음이다. 刑과 惠도 역시 정확히 대립되는 개념인데 여기서는 적당히 의역하였다.
- 君子貞而不諒(15/37), 人之生也直,罔之生也幸而免(6/19) 역시 같은 취지이니 刑과 貞과 直이 서로 통하고 惠와 諒과 幸而免이 서로 통한다.
- 이런 유의 단편은 공자 사상의 특히 높은 경지를 보여 주는데 자의字意의 함축성이 손쉬운 번역을 허용하지 않는다. 따라서 의역이 불가피하지만 의역으로도 원문의 의취를 충분히 전하기 어려운 면이 있다.

4/12

선생님께서 말씀하셨다.

"이해관계에 빠져 행동하면 원망하는 일이 많아진다."

子曰:放於利而行,多怨.

- 放(방) : 놓이다. 풀어지다. 빠지다.
- 多怨(다원) : "원망을 들음이 많아진다"고 수동태로 해석하기도 한다. 다만 이利에 놓여 행동하는 자의 행위 현상학이라는 차원에서 원망함이 많아진다고 능동태로 해석하였다. 따라서 원망을 들음이 많아진다는 해석도 불가능하지는 않으며 나름대로 의미를 지닌다.

4/13

선생님께서 말씀하셨다.

"예양으로써 나라를 위할 수 있다면 무엇이 더 필요하겠느냐? 예양으로써 나라를 위할 수 없다면 온갖 예가 무슨 소용이 있겠느냐?"

子曰:能以禮讓爲國乎,何有?不能以禮讓爲國,如禮何?

- 禮讓(예양) : 사양하는 예. 양보하는 예. 禮와 讓을 각각 독립적인 말로 이해하여 '예의와 겸양'으로 보기도 하나 그렇게 해석할 경우 뒤에 나오는 如禮何와 충돌된다는 문제점이 있다. 禮讓은 그 당시 이미 합성어로 쓰이고 있었던 것으로 보이며 요순의 양위讓位처럼 모든 禮 가운데에서 가장 차원 높은 행태를 지칭하는 용어였다.

- 何有(하유) : 무엇이 있겠느냐. 무엇이 더 필요하겠느냐. 何有는 원래의 의미에서 발전하여 "무슨 어려움이 있겠느냐"不難는 뜻으로 쓰이는 경우가 많으나 논어에서 何有가 쓰인 문장 대부분이 그렇듯 여기에서도 원래 의미로 해석하는 것이 말뜻을 더 분명하게 한다.
- 如禮何의 禮(예) : 앞에 나오는 禮讓과의 관계를 고려하면 제례, 상례, 의례 등 갖가지 분야의 개별적 예를 말한다 할 것이다.

4/14

선생님께서 말씀하셨다.

"위상이 없음을 고민하지 말고 어떻게 하면 설 것인가를 고민하여라. 아무도 나를 알아주지 않음을 고민하지 말고 알아줄 만큼 되기를 구하여라."

子曰:不患無位,患所以立.不患莫己知,求爲可知也.

종래의 해석 선생님께서 말씀하셨다. "벼슬자리 없음을 고민하지 말고 그런 자리에 설 것을 고민하여라. 아무도 나를 알아주지 않음을 고민하지 말고 알려지게 되기를 구하여라."

- 位(위) : 일반적으로 벼슬자리로 풀이하고 있으나 立, 즉 서는 일의 결과가 곧 位이므로 위상 내지 역할로 풀이하는 것이 공자의 의도에 부합한다.
- 求爲可知也(구위가지야) : 알아줄 정도가 되기를 구하여라. 이 문장을 "알려지게 되기를 구하라"로 번역하는 것은 잘못이다. 14/32의 不患人之不己知,患其不能也와 15/19의 君子病無能焉,不病人之不己知也를 참조할 수 있다.

4/15

선생님께서 말씀하셨다.

"삼參아, 나의 도는 하나로써 꿰어져 있단다."

증자가 말하였다.

"그렇습니다."

선생님께서 밖으로 나가시자 문인이 물었다.

"무엇을 말씀하신 것이지?"

증자가 말하였다.

"선생님의 도는 충忠과 서恕일 따름이야."

子曰:參乎,吾道一以貫之.曾子曰:唯.子出,門人問曰:何謂也?曾子曰:夫子之道,忠恕而已矣.

- 參(삼) : 증자曾子의 이름. 증자는 1/4 각주 참조.
- 一以貫之(일이관지) : 하나로써 관통하고 있다. 하나로써 꿰어져 있다. 일관성一貫性이란 말이 여기에서 나왔다.
- 唯(유) : 예, 그렇습니다. 긍정하는 대답.
- 忠恕(충서) : 忠은 中心, 恕는 如心으로 자해字解된다. 즉 忠은 敬에 입각한 진지한 마음, 恕는 남을 이해하고 공명하는 마음. 인간을 중심에 놓고 볼 때 忠은 하늘과의 수직적 관련성을 지니고 恕는 타자와의 수평적 관련성을 지닌다.

4/16

선생님께서 말씀하셨다.

"군자는 의로움에 깨치고 소인은 이로움에 깨친다."

子曰:君子喻於義,小人喻於利.

- 喻(유) : 깨치다. 깨닫다. 이해하게 되다. 공안국의 주에 의하면 喻는 曉와 같다.

4/17

선생님께서 말씀하셨다.

"슬기로운 사람을 보면 같아질 것을 생각하고 슬기롭지 못한 사람을 보면 속으로 자신을 살펴라."

子曰:見賢思齊焉,見不賢而內自省也.

- 齊(제) : 가지런히 하다. 가지런해지다. 즉 같아지다.

4/18

선생님께서 말씀하셨다.

"부모를 섬김에 있어서는 간곡히 건의하고 수용하지 않으려 하시더라도 여전히 존경하고 거스르지 않아야 하며 애는 쓰되 원망하지는 말아야 한다."

子曰:事父母幾諫,見志不從,又敬不違,勞而不怨.

- 幾(기) : 가까이近. 여기서 幾諫은 조용히 은밀하게 건의하는 것을 말한다.
- 見志不從(견지부종) : 뜻이 따르지 않을 것으로 보이다. 정약용은 자식이 따르지 않을 뜻을 부모에게 보이는 것이라는 설을 제기하고 있다. 가능성이 있지만 역시 종래의 해석이 무난하다고 여겨진다.
- 又(우) : 또. 거듭. 여기서는 "그렇더라도 여전히" 정도의 뜻.
- 勞而不怨(노이불원) : 勞心하되 원망하지는 않는다. 여기서 勞와 怨의 관계는 哀而不傷(3/20)이나 威而不猛(7/40) 등에서처럼 중정中正한 태도와 그렇지 못한 태도의 대비적 관계다.
- 이 단편은 위정자 집안의 젊은 후계자에게 들려주는 가르침이었을 것으로 추정된다. 당시 대부 등 세습 귀족 가문에서 자식은 그 어떤 가신들보다 영향력 있는 정책 조언자였을 것이다.

4/19

선생님께서 말씀하셨다.

"부모가 계시면 멀리 여행하여서는 안 되며 여행을 떠날 경우에는 반드시 행방이 정해져 있어야 한다."

子曰:父母在,不遠遊,遊必有方.

- 遊(유) : 여행. 단지 놀러 다니는 것을 의미하지는 않았을 것이다.

4/20

선생님께서 말씀하셨다.

“삼 년이 되도록 돌아가신 아버지의 노선을 바꾸지 않는다면 효성스럽다 할 수 있다.”

子曰:三年無改於父之道,可謂孝矣.

- 1/11과 중복되는 단편이다. 역시 일반 가정을 전제로 한 것이 아니라 세습제가 적용되는 위정자의 집안을 전제로 한 것이다.

4/21

선생님께서 말씀하셨다.

“부모의 나이는 알고 있지 않으면 안 되니 한편으로는 그로써 기뻐하고 한편으로는 그로써 두려워한다.”

子曰:父母之年,不可不知也.一則以喜,一則以懼.

- 年(년) : 나이. 연령.
- 懼(구) : 두려워하다.
- 오래 사시는 것에 대해서는 기뻐하고 돌아가실 날이 가까워 온다는 것을 생각해서는 두려워한다는 뜻이다.

4/22

선생님께서 말씀하셨다.

"옛사람들이 말을 하지 않았던 것은 자신의 됨됨이가 그 말에 미치지 못하는 것을 부끄러워했기 때문이다."

子曰:古者言之不出,恥躬之不逮也.

- 躬(궁) : 몸. 몸소. 실천
- 逮(체) : 미치다及. 따라잡다.

4/23

선생님께서 말씀하셨다.

"다잡고도 그것을 잃어버리는 자는 드물다."

子曰:以約失之者鮮矣.

종래의 해석 선생님께서 말씀하셨다. "검약함(다잡음)으로써 실수(실패)하는 자는 드물다."

- 約(약) : 다잡음. 자기 자신을 안일과 세상의 속된 가치관으로부터 지켜냄. 4/2에 나오는 約과 같은 의미다. 해당 단편의 주 참조.
- 失(실) : 잃어버리다. 실수하다 또는 실패하다로 새기는 것은 잘못이다.
- 鮮(선) : 드물다.

4/24

선생님께서 말씀하셨다.

"군자는 말에는 서투르고 실천에는 민첩하기를 원한다."

子曰:君子欲訥於言而敏於行.

- 訥(눌) : 말을 더듬다. 어눌하다. 뒤에 나오는 敏과 의미상 對를 이루고 있다.
- 敏(민) : 민첩하다. 재빠르다. 차질 없고 빈틈이 없다.

4/25

선생님께서 말씀하셨다.

"덕은 외롭지 않고 반드시 이웃이 있다."

子曰:德不孤,必有鄰.

- 鄰(린) : 이웃. 隣과 같음.

4/26

자유子游께서 말씀하셨다.

"임금을 섬김이 여러 번이라는 것은 곧 욕된 일이다. 벗이 여럿이라는 것은 곧 친밀하지 않다는 것이다."

子游日:事君數,斯辱矣.朋友數,斯疏矣.

종래의 해석 자유께서 말씀하셨다. "임금을 섬김에 간언이 잦으면 욕을 보게 되고 벗을 사귐에 충고가 잦으면 사이가 멀어진다."

- 子游(자유) : 공자의 제자. 2/7의 각주 참조.
- 數(수) : 네댓. 대여섯. 여러. '삭'으로 읽고 '자주'로 해석하기도 하나河晏 택하지 않는다. 정현鄭玄은 '수'로 읽고 있다.
- 斯(사) : 곧. 즉則.
- 疏(소) : 성기다. 소원疏遠하다.
- 종래의 해석은 자의字意상으로나 문맥상으로나 의미상으로 모두 무리하다. 역자의 해석과 다소 비슷한 견해로 여씨呂氏의 다음과 같은 해석이 있다. "여씨가 말하였다. 數는 자주 바꾸는 것이다. 한 임금을 섬김에 불충하면서 또 다른 임금을 바꾸어 섬기기를 여러 번에 이르면 임금이 그 하는 바를 믿지 아니하여 욕을 당한다. 벗을 사귐에 있어서도 역시 그러기를 여러 번에 이르면 역시 그 하는 바를 믿지 아니하여 소원함을 초래한다."呂氏日:數,亟改也.事是君而不忠,又改事一君,至於數則君不信所以,取辱.朋友亦然,至於數,亦不信所以,取疏也.『論語精義』

  다만 여씨도 斯辱矣와 斯疏矣를 보는 관점은 역시 종래의 입장과 같다.

5
공야장公冶長

거의 모든 장이 인물에 대한 직접적, 간접적 평가로 이루어진 특이한 편이다. 그 대상은 제자들에서부터 동시대인, 역사상 인물 등에 이르기까지 광범위하다.

5/1

선생님께서 공야장公冶長[1]을 두고 말씀하셨다.

"가히 사위를 삼을 만하다. 비록 영어囹圄의 상태에 있지만 그의 죄가 아니다" 하고 당신의 딸을 그에게 시집보내셨다.

子謂公冶長:可妻也.雖在縲絏之中,非其罪也.以其子妻之.

- 縲絏(누설) : 縲는 검은 새끼줄, 絏은 매다, 결박하다. 즉 검은 새끼줄로 결박된 영어囹圄의 상태를 말한다.
- 妻(처) : 시집보내다.
- 其子(기자) : 그의 딸.
- 공자가 공야장을 사위로 삼으며 그의 사람됨을 평가한 말인데 자세한 내막은 어디에도 기록된 바 없다. 그러나 죄인을 사위로 삼는다는 것은 당시로서도 주변의 눈치를 보아야 하는 매우 어려운 결단이었을 것이다. 그의 사람됨에 문제가 없다는 판단만으로 결단을 내린 것이 공자답다.

5/2

선생님께서 남용南容[2]을 두고 말씀하셨다.

"나라에 도가 있어도 추구함을 폐하지 않겠고 나라에 도가 없더라도 처형은 면할 사람이다"

---

1) 공야장(公冶長) : 공자의 제자이자 사위. 성은 公冶, 이름은 지(芝)라고도 하고 장(萇)이라고도 한다. 자는 子長. 唐寫本 論語鄭氏注에서는 편명과 이름이 모두 公冶萇으로 되어 있다.

2) 남용(南容) : 공자의 제자이자 조카사위. 일반적으로 성은 南宮, 이름은 适(괄) 또는 縚(도), 자는 子容이라고 하나 14/6의 남궁괄과 동일인으로 보는 이 견해는 뚜렷한 근거가 없다. 특히 남용을 맹의자(孟懿子)의 형인 남궁경숙(南宮敬叔)으로 보는 주자의 견해는 최술(崔述)도 그의 『수사고신록(洙泗考信錄)』에서 근거 없음을 비판하고 있다.

하고 당신 형의 딸을 그에게 시집보내셨다.

子謂南容:邦有道不廢,邦無道免於刑戮.以其兄之子妻之.

종래의 해석 선생님께서 남용을 두고 말씀하셨다. "나라에 도가 있으면 버림을 당하지 않겠고 나라에 도가 없더라도 처형은 면할 사람이다."

- 廢(폐) : 폐하다. 버리다. 즉 도道 추구함을 버리다. 6/12의 力不足者,中道而廢에서의 용례와 같다. 일반적으로 "관직에 등용되지 못한다"는 뜻으로 해석하는 것은 잘못으로 보인다.
- 刑戮(형륙) : 법에 의해 죽임을 당함. 즉 과격하게 행동하다가 잡혀 처형당함.
- 兄(형) : 『공자가어』에 의하면 공자에게는 맹피孟皮라는 이복형이 있었다. 공자의 자 仲尼의 仲은 공자가 둘째아들이었음을 말해 주고 있다.
- 이 단편은 공자의 말뜻을 깊이 헤아릴 필요가 있다. 공자가 남용을 긍정적으로 평가한 말을 뒤집어 놓으면 "나라에 도가 있으면 추구함을 폐하고 나라에 도가 없으면 처형을 당한다"가 된다. 바로 狂簡之士의 행태가 그려진다. 그들은 과격하고 단순하기 때문에 세월이 좋아지면 금방 추구함을 폐해 버리고 세월이 나빠지면 저돌적으로 나아가다가 목숨을 잃기까지 한다. 남용도 공자를 둘러싸고 있던 많은 狂簡之士들 가운데에 있었지만 그들과는 다른 신중한 면모를 지니고 있었고 공자는 이 점을 각별히 평가했던 것으로 보인다. 남용은 11/6에 한 번 더 등장하는데 역시 신중하게 자신을 성찰하는 모습을 보여 주고 있다.

5/3

선생님께서 자천子賤[3]을 두고 말씀하셨다.

"군자로구나, 이런 사람은! 노나라에 군자다운 자가 없다면 이 사람이 어디서 이러함을 취할 수 있었겠느냐?"

子謂子賤:君子哉若人!魯無君子者,斯焉取斯?

- 若人(약인) : 이런 사람. 若은 뒷문장의 두 번째 斯와 관련됨.
- 君子者(군자자) : '君子'만으로도 표현이 가능하지만 군자다운 자라는 뜻으로 者자가 덧붙여졌다. 8/7에는 君子人이라는 표현도 나온다. 두 경우 모두 君子라는 말이 점점 추상화되어 가고 있었음을 보여 주는 예라 할 것이다.
- 斯(사) : 斯焉取斯 중 앞의 斯는 자천을 지칭하고 뒤의 斯는 그의 군자다움을 가리킨다.
- 자천을 알고 있던 당시 사람들에게는 매우 의미 있는 단편이었을 것이다. 그러나 자천의 군자다운 면모가 어디에도 기록되어 있지 않기 때문에 단편 자체가 공허하게 느껴진다.

5/4

자공子貢이 물었다.

"저는 어떠합니까?"

선생님께서 말씀하셨다.

"너는 그릇이다."

---

3) 자천(子賤) : 공자의 제자. 성은 복(宓), 이름은 부제(不齊), 자는 자천(子賤). 공자보다 30세(『공자가어』에는 40세) 연하였다. 『여씨춘추』 察賢편에 그는 선보(單父)의 읍재를 지낼 때 당(堂)에서 거문고만 타고 내려오는 일이 없었지만 선보는 잘 다스려졌다고 기록되어 있다.

자공이 말하였다.

"어떤 그릇입니까?"

선생님께서 말씀하셨다.

"호련瑚璉이다."

子貢問曰:賜也,何如?子曰:女器也.曰:何器也?曰:瑚璉也.

- 賜(사) : 자공의 이름.
- 瑚璉(호련) : 종묘에서 제사를 지낼 때 기장밥黍稷을 담는 옥으로 장식된 귀중한 제기祭器.
- 공자는 "군자는 그릇이 아니다"君子不器(2/12)고 했다. 그런데 여기서 "너는 그릇이다"女器也라고 했으니 일단 자공은 군자에 미달한다고 냉정하게 평가한 셈이다. 그러면서도 제기祭器인 호련이라고 했으니 그릇 중에서는 지상의 일반적 용도를 넘어선, 제례상의 특수한 용도를 지닌 그릇으로 인정해 주고 있다. 자공의 지적 수준이 가진 미묘한 위상을 정확히 찌르고 있는 이 대화는 두 사람만의 매우 섬세하고 델리케이트한 교감을 보여 준다는 점에서 감탄할 만한 기록이라 생각한다.

5/5

어떤 사람이 말하였다.

"옹雍[4]은 어질기는 하나 말재간이 없습니다."

선생님께서 말씀하셨다.

"말재간이야 무슨 소용이 있겠습니까? 능란한 구변으로 남을 제

4) 옹(雍), 중궁(仲弓) : 공자의 제자. 성은 염(冉), 이름은 옹(雍), 자는 중궁(仲弓). 말은 잘 못했지만 덕이 있었고 가르침의 핵심을 잘 짚었다. 훗날 계강자의 가재(家宰)가 되었다.

압하면 남에게 미움만 자주 받게 됩니다. 그가 어진지는 모르겠지만 말재간이야 무슨 소용이 있겠습니까?"

或曰:雍也,仁而不佞.子曰:焉用佞?禦人以口給,屢憎於人.不知其仁,焉用佞?

- 佞(녕) : 재주. 말재주. 말재간.
- 禦(어) : 막다. 방해하다. 제압하다.
- 給(급) : 말을 잘 하다. 말을 민첩히 하다.口捷
- 屢(누) : 자주.

5/6

선생님께서 칠조개漆彫開[5]에게 관직을 맡으라 하시니 그가 선생님께 말하였다.

"그것을 감당할 수 있을지 저는 자신이 없습니다."

선생님께서 기뻐하셨다.

子使漆彫開仕.對曰:吾斯之未能信.子說.

- 仕(사) : 벼슬하다. 관직에 나아가다.
- 斯(사) : 그것. 여기서는 벼슬하는 것仕을 가리킨다.
- 說(열) : 기뻐하다.

---

5) 칠조개(漆彫開) : 공자의 제자. 성은 칠조(漆彫 또는 漆雕), 이름은 계(啓), 자는 자개(子開). 논어에는 단 한 번 이름이 나오지만 『한비자(韓非子)』에 따르면 훗날 공자의 제자들이 주축이 된 학파 중에는 칠조씨(漆彫氏)파도 있었다고 한다.

5/7

선생님께서 말씀하셨다.

"도道가 행해지지 않아 뗏목을 타고 바다 위에 떠도는 것 같구나. 나를 따를 자는 바로 유由일 게다."

자로子路가 그 말을 듣고 기뻐하자 선생님께서 말씀하셨다.

"유由는 용기를 좋아하는 것은 나보다 더 하나 뗏목감을 구할 바가 없구나."

子曰:道不行,乘桴浮于海.從我者其由與.子路聞之喜.子曰:由也好勇過我,無所取材.

종래의 해석 선생님께서 말씀하셨다. "도가 행해지지 않아 뗏목을 타고 바다로 떠날까 하는데 나를 따를 자는 바로 유일 게다." 자로가 그 말을 듣고 기뻐하자 선생님께서 말씀하셨다. "유는 용기를 좋아하는 것은 나보다 더 하나 사리를 분간할 줄 모른다."

- 桴(부) : 떼. 뗏목.
- 浮于海(부우해) : 바다 위에 떠돌다. 바다로 나가는 것으로 본 종래의 해석은 잘못이며 바다는 도가 행해지지 않는 세상을 비유하고 있다. 어쩌면 기록자도 이 말이 비유일 줄 몰랐을 가능성이 있다.
- 子路(자로) : 공자의 제자. 이름은 유由. 2/17 각주 참조.
- 材(재) : 재목. 뗏목을 만들 재목을 말함. 따라서 『논어집해論語集解』에서 정현鄭玄이 材를 桴材로 본 해석이 옳다. 주자가 材를 "헤아려 처리하는 것"裁度으로 본 것은 잘못이다. "뗏목을 만들 재목"은 도가 행해지지 않는 세상에서 도를 추구하며 살아가기 위한 방법론적 요체를 비유한 것이다.
- 원래의 대화에서는 道不行, 乘桴浮于海와 從我者其由與 사이에 약간의

간격이 있었으리라 짐작된다. 즉 乘桴浮于海에 대해 언급하다가 그 말이 자연스럽게 從我者其由與에까지 이어졌을 것이다. 따라서 둘을 하나의 문장으로 보아 道不行,乘桴浮于海를 從我者其由與의 조건절처럼 너무 밀착시켜 해석하면 종래의 해석들처럼 뗏목을 타고 바다로 나간다는 즉자적 해석의 오류에 빠지게 된다. 子路聞之喜의 "듣고 기뻐했다"는 것도 그 자리에서 직접 듣고 기뻐했다는 것이 아니라 다른 자리에서 전해 듣고 기뻐했다는 말이다. 따라서 由也好勇過我 이하의 말도 또 다른 자리에서의 발언이다. 결국 이 단편은 어느 예민한 관찰자가 자신이 본 일련의 언행을 대단히 간명하게 정리한 것이라 하겠다. 道不行,乘桴浮于海는 공자가 세상과 자신의 관계를 그리고 있는 매우 드문 단편이라는 점에서 주목할 가치가 있다.

5/8

맹무백孟武伯이 물었다.

"자로子路는 어진가요?"

선생님께서 말씀하셨다.

"모르겠습니다."

또 그가 묻자 선생님께서 말씀하셨다.

"유由는 제후의 나라에서 병무兵務를 관장시킬 수는 있을 것입니다. 그러나 그가 어진지는 모르겠습니다."

"구求는 어떻습니까?"

선생님께서 말씀하셨다.

"구求는 천 호戶의 고을에서 읍재를 맡기거나 백승百乘의 가家에서 가재를 맡길 수는 있을 것입니다. 그러나 그가 어진지는 모르겠습니다."

"적赤[6]은 어떻습니까?"

선생님께서 말씀하셨다.

"적赤은 허리띠를 매고 조정에 나아가 빈객과 더불어 담론하게 할 수는 있을 것입니다. 그러나 그가 어진지는 모르겠습니다."

孟武伯問:子路仁乎?子曰:不知也.又問.子曰:由也,千乘之國,可使治其賦也.不知其仁也.求也,何如?子曰:求也,千室之邑,百乘之家,可使爲之宰也.不知其仁也.赤也,何如?子曰:赤也,束帶立於朝,可使與賓客言也.不知其仁也.

- 孟武伯(맹무백) : 노나라의 대부. 2/6 각주 참조.
- 子路(자로) : 공자의 제자. 2/17 각주 참조.
- 賦(부) : (임무를) 부여하거나 (책임을) 지운다는 것이 원래의 뜻이며 조세 부담을 비롯하여 각종 부역, 군역 등과 광범위하게 관련된다. 따라서 여기서는 그 중 어느 한 가지만을 가리킨다고 보기는 어려우며 조세, 내무, 병무 등이 분화되지 않았던 당시의 사정을 생각할 때 방내邦內의 거주민을 포괄적으로 관장하고 동원하는 일을 의미한다고 하겠다. 『논어집해論語集解』에서 공안국은 병부兵賦로, 정현은 군부軍賦로, 비슷하게 보았고 『설문說文』에서는 조세斂로 보았다.
- 千室之邑(천실지읍) : 천호의 성읍. 제법 큰 규모의 마을.
- 百乘之家(백승지가) : 병거 일백 기를 동원할 수 있는 세력 있는 대부의 가문.
- 求(구), 赤(적) : 求는 염유冉有, 赤은 공서화公西華의 이름.
- 맹무백이 세 제자만 거명하며 어진지를 물은 이유는 분명치 않다. 다만

---

6) 적(赤), 공서화(公西華) : 공자의 제자. 성은 공서(公西), 이름은 적(赤), 자는 자화(子華). 공자보다 42세 연하였고 크게 두각을 나타내지는 못하였으며 다소 현실적인 인물로서 의례적인 일에 종사하기를 좋아했던 것 같다. 『예기(禮記)』에 공자가 죽었을 때 그가 지(志)를 지었다는 기록이 나온다.

자로, 염유, 공서화는 현실 정치에 관심이 많았고 체질적으로도 정치에 어울리는 자들이었다는 점, 공자의 답변이 질문의 범위를 넘어 그들의 다른 소양을 언급하고 있다는 점에서 정치적 천거를 염두에 둔 대화였을 가능성이 높다. 6/8에서는 공자가 명백히 인물 천거를 목적으로 자로, 염유, 자공을 두고 계강자와 대화하고 있으며 11/23, 11/25, 11/27, 16/1에서도 이들은 둘씩 혹은 셋씩 함께 등장하고 있다.

5/9

선생님께서 자공子貢에게 말씀하셨다.

"너 자신과 회回를 비교할 때 누가 낫다고 보느냐?"

자공이 대답하였다.

"제가 어떻게 감히 회를 넘보겠습니까? 회는 하나를 들으면 열을 알지만 저는 하나를 들으면 둘을 알 뿐입니다."

선생님께서 말씀하셨다.

"그만 못하단다. 나와 너는 그만 못하단다."

子謂子貢曰:女與回也,孰愈?對曰:賜也,何敢望回?回也,聞一以知十.賜也,聞一以知二.子曰:弗如也.吾與女,弗如也.

- 女(여) : 너. 汝와 같음.
- 孰愈(숙유) : 孰은 누구. 愈는 낫다. 즉 누가 나으냐?
- 賜(사), 回(회) : 賜는 자공子貢, 回는 안연顔淵.
- 吾與女,弗如也(오여여, 불여야) : 나와 너는 그만 못하다. 弗은 不과 같다. 『논어집해論語集解』에서 포함包咸은 "이미 자공이 회만 못하다고 하고서 다시 나와 너는 모두 회만 못하다 한 것은 대개 자공의 마음을 위로하기 위한 것"既然子貢弗如,復云吾與爾俱不如者,蓋欲以慰子貢心也이라 했다. 또 황간皇

侃은 이 문장을 풀이하면서 "네가 회만 못함을 나와 네가 함께 밝힌 것"我與爾俱明汝不如也이라 하고 "나 역시 회만 못하다는 뜻은 아니다"非言我亦不如也라고 강변하였다.『論語義疏』 이후 이러한 해석은 형병邢昺과 주자에 의해 이어져 왔다. 그러나 공자의 말뜻은 언표한 그대로 "나와 너는 회만 못하다"는 뜻이었다. 단지 자공을 위로하기 위해 자신까지 포함하여 안연만 못하다는 등 의례적 언급을 했다는 것은 공자의 사람됨을 고려할 때 가정하기 어렵다. 성숙된 인격까지는 아닐는지 몰라도 이해력이나 발전 속도 등에서 안연은 실제 공자보다 뛰어난 면이 있었다고 볼 것이다.

5/10

재여宰予가 낮잠을 자니 선생님께서 말씀하셨다.

"삭은 나무에는 조각을 할 수 없고 분토糞土로 된 담장에는 흙손을 댈 수 없다. 여予에게 무슨 꾸지람을 하겠느냐?"

선생님께서 말씀하셨다.

"처음에는 내가 사람을 대함에 그 말을 듣고 그 행동을 믿었으나 지금은 내가 사람을 대함에 그 말을 듣고 그 행동을 살핀다. 여予로 인하여 이를 고쳤다."

宰予晝寢.子曰:朽木不可雕也,糞土之牆,不可杇也.於予與何誅?子曰:始吾於人也,聽其言而信其行.今吾於人也,聽其言而觀其行,於予與改是.

- 宰予(재여) : 공자의 제자. 재아宰我라고도 함. 3/21 각주 참조.
- 朽木(후목) : 삭은 나무. 썩은 나무.
- 雕(조) : 다듬다. 조각하다.
- 糞土(분토) : 『좌전左傳』에 是糞土也 등의 문장이 나오고는 있으나 정확

히 고증되지 않았다. 유보남劉寶楠 등은 더러운 흙穢土이라는 설을 취하고 있지만 적절하지 않다. 대체로 잘 뭉쳐지지 않는 푸석푸석한, 점성粘性이 낮은 종류의 흙을 가리키는 것으로 보인다.

- 牆(장) : 담. 담장.
- 杇(오) : 흙손.
- 於予(어여) : 予는 재여의 이름. 재여宰予에게.
- 與(여) : 주자는 어조사로 보고 있다.
- 誅(주) : 꾸지람. 벌.
- 改是(개시) : 정약용은 "전에 하던 식을 고친다"改前法也는 뜻으로 보았다.

5/11

선생님께서 말씀하셨다.

"나는 아직 굳센 사람을 보지 못하였다."

누군가가 말하였다.

"신정申棖[7]이 있지 않습니까?"

선생님께서 말씀하셨다.

"신정은 욕심이 많으니 어찌 굳셈을 얻었겠느냐?"

子曰:吾未見剛者.或對曰:申棖.子曰:棖也慾,焉得剛?

- 剛(강) : 굳세다. 강건하다.
- 慾(욕) : 욕심. 욕심이 많다. 欲은 단지 하고자 하는 것이고 慾은 폐쇄적

---

7) 신정(申棖) : 논어에 단 한 번 나올 뿐 어디에서도 자세한 인적사항이 나오지 않는다. 정현(鄭玄)은 공자의 제자 신속(申續)이라 말하고 있지만 신속도 알려지지 않은 인물이기는 마찬가지다. 공자의 제자는 아니라는 것이 통설이나 전후의 단편들이 대부분 공자의 제자들에 관한 단편임을 고려하면 제자였을 가능성도 배제할 수 없다.

인 욕망이다. 자신이 원하는 것이면 수단과 방법을 가리지 않고 기어코 목적을 성취하려는 집요함이 굳셈剛과 혼동될 소지를 지니는 것이다.

5/12

자공子貢이 말하였다.

"저는 남이 저에게 가하는 것도 바라지 않고 저도 역시 남에게 가하지 않고자 합니다."

선생님께서 말씀하셨다.

"사賜야, 네가 이르러야 할 바가 아니다."

子貢曰:我不欲人之加諸我也,吾亦欲無加諸人.子曰:賜也,非爾所及也.

종래의 해석 자공이 말하였다. "저는 남이 저에게 해롭게 하는 것을 바라지도 않고 저도 역시 남에게 해롭게 하지 않고자 합니다." 선생님께서 말씀하셨다. "사야, 네가 할 수 있는 일이 아니다."

- 加諸我(가저아) : 加之於我, 나에게 무언가를 가하다. 즉 남에 의하여 내가 은혜를 입거나 어떤 행동을 강요받는 등 나의 자율적 영역이 침해되는 모든 것. 따라서 加諸人은 마찬가지로 내가 남에게 도움을 주거나 행위를 강요하는 것들을 말한다. 따라서 加를 단지 부정적 의미의 가해로 보는 것은 이 단편에 관한 한 해당이 없다고 본다.
- 非爾所及也(비이소급야) : 네가 이를 바가 아니다. 네가 이르러야 할 바가 아니다. 네가 말한 것은 네가 지향해야 할 목표가 아니다. 즉 목표가 잘못 설정되었음을 지적한 말이다. 일반적 해석처럼 목표가 너무 요원하여 "네가 미칠 수 있는 바가 아니다"라는 얘기가 아니다. 공자는 논어의

어느 곳에서도 능력이 부족하여 바람직한 목표에 이르지 못할 것이라는 얘기를 한 적이 없다. 또 그런 뜻이었다면 所及 대신 可及을 썼어야 했다. 5/21의 其愚不可及也를 참조할 수 있다.

- 이 단편은 자공에 대한 종합적 이해가 뒷받침되어야 이해 가능한 단편이다. 공자는 자공에게 그의 타고난 대외지향성對外指向性을 경고하면서 늘 자기 자신에게서 모든 것이 비롯된다고 가르쳤고, 자공은 이러한 가르침의 영향으로 급기야 속된 독아론獨我論에 빠진 것으로 보인다. 그러나 공자의 일관된 철학인 구저기求諸己, 즉 자기 자신에게서 모든 것을 구한다는 것은 독아론은 아니기 때문에 자공이 가치관의 혼란 속에서 설정한 독아론적 목표는 궁극적 지향점이 아님을 말해 준 것이 아닌가 한다.
- 여기서 문제가 되고 있는 것은 공자 사후, 전국戰國 초기의 사상계가 양주楊朱의 위아론爲我論과 묵적墨翟의 겸애론兼愛論으로 양분될 정도로 중요한 철학적 과제였던 만큼 전통적 해석처럼 안이하게 설명할 수 없는 문제다.

5/13

자공子貢이 말하였다.

"선생님의 문화론文化論은 들어 볼 수 있었으나 선생님께서 인성人性과 천도天道에 대해 말씀하시는 것은 들어 볼 수 없었다."

子貢曰:夫子之文章,可得而聞也.夫子之言性與天道,不可得而聞也.

- 文章(문장) : 여기서 말하는 문장은 오늘날 말하는 문장sentence이 아니라 예악이나 역사, 정치 등 제반 문화에 관하여 기록되고 구축된 지식 전반을 가리킨다.
- 性與天道(성여천도) : 인간의 본성과 하늘의 도리.
- 공자가 인성과 천도에 관해 말하지 않았다는 것은 인성과 천도에 대한 관심이 공문의 실천적 과제를 단지 관념적 추구로 왜곡시킬 우려가 있었

때문이다. 그런 폐단은 나중에 송대 성리학에서 전형적으로 나타났다 할 수 있다. 따라서 송유宋儒들은 모두 이 단편을 왜곡되게 해석하였는데 주자는 정자의 견해를 좇아 공자가 인성과 천명에 대해 말하는 것을 자공이 처음으로 듣고 그 아름다움을 찬탄한 말이라 하였다.至於性與天道,則夫子罕言之, 而學者有不得聞者.蓋聖門敎不躐等,子貢至是,始得聞之,而歎其美也.程子曰:此子貢,聞夫子之至論,而歎美之言也『論語集註』. 만약 이 단편이 원래 공자의 말뜻대로 해석된다면 송대 성리학은 일시에 그 기반을 잃게 되는 심각한 문제가 발생한다. 주자 등이 형병邢昺의 견해를 뛰어넘어 성리학에 유리하게 억지 해석을 시도한 것은 모두 공자의 진의를 찾기에 앞서 자신들의 학문적 입장을 옹호하려는 무의식 내지 반의식이 앞섰기 때문이라 하겠다.

- 형병邢昺은 공자가 성과 천도에 대해서 말했지만 너무 심오하고 어려워 자공이 알아듣지 못하였다는 뜻으로 보고 있다. 실제 논어 편집자도 그런 이해를 바탕으로 이 기록을 인물에 대한 평가만을 모은 제5편에 수록한 것으로 보인다. 물론 그것도 잘못된 해석이다.
- 자공이 이런 말을 하였다는 것은 당시에 이미 인성과 천도에 관한 관심이 나타나고 있었으며 공자는 그런 형태의 관심을 경계하였다는 사실을 남기고 싶었기 때문일 것이다.

5/14

자로子路는 선생님의 말씀을 들음에 있어 능히 실천할 수 없을 것 같으면 오직 듣는 것 자체를 두려워했다.

子路有聞,未之能行,唯恐有聞.

종래의 해석 자로는 선생님의 말씀을 듣고 아직 능히 실천하지 못하였으면 또 다른 가르침을 듣는 것을 두려워했다.

- 有聞(유문) : 들음이 있음. 즉 공자로부터 가르침을 들음.
- 未之能行(미지능행) : 능히 행할 수 없을 것 같으면. 도저히 실천할 수 없을 것 같으면. 未는 能行에 대한 부정에 가까우며 논어에서 아직 다 마치지 않았다未盡는 뜻으로 쓰인 예는 거의 없다. 따라서 이 부분을 "아직 다 행하지 못한 상태에서" 로 풀이하는 것은 잘못된 것이다. 1/2에 나오는 未之有也 참조.
- 唯恐有聞(유공유문) : 오직 들음이 있을까 두려워하다. 즉 행할 수 없기 때문에 듣는 것 자체를 두려워했다는 자로의 회피적 태도를 지적한 것이다. 전통적으로 "또 다른another 가르침이 있을까 두려워했다"라고 하여 실천에 대한 자로의 의지를 드러낸 것으로 해석하는 것은 잘못이다.
- 공자가 제시하는 삶의 길에 대한 자로 특유의 반응은 그가 나름대로 진실하고 정직한 사람이었음을 보여 주는 것이면서 동시에 자신의 부족한 상태에 집착함으로써 그 이상의 세계에 대한 미묘한 저항 심리를 드러내고 있다. 자로의 이 델리케이트한 심리를 잘 이해하지 않으면 종래의 해석과 같이 무의미하고 기계론적인 해석에 빠지게 된다.

5/15

자공子貢이 물었다.

"공문자孔文子[8]를 어찌하여 문文이라 부르게 되었습니까?"

선생님께서 말씀하셨다.

"실천에 민첩하고 배우기를 좋아하여 아랫사람에게 묻는 것을 부끄럽게 생각하지 않았기 때문에 문文이라 부르게 되었다."

---

8) 공문자(孔文子) : 위나라의 대부이자 위령공(衛靈公)의 사위. 성은 공(孔), 이름은 어(圉) 또는 중숙어(仲叔圉). 문(文)은 시호(諡號)다. 위령공이 죽은 후 공문자는 위나라의 사실상의 실권자였으며 공자가 외유의 마지막 5년 동안 위나라에 머무를 때도 주로 그의 후원을 받았던 것으로 보인다. 자로(子路)도 역시 이 집안의 도움을 받았는데 공문자 사후 위나라에서 정변이 일어났을 때 공문자의 아들 공회(孔悝)를 구출하려다 죽음을 맞게 된다.

子貢問曰:孔文子,何以謂之文也?子曰:敏而好學,不恥下問,是以謂之文也.

- 敏(민) : 민첩함. 기민함. 철저함. 여기서는 보어 없이 단독 술어로 쓰였지만 1/14의 敏於事, 4/24의 敏於行, 7/21의 好古敏以求之 등으로 미루어 볼 때 역시 실천이나 배움에 있어서의 민첩함을 뜻한다 할 것이다.
- 不恥下問(불치하문) : 이 말에는 생전의 공문자가 공자 자신에게 자문 구하기를 즐겨했던 개인적인 경험이 어느 정도 작용했을 것으로 보인다.
- 자공의 질문에는 공문자에게 문文이란 시호를 내린 것은 지나친 조치가 아니냐는 의문이 섞여 있다. 왜냐하면 문文이라는 시호는 시호 가운데에서도 가장 명예로운 시호인데 공문자가 그런 시호를 받을 정도는 아니지 않느냐는 생각을 자공은 가졌던 것으로 보인다. 다만 자공이 공문자를 좋지 않게 여겨 불만 섞인 질문을 한 것으로 보는 것은 지나친 해석이라 하겠다.

5/16

선생님께서 자산子產[9]에 대해 말씀하셨다.

"그는 군자의 도道 네 가지를 갖추고 있었다. 스스로 처신함에 있어서는 공손했고 윗사람을 섬김에 있어서는 공경스러웠으며 백성을 돌봄에 있어서는 은혜로웠고 백성을 부림에 있어서는 의로웠다."

---

9) 자산(子產) : 정(鄭)나라의 대부. 성은 공손(公孫), 이름은 교(僑), 자는 자산(子產) 또는 자미(子美). 공자가 31세 되던 해 50여 세의 나이로 죽었다. 그는 높은 인격과 탁월한 외교적 역량의 소유자로서 춘추시대의 가장 뛰어난 정치가였는데 간공(簡公), 정공(定公)을 도와 진(晋)과 초(楚) 사이에 낀 약소국 정(鄭)나라를 잘 이끌었다. 『좌전』을 비롯한 각종 전적에서 그의 슬기롭고도 자애로운 인품을 보여 주는 감동적인 기록을 많이 볼 수 있다. 이 노정객이 죽었을 때 장정들도 소리 내어 울고 노인들도 어린애처럼 울었다고 하는데 공자도 이때 눈물을 흘리며 "옛날의 진실한 사랑을 이어받은 사람이었다"(古之遺愛也)고 추모했다고 한다. 공자는 실제 그로부터 많은 영향을 받았을 것으로 보인다.

子謂子産:有君子之道四焉.其行己也恭,其事上也敬,其養民也惠,其使民也義.

- 行己(행기) : 자기 자신을 행함. 스스로 행동함. 스스로 처신함.
- 養民(양민) : 백성들을 돌보고 잘 살게 해주는 일.
- 使民(사민) : 전쟁, 축성, 사역 등 백성들로 하여금 일정한 역할을 하게 하는 일체의 동원 행위

5/17

선생님께서 말씀하셨다.

"안평중晏平仲[10]은 사람들과 사귀기를 잘 하였는데 오래 사귀어도 상대방을 공경하였다."

子曰:晏平仲,善與人交,久而敬之.

- 이 단편은 사귄 지가 오래되면 대부분 서로 존경하는 마음이 해이해지는 일반적 현상을 배경으로 하고 있다.

---

10) 안평중(晏平仲) : 제(齊)나라의 대부. 성은 안(晏), 이름은 영(嬰), 자는 중(仲), 시호는 평(平). 흔히 관중(管仲)과 더불어 관안(管晏)이라 불릴 정도로 춘추시대의 대표적 정치가다. 공자가 52세 되던 해에 죽었으므로 공자에게는 약간 선배가 되는 동시대인이다. 재상이 되어서도 두 가지 고기반찬을 먹지 않았고 아내에게 비단옷을 입히지 않았다. 또 임금에게 직언할 때는 얼굴빛을 살피지 않았다. 사마천은 「관안열전(管晏列傳)」에서 "안자가 오늘날에 있다면 나는 그를 위해 채찍을 잡는 마부가 되는 것도 사양하지 않을 만큼 그를 흠모한다"고 밝혔다. 공자가 젊어서 제나라에 갔을 때 경공에게 공자와 관련하여 여러 가지 적대적인 견해를 피력한 것이 『사기』「공자세가(孔子世家)」나 『공자가어』에 기록되어 있지만 대부분 믿을 만한 자료가 못 된다.

5/18

선생님께서 말씀하셨다.

"장문중臧文仲[11]은 큰 거북을 간직하고 있었을 뿐 아니라 집의 기둥머리에는 산을 새기고 동자기둥에는 마름풀을 그렸으니 무엇이 그가 지혜롭다는 말이냐?"

子曰:臧文仲居蔡,山節藻梲,何如其知也?

- 居(거) : 두다. 집에 두다.
- 蔡(채) : 채蔡나라의 특산물인 큰 거북. 『한서漢書』 식화지食貨志에 "원구元龜를 채라 한다"元龜爲蔡는 기록이 있다. 이 거북은 천자에게 진상되어 천자의 점에 사용되었다 한다.
- 山節藻梲(산절조절) : 節은 기둥머리 부분. 기둥의 머리 부분에 산 모양을 조각한 것. 梲은 동자기둥梁上短柱. 동자기둥에 수초 무늬를 조각한 것. 『예기禮記』 예기禮器편에 "관중은 제기에 조각을 하고 관끈을 붉게 물들여 썼으며 기둥머리에는 산을 새기고 동자기둥에는 마름풀을 그렸으니 군자가 이를 보고 참람僭濫하다고 한 것이다"管仲, 鏤簋朱紘, 山節藻梲, 君子以爲濫矣라는 문장이 있다. 전통적으로 건축물에 대한 이러한 장식은 전형적인 사치 내지 과시로 여겨지고 있었다.

---

11) 장문중(臧文仲) : 노나라의 대부. 성은 장손(藏孫), 이름은 진(辰)이며 자는 중(仲), 시호는 문(文)이다. 장공(莊公), 민공(閔公), 희공(僖公), 문공(文公) 4대에 걸쳐 약 50년 간 대부의 지위에 있다가 80세가 넘어 죽었으니 공자보다는 1세기 정도 앞선 인물이다. 그는 지자(知者)이자 인자(仁者)로 널리 명성이 알려졌는데 그의 말 가운데에는 금언으로 남은 것이 많았다. 『좌전』에 따르면 나라에 한발이 계속되었을 때 희공이 무당의 기도가 나쁘기 때문이라고 판단하여 무당들을 화형에 처하려 하자 그는 이를 반대하고 검약하는 한편 농사에 필요한 것들을 백성에게 빌려주어 유무상통함만이 한발에 대처하는 선책이라고 건의하였다고 한다. 이를 보면 그가 어느 정도 지혜로웠던 것은 사실인 것 같다. 그러나 공자는 그를 혹평하였는데 15/14에서는 그를 "지위를 훔친 자"(竊位者)라고 규탄하고 있다.

5/19

자장子張이 물었다.

"영윤이었던 자문子文[12]은 세 번 벼슬하여 영윤이 되었으나 기뻐하는 기색이 없었고 세 번 그만두었으나 섭섭해하는 기색이 없었으며 영윤으로 있었던 동안의 정사를 반드시 신임 영윤에게 알려주었으니 그 사람됨이 어떠합니까?"

선생님께서 말씀하셨다.

"충성스럽다."

자장이 말하였다.

"어질지는 않습니까?"

선생님께서 말씀하셨다.

"모르겠다. 어떻게 어짊을 얻었겠느냐?"

"최자崔子[13]가 제齊나라 임금을 시해하자 진문자陳文子[14]는 가지고 있던 말 십승을 버리고 제나라를 떠나 다른 나라에 이르러 말하기를 '우리나라 대부 최자와 같다' 하고 거기를 떠나 또 다른 나라로

---

12) 자문(子文) : 초(楚)나라의 대부. 성은 투(鬪), 이름은 구어도(穀於菟), 자는 자문(子文). 초나라 재상을 약 27년 간 역임하였으며 공자보다는 1세기 반 정도 앞선 인물이다. 청빈한 사람이었고 성득신(成得臣)이란 자가 진(陳)을 토벌하여 공을 세우자 자신의 자리를 내어 주어 가며 논공행상을 철저히 하였다 한다.

13) 최자(崔子) : 제(齊)나라의 대부. 성은 최(崔), 이름은 저(杼), 시호는 무(武). 공자보다는 70~80년 정도 앞선 인물이다. 제나라 장공(莊公)을 시해하고 경공(景公)을 세운 후 공포정치를 실시하였으나 자신이 중용한 경봉(慶封)의 손에 살해되었다.

14) 진문자(陳文子) : 제나라의 대부. 성은 진(陳) 또는 전(田), 이름은 수무(須無), 시호는 문(文)이다. 공자보다 반세기 정도 앞선 인물로 최자보다는 나이가 적었고 동료였던 안평중보다는 나이가 많았다. 『좌전』에도 강직하고 사려 깊은 사람으로 그려지고 있으며 가끔 최자(崔子)와 경봉(慶封)의 경솔한 판단에 대해 충고하는 모습을 보이고 있다. 그러나 논어에 나오는 이 일화는 『좌전』 등 다른 사서에는 기록되어 있지 않다.

가서 역시 말하기를 '우리나라 대부 최자와 같다' 하고 떠났으니 그 사람됨이 어떠합니까?"

선생님께서 말씀하셨다.

"맑다."

자장이 말하였다.

"어질지는 않습니까?"

선생님께서 말씀하셨다.

"모르겠다. 어떻게 어짊을 얻었겠느냐?"

子張問曰:令尹子文三仕爲令尹,無喜色,三已之,無慍色.舊令尹之政,必以告新令尹,何如?子曰:忠矣.曰:仁矣乎?曰:未知,焉得仁?崔子弑齊君,陳文子有馬十乘,棄而違之.至於他邦,則曰:猶吾大夫崔子也,違之.之一邦,則又曰:猶吾大夫崔子也.違之, 何如?子曰:清矣.曰:仁矣乎?曰:未知,焉得仁?

- 子張(자장) : 공자의 제자. 2/18 각주 참조.
- 令尹(영윤) : 재상에 대한 초나라식 칭호.
- 已(이) : 버리다去. 그만두다.
- 違(위) : 버리다. 떠나다去.
- 之一邦(지일방) : 또 다른 나라로 가다. 之는 가다. 一은 문맥에 따라 종종 '다른' 혹은 '또 다른'의 뜻으로 쓰인다.

5/20

계문자季文子[15]는 세 번 생각한 후에 행하였다. 선생님께서 그것을 듣고 말씀하셨다.

"두 번이면 된다."

季文子三思而後行.子聞之曰:再斯可矣.

- 再斯可矣(재사가의) : 두 번이면 가하다. 당석경唐石經에는 再思可矣로 되어 있고 황간본皇侃本과 고려본高麗本에는 再思斯可矣로 되어 있다. 의미상의 차이는 없지만 모두 再斯可矣가 변형된 것으로 보이므로 여기서는 형병邢昺이나 주자와 같이 전통적 입장을 따르기로 한다.
- 계문자는 재才가 뛰어났고 주도면밀했다. 再思를 넘어 三思에 이르면 계문자처럼 옳고 그름의 판단을 넘어 치밀한 현실적 계산에 이르게 될 것을 경계한 것이 아닌가 한다.

5/21

선생님께서 말씀하셨다.

"영무자甯武子[16]는 나라에 도가 있으면 지혜로웠고 나라에 도가 없

---

15) 계문자(季文子) : 노나라의 대부. 이름은 행보(行父). 계손씨 집안의 제3대 대부이며 계강자(季康子)의 고조할아버지가 된다. 공자가 태어나기 17년 전에 죽었으니 공자보다는 두어 세대 정도 앞선 인물이다. 계씨가의 전횡이 계문자로부터 시작되었는데 재(才)가 승하여 주도면밀하고 권모술수에 뛰어난 한편 후실에게 비단옷을 입히지 않았고 말에게 조(粟)를 먹이지 않았으며 감추어 둔 금옥(金玉)이 없었다는 세평을 받은 만큼 정치적 지도자로서의 자기관리에도 뛰어났다.

16) 영무자(甯武子) : 위(衛)나라의 대부. 성은 영(甯=寗, 甯), 이름은 유(俞), 시호는 무(武)이다. 공자보다 1세기 이상 앞선 세대이다. 당시 위나라는 진나라의 힘에 눌려 많은 어려움을 겪고 있었는데 그는 어리석은 제후 성왕(成王)을 위해 충성을 다하였다. 그가 성왕의

으면 어리석었다. 그 지혜에는 미칠 수 있어도 그 어리석음에는 미칠 수가 없구나."

子曰:甯武子邦有道則知,邦無道則愚.其知可及也,其愚不可及也.

- 장식張栻은 이 단편에 대하여 다음과 같이 주석하였다.
  "재능과 지혜를 펼치는 것은 쉬운 일이나 그것을 거두어들이는 것은 어려운 일이다. 다잡음으로써 스스로 지켜 밖으로 역할하지 않는 자가 아니면 능히 그렇게 하지 못하는 것이다."發舒才智爲易,收斂才智爲難.非約以自守而不役於外者,不能然也.『癸巳論語解』
- 나라에 도가 없으면 지혜로운 자는 그 도를 회복시키려는 생각에 지나친 행동을 함으로써 시중時中을 잃는 경우가 많다. 영무자의 어리석음은 시중을 잃지 않으면서도 시속에 휘말리지 않았고 설 자리를 잃은 진실을 갈무리藏할 줄 알았기에 칭찬한 것이 아닌가 한다.

5/22

선생님께서 진나라에 계실 때 말씀하셨다.

"돌아가야겠구나! 돌아가야겠어! 나를 따르는 젊은이들은 과격하고 단순하여 찬란하게 기치는 세웠으나 그것을 어떻게 마름질해 나가야 할지는 알지 못하는구나!"

子在陳曰:歸與!歸與!吾黨之小子狂簡,斐然成章,不知所以裁之.

종래의 해석 선생님께서 진나라에 계실 때 말씀하셨다. "돌아가야겠구나!

망명과 진에 의한 유폐, 독살음모 등을 겪으며 오직 충성으로써 성왕을 보살핀 『좌전』의 기록은 감동적인 바 있다.

돌아가야겠어! 내 고향 마을의 젊은이들은 뜻은 크나 면밀하지 못하여 찬란하게 문채는 이루었으나 그것을 재량할 줄 모르는구나!"

- 吾黨之小子(오당지소자) : 내 무리의 젊은이들. 즉 진陳에서 공자를 추종하던 현지의 젊은이들. 이 구절은 종래 "내 고향 노나라의 젊은이들"로 해석해 왔으나 옳지 않다고 생각한다. 이역만리 타향에서 느닷없이 고향 땅의 젊은이들에 대해 새삼스런 감회를 말한다는 사실 자체가 현실성이 없다. 여기서 말하는 吾黨은 13/18에 나오는 吾黨之直躬者異於是의 吾黨과 같다.
- 狂簡(광간) : 과격하면서도 단순함. 狂은 미치다心病, 사납다暴는 뜻이고 簡은 간략하다略, 쉽다易, 단순하다는 뜻이다. 狂簡은 중행을 얻지 못한 단계에서 빚어지는 양단화兩端化 현상에서의 일단一端이며 공자의 사상을 이해하는 데 극히 중요한 요소가 된다.
- 斐(비) : 문채 나다. 찬연하다.
- 章(장) : 章에는 여러 가지 뜻이 있으나 여기에서는 문채, 기치旗幟, 내 건 이념 정도의 의미를 갖는 것으로 보았다. 주자는 成章을 "그 문리가 이룸이 있어 볼 만한 것이 있음"其文理成就, 有可觀者을 말한다 하였다.
- 裁(재) : 마름질하다裁縫. 즉 옷과 재목 따위를 치수에 따라 베고 자르는 일을 말한다. 뜻과 이념을 구현해 나가는 절차와 방법을 비유적으로 일컬은 것이다. 不知所以裁之는 5/7에서 말하는 無所取材와 같은 의미다.
- 『맹자』에는 이 단편이 다음과 같이 되어 있다.
  공자께서 진나라에 계실 때 말씀하셨다.
  "어찌 아니 돌아가리오! 나를 따르는 선비들은 과격하고 단순하여 나아가 취하려고만 하며 그 처음을 잊지 못하는구나!"孔子在陳, 日: 盍歸乎來! 吾黨之士狂簡進取, 不忘其初. 『孟子』「盡心下」
- 진나라 현지에서의 가르침이 성과를 거두지 못한 데에 실망하여 차라리 노나라로 돌아가는 것이 낫겠다고 한탄한 말이다.

5/23

선생님께서 말씀하셨다.

"백이와 숙제[17]는 구악舊惡을 생각했던 것이 아니라 그것이 드물게 쓰이는 것을 원망하였다."

子曰:伯夷叔齊,不念舊惡,怨是用希.

종래의 해석 선생님께서 말씀하셨다. "백이와 숙제는 옛날의 악을 염두에 두지 않았고 그래서 원망을 하는 일이 드물었다."

- 念(념) : 생각하다. 염두에 두다. 여기서는 그들이 주나라에서 나는 곡식을 먹지 않겠다고 수양산에 들어가 고사리를 캐 먹을 때 그들이 마음속으로 통탄스럽게 생각하던 것을 말한다.

---

17) 백이숙제(伯夷叔齊) : 백이와 숙제. 고죽군(孤竹君 : 孤竹은 중국 동북 방면 발해만에 인접해 있던 작은 나라)의 두 아들. 고죽군은 둘째아들인 숙제에게 지위를 물려주려 하였으나 고죽군이 죽은 뒤 숙제는 형인 백이에게 사양하였고 백이는 아버지의 뜻대로 하여야 한다고 아우에게 사양하다가 결국 둘 다 나라를 떠나고 말았다.

늙은 뒤 그들은 주(周)의 서백(西伯:文王)이 노인을 잘 돌본다 하여 찾아갔으나 서백은 이미 죽었고 마침 그의 아들 무왕(武王)이 서백의 위패를 실은 수레를 앞세우고 은(殷)의 폭군 주(紂)를 치러 나서고 있었다. 그들은 무왕이 탄 말을 멈춰 세우고 은 정벌의 부당성을 간하였으나 뜻대로 되지 않았다. 이윽고 은나라가 망하고 주나라가 섰으나 그들은 주나라에서 나는 곡식을 먹지 않겠다 하여 수양산(首陽山)에 들어가 고사리만 캐 먹다 굶어 죽었다. 공자보다 5세기 이상 앞선 은말, 주초의 인물이어서 그 당시에도 이미 전설적 현인으로 여겨지고 있었다. 그들이 부른 것으로 전해지는 채미가(采薇歌)는 다음과 같다.

登彼西山兮	저 서산에 올라
采其薇矣	고사리나 캐리로다.
以暴易暴兮	(무왕은) 폭력으로써 폭력을 대치하되
不知其非矣	그 그릇됨을 알지 못하는구나.
神農虞夏忽焉沒兮	神農, 虞, 夏는 어느새 사라져 버렸으니
我安適歸矣	이 내 몸 어디로 돌아가리.
于嗟徂兮	아! 가리라.
命之衰矣	명(命)도 이미 쇠하였나니.

- 舊惡(구악) : 옛날의 악惡. 신악新惡과 대비된다는 점에서 긍정적 의미를 지닌다. 옛날의 악도 악은 악이었지만 지금의 악과는 달리 스스로의 악함을 솔직히 인정하고 부끄럽게 여김으로써 부지런히 그 악함을 줄이려 노력하는 악이었다는 점에서 긍정적 의미를 지니는 것이었다. 종래 이 구악에 대해서는 단편 내에 어떠한 부연 설명도 없어 이를 "옛 원한"으로 해석할 수밖에 없었고 이로 인하여 문장 전체가 어처구니없는 오류에 빠져 왔다. 구악이라는 공자 특유의 개념은 17/16에 나오는 고질古疾:古者民有三疾,古之狂,古之矜,古之愚과 비교해 가며 깊이 추론해 볼 때 비로소 그 역설적 개념이 이해가 될 것이다.
- 是(시) : 그것. 여기서는 앞의 舊惡을 말한다.
- 希(희) : 드물다. 적다. 稀와 같음.
- 구악을 둘러싸고 구축되어 있는 공자의 독특한 사유구조를 이해하지 못했기 때문에 이 엄청나게 중요한 단편은 이천오백 년 동안 바른 해석을 얻지 못해 왔다. 공자의 사유구조는 평면적인 가치관을 완전히 뛰어넘고 있다.

5/24

선생님께서 말씀하셨다.

"누가 미생고微生高[18]를 고지식하다 하였느냐? 어떤 사람이 식초를 얻으러 오니 그는 그것을 이웃에서 얻어다 주었다."

子曰:孰謂微生高直?或乞醯焉,乞諸其鄰而與之.

---

18) 미생고(微生高) : 노나라 사람이며 곧고 신의를 잘 지키기로 유명했다는 사실 외에는 자세히 알려진 것이 없다. 헌문/34에 나오는 미생무(微生畝)와 동일인이라는 설도 있으나 수용하기 어렵다. 『장자(莊子)』와 『회남자(淮南子)』에 의하면 그는 어떤 여인과 다리 밑에서 만나기로 약속하고 약속 장소에서 기다렸으나 여인이 오지 않자 끝까지 기다리다가 홍수로 물이 불어나 다리 기둥을 안고 익사하였다 한다. 짐작컨대 당시 공자와 한 마을에 살았던 사람으로서 융통성 없이 곧은 사람으로 항간에 소문이 나 있던 사람이 아닌가 한다.

종래의 해석 선생님께서 말씀하셨다. "누가 미생고를 곧은 사람이라 하였느냐? 어떤 사람이 식초를 얻으러 오니 (솔직하게 없다 하지 않고) 그것을 이웃에서 얻어다 주었다."

- 直(직) : 곧다. 고지식하다. 우직하다. 융통성 없다. 논어에 쓰인 대부분의 直이 긍정적 의미를 지니지만 여기서는 다소 부정적인 의미로 사용되고 있다. 13/18에서 섭공이 말하는 바 '아버지를 고발한 아들의 直'이 바로 여기서 말하는 直의 한 모습이라 하겠다.
- 醯(혜) : 초, 식초, 단것.
- 일반적으로 이 단편은 미생고가 곧기로 소문이 나 있지만 실제 행위는 솔직하지 않고 남에게 부화附和하는 것이어서 공자가 그 잘못된 점을 예시한 것이라고 한다. 그러나 공자의 말로 미루어 보면 미생고는 융통성 없이 곧기만 하다는 소문과는 달리 가까이서 보면 나름대로 남을 생각할 줄 아는 측면이 있음을 가볍게 칭찬한 것으로 보인다. 이 단편이 공자가 미생고를 칭찬한 것이라는 입장은 송대에 있어서는 사량좌謝良佐만이 취한 소수설이었는데 주자가 그의 견해를 맹렬히 공박한 이후로는 아무도 그의 설을 따르지 않았다. 다만 일본의 오규 소라이荻生徂徠만이 이 소수설을 이어받아 해석하였는데 그는 본문의 或者를 바로 공자의 집안사람으로 보고 다음과 같이 의미 있는 추정을 하였다.

"어느 날 아침 공자의 집안에서 식초를 얻으러 갔는데 미생고가 그 사람을 빈손으로 돌려보내기가 미안하여 이웃에서 식초를 얻어다 주었다. 이 일이 미생고가 평생 해왔던 바와 닮지 않아 공자께서 우스개로 이를 일러 주신 것이다."一旦孔子家乞醯,而高不忍使其人空返.乞諸其鄰而與之者.是不與其平生所爲相似也,孔子戲言以喻之.『論語徵』

5/25

선생님께서 말씀하셨다.

"세련된 말과 의젓한 모습과 잘 보이기 위한 공손함을 좌구명左丘明[19]은 부끄럽게 여겼고 나 역시 그것을 부끄럽게 여긴다. 원망을 숨기고 그 사람과 벗하는 것을 좌구명은 부끄럽게 여겼고 나 역시 그것을 부끄럽게 여긴다."

子曰:巧言令色足恭,左丘明恥之,丘亦恥之.匿怨而友其人,左丘明恥之,丘亦恥之.

- 巧言令色(교언영색) : 이곳 외에도 1/3, 17/15에 중복하여 나온다.
- 足恭(족공) : 공안국은 足恭을 "남의 비위를 맞추는 모습"便僻之貌이라고 했으나 주자는 과공過恭, 즉 "지나치게 공손한 행동"으로 풀이하였다. 『논어집해論語集解』에서 하안何晏은 "족공자는 恭으로써 상대방의 뜻을 만족시키려 하나 예의와 법도에 부합하지 못한다"足恭者以恭足於人意,而不合於禮度고 하였다. 하안의 해석이 적절하다고 본다. 주자처럼 지나치다는 뜻으로 읽을 때는 '주'로 발음한다.
- 丘(구) : 공자의 이름.
- 匿(닉) : 숨기다. 감추다.

19) 좌구명(左丘明) : 인물에 대한 정확한 고증이 없다. 노나라 태사(大史)로서 『춘추좌씨전』의 저자이며 공자보다 다소 후배라는 설이 있는가 하면 공자 이전의 현인이라는 설도 있다. 이 단편의 문맥만으로 보면 후자일 가능성이 더 높다.

5/26

안연과 계로가 모시고 있는데 선생님께서 말씀하셨다.

"각자 자기 뜻을 말해 보지 않겠느냐?"

자로가 말하였다.

"수레와 말을 타고 가벼운 가죽옷을 입고 벗들과 더불어 즐기다가 그것들이 못쓰게 되어도 유감이 없기를 원합니다."

안연이 말하였다.

"선을 내세움이 없기를, 헛되이 베풂이 없기를 원합니다."

자로가 말하였다.

"선생님의 뜻을 듣기 원합니다."

선생님께서 말씀하셨다.

"늙은이들은 그것을 누리고 벗들은 그것을 믿고 젊은이들은 그것을 품는 것이다."

顔淵季路侍.子曰:盍各言爾志?子路曰:願車馬,衣輕裘,與朋友共,敝之而無憾.顔淵曰:願無伐善,無施勞.子路曰:願聞子之志.子曰:老者安之,朋友信之,少者懷之.

종래의 해석 (앞부분 같음) 안연이 말하였다. "저의 선함을 자랑하지 않고 노고를 베풂이 없기를 원합니다." 자로가 말하였다. "선생님의 뜻 듣기를 원합니다." 선생님께서 말씀하셨다. "늙은이들은 편안하게 해주고 벗들은 믿음직하게 해주고 젊은이들은 감싸주고 싶다."

- 顔淵(안연), 季路(계로) : 안회顔回와 자로子路. 2/9, 2/17 각주 참조.
- 盍(합) : 어찌 아니何不.

- 裘(구) : 갖옷. 가죽옷.
- 敝(폐) : 옷이 해지다.
- 伐善(벌선) : 선을 내세우다. 보통 伐을 자랑하다로 해석하나 여기서는 좀 더 포괄적으로 선을 표방하고 기치를 내세우는 것, 선을 떨치는 행태로 보는 것이 좋을 듯하다. 즉 선이 자신의 내면에서 완성되어 자연스럽게 외부에 작용하는 것이 아니라 선을 작위적으로 외부 세계에 작용시키려 하는 일체의 노력. 12/20에 나오는 欲善에 대척되는 개념으로 보인다.
- 施勞(시로) : 노고를 베풀다. 헛되이 베풀다. 자기 안에서 완성되어 자연스럽게 베풀어지는 것이 아니라 자기 자신은 간과하고 남에게 나아가 베풀려는 행위를 말하는 것 같다. 그러한 행위는 결국 아무것도 이루지 못하는 도로徒勞에 지나지 않는 것이다. 己所不欲,勿施於人과 직접 상통하는 말이며 결국 伐善과 유사한 개념이 된다고 하겠다.
- 安之(안지) : 그것을 누리다. 그것에 안정하다. 그것을 편히 즐기다. 安의 의미와 용도는 仁者安仁(4/2)에서와 동일하다.
- 朋友(붕우) : 朋友信之의 朋友도 與朋友共의 朋友와 마찬가지로 벗이라는 뜻이지만 朋友信之에 있어서는 老者와 少者 사이에 위치하는 공자의 동년배 벗들이라는 점에서 '장년층'이라는 뜻이 포함되어 있다. 이는 또 이 대화가 공자의 장년기에 이루어진 것임을 말해 주는 것이기도 하다. 참고로 공자는 61세 되던 해에 자로와 대화(7/20)하면서 "장차 늙음이 오리라는 것도 모르고 있다"는 말을 하여 자신을 아직 노년으로 여기지 않고 있었음을 참고할 수 있다.
- 信之(신지) : 그것을 믿다. 그릇된 가치관에 휘둘리지 않고 그것을 삶의 목표로 확고히 견지하다.
- 懷之(회지) : 그것을 마음속에 품다. 가지다. 포부抱負하다.
- 安之, 信之, 懷之의 安, 信, 懷는 각각 之를 목적어로 하는 타동사다. 따라서 之를 각각 老者, 朋友, 少者를 지칭하는 것으로 본 전통적 해석은 문법적으로도 무리하고 의미상으로도 잘못이다. 之는 굳이 말하자면 道라 하겠지만 우리의 경험이 먼저 서로 다른 삶의 단계에도 불구하고 동일한 '그것'을 인증하는 것이 필요하다.

자로의 말에는 공자의 가치관에 대한 도전의 뜻이 내표되어 있음을 알아차릴 필요가 있다. 또 안연의 소망은 평소 공자가 가르친 내용의 요체要諦를 자신의 삶의 목표로 삼은 것 같다. 마지막 공자의 소망은 너무나도 장대하고 아름다워 감히 필설로 찬탄하기에 한계를 느낀다. 그의 이 찬란한 소망이 이천오백 년 동안 터무니없는 해석에 가려져 온 것을 실로 애석히 여긴다.

5/27

선생님께서 말씀하셨다.

"다 되었나 보다! 나는 능히 자신의 잘못을 보아 속으로 스스로와 쟁송할 수 있는 자를 보지 못하였다."

子曰:已矣乎!吾未見能見其過,而內自訟者也.

- 訟(송) : 쟁송하다. 시비를 가리다. 꾸짖다.
- 이 단편을 다양한 인물들을 평가한 제5편에 포함시킨 것은 이 단편도 공자가 누군가(어쩌면 自訟者?)를 평가한 것으로 본 편집자의 어처구니없을 정도로 단순한 안목 때문으로 보인다.

5/28

선생님께서 말씀하셨다.

"열 집 남짓한 마을에도 필시 나만큼 충신忠信한 사람은 있을 것이나 그도 나만큼 배우기를 좋아하지는 못할 것이다."

子曰:十室之邑,必有忠信如丘者焉,不如丘之好學也.

- 十室之邑(십실지읍) : 열 집 정도밖에 살지 않는 조그마한 마을.
- 忠信(충신) : 忠信하다 함은 원래 안으로 근본을 지키고 밖으로 신의를 다한다는 뜻이지만 여기서는 상식적 차원에서 말하는 사람의 됨됨이를 뜻한다. 好學이 인성의 도야陶冶를 동태적으로 파악한 것이라면 忠信은 그것을 정태적으로 파악한 것이라고 할 수 있다.
- 호학은 공자가 유일하게 겸손을 보이지 않고 내놓고 자랑하는 영역이다. 그것은 호학이 자신의 미진함을 인정하고 겸허히 노력하는 영역이기 때문에 겉으로는 자랑이 되는 것 같으나 내용상으로는 부족의 인정이 되어 자랑이 되지 않기 때문이다.
- 이 단편을 제5편에 수록한 것도 이 단편을 공자가 충신자를 평가한 것으로 여긴 편집자의 극히 단순한 생각 때문이다.

6

옹야雍也

제14장까지는 공야장편과 큰 차이가 없는 인물 평가라고 할 수 있다. 제15장 이후는 구체적인 인물 평가는 아니지만 추상적인 인물 평가라 할 만한 특징을 지니고 있다. 제24장에는 심지어 제나라와 노나라를 평가한 언급이 수집되어 있으며 제25장은 어진 이에 대한 비유로서 술잔인 고觚가, 제29장은 추상적 덕목인 중용을 평가한 것으로 볼 수 있다. 어설프기는 하지만 역시 편집 기준에 대한 집착을 엿볼 수 있다.

6/1

선생님께서 말씀하셨다.

"옹雍은 남면南面하게 할 만하다."

子曰:雍也,可使南面.

- 雍(옹) : 공자의 제자. 중궁仲弓. 5/5 각주 참조.
- 南面(남면) : 임금이 북北의 위치에서 얼굴을 남쪽으로 향하고 앉음. 중심이 되어 위치와 방향만 바로잡는 임금의 정도正道를 말함. 임금에 대해 절을 할 때 반드시 북향하여 절하는 이유가 여기서 비롯되었다.
- 이 단편을 무리하게 확대 해석하여 "옹은 제후(혹은 천자)의 역할을 하게 할 만하다"고 새기는 것은 지나친 것이다. 정약용도 『논어고금주』에서 남면과 북면은 임금과 신하의 정명定名이기는 하나 임금도 시동尸童이나 스승에 대해서는 북면을 하는 점을 고려해야 한다고 한다. 대개 임금의 남면을 연상할 만큼 뛰어난 중궁의 덕성을 인정하고 칭찬한 말로 보인다.

6/2

중궁仲弓이 자상백자子桑伯子[1]에 관해 묻자 선생님께서 말씀하셨다.

"괜찮다. 단순하다."

중궁이 말했다.

"경敬에 자리하여 단순함을 행하고 그로써 그 백성을 대한다면야

1) 자상백자(子桑伯子) : 인물에 대해 자세히 알려진 것이 없다. 후대의 기록들은 그를 주로 이인(異人) 또는 은자(隱者)로 보는 경향이 강하나 대화 내용을 미루어 보면 당시 노나라의 주요 정치인이었을 가능성이 높고 중궁의 평가에 따른다면 다소 단순하고 우직하였을 것으로 보인다.

또한 괜찮지 않겠습니까? 그러나 단순함에 자리하여 단순함을 행하면 이는 지나치게 단순한 것이 아니겠습니까?"

선생님께서 말씀하셨다.

"옹의 말이 맞다."

仲弓問子桑伯子.子曰:可也,簡.仲弓曰:居敬而行簡,以臨其民,不亦可乎?居簡而行簡,無乃大簡乎?子曰:雍之言然.

- 可也(가야) : 가하다. 괜찮다. 이 말에는 인정은 하지만 좀 미진함이 있다는 뜻이 포함되어 있다. 따라서 잇따르는 단순하다簡는 말은 공자가 자상백자를 인정하는 이유이자 동시에 미진하게 보는 이유가 된다.
- 居(거) : 자리하다. 居敬의 居는 行簡의 行과 對를 이루고 있다.
- 簡(간) : 단순하다. 대범하다 또는 소탈하다고 새기기도 하나 오해의 소지가 있다. 단순하다는 사실 자체는 공자의 평가처럼 양의적兩義的인 것인데 현실적으로는 狂簡이라는 표현처럼 과격함과 결합하는 경우가 많지만 이상적으로는 요순堯舜의 통치행태처럼 一以貫之한 자의 속성이기도 하다.
- 無乃 A 乎(무내 A 호)? : A가 아니겠는가? A임을 의문문의 형태로 강조하는 표현 방법이다.
- 大簡(태간) : 지나치게 단순함.
- 중궁은 공자가 자상백자를 단순하다고 보면서도 괜찮다고 인정하는 것에 대해 선뜻 동의하지 않는 입장이다. 그는 자상백자를 지나치게 단순한 사람으로 보고 있다. 공자가 "옹의 말이 맞다"고 한 것은 자상백자가 괜찮은 사람이 아니라는 점에 동의한 것이라기보다는 단순함에 관한 옹의 원칙적 논리에 동의한 것이라 할 것이다.

6/3

애공이 물었다.

"제자 중에서 누가 배우기를 좋아합니까?"

공자께서 대답하셨다.

"안회라는 자가 있어서 배우기를 좋아했습니다. 그는 노怒를 옮기지 않았고 잘못을 이중으로 하지 않았는데 불행히도 단명하여 죽고 말았습니다. 지금은 아무도 없어 배우기를 좋아한다는 자를 들어 보지 못했습니다."

哀公問:弟子孰爲好學?孔子對曰:有顔回者好學,不遷怒,不貳過,不幸短命死矣.今也則亡,未聞好學者也.

종래의 해석 애공이 물었다. "제자 중에서 누가 배우기를 좋아합니까?" 공자께서 대답하셨다. "안회라는 자가 있어서 배우기를 좋아했습니다. 그는 이곳에서의 노를 저곳에 옮기지 않았고 한 번 저지른 잘못을 다시 저지르지 않았는데 불행히도 단명하여 일찍 죽었습니다. 지금은 아무도 없어 배우기를 좋아한다는 자를 들어 보지 못했습니다."

- 哀公(애공) : 노나라의 군주. 2/19 각주 참조.
- 有顔回者(유안회자) : 안회라는 자가 있어.
- 不遷怒(불천노) : 노를 옮기지 않다. 노를 해소하는 다른 대상을 만들지 않다. 여기서 怒는 구체적 분노라기보다는 인간이라는 불완전한 존재의 근원적 감정을 가리키는 것이다. 14/37의 不怨天,不尤人이 바로 不遷怒라고 보면 된다. 따라서 이 구절을 '이것'에 관한 노여움을 '저것'에로 옮기지 않는다고 본 주자류의 해석은 이 단편의 취지를 전혀 종잡지 못하고 있다.

- 不貳過(불이과) : 잘못을 이중으로 하지 않음. 잘못이 있으면 은폐하거나 변명하지 않고 고치려 했다는 뜻. 15/30의 過而不改,是謂過矣에서 직접 도출되는 규범이며 과오 자체가 가진 이중성을 날카롭게 통찰한 데에서 비롯된 말이다. 따라서 같은 잘못을 두 번 되풀이하지 않는다는 뜻으로 해석해 온 주자류의 해석은 완전히 잘못된 것이다.
- 未聞好學者也(미문호학야) : 배우기를 좋아한다는 자를 들어 보지 못했습니다. 자신의 제자에 관한 이야기를 하면서 '들어 보지 못했다'未聞는 표현은 있을 수 없는 표현이다. 구태여 대답한다면 "배우기를 좋아하는 자가 없습니다"라고 하는 것이 옳다. 이 부분이 실제 대화가 아닌, 끼어든 허구임을 보여 주는 것이기도 하다.
- 11/7에 질문자가 계강자로 된 거의 비슷한 단편이 나온다. 이 6/3 단편은 원본 대화로 추정되는 11/7을 토대로 1) 不遷怒,不貳過라는 공자의 매우 수준 높은 가르침이 유입되고 2) 未聞好學者也라는 불필요한 말이 추가되는가 하면 3) 대화 상대도 애공으로 바뀌어 있다. 말하자면 11/7이 원본이고 이 단편은 위 세 군데에 걸쳐 변형이 이루어진 반半 위작이다. 다만 不遷怒,不貳過는 조작된 말이 아니라 공자가 가르치는 과정에서 들려준 탁월한 행동방침으로서 공자가 언젠가 안연만이 그것을 실천한다고 칭찬했을 것으로 추정된다. 어느 제자가 그 칭찬을 기억하고 있다가 이 대화 속에 편입하지 않았을까 한다.

6/4

자화子華가 제나라에 사신으로 가게 되자 염자冉子께서 자화의 어머니를 위해 곡식을 보내 줄 것을 청하니 선생님께서 말씀하셨다.

"여섯 말 넉 되를 드려라."

더 보내 줄 것을 청하자 말씀하셨다.

"한 섬 여섯 말을 드려라."

염자께서 곡식 여든 섬을 보내 주자 선생님께서 말씀하셨다.

"적赤이 제나라로 갈 때 살찐 말을 타고 가벼운 갖옷을 입었다. 내가 듣기로 군자는 위급함을 돌보아 주지 부유함을 지속시켜 주지는 않는다고 했다."

子華使於齊,冉子爲其母請粟.子曰:與之釜.請益.曰:與之庾.冉子與之粟五秉.子曰:赤之適齊也,乘肥馬,衣輕裘.吾聞之也,君子周急不繼富.

- 子華(자화) : 공자의 제자 공서화公西華. 이름은 적赤, 자화는 자. 2/8 각주 참조.
- 冉子(염자) : 공자의 제자 염유冉有. 3/6 각주 참조. 염유가 염자라는 존칭으로 불리고 있다는 것은 이 대화가 염유가 계강자의 가신이 된 후, 즉 공자 만년의 대화임을 말해 준다.
- 粟(속) : 벼. 곡식. 봉록. 원칙적으로 껍질을 벗겨 낸 것은 米, 벗겨 내지 않은 것은 粟이라 했다.
- 釜(부) : 6말 4되6斗 4升.
- 庾(유) : 16말16斗. 釜의 2.5배.
- 秉(병) : 16섬16斛. 庾의 10배. 염유가 준 5秉은 결국 처음에 공자가 제시한 釜의 125배가 된다.
- 適(적) : 가다.
- 周(주) : 구하다救助.
- 繼(계) : 이어 주다. 지속시켜 주다. 주자는 繼富는 續有餘라 했다.
- 염유가 공자에게 자문을 구한 것은 제자로서 동문 제자의 어머니를 돕는 일이었기 때문일 것이다. 따라서 공자의 자문이 강제성을 가질 수는 없었고 결국 염유는 스승의 조언에도 불구하고 자기 뜻대로 일을 추진하였다.

6/5

원사原思[2]가 가재가 되었을 때 그에게 곡식 구백이 주어졌으나 사양하였다.

선생님께서 말씀하셨다.

"그럴 것 없다. 그것을 네 이웃이나 마을 사람들에게 주어라."

原思爲之宰,與之粟九百,辭.子曰:毋,以與爾鄰里鄕黨乎.

- 爲之宰(위지재) : 가재가 되다. 누구의 가재가 되었는지 혹은 어느 읍의 읍재가 되었는지 나타나 있지 않다. 많은 해설자가 공자의 가재가 되었다는 뜻으로 해석하고 있으나 爲之宰는 단지 宰가 되었다는 말에 불과하다(5/8의 可使爲之宰, 11/8의 爲之椁, 18/1의 箕子爲之奴 참조). 『宣祖命撰諺解本』도 "원사가 재 되엿더니"로 번역하고 있다. 정황으로 볼 때 역시 공자가 만년에 노나라로 돌아와 많은 제자들이 계강자의 가재나 읍재로 등용되던 때의 상황이 아닌가 한다.
- 與之粟九百(여지속구백) : 그에게 곡식 구백을 주다. 구백에 단위가 없다. 말斗로 보는 경우도 있으나 확증은 없다. 누가 주었는지도 확실치 않다. 공자가 준 것으로 보기도 하나 여기서는 원사를 가재로 임용한 계강자가 준 것으로 보았다.

---

2) 원사(原思), 원헌(原憲) : 공자의 제자. 성은 원(原), 이름은 헌(憲), 자는 자사(子思). 공자보다 36세 연하였다. 논어에 단 두 번 나오며 자세한 인물됨은 알기 어렵다. 그와 관련되는 두 단편이 모두 곡식 문제를 다루고 있는 것으로 보아 그는 당시 도(道)와 생계문제 사이에서 갈등을 겪고 있었던 것으로 보인다.

6/6

선생님께서 중궁仲弓에게 말씀하셨다.

"얼룩소의 새끼가 붉고 뿔이 반듯하다면 비록 쓰지 않으려 하더라도 산천의 신이 그를 버리겠느냐?"

子謂仲弓曰:犁牛之子,騂且角,雖欲勿用,山川其舍諸?

- 仲弓(중궁) : 공자의 제자. 5/5 각주 참조.
- 犁牛(이우) : 얼룩소.
- 騂(성) : 붉은 소. 『예기』 제법祭法편에 "붉은 송아지를 쓴다"用騂犢는 말이 나온다.
- 山川(산천) : 자연으로서의 단순한 산천이 아니라 제사 지내는 대상으로서의 산천을 말한다. 제사의 대상은 종묘사직宗廟社稷과 산천신기山川神祇의 둘로 나뉜다.
- 이 단편의 취지는 13/2의 爾所不知,人其舍諸?의 취지와 동일한 것으로 보인다. 일정한 됨됨이를 갖춘 사람은 반드시 그 시대가 일정한 용도로 쓴다는 것을 확신하고 있다. 이 말은 결국 일정한 됨됨이를 갖추고도 시운이 맞지 않아 혹은 다른 사람들이 알아주지 않아 아무런 역할 없이 살다 가는 경우는 있을 수 없다는, 공자의 매우 중요한 생각을 담고 있다.

6/7

선생님께서 말씀하셨다.

"회回는 그 마음이 석 달 동안 어짊을 어기지 않는다. 그 나머지 제자들은 한동안에 불과할 따름이다."

子曰:回也,其心三月不違仁.其餘則日月至焉而已矣.

- 回(회) : 공자의 제자 안연顔淵.
- 日月至焉而已矣(일월지언이이의) : 한동안에 불과할 따름이다. 일 또는 월日月에 이를 따름이다. 주자는 하루에 한 번 혹은 한 달에 한 번 정도 어짊에 이를 뿐이라고 해석하였는데 무리하다. 어짊을 어기지 않는 기간이 수일 또는 달포 정도에 이를 뿐이라 한 정약용의 해석日月至謂不違仁或引至一月,或引至數日也.『論語古今注』이 더 합당해 보인다.

6/8

계강자가 물었다.

"중유仲由에게 정사를 맡길 수 있겠습니까?"

선생님께서 말씀하셨다.

"유는 과단성이 있습니다. 정사를 맡는 데에 무슨 문제가 있겠습니까?"

계강자가 물었다.

"사賜에게 정사를 맡길 수 있겠습니까?"

선생님께서 말씀하셨다.

"사는 능란합니다. 정사를 맡는 데에 무슨 문제가 있겠습니까?"

계강자가 물었다.

"구求에게 정사를 맡길 수 있겠습니까?"

선생님께서 말씀하셨다.

"구는 재능이 많습니다. 정사를 맡는 데에 무슨 문제가 있겠습니까?"

季康子問:仲由可使從政也與?子曰:由也果,於從政乎何有?曰:賜也,可使從政也與?曰:賜也達,於從政乎何有?曰:求也,可使從政也與?曰:求也藝,於從政乎何有?

- 季康子(계강자) : 노나라의 실권을 쥐고 있던 대부. 2/20 각주 참조.
- 仲由(중유), 賜(사), 求(구) : 각각 자로子路, 자공子貢, 염유冉有를 말함. 계강자가 자공과 염유에 대해서는 각각 賜也, 求也라고 부르면서 자로에 대해서는 유독 仲由라고 정식 성명으로 호칭하고 있는 것은 그의 나이와 경륜을 의식해서일 것이다.
- 果(과) : 과감하다. 용기가 있다. 결단력이 있다.
- 何有(하유) : 무슨 어려움이 있겠는가. 무슨 문제가 있겠는가. 관용적 표현이다.
- 達(달) : 통달하다. 능통하다. 능란하다.
- 이 대화는 양호에 의한 공포정치가 종식된 후 위상을 회복한 계씨가에서 자로를 가재로 등용하는 과정에서 있었던 대화로 보인다. 이때는 계환자季桓子가 대부로 있었고 계강자는 아버지를 도와주는 위치에 있었을 것이다. 자로가 가재가 되던 그 해의 대화라면 정공 12년(B.C. 498년)이었고 당시 공자는 54세였다.

6/9

계씨季氏가 민자건閔子騫[3]을 비읍費邑의 읍재邑宰로 삼으려 하자 민자건이 말했다.

"나를 위하여 거절 말씀을 잘 드려 주십시오. 만약 다시 나를 부

3) 민자건(閔子騫) : 공자의 제자. 성은 민(閔), 이름은 손(損), 자는 자건(子騫). 공자보다 15세 연하였다. 그는 덕행이 뛰어났고 효성도 지극했는데 당시 노나라의 정치행태를 마뜩치 않게 여겼다.

르러 오는 자가 있다면 나는 필시 문수汶水가에 있을 것입니다."

季氏使閔子騫爲費宰.閔子騫曰:善爲我辭焉.如有復我者,則吾必在汶上矣.

- 季氏(계씨) : 여기서는 계강자季康子임.
- 費(비) : 비읍費邑을 말함. 계씨가의 시조가 되는 계우季友:桓公의 막내아들가 노나라에 공을 세워 받은 식읍食邑이며 계씨가 권세의 기반이 되었지만 훗날 읍재로 임명한 가신들이 반란을 일으키는 거점이 되기도 하였다. 노나라의 동남쪽 변경 가까이 있었으며 지금의 산동성 기주부 비현의 서북쪽 200리쯤이다. 지도 참조.
- 汶(문) : 문수汶水. 노나라 북단과 제나라 남단에서 대체적인 경계선을 이루는 강. 지도 참조. 문수가에 있을 것이라는 말에는 요구에 응하지 않기 위해 북쪽으로 달아날 것이라는 뜻이 담겨 있다.
- 정공 12년, 자로가 계씨의 가재가 되어 삼가三家의 읍성邑城을 허무는 대대적 작업에 들어가자 비읍費邑의 읍재邑宰였던 공산불뉴公山不狃가 노도魯都로까지 쳐들어오는 등 저항을 하였으나 공자의 적극적인 지휘에 밀려 결국 제나라로 도망가고 만다. 비읍의 읍재를 다시 임명하는 과정에서 이 대화가 있었다면 시점은 역시 정공 12년(B.C. 498년) 말 내지 13년 초였을 것이다.

6/10

백우伯牛[4]가 질병에 걸리자 선생님께서 문병을 가셔서 들창을 통해 그 손을 잡고 말씀하셨다.

---

4) 백우(伯牛) : 공자의 제자. 성은 염(冉), 이름은 경(耕), 자는 백우(伯牛). 공자보다 8세 연소하였다. 논어에 단 한 번 나오는데 공문사과(孔門四科)에서는 덕행이 뛰어난 제자로 분류되어 있다.

"이럴 수가! 운명이로구나! 이 사람에게 이런 병이 생기다니! 이 사람에게 이런 병이 생기다니!"

伯牛有疾,子問之,自牖執其手,曰:亡之!命矣夫!斯人也而有斯疾也!斯人也而有斯疾也!

- 自(자) : ~로부터. ~를 통하여.
- 牖(유) : 들창.
- 亡之(무지) : 공안국은 亡을 喪으로 보아 "죽게 되었구나" 하는 뜻으로 보았다. 유보남은 亡之를 無之와 같은 것으로 보아 "있을 수 없는 일이로구나"無其理也 정도로 보았다. 여기서는 후자를 택한다.
- 방에 들어가지 못하고 들창을 통해 손을 잡았다는 것은 염백우가 전염병에 걸렸음을 암시한다. 나병으로 추정하기도 한다.

6/11

선생님께서 말씀하셨다.

"훌륭하구나. 회回는! 한 그릇의 밥과 한 쪽박의 물만 가지고 누추한 거리에 살면 여느 사람이라면 그 고충을 이기지 못할 텐데 회만은 그 즐거움을 바꾸지 않으니. 훌륭하구나. 회는!"

子曰:賢哉回也!一簞食,一瓢飮,在陋巷,人不堪其憂,回也不改其樂,賢哉回也!

- 簞(단) : 대나무로 짠 도시락.
- 瓢(표) : 박. 표주박.
- 巷(항) : 거리. 골목. 마을.

• 堪(감) : 견디다. 감당하다.

6/12

염구冉求가 말했다.

"선생님의 도道를 좋아하지 않는 것은 아니나 힘이 부족합니다."

선생님께서 말씀하셨다.

"힘이 부족한 자는 중도에서 포기하는데 지금 너는 스스로 한계를 긋고 있다."

冉求曰:非不說子之道,力不足也.子曰:力不足者,中道而廢,今女畫.

• 畫(획) : 긋다. 한계를 긋다. 한정하다.
• 염유는 배움에 뜻을 두었다기보다 현실 정치에 관심이 많았던 제자였다. 결국 그는 공자 만년에 계강자의 가신이 되는데 각종 정치 현안을 둘러싸고 자주 공자와 의견 충돌을 빚고 있다. 3/9에서는 계씨의 태산 여제旅祭 문제로, 6/4에서는 공서화의 어머니에 대한 재정지원 문제로, 11/18에서는 세금 인상 문제로 공자와 의견 대립을 빚고 있지만 그는 한 번도 공자의 충고를 따르지 않았다.

6/13

선생님께서 자하子夏에게 말씀하셨다.

"너는 군자를 돕는 유자儒者가 되고 소인을 돕는 유자가 되지 마라."

子謂子夏曰:女爲君子儒,無爲小人儒.

- 儒(유) : 권력가의 언행이나 거취, 기타 예법 문제를 도와주고 자문하던 일군의 전문 지식인을 통칭하는 것으로 보인다. 훗날 선비, 학자 등의 뜻으로 확대되었지만 공자가 儒라고 말할 당시만 해도 아직은 원래의 뜻을 가지고 있었을 것이다. 따라서 君子儒는 진정한 군자를 도와주고 자문하는 儒, 小人儒는 지위는 높지만 소인에 불과한 자의 필요와 기호에 맞게 얄팍한 지식을 제공하는 儒를 말하는 것으로 보인다.
- "너는 군자다운 선비가 되고 소인 같은 선비가 되지 마라"는 해석도 자구만으로는 가능하지만 내용상으로 보면 거의 무의미한 해석이 아닌가 한다.

6/14

자유子游가 무성武城의 읍재邑宰가 되자 선생님께서 말씀하셨다.

"너는 사람을 얻었느냐?"

자유가 말하였다.

"담대멸명澹臺滅明[5]이라는 사람이 있는데 행함에 있어서 샛길을 찾지 않고 공무가 아니고는 일찍이 저의 방에 들른 적이 없었습니다."

子游爲武城宰.子曰:女得人焉耳乎?曰:有澹臺滅明者,行不由徑,非公事,未嘗至於偃之室也.

- 子游(자유) : 공자의 제자. 이름은 언偃. 2/7 각주 참조.
- 武城(무성) : 노나라의 성읍명. 지금의 산동성 비현 남서쪽에 있었다. 지도 참조.
- 徑(경) : 지름길. 샛길. 편법에 대한 비유적 표현이다.

---

5) 담대멸명(澹臺滅明) : 성은 담대(澹臺), 이름은 멸명(滅明), 자는 자우(子羽). 일반적으로 공자의 제자라고는 하나 논어에는 그가 공자의 제자였는지 여부가 명확히 나타나 있지 않다.

6/15

선생님께서 말씀하셨다.

"맹지반孟之反[6]은 자랑하지 않는다. 패퇴하면서 후군後軍역을 수행했으면서도 바야흐로 성문에 들어가려 하자 자기 말을 채찍질하며 '감히 후위後衛를 맡으려 했던 것이 아니라 말이 나아가지 않았던 것'이라고 말했다."

子曰:孟之反不伐,奔而殿,將入門,策其馬曰:非敢後也,馬不進也.

- 伐(벌) : 자랑하다自矜.
- 奔(분) : 달아나다. 빨리 가다.
- 殿(전) : 후군後軍.
- 策(책) : 채찍질하다.
- 後(후) : 뒤에 쳐져 추격하는 적을 방어하는 일. 일종의 후위後衛다.
- 『좌전』에 의하면 이 싸움은 애공 11년(B.C. 484년) 제나라와의 싸움이었으며 이 싸움에서 계씨가의 가재였던 염유가 좌장군을 맡아 공을 세웠다.

6/16

선생님께서 말씀하셨다.

"축타祝鮀[7]와 같은 말재간이 없다면 송조宋朝[8]와 같은 미모를 지녔

6) 맹지반(孟之反) : 노나라의 대부. 맹씨가의 한 사람. 『좌전』에는 맹지측(孟之側)이라는 이름으로 나온다.

7) 축타(祝鮀) : 위(衛)나라의 사직을 돌보던 대부로서 언변이 뛰어났다. 축(祝)은 종묘의 제사를 관장하던 관직명이며 타(鮀)는 그의 이름.

8) 송조(宋朝) : 원래 송(宋)나라 사람으로 위(衛)나라 임금이 그의 부인 남자(南子)를 위하

다 하더라도 요즈음 세상에서는 남아나기 어렵겠구나!"

子曰:不有祝鮀之佞,而有宋朝之美,難乎免於今之世矣!

종래의 해석 선생님께서 말씀하셨다. "축타와 같은 말재간과 송조와 같은 미모를 가지지 않으면 요즘 세상에서는 해를 면하기 어렵겠구나."

- 이 단편의 중점은 어디까지나 말재간佞의 전횡을 개탄하는 데에 있다. "송조와 같은 미모"는 말재간의 전횡을 부각시키기 위해 설정한 반대 항목인데 진정한 미덕이나 지혜를 비유하고 있다는 점에 주의해야 한다. 공자가 그렇게 비유한 의도는 '말'이 무언가를 전달하는 간접적인 것임에 비해 '미모'는 눈에 보이는 직접적인 것임에도 눈으로 확인할 수 있는 그것을 제쳐놓고 귀에 들리는 말의 화려함만 좇을 만큼 뒤집힌 '말 세상'의 현실을 개탄하기 위한 것이었다.
- 이 단편에 대하여 일찍이 공안국은 "축타와 같은 말재간이 있어야 함에도 도리어 송조와 같은 미모를 갖는다면 요즘 세상에 해를 면하기 어렵다"는 뜻으로 풀이하였는데 형병邢昺이나 정여해鄭汝諧, 오규 소라이荻生徂徠 등이 이 함량 미달의 해석을 지지하였다. 위에서 소개한 종래의 해석은 송대에 와서 정이천程伊川이나 주자, 장식張栻 등의 주석가들이 새롭게 제시하여 보편화시킨 해석으로서 이 단편을 巧言令色章과 관련시킨 것이다. 그들은 而有의 해석에 곤혹을 느끼면서도 而有는 或有 또는 與有와 같다고 하거나 주자처럼 원문에 흠결이 있는 것으로 보았다.

여 불러온 자. 대단한 미남으로 남자와 불륜의 관계를 유지하다가 마침내 위(衛)를 출분(出奔)한다.

6/17

선생님께서 말씀하셨다.

"누가 문을 경유하지 않고 밖으로 나갈 수 있겠는가? 그런데 어찌하여 이 도道를 경유하지 않는가?"

子曰:誰能出不由戶?何莫由斯道也?

- 戶(호) : 지게문. 집의 출입구.
- 이유, 논리 등이 전혀 제시되어 있지 않음에도 불구하고 진술의 강력한 힘이 전해지는 특이한 단편이다. 도에 대한 공자의 확신이 뒷받침되어 있기 때문일 것이다.

6/18

선생님께서 말씀하셨다.

"기질이 교양을 누르면 야성적으로 되고 교양이 기질을 누르면 지성적으로 된다. 교양과 기질이 잘 조화된 후라야 군자가 될 수 있다."

子曰:質勝文則野,文勝質則史,文質彬彬,然後君子.

- 質(질) : 기질. 체질.
- 文(문) : 교양. 일련의 학습 과정을 통해 양성된 후천적 자양. 교양이라는 것은 무엇보다 과거의 문헌文에 대한 섭렵을 통해 이루어지기 때문에 文이라는 말로 표현되었다.
- 野(야) : 야성. 야성적. 자연적 또는 천성적 품성이나 그 특징. 참신하고

솔직한 이면에 즉물성, 단순성 등의 폐단이 있을 수 있다.

- 史(사) : 지성. 지성적. 사관史官이라는 뜻에서 비롯되어 학문적 도야로 이루어진 품성이나 그 특징. 성숙되고 세련된 이면에 형식성, 경직성 등의 폐단이 있을 수 있다.
- 彬彬(빈빈) : 빛나는 모양. 문文과 질質이 서로 상승相乘 작용을 하여 격格을 높임으로써 점점 찬란한 빛을 발하는 모습.
- 세련되면서도 주지적으로 치우치지 않은 공자의 균형된 안목을 잘 보여주고 있다.

6/19

선생님께서 말씀하셨다.

"사람의 삶이란 있는 그대로 숨겨지지 못하나 어리석은 자의 삶이란 요행히 피해 있는 것이다."

子曰:人之生也直,罔之生也幸而免.

- 直(직) : 숨길 수도 피할 수도 없이 있는 그대로. 상태와 그에 대한 인식의 일치를 말함.
- 罔(망) : 어리석은 자. 모르는 자. 정명도程明道는 不直으로, 범조우范祖禹는 無知로 풀이하였다. 주자는 정명도의 설을 지지하였으나 문장의 구조로 보더라도 罔이 直에 대응한다고 보기는 어렵다. 문장의 구조로 보면 罔은 차라리 人에 대응하고 있으며 그 점에서 學而不思則罔(2/15)에서와 같은 의미로 보아 無知라고 한 범조우의 설이 더 타당하다.
- 幸而免(행이면) : 幸은 요행, 免은 회피 내지 벗어남. 幸而免은 어리석은 자의 인식에 있어서의 幸而免으로서 궁극적으로는 어떠한 幸도 免도 아니다. 따라서 구태여 말하자면 상태와 인식의 불일치라고 할 수 있다.
- 이 단편에서 人과 罔은 서로 대對를 이루고 있으면서도 罔이 人에 포함되

고 있다는 특이점이 있다. 罔도 直의 원리에서 벗어나지 못하는 점에서는 人이다. 다만 幸而免이라는 잘못된 인식상태에 빠져 있는 것이다. 보편 개념인 人을 대對의 한 축으로 사용한 것은 그 때문이다.

- 이 장은 君子懷刑,小人懷惠(4/11) 내지 君子貞而不諒(15/37)과 통한다.

6/20

선생님께서 말씀하셨다.

"그것을 아는 자는 그것을 좋아하는 자만 못하고 그것을 좋아하는 자는 그것을 즐기는 자만 못하다."

子曰:知之者,不如好之者.好之者,不如樂之者.

- 樂(락) : 즐기다. 누리다. 好와의 차이점은 好가 그것을 아직 대상화하고 있는 데 비하여 樂은 그것과 융화되어 있다는 점이다.
- 아는 것知→좋아하는 것好→즐기는 것樂으로 이루어진 공자 인간관의 입체적, 실천적 구도를 잘 보여 주고 있다. 그 점입성漸入性에 경탄을 금할 수 없다.

6/21

선생님께서 말씀하셨다.

"중급中級 이상의 사람에게는 상급上級의 말을 해줄 수 있으나 중급 이하의 사람에게는 상급의 말을 해줄 수 없다."

子曰:中人以上,可以語上也.中人以下,不可以語上也.

- 語(어) : 말해 주다. 고하다.
- 15/8의 "함께 말할 만한데도 말하지 않는 것은 사람을 잃는 것이고 함께 말할 만하지 않은데도 말하는 것은 말을 잃는 것이다" 하는 이야기와 상통한다.

6/22

번지樊遲가 앎에 대해 묻자 선생님께서 말씀하셨다.

"백성을 의롭게 하는 일에 힘쓰고 귀신을 공경하면서도 멀리하면 안다 할 수 있다."

어짊에 대해 묻자 말씀하셨다.

"어진 사람은 어려움을 먼저 겪고 나중에 그 결과를 얻으니 그리하면 어질다 할 수 있다."

樊遲問知.子曰:務民之義,敬鬼神而遠之,可謂知矣.問仁.曰:仁者先難而後獲,可謂仁矣.

- 樊遲(번지) : 공자의 제자. 2/5 각주 참조.
- 民之義(민지의) : 백성의 의로움. "백성이 의롭다 여기는 일" 또는 "백성을 의롭게 육성하는 일" 등으로 풀이할 수 있으나 여기서는 포괄적으로 백성을 다스림에 있어 의로움을 가장 중요한 과제로 삼는 것을 지칭한다 하겠다. 양시楊時가 이 부분을 해석함에 있어 13/4에 나오는 樊遲請學稼 및 請學爲圃와의 관련성을 언급한 것은 주목할 필요가 있다. 번지의 질문은 '앎'이 무엇이냐는 것이었고 공자는 그 대답으로 務民之義를 제시한 것이다. 다시 말해서 공자는 백성의 이로움民之利에 힘쓰는 것보다 백성의 의로움民之義에 힘쓰는 것이 앎임을 말한 셈이다.
- 鬼神(귀신) : 鬼는 사람이 죽은 후에 남는다고 여겨지는 음기, 神은 산천

의 온갖 정령. 즉 인격적, 비인격적 정령. 귀신은 오늘날과 달리 부정적이거나 무서운 존재가 아니었다.

- 先難而後獲(선난이후획) : 12/22에서 숭덕崇德을 묻는 번지의 질문에 답하며 공자가 先事後得,非崇德與?라 한 것을 참고할 수 있다. 결과보다는 그 결과에 이르는 진지한 노력의 과정을 중시하는 것으로, 어려운 과정을 생략한 채 손쉽게 어떤 결과에 이르려 하는 경박한 자세를 경계한 말이다. 그 점에서 4/14의 不患無位,患所以立.不患莫己知,求爲可知也 등 다수의 단편과 맥락을 같이한다. 따라서 後獲을 이득을 얻는 것, 녹을 구하는 것 등으로 해석하는 것은 잘못이다.

6/23

선생님께서 말씀하셨다.

"아는 자는 물을 좋아하고 어진 자는 산을 좋아한다. 아는 자는 움직이고 어진 자는 고요하다. 아는 자는 즐거워하고 어진 자는 오래 산다."

子曰:知者樂水,仁者樂山.知者動,仁者靜.知者樂,仁者壽.

- 樂(요) : 좋아하다.
- 水(수) : 물. 여기서 말하는 물은 추상적 물질로서의 물도 아니고 바다를 의미하는 것도 아니며 강을 의미하는 것이다. 중국의 중요한 강은 당시 모두 河水, 沂水, 淮水 등의 명칭으로 불리었다. 강은 바다라는 목적지를 향해 끊임없이 흘러간다는 점에서 지자知者의 좋아하는 대상이 되며 그것은 이어지는 지자의 움직임動과 관련되어 있다.
- 이 단편은 전체적으로 樂水→動→樂 그리고 樂山→靜→壽의 구도를 보이고 있다.

6/24

선생님께서 말씀하셨다.

"제齊나라가 한 번 변하면 노魯나라의 상태에 이를 것이고 노나라가 한 번 변하면 도道에 이를 것이다."

子曰:齊一變至於魯,魯一變至於道.

- 노나라가 제나라에 비해 도덕적, 문화적으로 한 단계 위에 있다는 판단이다.

6/25

선생님께서 말씀하셨다.

"고觚는 모난 데가 없으니 실로 고로구나! 고로구나!"

子曰:觚不觚,觚哉!觚哉!

종래의 해석 선생님께서 말씀하셨다. "고가 모난 데가 없으니 고라 할 수 있겠는가! 고라 할 수 있겠는가!"

- 觚(고) : 모나고 각角이 졌다는 뜻에서 고觚라 불린 이 술잔은 당시 실제로는 각지지 않은 둥근 술잔이었다. 아래쪽 받침 부분과 위쪽 잔 부분이 잘록한 허리 부분을 중심으로 각각 나팔 모양으로 벌어진 금속제였다.
- 哉(재) : 哉가 君子哉, 誠哉처럼 짧은 명사나 형용사와 결합할 경우에는 대개 의문보다 감탄의 의미로 쓰인다. 이 단편의 바른 해석에 있어서 고려할 사항이다.
- 종래의 해석은 이 단편이 명실名實의 불일치를 지적한 것이라 하나 觚, 즉

"모"라는 이름을 가진, 모나지 않은 둥근 술잔을 보고 공자가 명실의 불일치를 연상하였다는 것은 너무 밋밋하고 깊이가 없다. 차라리 공자의 말은 둥글기 때문에 그 자체가 하나의 거대한 모觚가 된다는 뜻으로 완성된 인인仁人이 세상에 대해서는 돌출될 수밖에 없음을 마침 모觚라는 이름을 가진 둥근 술잔을 보고 비유하여 말한 것이 아닐까 한다. 그렇다면 공자의 자의식이 반영된 것이라고 할 수도 있다. 또 적용된 논리는 훗날 성리학에서 말한 무극이태극無極而太極을 연상시키는 바가 있다.

6/26

재아宰我가 물었다.

"어진 자는 비록 함정 속에 어짊이 있다고 일러 주더라도 그 말을 따르겠군요."

선생님께서 말씀하셨다.

"어찌 그렇기야 하겠느냐? 군자는 (함정 쪽으로) 가게 할 수는 있지만 (함정에) 빠지게 할 수는 없으며 속일 수는 있지만 어리석게 만들 수는 없다."

宰我問曰:仁者雖告之曰:井有仁焉,其從之也.子曰:何爲其然也?君子可逝也,不可陷也.可欺也,不可罔也.

- 井有仁(정유인) : 井은 우물. 여기서는 함정穽의 의미로 쓰인 듯하다. 대부분의 송유宋儒들은 井有仁을 우물(함정)과 어짊을 추상적으로 관련시킨 가정적假定的 상황으로 보았으며 그것이 가장 타당하다. 井有仁을 井有人으로 본 주자의 해석은 일반 송유들의 안목에도 미치지 못하고 있다.
- 逝(서) : 가다.
- 陷(함) : (함정 같은 곳에) 빠지다.

• 재아의 질문에서는 어딘가 어짊에 대한 공자의 절대적 강조를 비꼬는 듯한 심리가 읽혀진다.

6/27

선생님께서 말씀하셨다.

"군자는 문文에 대해 널리 배우고 예로써 다잡음으로써 또한 모반하지 않게 할 수 있다."

子曰:君子博學於文,約之以禮,亦可以弗畔矣夫.

종래의 해석 선생님께서 말씀하셨다. "군자는 문文에 대해 널리 배우고 예로써 다잡음으로써 또한 도에서 벗어나는 일은 없을 것이다."

• 約之以禮(약지이례) : 예로써 다잡다. 여기서 之는 문두의 군자를 지칭하는 것으로 보아야 할 것이다. 따라서 감추어진 주격은 대화의 상대방으로 보인다. 이 점에서 위 문장은 君子가 명백히 주격도 목적격도 아닌 형태로 착종되어 있는 듯하다. 이 단편이 거듭 나오는 12/16에 君子라는 말이 없는 것을 주목할 필요가 있다. 또 본장도 『경전석문經典釋文』에 의하면 "어떤 자료에는 君子라는 말이 없다"一本無君子字고 한다.

• 弗畔(불반) : 弗은 不과 같음. 모반하지 아니함. 반란을 꾀하지 아니함. 반畔은 반叛과 통한다. 弗畔은 정현鄭玄이 "도리를 어기지 않는 것"不違道으로 완화시켜 해석한 이래 신 · 고주가 모두 이를 따르고 있으나 17/5의 公山弗擾以費畔이나 17/7의 佛肸以中牟畔에서와 달리 해석해야 할 아무런 이유가 없다. 따라서 이 단편은 공자가 계강자나 맹무백 같은 젊은 위정자들에게 들려준 말일 가능성이 크다. 다만 이 말은 집권자의 정략적 필요에 제공하기 위한 말이라기보다는 학문學文과 예악의 효과를 강조한 말로 이해해야 할 것이다.

- 이 단편은 "그 사람됨이 효성스럽고 우애로우면서 윗사람 범하기를 좋아하는 자는 드물다"其爲人也孝弟, 而好犯上者, 鮮矣(1/2)고 한 유자의 말과 궤를 같이한다. 따라서 1/2와 마찬가지로 이 단편은 공자의 본래 의도를 넘어 초기 유가들과 그들 주변의 정치가들에게는 강한 정치적 매력을 발휘했을 것으로 여겨진다.

6/28

선생님께서 남자南子[9]를 만나시니 자로子路가 못마땅해하였다. 선생님께서 맹세하여 말씀하셨다.

"내가 잘못한 것이 있다면 천벌을 받겠다. 천벌을 받겠다."

子見南子,子路不說.夫子矢之曰:予所否者,天厭之!天厭之!

- 矢(시) : 맹세하다. 서약하다誓.
- 予所~者(여소~자) : 내가 ~ 한다면. 맹세하는 말투다.
- 자로의 관점에서 볼 때 남자南子는 음란한 자였고 그런 여인을 공자가 만났다는 사실은 그에게는 곤혹스런 일이었을 것이다. 그러나 공자가 남자南子를 만나게 된 경위는 『사기』「공자세가」에 약간 언급되어 있으나 믿을 수 없고 두 사람 사이에 오간 이야기도 전하는 것이 없다. 짐작컨대 공자가 정치인으로서의 남자에 대해 일말의 기대를 가졌기 때문이 아닐까 한다.
- 임어당林語堂(1895~1976)의 희곡 『자현남자子見南子』에서처럼 일부 사람

9) 남자(南子) : 원래 송(宋)나라 여인으로 영공(靈公)이 위(衛)나라로 데려와 부인으로 삼았다. 남자가 송나라에서 사귀던 미남자 송조(宋朝)를 그리워하자 영공은 부인을 위하여 송조를 위나라로 데려온다. 이로 인하여 부끄러운 소문이 나게 되자 태자 괴외(蒯聵)가 남자를 제거하려 하다가 실패, 송나라로 망명한다. 이로 인하여 훗날 위나라는 심각한 권력 쟁탈의 소용돌이에 휘말리게 된다.(『좌전』 정공 14년)

들은 공자와 이 희대의 여성 사이에서 모종의 스캔들을 상상하는 경우가 많다. 2011년 중국에서 방영된 텔레비전 드라마 「공자」에서도 남자는 공자의 젊은 시절 첫사랑으로 나오는데 이런 설정은 예수와 막달라 마리아 사이에서 스캔들이 상상되는 것처럼 일부 호사가들의 문예적 상상일 뿐이다.

6/29

선생님께서 말씀하셨다.

"가운데의 하찮음中庸이 덕이 되니 그 얼마나 지극한가! 백성들은 오래 유지하는 일이 드물구나."

子曰:中庸之爲德也,其至矣乎!民鮮久矣.

종래의 해석 "중용의 덕은 얼마나 지극한가! 백성들은 오래 유지하는 일이 드물구나."

- 中庸(중용) : 가운데의 하찮음. 논어 이전의 어떠한 전적에서도 사용된 적이 없는 용어다. 공자가 양단兩端에서 떠난 중간中과 그것이 가지는 외견상의 범용성庸을 결합하여 만든 합성어가 아닌가 한다. 중용이 "덕이 된다"고 그 역설적 효용성을 강조하고 있는 것이 더욱 이 추정을 뒷받침해 준다고 하겠다.
- 民鮮久矣(민선구의) : "백성들은 오래 유지하는 일이 드물다"民, 鮮久矣로 해석하는 경우와 "백성들 사이에 드물어진 지가 오래되었다"民鮮, 久矣로 해석하는 경우로 나누어진다. 정자와 주자는 후자를 택하였으나 民鮮의 해석이 아무래도 어색하다. 공자의 의도는 시류가 잠시 중용을 얻더라도 곧 다시 양단에 치우치고 마는 현상을 지적한 것으로 보이는 만큼 전자가 합당해 보인다.

6/30

자공子貢이 말했다.

"만약 백성들에게 널리 베풀어서 많은 사람을 구제할 수 있다면 어떠합니까? 가히 어질다 할 수 있겠습니까?"

선생님께서 말씀하셨다.

"어떻게 어진 정도이겠느냐? 필시 성인의 경지일 것이니 요임금과 순임금[10]도 그 문제만은 부심했었다. 실로 어진 자는 스스로 서기를 바라서 남을 세우고 스스로 통달하기를 바라서 남을 통달시키며 가까운 데서 능히 예例를 드니 그것이 어짊의 비결이라 할 수 있다."

子貢曰:如有博施於民,而能濟衆,何如?可謂仁乎?子曰:何事於仁,必也聖乎!堯舜其猶病諸.夫仁者,己欲立而立人,己欲達而達人,能近取譬,可謂仁之方也已.

종래의 해석 (앞부분 같음) "… 실로 어진 자는 자신이 서고 싶으면 남을 세워 주고 자신이 통달하고 싶으면 남을 통달시켜 준다.…"

- 其猶病諸(기유병저) : 그것을 오히려 병으로 여기다. 그것에 오히려 부심하다. 諸는 之乎의 준말.

---

10) 요순(堯舜) : 하나라 이전 오제 시대의 마지막 이제(二帝). 오제는 자료에 따라 다르나 『사기』는 황제(黃帝), 전욱(顓頊), 제곡(帝嚳), 요(堯), 순(舜)을 들고 있다. 모두 전설적 제왕들이다. 요(堯)의 이름은 방훈(放勛). 제곡의 아들로 도당씨(陶唐氏)라고도 한다. 그는 모든 제후들을 화합케 하였고 만백성의 어버이로 추앙되었다. 순(舜) 또는 우순(虞舜)은 민간에 살던 홀아비로 이름은 중화(重華). 무도한 장님 아비, 남을 잘 헐뜯는 계모, 교만한 이복동생을 두었고 심지어 계모와 이복동생이 자신을 죽이려고까지 했지만 효제를 다해 화목하게 지냈다. 요는 자신의 두 딸 아황(娥皇)과 여영(女英)을 순에게 시집보내어 그의 덕행을 관찰한 후 섭정 기간을 거쳐 드디어 천자의 지위를 물려주었다.

- 己欲立而立人(기욕립이입인) : 자신이 서기를 바라서 남을 세움. 따라서 "자신이 서고 싶으면 남을 서게 한다"는 일반적 해석은 크게 잘못된 것이다. 12/20의 子欲善而民善矣를 참고할 수 있다.
- 近取譬(근취비) : 가까운 데서 예例를 들다. 가까운 데近라 함은 자기 자신 내지 그에 준한 근접한 체험세계를 말한다. 譬는 비유라는 뜻이나 예例로 의역하였다. 비유로 번역할 경우 단지 수사학적 능력을 말하는 것으로 오해될 소지가 있기 때문이다. 결국 근취비近取譬는 세상만사의 진정한 모습과 의미를 그 발원지인 자기 자신己과 그를 둘러싼 근접한 체험세계 속에서 찾아내는 것을 말한다. 『시경』 대아大雅편의 억抑에 "먼 데서 예를 취하지 않는다"取譬不遠는 구절이 나오는데 역시 같은 취지다.
- 仁之方(인지방) : 어짊의 비결. 어짊의 요체. 어짊의 방법. 여기서 方은 '모'라는 뜻에서 비롯하여 어짊을 구체적으로 실현하는 방법론적 요체를 말한다. 可謂仁之方也已는 의미상 能近取譬만 받는 것이 아니고 己欲立에서 能近取譬까지 모두 받는다.
- "스스로 서기를 바라서 남을 세운다"는 이 원칙은 공자를 諸子와 구별하는 매우 심오한 원칙이라고 할 수 있다. 이 부분이 그릇된 해석에 묻혀왔다는 것은 매우 한탄스러운 바 있다.

7
술이述而

이 편은 모두 공자에 관한 정보를 모은 것이다. 공자의 자평自評, 향당편을 연상시키는 공자의 행동 소묘, 제자들이 관찰한 공자의 특징 등이 수록되어 있다.

7/1

선생님께서 말씀하셨다.

“풀이만 하고 짓지 않으며 옛것을 믿고 좋아한다는 점에서 속으로 나를 노팽老彭[1]에 견주어 본다.”

子曰:述而不作,信而好古,竊比於我老彭.

- 述(술) : 풀이하다. 설명하다. 해설하다.
- 作(작) : 짓다. 창작하다.
- 述而不作과 信而好古는 동일한 실체를 둘러싼 설명이다. 즉 믿고 옛것을 좋아하기 때문에 풀이만 하고 새로 짓지 않는 것이다.
- 竊(절) : 가만히. 몰래. 속으로.
- 比於我老彭(비어아노팽) : 보통 “나를 노팽에 견준다”고 새기고 있어 관례를 따랐으나 문법상으로는 무리가 있다. 황간본皇侃本 논어에는 이 구절이 比於我於老彭으로 되어 있고 어떤 판본에는 比我於老彭으로 되어 있다. 比我於老彭이라면 “나를 노팽에 견준다”고 새길 수 있어 가장 무리가 없으나 현재 원문은 比於我老彭으로 추정되고 있다. 이 문제를 해결하느라 『율곡언해본栗谷諺解本』은 “우리 노팽에게 비하노라”고 하여 我를 소유격으로 풀이하고 있는데 역시 선뜻 동의하기 어려운 해석이다.

7/2

선생님께서 말씀하셨다.

“말없이 간파하고, 배우되 싫증 내지 아니하며, 사람을 가르침에

1) 노팽(老彭) : 팽조(彭祖)라는 설, 노자(老子)라는 설 등이 분분하나 은대(殷代)의 현인이라는 설이 가장 유력하다.

지치지 않는다. 나에게 달리 무엇이 있겠느냐?"

子曰:黙而識之,學而不厭,誨人不倦.何有於我哉?

종래의 해석 (앞부분 같음) "이런 것들이야 내게 무슨 어려움이 있겠느냐?"

- 黙而識之(묵이식지) : 말은 않으나 알다. 이 언급은 '빈 수레의 요란함'에 반대되는 것이며 '말이 없는 것'과 '간파하는 것'은 당연히 깊은 연관성이 있다. 오늘날의 인간 행위에서도 여실히 관찰되는 현상이다.
- 誨(회) : 가르치다.
- 倦(권) : 게으르다. 고달프다.
- 何有於我哉(하유어아재) : 나에게 무엇이 있겠느냐. 무슨 대단한 것이 있겠느냐 하는 뜻. 일반적인 해석에 있어서는 何有라는 말의 관용적 의미를 따라 "무슨 어려움이 있겠는가?" 하는 자신감의 피력이라 하나 잘못된 해석이다. 주자는 이 세 가지가 어떻게 나에게 있겠느냐?何者能有於我也, 즉 모두 내가 실천할 수 없는 일이다 하는 겸사謙辭로 보고 있으나 역시 빗나간 해석이다. 결국 이 초라한 세 가지 정도가 내가 할 수 있는 모든 것이니 "(달리) 무엇이 있겠느냐?" 하는 뜻으로 해석해야 한다. 이 부분의 해석에 있어서는 정약용의 "내가 기껏 이런 것들을 할 줄 아니 어찌 족히 내게 있느니 없느니 하겠는가"我粗能爲此, 何足有無於我哉.『論語古今注』하는 해석이 가장 정확해 보인다.

7/3

선생님께서 말씀하셨다.

"덕이 닦아지지 않는 것, 배움이 깨우쳐지지 않는 것, 의로운 일에 대해 듣고도 능히 나아가지 못하는 것, 선하지 못한 점을 능히 고치지 못하는 것, 이것이 나의 근심이다."

子曰:德之不修,學之不講,聞義不能徙,不善不能改,是吾憂也.

- 講(강) : 강구하다究. 풀다. 밝히다. 규명하다. 정약용은 밝히다明之는 뜻으로 보면서 『설문說文』에서 講을 풀다解는 뜻으로 정의한 것을 인용하고 있다.說文云講解也 결과적으로 비슷한 얘기가 될 것이다.
- 徙(사) : 옮기다. 나아가다.
- 이 단편의 취지와 관련하여 정약용이 부질없이 세상을 근심하고 백성을 근심하는 것, 혹은 춥고 배고픈 것을 근심하는 것에 대하여 진정한 근심의 양상이 어떠해야 하는가를 보여 주려는 의도가 있다고 한 것은 경청할 필요가 있다.

7/4

선생님께서 한가로이 계실 때에는 기색이 밝고 부드러우셨다.

子之燕居,申申如也,夭夭如也.

- 燕居(연거) : 편히 쉬다. 한가하게 거하다. 燕은 편안하다. 쉬다. 한가하다. 『시경』 소아小雅편의 시 북산北山에 "어떤 이는 하는 일 없이 편히 쉬고 어떤 이는 나랏일 한다고 행색이 초췌하네"或燕燕居息,或憔悴事國라는 구절이 있다.
- 申(신) : 펴다伸. 기지개켜다. 환하다.
- 夭(요) : 어여쁘다少好貌夭夭. 얼굴빛이 화평하다.

7/5

선생님께서 말씀하셨다.

"심하다. 나의 노쇠함이여! 내가 꿈에 주공周公[2]을 다시 뵙지 못한 지가 오래되다니!"

子曰:甚矣吾衰也!久矣吾不復夢見周公!

- 夢見(몽현) : 꿈에 만나다. 꿈으로 보다. 젊은 날 평소에 주공을 생각하는 일이 많았음을 말해 준다.

7/6

선생님께서 말씀하셨다.

"도道에 뜻을 두고 덕을 바탕으로 어짊에 의지하며 예藝에 노닐어라."

子曰:志於道,據於德,依於仁,游於藝.

- 志(지) : 뜻을 두다. 소망을 가지다. 지향하다.
- 據(거) : 바탕으로 하다. 근거로 삼다. 뿌리를 두다. 기초하다.
- 依(의) : 의지하다. 방법으로 삼다. 원리로 하다.
- 游(유) : 노닐다. 사물을 완상하며 성정을 기르다玩物適情.

---

2) 주공(周公) : 문왕의 아들이자 무왕의 아우. 성은 희(姬), 이름은 단(旦). 주나라의 기틀은 사실상 주공이 잡았다 해도 과언이 아닐 만큼 주나라의 모든 문물 제도를 기초하였다. 노나라에 봉해졌으나 왕실을 보좌하느라 가지 못했고 아들 백금(伯禽)을 노나라에 보냈다. 무왕 사후 어린 성왕(成王)을 사심 없이 보좌하였다. 역사 시대의 인물 중에서는 공자가 가장 존경한 사람이다.

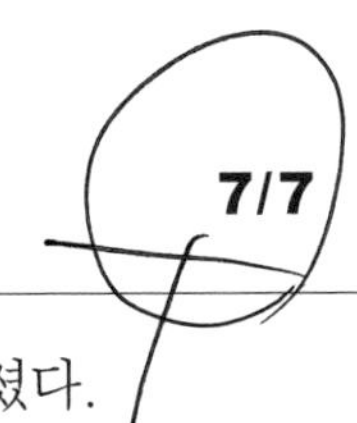

선생님께서 말씀하셨다.

"속수束脩의 예를 행하는 자 이상은 내가 일찍이 가르치지 않은 적이 없다."

子曰:自行束脩以上,吾未嘗無誨焉.

- 自(자) : ~부터. '스스로'의 뜻으로 보는 경우도 있으나 以上과의 관계로 볼 때 '~부터'가 타당해 보인다. 『선조명찬언해본宣祖命撰諺解本』도 "束脩行한 이로브터 써 우흔"이라 하여 '부터'로 풀이하고 있다.
- 束脩(속수) : 정약용에 의하면 속수에 대하여는 다음과 같은 세 가지 견해 및 용례가 있다.

  1) "열 개 묶음의 포"脯, 즉 건육乾肉으로서 최소한의 예를 지칭하며 『예기』, 『한서漢書』, 『북사北史』 등에 적지 않은 용례가 있다. 주자가 지지한 설이자 지금까지의 통설이다.

  2) "허리띠를 두르고 장식을 한다"束帶脩飾는 뜻으로 나이 15세에 이르러 성년의 예를 치름으로써 세상에 나아가는 것을 말하며 『후한서後漢書』 등에 용례가 있다.

  3) "자신를 다잡아 수양한다"檢束修治 혹은 嚴束精修는 뜻으로 역시 『후한서』 등에 기록이 있다.
- 정약용은 1)의 견해를 지지하는데 특히 3)은 마치 공자가 재물을 탐하여 도道를 파는 것처럼 여겨질까 봐 후세의 주석가들이 그 점을 가려 주기 위하여 꾸며낸 해석이라고 혹평하였다.
- 정약용의 견해에 일리가 있어 보이며 당시 束脩는 첫 대면의 간소한 예법이었던 것 같다. 결국 이 단편은 "나에게 관심을 가지고 최소한의 성의를 보이며 찾아오는 사람이라면 나는 물리치지 않고 가르쳤다"는 뜻이라 하겠다.

7/8

선생님께서 말씀하셨다.

"발분하지 않으면 깨우쳐 주지 않고 표현하려 애쓰지 않으면 발로發露시켜 주지 않으며 한 모퉁이를 들어주었을 때 세 모퉁이가 함께 반응하지 않으면 되풀이하여 가르치지 않는다."

子曰:不憤不啓,不悱不發,擧一隅不以三隅反,則不復也.

- 憤(분) : 발분하다. 결내다.
- 悱(비) : 뜻은 알고 있으나 말은 못하는 것有意未言.
- 隅(우) : 귀퉁이. 모퉁이. 구석. 일각一角.
- 反(반) : 반응하다. 반응을 보이다. 응하다.
- 한 모퉁이를 들어주었을 때 나머지 세 모퉁이가 함께 들릴 때에만 진정으로 이해가 된 것이다. 한 모퉁이를 들어주었는데 세 모퉁이가 그저 있다는 것은 진정으로 이해가 되지 않았다는 뜻이며 그런 경우는 나머지 세 모퉁이를 일일이 들어준다 해도 역시 진정한 들린 것이 아니다.

7/9

선생님께서는 상을 당한 사람 옆에서 식사하실 경우 일찍이 배불리 드신 적이 없었다.

子食於有喪者之側,未嘗飽也.

- 有喪者(유상자) : 상을 당한 사람.
- 꼭 함께 슬퍼해서라기보다 슬픈 일을 당한 사람의 애통한 마음을 생각하

면 아무 일도 없는 사람처럼 배불리 먹을 수는 없을 것이다.

7/10

선생님께서는 어느 날 곡을 하셨으면 그날은 노래를 부르지 않으셨다.

子於是日哭,則不歌.

- 是日(시일) : 이날. 어느 날.

7/11

선생님께서 안연에게 말씀하셨다.

"'쓰면 행해지고 쓰지 않으면 간직된다'는 것은 오직 나와 너만이 갖추고 있구나!"

子謂顔淵曰:用之則行,舍之則藏.唯我與爾有是夫!

종래의 해석 선생님께서 안연에게 말씀하셨다. "'등용되면 행하고 버려지면 간직한다'는 것은 오직 나와 너만이 갖추고 있구나!"

- 舍(사) : 놓다釋. 쓰지 않다置. 버리다. 그치다止息. 그만두다.
- 藏(장) : 품다. 내면에 간직하다.
- 有(유) : 가지다. 갖추다. 보유하다.
- 用之則行,舍之則藏은 고어古語로 추정된다. 이 말을 정확히 이해하려면 用, 舍 및 行, 藏의 주체와 객체를 알 필요가 있다. 用과 舍의 주체는 문

법상 공자나 안연이다. 물론 공자와 안연이 자의적으로 쓰고 버린다기보다는 시대의 유도有道, 무도에 따라 연동된다고 할 것이다. 用과 舍의 객체之는 도道로 볼 수 있다. 行과 藏은 자동사로서 그 주어는 역시 앞에서 之로 표현된 도道가 될 것이다. 5/7의 道不行을 참조할 수 있다.

- 用之와 舍之를 "등용되면"과 "버려지면"으로 해석하는 것은 명백히 잘못된 것이다. 여기서 用之는 11/1에 나오는 如用之,則吾從先進에서와 문법적 기능이 같다. 行과 藏도 "행하다"와 "숨다"로 해석하는 것은 잘못이다. 藏은 간직하거나 갈무리하는 것이지 결코 숨는다는 뜻이 아니다. 그런 뜻이었다면 차라리 隱을 썼을 것이다. 공자는 "써도 행해지지 않고 쓰지 않으면 잃어버리는" 자들의 행태를 염두에 두고 이 말을 한 것이다.

7/12

자로가 말했다.

"선생님께서 삼군을 지휘하신다면 누구와 함께하시겠습니까?"

선생님께서 말씀하셨다.

"맨손으로 호랑이를 잡으려 들거나 걸어서 강을 건너려 하다가 죽더라도 뉘우치지 않는 사람과 나는 함께하지 않겠다. 일에 임해서는 두려워하고 궁리하기를 좋아하여 마침내 이루는 자와 반드시 함께할 것이다."

子路曰:子行三軍則誰與?子曰:暴虎馮河,死而無悔者,吾不與也.必也臨事而懼,好謀而成者也.

- 三軍(삼군) : 중군中軍, 좌군左軍, 우군右軍. 주대周代에는 원칙적으로 공작公爵으로 봉해진 제후만이 삼군을 거느릴 수 있었다. 노나라 제후는 후작侯爵으로 봉해졌기 때문에 원칙적으로 이군二軍만 거느릴 수 있었으나 공자

당시 이러한 질서는 이미 무의미해졌다. 일군一軍의 병력은 통상 1만 2천 500명이라 한다.

- 暴(포) : 맨손으로 잡다徒搏.
- 馮(빙) : 걸어서 건너다徒涉.
- 이 단편을 전장前章과 합하여 하나의 장으로 보는 종래의 편장 구분은 잘못된 것이다. 두 대화는 서로 핵심 되는 주제가 달라 함께 제기될 사안이 못 된다. 특히 합할 경우 마치 공자가 안연만을 칭찬하는 것을 자로가 시샘이라도 하는 듯한 모양새가 되는데 자로는 안연보다 자그마치 21세나 연상이었고 공자학단 내에서의 위상도 현저히 높았다. 원천적으로 안연 정도의 어린 후배를 시샘할 인물이 아니었다.

7/13

선생님께서 말씀하셨다.

"부유하고도 구할 수만 있다면 비록 채찍 잡는 선비라도 나 또한 할 것이다. 그러나 만약 (부유하고는) 구할 수 없다면 내가 좋아하는 바를 따르겠다."

子曰:富而可求也,雖執鞭之士,吾亦爲之.如不可求,從吾所好.

종래의 해석 선생님께서 말씀하셨다. "부유함을 구할 수만 있다면 비록 채찍 잡는 선비라도 나 또한 할 것이다. 그러나 만약 (부유함을) 구할 수 없다면 내가 좋아하는 바를 따르겠다."

- 求(구) : 구하다. 대부분 求의 목적어를 富로 보고 해석하기 위해 而는 如와 같다고 무리하게 풀이하고 있으나 문법적으로도, 문의文義상으로도 옳지 않다. 求의 목적어는 생략되어 있으며 도道 정도로 보아야 할 것이다.
- 執鞭之士(집편지사) : 채찍을 들고 수레 앞에서 사람을 물리는 선비. 執

鞭은 대부를 받드는 士의 역할 중에서도 가장 미미한 역할로서 당시 대표적인 말직으로 이해되었던 것 같다. 공자의 말로 유추해 보면 미미한 역할이었지만 나름대로 괜찮은 생계수단이었던 것으로 짐작된다. 사마천은 『사기』「관안열전管晏列傳」에서 "안자가 오늘날에 있다면 나는 그를 위해 채찍을 잡는 마부가 되는 것도 사양하지 않을 만큼 그를 흠모한다"假令晏子而在,余雖爲之執鞭,所忻慕焉고 말함으로써 역시 執鞭이 보잘것없는 임무임을 말하고 있다.

7/14

선생님께서 신중히 하신 것은 재계와 전쟁과 질병이었다.

子之所愼,齋戰疾.

- 齋(재) : 재계齋戒. 제祭를 올리는 사람이 몸과 마음을 깨끗이 하고 언행을 삼가는 일.

7/15

선생님께서 제齊나라에 계실 때 소韶를 들으시고 석 달 동안 고기 맛을 모른 채 말씀하셨다.

"음악을 하는 것이 이런 경지에까지 이를 줄은 미처 몰랐구나!"

子在齊聞韶,三月不知肉味.曰:不圖爲樂之至於斯也!

- 韶(소) : 순임금의 음악. 3/25에서 공자는 韶에 대해 아름다움과 선함을 다한 음악이라고 극찬하고 있다.

- 爲樂(위악) : 음악을 함. 음악을 연주하는 것에만 국한할 필요는 없으니 연주, 학습, 감상 그 어느 것도 다 해당될 수 있을 것이다.
- 공자가 제나라에 가 있었던 것은 『사기』 「공자세가」에 의하면 젊은 날의 일로서 대개 30대 후반이나 40대 초반의 일로 추정된다. 체재 기간은 정확하지 않으나 단시일은 아니었을 것이다.

7/16

염유冉有가 말하였다.

"선생님께서는 위나라 임금을 도와주실까?"

자공이 말하였다.

"그래, 내가 여쭈어 보지."

자공이 들어가 물었다.

"백이숙제는 어떤 사람입니까?"

선생님께서 말씀하셨다.

"옛 현인이다."

자공이 말하였다.

"원망하였습니까?"

선생님께서 말씀하셨다.

"어짊을 구해서 어짊을 얻었는데 또 무엇을 원망했겠느냐?"

자공이 나와서 말했다.

"선생님께서는 도와주지 않으실 것이네."

冉有曰:夫子爲衛君乎?子貢曰:諾,吾將問之.入曰:伯夷叔齊何人也?曰:古之賢人也.曰:怨乎?曰:求仁而得仁,又何怨?出曰:夫子不爲也.

- 衛君(위군) : 위나라 임금 출공出公을 말함. 위령공衛靈公의 손자로서 망명 중이던 아버지 괴외蒯聵를 제치고 영공의 뒤를 이었다.
- 諾(락) : 그래. 대답하는 말.
- 伯夷叔齊(백이숙제) : 무왕의 은 정벌을 반대하다 뜻을 이루지 못하자 주나라 곡식은 먹지 않겠다 하여 수양산에 들어가 고사리만 캐먹다 굶어죽은 전설적 현인들. 5/23 각주 참조.
- 이 단편에 대해서는 역사적 배경을 알 필요가 있다. 위령공衛靈公의 아들 괴외는 영공의 부인 남자南子의 추문醜聞을 수치스럽게 여겨 남자를 제거하려다가 실패하자 진晋나라로 망명하였다. 이 때문에 영공이 죽은 후 부득이 괴외의 아들 첩輒:出公이 영공의 뒤를 잇는다. 훗날 괴외는 진晋나라의 도움을 얻어 위나라로 잠입, 정변을 일으켜 아들인 출공을 축출하고 즉위함으로써 장공莊公이 되었고 출공은 노나라로 망명했다. 이 대화는 노나라로 망명 온 출공이 복위復位할 수 있도록 공자가 도와줄 것인지를 물은 것으로 보이는데 그렇다면 B.C. 480년의 위나라 정변 직후인 공자 최만년의 대화에 속한다. 많은 논어 주석가들은 이 대화를 공자가 위나라에 체제하고 있던 때의 대화로 보고 있으나 그 경우 爲君의 내용이 너무 추상적이 되고 염유와 자공이 함께 위나라에 있었다고 가정해야 하는 문제점이 생긴다.
- 怨乎(원호) : 원망했습니까? 원망했던 것입니까? 여기서 자공이 백이숙제의 원망 여부를 물은 것은 흔히 백이와 숙제가 서로 고죽국孤竹國의 임금 자리를 양보한 사실과 출공이 임금 자리를 두고 아버지 괴외와 추하게 싸우는 사태를 비교하기 위한 것이라고 하나 이는 분명히 잘못된 해석이다. 자공은 질문 의도를 말하지 않고 단지 "(백이숙제가) 원망하였습니까?" 하고 물었고 공자는 당연히 이 질문을 수양산에서 굶어죽기까지 한 백이숙제가 무왕의 은殷정벌 강행을 원망했느냐는 질문으로 이해했을 것이다.
- 공자가 출공을 도와줄 것인지 여부를 제자들이 궁금해했다는 것은 공문孔門이나 노나라의 공식 입장이 괴외의 거사에 대해 비판적이었음을 보여준다. 이는 이 정변 과정에서 죽은 자로의 입장이기도 했는데 출공이 망

명지로서 노나라를 선택한 것도 그 때문이었을 것으로 추측된다. 출공은 후에 노나라를 떠나 제나라로 망명했다가 공자가 죽고 2년 뒤인 애공 18년 내부 정변으로 다시 아버지 장공(괴외)이 축출되자 위나라 임금의 자리에 복위한다.

- 자공이 "선생님은 출공을 도와주시지 않을 것"이라고 판단한 이유는 이해하기가 매우 어려운 화두다. 간단히 이야기하자면 공자는 인인仁人의 기본은 스스로 어질고자 함欲仁에 그치는 것이지 남을 원망하는 것이 아님을 평소에도 강조했다. 만약 원망하게 되면 스스로 사태에 개입하여 그 결과를 뒤집으려 할 텐데 그것이 바로 이 대화 당시 이미 그 사태에 개입하여 죽은 자로子路의 입장이기도 하였다. 이에 자공은 求仁而得仁, 又何怨이라는 대답에서 공자가 출공과 관련된 사태를 되돌려 놓는 일(출공의 복위)에까지 개입하지는 않을 것임을 감지한 것이다. 이 부분을 이해하는 데에는 14/38에서 자로를 참소한 공백료公伯寮를 자복경백子服景伯이 흥분하여 죽이려 했을 때 공자가 "도가 행해지고 폐하는 것이 모두 명命이다" 하며 만류한 것과 통하는 바가 있다. 두 사례를 깊이 고구하면 자공이 왜 그런 판단을 했는지 이해할 수 있을 것이다. 자공의 돋보이는 직관력과 관련해서는 일찍이 億則屢中(11/20)이라 했던 공자의 선견지명을 상기하게 된다.

7/17

선생님께서 말씀하셨다.

"거친 음식을 먹고 물마시고 팔베개를 하고 눕더라도 즐거움이 역시 그 가운데에 있다. 의롭지 않게 누리는 부귀는 내게는 뜬구름과 같다."

子曰:飯疏食飮水,曲肱而枕之,樂亦在其中矣.不義而富且貴,於我如浮雲.

- 飯疏食(반소사) : 거친 음식을 먹다. 食은 사로 읽고 음식이라는 명사가 되며 飯은 먹는다는 동사가 된다.
- 肱(굉) : 팔.

7/18

선생님께서 말씀하셨다.

"나에게 수년이 더 주어져 오십까지 배움을 계속할 수 있다면 또한 큰 잘못은 짓지 않을 수 있을 것이다."

子曰:加我數年,五十以學易,可以無大過矣.

- 加(가) : 보태다.
- 五十以學易,可以無大過矣(오십이학역, 가이무대과의) : 본문의 왜곡 여부를 두고 시비가 많은 문장이다. 우선 『경전석문』은 노론에서는 易을 亦으로 읽는다고 하고 있으며 易은 고론을 좇은 것임을 밝히고 있다. 공자 당시에는 아직 『역易』이 출현하지 않았던 것으로 보이므로 易으로 표기된 것은 구전논어口傳論語가 금문今文으로 정착되는 과정에서 공자가 역을 공부하였다고 믿는 학자들에 의해 亦이 易으로 잘못 이해된 탓이 아닌가 한다(후대의 역학자들이 의도적으로 변조했다는 설도 있다). 6/27의 亦可以弗畔矣夫, 13/11의 亦可以勝殘去殺矣, 13/29의 亦可以卽戎矣, 14/13의 亦可以爲成人矣 등 조건절에 이어지는 문장형식이 이를 뒷받침하고 있다. 주자는 五十도 필시 卒의 오기일 것이라 주장하고 있으나 근거는 박약하다. 따라서 여기서는 加我數年,五十以學,亦可以無大過矣를 원문으로 보고 그에 따라 번역하였다.
- 이 단편의 의미는 진술된 그대로 단순하게 받아들일 수도 있겠으나 이 말을 한 시기가 공자의 40대 후반이었고 그의 나이 47세 때 양호가 노나라의 정권을 잡아 그에게 정치 참여를 권유했다는 사실(17/1)에서 미루

어 볼 때 어쩌면 이 말은 그러한 권유를 회피하기 위한 의도를 담고 있는지도 모른다.

7/19

선생님께서 평소 말씀하신 바는 『시詩』와 『서書』와 예법에 관한 것이었으니 이것들에 대해서는 모두 평소 말씀하셨다.

子所雅言,詩書執禮,皆雅言也.

- 雅言(아언) : 雅는 평소素. 주자는 늘常이라 해석하였는데 역시 비슷한 뜻이라 하겠다. 제자들은 공자가 숨기고 있거나 자신들에게 좀처럼 보여주지 않는 부분이 있다고 생각했다. 그것은 5/13의 "선생님의 문화론은 들어 볼 수 있었으나 선생님께서 인성과 천도에 관해 말씀하시는 것은 들어 볼 수 없었다"夫子之文章,可得以聞.夫子之言性與天道,不可得以聞也는 말에서 잘 드러난다. 그러나 詩, 書, 執禮에 관한 한 평소에 기탄없이 말씀하셨다는 뜻이다.
- 詩書執禮(시서집례) : 『시경詩經』의 시와 『서경書經』의 글 그리고 예를 수행하는 일, 곧 예법. 『시경』과 『서경』은 당시에는 그냥 시詩, 서書로만 불리었다.

7/20

섭공葉公[3]이 자로에게 공자에 관해 물었으나 자로는 대답하지 못했다. 이를 두고 선생님께서 말씀하셨다.

"너는 왜 그의 사람됨이 발분하면 먹는 것을 잊고 즐거움으로써 근심을 잊으며 장차 늙음이 오리라는 것도 모르고 있는 사람이라고 말하지 않았느냐?"

葉公問孔子於子路,子路不對.子曰:女奚不曰,其爲人也,發憤忘食,樂以忘憂,不知老之將至云爾.

- 奚(해) : 어찌.
- 云爾(운이) : 어조사.
- 『사기』「공자세가」에는 공자가 외유 중 초楚나라의 섭葉 지방에 들러 그곳을 다스리고 있던 섭공을 만난 것으로 기록되어 있다. 그러나 청대의 최술崔述이 그의 『수사고신록洙泗考信錄』에서 고증한 바에 의하면 공자가 초나라에 간 것이 아니라 당시 초나라가 채蔡나라를 정복한 후 그곳의 백성들을 부함負函으로 이주시키는 등 북방정책상의 임무를 띠고 장기간에 걸쳐 채나라 와 있던 섭공을 공자가 만난 것으로 본다. 시기는 B.C. 491년, 공자의 나이 61세 때였다.

---

3) 섭공(葉公) : 초(楚)나라 섭(葉) 지방의 장관. 초나라는 군주를 왕(王)이라 했고 지방장관을 공(公)이라 했으며 재상을 영윤(令尹)이라 하는 등 문물제도를 주(周)와 달리했다. 주(周)의 입장에서 보면 일종의 참칭(僭稱)이 된다. 섭공의 성은 심(沈), 이름은 제량(諸梁), 자는 자고(子高)로서 30년 이상 재위했던 당대의 뛰어난 정치인이었다. 공자가 사망한 애공 16년 그는 채(蔡)에 있다가 백공(白公)이 초나라를 어지럽히는 것이 극에 달하자 도읍에 들어가 백공의 무리를 일소하고 잠시 영윤(令尹)과 사마(司馬)를 겸직하다가 나라가 안정되자 자리를 물려주고 섭(葉)으로 은퇴하였다. 백공의 무리를 토벌하러 초의 도읍에 들어갔을 때 "나라 사람들이 공을 바라보는 것이 자애로운 부모를 바라보는 것과 같은데 어찌하여 투구를 쓰지 않으셨느냐?" 하고 책망을 들을 정도로 인망이 높았다.

- 자로가 결코 접근할 수 없었던, 공자 특유의 가치관을 둘러 어 있는 탁월한 아이러니를 감지할 필요가 있다

7/21

선생님께서 말씀하셨다.

"나는 나면서부터 아는 사람이 아니라 옛것을 좋아해서 빨리 그것을 구하는 사람이다."

子曰:我非生而知之者,好古敏以求之者也.

- 공자는 나면서부터 아는 사람生而知之者의 존재를 사실상 부인하고 있다는 사실에 유의할 필요가 있다.

7/22

선생님께서는 괴이한 것과 힘센 것, 변란과 신에 관해서는 말씀하시지 않으셨다.

子不語,怪力亂神.

- 力(력) : 힘. 정치적 혹은 육체적 힘에 관한 것.
- 亂(란) : 변란. 정변.
- 神(신) : 신. 신령. 자연의 정령. 6/22의 "귀신을 공경하면서도 멀리한다"敬鬼神而遠之는 말을 참고할 수 있다.
- 사량좌謝良佐는 『논어정의論語精義』에서 개보介甫의 다음과 같은 설명을 소개하고 있다.

개보介甫는 "괴이한 것은 평상의 것이 아닌 것이다" 하였다. 대개 성인은 평상의 것에 대하여 말하고 괴이한 것에 대해 말하지 않으며 덕에 대해 말하고 힘센 것에 대해 말하지 않으며 다스려지는 것에 대해 말하고 변란에 대해 말하지 않으며 사람에 대해 말하고 귀신에 대해 말하지 않는다. 介甫云:怪非常也.蓋聖人語常而不語怪,語德而不語力,語治而不語亂,語人而不語神

간략히 정리하면 怪↔常, 力↔德, 亂↔治, 神↔人 의 양상이 될 것이다.

7/23

선생님께서 말씀하셨다.

"세 사람이 가면 반드시 나의 스승이 있다. 그 중 선한 사람을 택해서는 그 선한 점을 따르고 선하지 못한 사람을 택해서는 그 선하지 못한 점을 고친다."

子曰:三人行,必有我師焉.擇其善者而從之,其不善者而改之.

- 我師(아사) : 나의 스승. 여기서 '나'는 보편적 의미에서의 '나'가 아니라 공자 자신을 지칭하는 '나'다. 논어에 나오는 我나 吾로서 보편적 '나'를 지칭하는 경우는 전혀 없다는 점, 술이편 자체가 공자의 신상발언을 수집한 것이라는 점을 참고할 수 있다. 결국 이 단편은 공자는 누구로부터 배웠을까 하는 끊임없는 의문에 대한 여러 해명(2/11, 19/22 등) 중 하나라 하겠다.

7/24

선생님께서 말씀하셨다.

"하늘이 나에게 덕을 내셨는데 환퇴桓魋[4]가 나를 어찌 하겠느냐?"

子曰:天生德於予,桓魋其如予何!

- 『사기』「공자세가」에 공자가 큰 나무 아래에서 제자들에게 예의에 대해 강습하는데 환퇴가 공자를 죽이려 하였으며 그 나무도 뽑아 버렸다고 한다. 또 『예기』 단궁상편檀弓上篇에 의하면 환퇴가 죽은 후에 자신이 쓸 석곽石槨을 만들었는데 삼 년이 걸려도 완성하지 못하자 공자가 "저토록 사치할 바에야 차라리 죽으면 빨리 썩는 것이 낫다"若是其靡也,死不如速朽之愈也고 비난한 적이 있다. 환퇴가 공자를 핍박한 것은 사실이며 이 단편의 발언은 그 과정에서 나온 것으로 보인다. 그러나 그 자세한 내용과 이유는 『사기』나 『예기』의 기록만으로는 유추하기 어렵다. 아마도 그릇된 권력 행태에 대한 공자의 비판을 환퇴가 못마땅하게 여긴 것이 사건의 발단이 되었던 것 같다.
- 이 발언이 과연 광匡에서 있었던 것인지 따라서 9/5의 文王旣沒章이나 11/24의 顔淵後章과 같은 사건에 관련된 것인지는 불분명하다. 其如予何라는 표현이 9/5에서와 마찬가지로 맨 마지막에 등장한다는 사실만으로 동일 사건이라 단정하기는 어려우나 가능성은 있다.
- "하늘이 나에게 덕을 내셨다"는 말은 공자의 말답지 않은 데가 있다. 기록 과정에서 적지 않은 왜곡이 있었던 것으로 보인다. 따라서 其如予何

4) 환퇴(桓魋) : 송(宋)나라의 사마(司馬). 성은 향(向), 이름은 퇴(魋). 환공(桓公)의 후예이기 때문에 환퇴라 한다. 송나라 경공(景公)의 지극한 총애를 받았으나 그것이 도리어 군신 간의 위계질서를 깨뜨리는 결과를 초래하며 나중에는 경공을 죽이려 하다가 오히려 역공을 당한다. 한동안 조(曹)에서 반기를 들고 버티었으나 결국 위나라를 거쳐 제(齊)나라로 도망가서 진성자(陳成子)의 도움을 받는다. 그의 아우가 공자의 제자 사마우(司馬牛)라고 하나 동명이인이었을 가능성이 많다.

도 평범하게 번역하였다.

7/25

선생님께서 말씀하셨다.

"너희들은 내가 자신을 숨기고 있다고 보느냐? 나는 너희들에게 아무것도 숨기지 않았다. 나는 무엇을 하든 너희들과 함께하지 않은 것이 없으니 그것이 바로 나다."

子曰:二三子以我爲隱乎?吾無隱乎爾.吾無行而不與二三子者,是丘也.

- 二三子(이삼자) : 여러분. 너희들.
- 以 A 爲 B : A를(로써) B하다고 보다(알다, 여기다).
- 隱(은) : 숨기다.
- 乎爾(호이) : 너희들에게. 爾는 너 또는 너희, 乎는 於와 같음.
- 丘(구) : 공자의 이름.
- 제자들이 공자가 자기들에게 다 보여 주지 않고 무언가 숨기고 있는 듯이 여기는 상황을 배경으로 하고 있다. 실제 공자가 숨긴 것은 없고 제자들이 보지 못한 것이 있을 뿐이다. 공자의 말도 나는 보여 주지 않은 것이 없으니 너희들이 제대로 보라는 요구를 깔고 있다.

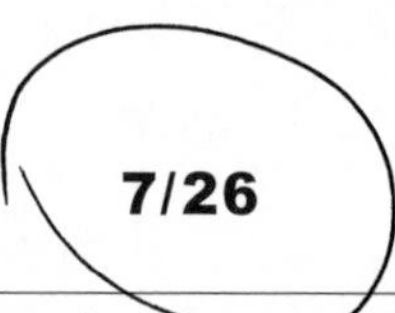

7/26

선생님께서는 네 가지로써 가르치셨으니 글文과 행동과 충성忠과 믿음信이었다.

子以四教,文行忠信.

- 네 가지는 공자의 교육방법 내지 교육수단으로 보는 것이 교육과목 내지 교육분야로 보는 것보다 타당해 보인다. 따라서 "네 가지를 가르치셨다"고 번역하지 않고 "네 가지로써 가르치셨다"고 번역하였다.
- 네 가지를 文-文學, 行-德行, 忠-政事, 信-言語로 하여 11/3의 공문사과孔門四科와 관련시킨 오규 소라이荻生徂徠 등의 견해는 정약용의 비판처럼 교묘하게 갖다 붙인 것傅會之巧에 지나지 않는다.

7/27

선생님께서 말씀하셨다.
"성인을 나는 만나 볼 수 없지만 군자다운 자는 만나 볼 수 있다."

子曰:聖人吾不得而見之矣,得見君子者,斯可矣.

- 聖人(성인) : 이상적인 인물. 그러나 공자가 논어에서 성인을 강조한 적이 거의 없다는 사실을 주목할 필요가 있다. 심지어 공자는 6/30에서 요순堯舜마저도 성인으로 보지 않고 있는데子曰:何事於仁,必也聖乎!堯舜其猶病諸 이는 성인을 현실적인 인간상이라기보다 이상적인 인간상으로 생각한 탓일 것이다.
- 得而見(득이견) : 얻어서 보다. 만나 보다. 여기서 성인을 만나 보지 못한다는 것은 성인이 없어서라기보다는 성인이 있다 하더라도 자신의 안목이 낮아 그를 알아보지 못한다는 뜻이 내포되어 있다. 따라서 군자다운 자는 만나 볼 수는 있다는 말도 군자다운 자라면 알아 볼 수 있겠다는 뜻이 내포되어 있다. 따라서 이 단편은 7/36의 若聖與仁章과 비슷한 취지를 가지고 있다.

- 이 장은 보통 다음 장과 합하여 하나의 장으로 취급하고 있으나 子曰이 각각 붙어 있는 만큼 분리시키는 것이 옳다.

7/28

선생님께서 말씀하셨다.

"선인善人을 나는 만나 볼 수 없지만 항상됨이 있는 자는 만나 볼 수 있다. 없으면서도 있는 척, 비었으면서도 가득 찬 척, 부족하면서도 넉넉한 척해서는 항상되기 어렵다."

子曰:善人吾不得而見之矣,得見有恒者,斯可矣.亡而爲有,虛而爲盈,約而爲泰,難乎有恒矣.

- 善人(선인) : 앞장의 聖人처럼 역시 현실적 인간상은 아닌, 이상적 인간상으로 설정되어 있다. 따라서 "선인을 만나볼 수 없다"는 말에는 선인을 이상적으로는 인정하지만 현실적으로는 인정하지 않는 공자의 입장이 암시되어 있다고 하겠다.
- 有恒者(유항자) : 항상됨이 있는 자. 붙박이별을 항성恒星이라 하듯이 표피적 변화에 휩쓸리지 않고 자신의 본성을 유지하는 자.
- 亡而爲有(무이위유) : 없으면서도 있는 척함.
- 約而爲泰(약이위태) : 부족하면서도 넉넉한 척함. 궁색하면서도 풍부한 척함.
- 亡而爲有 이하는 전통적인 해석을 따랐으나 그 의미에 의문스러운 점이 있다.

7/29

선생님께서는 낚시는 하셨으나 투망은 하지 않으셨고 주살은 쏘셨으나 잠자는 새를 쏘지는 않으셨다.

子釣而不綱, 弋不射宿.

- 綱(강) : 網(망:그물)을 잘못 쓴 것으로 보인다. 綱을 오기로 보지 않는 주석가들은 綱이 밧줄이라는 뜻에서 전轉하여 주낙(줄낚시)을 의미하는 것으로 보는데 무리한 자해字解라고 본다.
- 弋(익) : 주살. 화살에 줄을 매어 쏘는 활. 주로 새를 잡았다.
- 宿(숙) : 잠자는 새. 宿鳥를 줄여서 일컬은 말.
- 물고기나 새를 잡는 일에서도 절제가 있었다는 뜻이 되겠다.

7/30

선생님께서 말씀하셨다.

"알지 못하면서도 지어내는 사람이 있는 모양이나 나는 그렇지 않다. 많이 들어서 그 중 좋은 것을 택하여 따르고 많이 보아서 그것을 파악하니 이는 아는 것에 버금가는 것이다."

子曰:蓋有不知而作之者, 我無是也. 多聞, 擇其善者而從之, 多見而識之, 知之次也.

- 蓋(개) : 대개. 추측하거나 상상하는 말.
- 識(식) : 알다. 보아 알다. 인식하다. 기억하다. 知가 사고력이 강조된 앎인 반면 識은 인식이 강조된 앎이다. 즉 知는 생각해서 아는 것, 識은 보

고 들어서 아는 것이다. '지'로 읽기도 하나 동의하기 어렵다.

- 知之次(지지차) : 아는 것에 버금가는 것. 아는 것보다 한 단계 아래의 것. 일부 학자들은 아는 순서, 즉 앎에 이르는 차서次序로 보는데 역시 가능성이 있는 해석이라 여겨진다.
- 자세히 보면 이 단편의 문장은 전반과 후반 사이에 비약이 있다. 아마 좀 더 긴 말이었으나 기록자가 처음과 끝 부분만을 기억하고 있었거나 서로 다른 두 단편이 하나로 합쳐졌기 때문이 아닌가 한다. 擇其善者而從之가 7/23에서 차용된 구절이라는 점도 어쩌면 그와 관련이 있는지 모른다.

7/31

호향互鄕에 사는 함께 말하기 어려운 아이를 만나시니 문인들이 의아스러워 하였다. 이에 선생님께서 말씀하셨다.

"그의 나아감에 함께하는 것이지 그의 물러남에 함께하는 것이 아니다. 그렇다면 무엇이 심하다는 것이냐? 사람이 자신을 깨끗이 하여 나아가면 그 깨끗함에 함께해 주는 것이지 그의 모든 행적을 감싸주는 것은 아니다."

互鄕難與言童子見,門人惑.子曰:與其進也,不與其退也.唯,何甚?人潔己以進,與其潔也,不保其往也.

- 互鄕(호향) : 노나라의 지명. 무성武城의 서쪽에 있었으며 합향合鄕이 곧 그곳이다. 지도 참조.
- 互鄕難與言童子見(호향난여언동자현) : 일반적으로 互鄕難與言童子見을 "호향 사람들은 함께 말하기가 어려웠는데 그곳의 한 동자가 찾아와 뵙거늘"로 풀이하고 있다. 그러나 여기서는 형병邢昺의 『논어주소論語注疏』에 소개된 임공琳公의 견해에 따랐다.

임공琳公이 말하되 "이 互鄕難與言童子見의 여덟 자는 모두 한 구절로 보아야 하니 이 마을에 함께 말하기 어려운 한 동자가 있다는 것이지 한 마을 모두가 함께 말하기 어렵다는 뜻이 아니다."琳公云:此互鄕難與言童子見八字通爲一句,言此鄕有一童子難與言,非是一鄕皆難與言也

- 唯(유) : 그렇다면. 남의 말을 받아서 말하는 경우에 씀. 11/27 唯求則非邦也與?에서와 같음.
- 何甚(하심) : 무엇이 심하냐? 문인들이 공자가 그런 아이를 만나는 것을 너무 심하다고 여기는 데에 대응한 말로 보인다. 일반적으로 "어찌 심하게 대하겠느냐?"고 풀이하나 적절하지 않다.
- 保(보) : 보증하다. 인정하다. 감싸다.
- 其往(기왕) : 그가 걸어온 행적. 그의 과거.
- 미성년의 아이를 어리다고 무시하지 않는 점에 주목할 필요가 있다.

7/32

선생님께서 말씀하셨다.

"어짊이 멀리 있겠느냐? 내가 어질고자 하는 것이 바로 어짊이 다가오는 것이다."

子曰:仁遠乎哉?我欲仁,斯仁至矣.

- 斯(사) : 『선조명찬언해본宣祖命撰諺解本』은 "이에"로 번역하고 있고 대부분은 則에 준하여 번역하고 있으나 여기서 斯는 2/16의 攻乎異端,斯害也已 또는 4/7의 觀過,斯知仁矣에서처럼 바로 앞에 나오는 문장을 가리키는 此의 뜻으로서 A斯B는 "A하면 B하다"라기보다는 "A하는 것이 곧 B하는 것이다"로 풀이하는 것이 마땅하다.

7/33

진陳나라의 사패[5]가 물었다.

"소공昭公[6]께서는 예를 아셨습니까?"

공자께서 말씀하셨다.

"예를 아셨습니다."

공자께서 물러나시자 (사패가) 무마기巫馬期[7]에게 읍하며 나아와 말했다.

"내가 듣기로 군자는 제 무리에 치우치지 않는다고 했는데 군자도 역시 제 무리에 치우칩니까? 임금께서는 오吳나라로부터 부인을 취하셨는데 같은 성씨인지라 오맹자吳孟子라고 불렀습니다. 임금께서 예를 아셨다면 누군들 예를 모르겠습니까?"

무마기가 이를 말씀드리니 선생님께서 말씀하셨다.

"나는 다행이다. 조금만 잘못이 있어도 반드시 사람들이 그것을 아니!"

陳司敗問:昭公知禮乎?孔子曰:知禮.孔子退,揖巫馬期而進之曰:吾聞君子不黨,君子亦黨乎?君取於吳,爲同姓謂之吳孟子.君而知禮,孰不知禮?巫馬期以告.子曰:丘也幸,苟有過,人必知之.

---

5) 진사패(陳司敗) : 진나라의 사패. 사패(司敗)는 사구(司寇:사법장관)에 대한 초나라 또는 진(陳)나라식 호칭. 고증이 확실하지 않아 진사패를 이름으로 보는 경우도 있다.

6) 소공(昭公) : 노나라의 임금. 공자의 나이 11세 되던 해부터 42세 되던 해까지 32년간 재위했다. 대부 계평자(季平子)를 치려다가 오히려 맹의자(孟懿子) 등의 역공을 받아 재위 마지막 8년간은 국외로 떠도는 신세가 되었다. 그는 외국으로 떠돌면서도 예는 잃지 않아 예를 안다는 평을 많이 들었던 것 같은데 결국 노나라로 귀국하지 못하고 이역에서 객사한 비운의 임금이었다.

7) 무마기(巫馬期) : 공자의 제자. 성은 무마(巫馬), 이름은 시(施), 자는 자기(子期). 공자보다 30세 연하였다. 노나라 사람이라고도 하고 진(陳)나라 사람이라고도 한다.

- 黨(당) : 편당적으로 행동하다. 제 무리에 치우치다.
- 苟(구) : 적어도. 조금.
- "소공이 예를 안다"는 것은 춘추 제국의 일반적인 평가였던 것 같다. 『좌전』 소공 5년조에 보면 진나라 제후도 같은 평가를 하고 있다.
- 노나라의 소공은 이름이 희주姬裯였고 오나라로부터 얻은 부인도 희씨였다. 당시는 동성 간의 혼인은 비례非禮였는데 소공은 이를 숨기려고 오맹자라고 불렀던 것이다. 다만 공자는 자기 나라 임금이었기 때문에 부득이 예를 안다고 말했다. 주대周代는 희씨姬氏의 치세였다.
- 이 대화는 공자가 진陳나라에 체재하던 시절에 이루어진 것으로 보이며 따라서 소공이 죽은(공자 42세 때) 후 십수 년이 지나서 이루어진 대화다.

7/34

선생님께서는 다른 사람과 함께 노래를 부를 적에 잘 부르면 반드시 다시 부르게 하신 후 따라 부르셨다.

子與人歌而善,必使反之,而後和之.

- 反(반) : 반복하다. 다시 하다.
- 和之(화지) : 함께 합창을 하다. 따라 부르다.

7/35

선생님께서 말씀하셨다.

"학문에 있어서는 나도 남만큼 하지 못하겠느냐마는 몸소 실천하는 군자의 경지라면 나는 아직 얻지 못하였다."

子曰:文莫吾猶人也.躬行君子,則吾未之有得.

- 莫(막) : 이 말에 대해서는 해석이 일정하지 않다. 文莫는 '문모'로 읽고 노력한다는 뜻의 속어俗語라는 설도 있으며 莫(막)이 豈不 즉 "어찌 ~ 하지 않겠느냐?" 하는 부정 의문사라는 설도 있다. 후자가 더 설득력이 있다.
- 猶(유) : 같다.
- 躬(궁) : 몸. 몸소.

선생님께서 말씀하셨다.

"성인의 경지와 어짊의 단계라면 내가 어떻게 감히 이르렀겠느냐. 다만 그것을 추구함에 싫증을 내지 않고 사람을 가르침에 지치지 않는다고 말할 수 있을 따름이다."

공서화公西華가 말하였다.

"바로 그것을 우리 제자들은 능히 배우지 못하겠습니다."

子曰:若聖與仁,則吾豈敢.抑爲之不厭,誨人不倦,則可謂云爾已矣.公西華曰:正唯弟子不能學也.

- 抑(억) : 반어사反語辭. 다만. 그렇지만. 도리어.
- 公西華(공서화) : 공자의 제자. 이름은 적赤. 2/8 각주 참조.
- 唯(유) : 상대방의 말을 받아서 일컫는 말. 그것을. 그 점을.

7/37

선생님께서 병이 드시자 자로子路가 기도하기를 청하니 선생님께서 말씀하셨다.

"그런 것이 있느냐?"

자로가 대답하였다.

"있습니다. 기도문에 '천지신명天地神明께 너 자신을 기도하라'는 말이 있습니다."

선생님께서 말씀하셨다.

"내가 그렇게 기도해 온 지는 이미 오래되었다."

子疾病,子路請禱.子曰:有諸?子路對曰:有之.誄曰:禱爾于上下神祇.子曰:丘之禱久矣.

- 禱(도) : 빌다. 기도하다.
- 誄(뇌) : 제문. 추도사. 기도문.
- 神祇(신기) : 神은 하늘의 신, 祇는 땅의 신. 천지天地의 신.
- 공자는 기도, 제사 등을 존중하였지만 인본주의가 확립된 주대에 와서는 굳이 그런 형식에 매달리지 않더라도 같은 효과를 얻을 수 있다고 믿었다.

7/38

선생님께서 말씀하셨다.

"사치스럽다 보면 겸손하지 않게 되고 검소하다 보면 고루해진다. 겸손하지 않게 될 바에야 차라리 고루한 것이 낫다."

> 子日:奢則不孫,儉則固.與其不孫也,寧固.

- 孫(손) : 겸손함. 공손함. 遜과 같음.
- 儉(검) : 검소하다. 조촐하다.
- 固(고) : 고루하다. 융통성이 없다.
- 與其 A 寧 B (여기 A 녕 B) : A 할 바에야 차라리 B 하다.

7/39

선생님께서 말씀하셨다.
"군자는 널리 트여 호탕하나 소인은 늘 괴롭고 초조하다."

> 子日:君子坦蕩蕩,小人長戚戚.

- 坦(탄) : 평탄하다. 넓다廣. 너그럽다.
- 蕩(탕) : 넓고 원대하다. 크다. 호탕浩蕩하다.
- 戚(척) : 근심하다. 고통스러워하다.

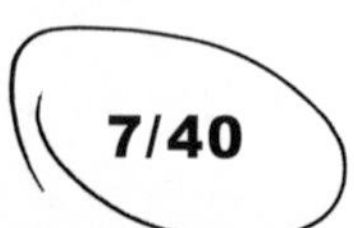

7/40

선생님께서는 온화하면서도 엄격하셨고, 위엄이 있었지만 사납지는 않으셨으며, 공손하면서도 편안하셨다.

> 子溫而厲,威而不猛,恭而安.

- 溫(온) : 따뜻하다. 온화하다.

- 厲(려) : 엄하다.
- 猛(맹) : 사납다.
- 恭而安(공이안) : 공손함은 자칫 불편하고 노고로운 것이 될 수 있는데恭而無禮則勞(8/2) 공자는 공손하면서도 그러한 폐단이 없었기 때문에 편안함安의 측면을 함께 강조한 것이다. 정조대왕正祖大王도 恭而安에는 앞의 두 구절과 달리 강유상제의 묘剛柔相濟之妙가 엿보이지 않는 점을 궁금해했는데 이석하李錫夏는 "恭은 안으로 모으는收斂 뜻이 있고 安은 밖으로 펼치는舒泰 뜻이 있어 결과적으로 상제의 묘相濟之妙가 됩니다"라고 답하였다. 『홍재전서弘齋全書』「경사강의經史講義」

8
태백 泰伯

제3장부터 제7장까지 5개 장에 걸쳐 증자의 말이 수록되어 있는 것을 제외하고는 제8 태백편의 두드러진 특징은 없다. 다만 배움의 태도랄까 혹은 행동지침이랄까 바람직한 덕성이랄까 하는 언급들이 주로 수집되어 있다는 점에서 나름대로 목적의식을 가지고 편집한 것은 분명해 보인다.

8/1

선생님께서 말씀하셨다.

“태백泰伯[1]은 가히 덕德이 지극했던 사람이라 할 수 있겠다. 세 번이나 천하를 사양하였는데도 백성들은 일컬을 것이 없었으니!”

子曰:泰伯其可謂至德也已矣.三以天下讓,民無得而稱焉.

- 三以天下讓(삼이천하양) : 세 번 천하를 사양하다. 천하를 차지할 수 있는 기회를 세 번이나 사양하다. 세 번의 사양三讓에 대하여는 『논어의소論語義疏』에 범녕范寧이 전하는 두 가지 설이 기록되어 있는데 그 중 한 가지 설을 소개하면 태백이 아우 계력에게 임금 될 기회를 양보한 것, 계력이 아들 창昌:文王에게 양위한 것, 문왕이 무왕에게 양위한 것을 일컫는다고 한다. 그러나 이에 대하여 정약용은 신랄한 비판을 하고 있으니 그는 세 번의 사양이 필경 사실의 근거가 있을 터이지만 전하는 기록이 없어 고증할 길이 없게 되었으므로 터무니없는 가정을 하기보다는 분명치 않은 대로 놓아두는 것이 옳은 일이라 하였다.
- 無得而稱(무득이칭) : 얻어 일컬을 것이 없다. 눈에 보여 칭송할 것이 없다. 자료에 따라 得이 德으로 되어 있는 경우도 있으나 得이 옳다.
- 이 말은 요임금 때의 격양가 전설과 비슷한 것으로 지극한 덕은 너무 커서 남들이 그 덕을 향유할 수는 있지만 그 덕을 인식할 수는 없음을 말하

---

1) 태백(泰伯) : 주(周) 문왕(文王)의 큰아버지(伯父). 문왕의 할아버지인 태왕(太王)에게는 장남 태백, 차남 중옹(仲雍:虞仲 또는 吳仲이라고도 함), 삼남 계력(季歷)이 있었는데 삼남 계력이 아들 창(昌:文王)을 낳자 성스러운 기운이 감돌았다고 한다. 태왕은 손자 창을 두고 “주실(周室)은 창의 시대에 가서 번영하리라”고 예언하였다. 이에 장남과 차남은 아버지가 아우 계력에게 양위할 뜻이 있음을 알고 이를 성사시키기 위하여 약초를 캐러 간다는 핑계로 형만(荊蠻) 지방으로 도망가 몸에 문신을 새기고 머리를 잘라 자신들은 임금이 될 수 없음을 표명하였다. 태백은 형만에서 스스로 왕위에 올라 구오(句吳)라 칭하고 오(吳)나라의 시조가 되었다 한다.

는 것이다.

8/2

선생님께서 말씀하셨다.

"공손하면서 예가 없으면 노고로워지고 신중하면서 예가 없으면 겁약해지고 용맹스러우면서 예가 없으면 세상을 어지럽히고 곧으면서 예가 없으면 냉혹해진다."

子曰:恭而無禮則勞,愼而無禮則葸,勇而無禮則亂,直而無禮則絞.

- 勞(노) : 노고롭다. 힘들고 피곤하다.
- 葸(사) : 겁먹다. 두려워하다. 눈이 휘둥그레지다.
- 絞(교) : 숨통을 조르다. 목을 조르다. 냉혹하다. 가혹하다.

8/3

군자가 친족들에게 극진히 하면 백성들이 어질어지고 옛 신하를 함부로 버리지 않으면 백성들이 박정해지지 않을 것이다.

君子篤於親,則民興於仁.故舊不遺,則民不偸.

- 親(친) : 친족. 친속親屬. 부모형제 등 가까운 피붙이들. 부모만을 지칭하는 것으로 좁게 보는 경우도 있으나 구태여 부모에 국한시킬 필요는 없을 것이다. 그러나 부모가 친속 중에서 가장 중요한 경우임은 틀림없다.
- 故舊(고구) : 자구만으로 보면 단지 옛것을 의미하지만 내용상 옛 신하, 특히 선왕先王의 신하를 의미한다. 故舊를 주로 옛 친구로 해석하는 것은

하안何晏의 설故舊謂朋友也. 『論語義疏』에 따른 것이나 내용상 타당해 보이지 않는다. 이 장은 정약용의 주장처럼 19/18에 나오는 "맹장자孟莊子의 효도 가운데서 다른 것은 해낼 수 있겠으나 아버지의 신하와 아버지의 정책을 바꾸지 않는 것은 해내기 어렵다"孟莊子之孝也,其他可能也,其不改父之臣與父之政,是難能也는 말과 같은 취지로 보인다. 즉 父之政을 바꾸지 않는 것은 篤於親의 실례로, 父之臣을 바꾸지 않는 것은 故舊不遺의 실례로 볼 수 있다.

- 偸(투) : 경박하다. 가볍다. 엷다. 박정薄情하다.
- 이 단편은 공자의 말이 아닐 것이다. 18/10에 비슷한 내용이 주공周公의 발언으로 되어 있는 점을 주목할 필요가 있다. 짐작건대 이 단편은 주나라 건국 당시 무왕이 친족들과 공신들을 제후에 봉하는 과정에서 채택하였던 정치 도의적 노선으로 보인다.
- 전통적으로 8/2와 합쳐 하나의 단편으로 삼아 왔으나 8/2와는 내용이 다르므로 비록 子曰이 없다 하더라도 분리하는 것이 마땅하다.

8/4

증자曾子께서 병이 드시자 문하 제자들을 불러 모으시고 말씀하셨다.

"내 발을 펴고 내 손을 펴다오. 시詩에서 말한 것처럼 '두려워 떨며 조심조심하기를 깊은 못가에 임한 듯 살얼음을 딛는 듯' 하였으나 이제부터는 내가 거기에서 벗어남을 알겠구나. 얘들아."

曾子有疾,召門弟子曰:啓予足,啓予手.詩云,戰戰兢兢,如臨深淵,如履薄冰,而今而後,吾知免夫,小子.

종래의 해석 (앞부분 같음) "내 발을 펴보고 내 손을 펴보아라." (뒷부분 같음)

- 啓予足(계여족) : 내 발을 (편하게) 펴다오. 啓는 닫힌 것을 열다 또는 펴

다라는 뜻. 정현鄭玄은 이 구절을 "내 발을 펴보라"고 해석하면서 『효경孝經』에 나오는 "신체의 모든 것은 부모로부터 받은 것이므로 감히 손상시키지 않는 것이 효도의 시작이다"身體髮膚, 受之父母, 不敢毁傷, 孝之始也라는 구절과 연결 지어 그동안 신체를 손상시키지 않기 위해 노력한 결과를 보여주기 위한 것이라 했으나 이는 『효경』 자체가 후대의 위작임을 고려할 때 부당한 연결이다. 주자를 거쳐 오늘날에 이르기까지 모두 이 해석을 속수무책으로 답습하고 있다. 증자의 진의는 그동안 손발을 오그리고 있을 정도로 행동거지를 조심해 왔으나 이제 죽음으로 거기에서 면하게 되었으니 손발을 편히 펴달라는 뜻으로 결국 몸가짐을 신중히 하라는 가르침일 뿐이다.

- 戰戰兢兢(전전긍긍) : 두려워하여 몸을 벌벌 떨며 조심함. 戰은 무서워 떨다. 兢은 조심하다.
- 履(리) : 밟다. 딛다.
- 인용된 시는 『시경』 소아小雅편의 소민小旻이라는 시에 나오는 마지막 구절이다.

8/5

증자께서 병이 드시어 맹경자孟敬子[2]가 문병을 가니 증자께서 긴한 말씀을 하셨다.

"새가 죽으려 할 때에는 그 울음소리가 슬프고 사람이 죽으려 할 때에는 그 말이 선합니다. 군자가 도道에 관해 귀중하게 여겨야 할 것이 세 가지가 있으니 행동거지에 있어서는 난폭함과 거만함을

---

2 맹경자(孟敬子) : 노나라의 대부. 이름은 첩(捷), 자는 의(儀), 시호는 경자(敬子). 중손씨(仲孫氏)의 제11대로서 2/6과 5/8에 나오는 맹무백(孟武伯)의 아들이다. 공자보다 한 세대 뒤 사람으로 공자 만년에는 아직 어린 나이였다. 그의 주된 활동 시기는 도공(悼公) 당시로 자세한 행적은 알려진 바 없으나 이 단편과 시호로 미루어 보아 언행에 다소 문제점이 있었고 제례에 관심이 컸던 것 같다.

멀리하는 것, 얼굴빛을 바로잡음에 있어서는 믿음직함에 가까워지는 것 그리고 말투에 있어서는 비루하고 속됨을 멀리하는 것입니다. 제례祭禮에 관한 일이라면 담당관이 따로 있습니다."

曾子有疾,孟敬子問之.曾子言曰:鳥之將死,其鳴也哀.人之將死,其言也善.君子所貴乎道者三.動容貌,斯遠暴慢矣.正顔色,斯近信矣.出辭氣,斯遠鄙倍矣.籩豆之事,則有司存.

- 曾子言曰(증자언왈) : 曾子曰에 비해 화자의 말을 더 존중하는 뜻에서 曾子言曰이라 하였다.
- 動容貌(동용모) : 몸가짐을 해나감. 밖에서 바라본 행동거지行動擧止. 품행.
- 暴慢(포만) : 포악하고 거만함. 난폭하고 교만함.
- 出辭氣(출사기) : 말씨를 씀. 辭氣는 말辭의 어기語氣, 말투. 出은 냄, 발함.
- 鄙倍(비패) : 비루하고 속되다. 비속鄙俗하다.
- 籩豆(변두) : 제사에 쓰는 그릇.
- 有司存(유사존) : 유사有司가 있다. 담당관이 있다. 유사有司는 직업관료를 말함. 이 말은 제례에 관한 일은 담당관이 따로 있으니까 그에게 맡기면 되지 대부가 그런 일을 배울 필요는 없다는 뜻이다. 포함包咸도 "경자敬子가 큰 것을 잊고 작은 것을 일삼는 고로 이로써 경계한 것이다"敬子忘大務小,故又戒之以此也.『論語集解』라고 하였다. 제례를 다소 경시하는 데에서 증자의 철저한 인간중심주의적 입장이 드러나 있다.

8/6

증자께서 말씀하셨다.

"할 수 있으면서도 할 수 없는 사람에게 묻고, 많으면서도 적은 사람에게 묻고, 있으면서도 없는 듯하고, 알차면서도 비어 있는 듯하며 누가 침범하여도 대적하지 않는다. 지난날 나의 벗이 일찍이 모든 일을 이에 좇아 행한 바 있었다."

曾子曰:以能問於不能,以多問於寡,有若無,實若虛,犯而不校.昔者吾友,嘗從事於斯矣.

- 能, 多(능, 다) : 능함과 많음. 무엇에 능하고 무엇이 많다는 것인지는 드러나 있지 않으나 보통 能은 재능으로, 多는 식견의 많음으로 본다. 그러나 여기서는 추상적으로만 말한 것이므로 구태여 재능과 식견에만 한정할 필요는 없겠다.
- 犯(범) : 범하다. 침범하다.
- 校(교) : 맞서 싸우다. 맞대응하다. 갚음을 하다.
- 『논어집해論語集解』에서 마융馬融은 여기서 증자가 말한 "나의 벗"을 안연으로 보고 있다. 그러나 안연보다 16세나 연하였던 증자가 안연을 "나의 벗"이라고 지칭했다고 보기는 어렵다. 결국 누군지 모른다 할 것이다.

8/7

증자께서 말씀하셨다.

"어린 임금을 부탁할 수 있고 사방 백리인 나라의 존망을 맡길 수 있으며 중대사에 임하여 그 절개를 빼앗을 수 없다면 군자다운 사람일까? 군자다운 사람일 것이다."

曾子曰:可以託六尺之孤,可以寄百里之命,臨大節,而不可奪也.君子人與?君子人也.

- 六尺之孤(육척지고) : 육척밖에 안 되는 고아. 아버지를 여읜 어린 임금

을 말한다. 관례적으로 六尺人은 15세 소년을 지칭한다.

- 寄(기) : 맡기다. 부탁하다.
- 百里之命(백리지명) : 사방 백리인 나라의 존망. 백리의 땅은 공작公爵이나 후작侯爵의 영토로서 비교적 큰 땅에 속한다. 참고로 백작伯爵은 70리, 자작子爵과 남작男爵은 50리의 영토를 다스렸다. 命은 정령으로 보는 경우가 많으나 여기서는 정약용의 견해에 좇아 나라의 흥망(목숨:命)으로 보았다. 百里諸侯之國也.命一國之興亡也.詩曰:駿命不易.『論語古今注』
- 大節(대절) : 큰 절개. 절개가 관련되는 중대사. 정현鄭玄은 『논어정씨주論語鄭氏注』에서 "大節은 폐하고 세우는 일"大節謂廢立之事이라 했다. 결국 임금을 세우고 폐하는 일을 말한다.
- 君子人(군자인) : 논어에서는 대부분 君子만으로 통하고 君子人이라는 표현이 이곳에 한 번 나오며 君子者라는 표현이 세 번(5/3, 7/27, 11/22) 나온다. '군자다운 사람'이라는 뜻으로서 이러한 표현은 君子라는 말이 당시 점점 추상화되어 가고 있었음을 말해 준다.

8/8

증자께서 말씀하셨다.

"선비는 뜻이 크고 굳세지 않으면 안 되니 임무는 막중하고 길은 멀기 때문이다. 어짊을 자신의 임무로 삼았으니 또한 막중하지 않으냐! 죽은 다음에야 끝이 나니 또한 멀지 않으냐!"

曾子曰:士不可以不弘毅,任重而道遠.仁以爲己任,不亦重乎!死而後已,不亦遠乎!

- 不可以不(불가이불) : ~ 하지 않으면 안 된다. 不可不 사이에 以가 들어간 형태임.
- 弘(홍) : 넓다. 크다. 크게 하다.

- 毅(의) : 굳세다. 과감하다.
- 已(이) : 그치다. 말다. 끝내다.
- 이상 5개 장에 나오는 증자의 말은 모두 무겁고 진지한 내용으로 되어 있다. 11/19에서 공자가 "증삼은 노둔하다"參也魯고 평했던 말을 상기할 수 있으며 그의 이런 특성이 훗날 유교의 체질에 영향을 미쳤을 가능성이 있다.

8/9

선생님께서 말씀하셨다.

"시를 통해 일어나고 예를 통해 서며 음악을 통해 이룬다."

子曰:興於詩,立於禮,成於樂.

- 興(흥) : 일다. 일어나다.
- 詩→禮→樂의 구조를 엿볼 수 있다.

8/10

선생님께서 말씀하셨다.

"백성들은 그것에서 비롯하게 할 수는 있지만 그것을 알게 할 수는 없다."

子曰:民可使由之,不可使知之.

- 由(유) : 비롯하다. 말미암다.
- 일각에서는 백성民을 비하하는 시각이 있다고 비판하기도 하지만 공자가 날카롭게 통찰한 이 현상은 오늘날도 여전히 유효한 것이 사실이다.

8/11

선생님께서 말씀하셨다.

"용감한 것을 좋아하면서 가난을 싫어하면 세상을 어지럽힌다. 사람이 어질지 못함을 너무 심하게 싫어하면 세상을 어지럽힌다."

子曰:好勇疾貧,亂也.人而不仁,疾之已甚,亂也.

- 疾(질) : 근심하다. 미워하다. 원망하다. 싫어하다.
- 已甚(이심) : 너무 심함.

8/12

선생님께서 말씀하셨다.

"주공周公의 재능과 같은 아름다운 점이 있다 하더라도 교만하고 인색하다면 그 나머지는 볼 것도 없다."

子曰:如有周公之才之美,使驕且吝,其餘不足觀也已.

- 周公(주공) : 문왕의 아들이자 무왕의 아우. 7/5 각주 참조.
- 吝(린) : 인색하다.

8/13

선생님께서 말씀하셨다.

"삼 년을 공부하고도 봉록에 생각이 닿지 않는 것은 쉽게 얻을 수 있는 것이 아니다."

子曰:三年學,不至於穀,不易得也.

- 穀(곡) : 곡식. 녹祿. 봉록. 녹봉.
- 정현鄭玄은 不易得을 그런 '사람'을 얻는 것이 쉽지 않다는 뜻으로 보았고 不易得,言是人好學難得也.『論語鄭氏注』 그러한 입장은 주자에게까지 이어졌다如此之人,不易得也.『論語集註』. 그러나 쉽게 얻을 수 없는 것은 앞에 언급된 바 '행위'로 보아야 할 것이다.

8/14

선생님께서 말씀하셨다.

"돈독히 믿고 배우기를 좋아하며 목숨을 걸고 도道를 잘 이루어라. 위태로운 나라에는 들어가지 말고 어지러운 나라에서는 살지 마라. 천하에 도道가 있으면 모습을 드러내고 도가 없으면 숨어라. 나라에 도가 있으면 가난하고 천한 것이 부끄러운 것이지만 나라에 도가 없으면 부유하고 귀한 것이 부끄러운 것이다."

子曰:篤信好學,守死善道.危邦不入,亂邦不居.天下有道則見,無道則隱.邦有道,貧且賤焉,恥也.邦無道,富且貴焉,恥也.

- 篤信(독신) : 돈독한 믿음을 가지다. 극진한 믿음을 가지다. 여기서 믿음은 도道에 대한 믿음이다.
- 善道(선도) : 도道를 선善히 하다. 도를 잘 이루다.
- 4개의 분절된 교훈으로 이루어진 이 단편은 어딘가 모르게 비장한 분위기를 느끼게 한다. 공자의 유언이거나 아니면 오랜 기간 헤어져 있게 될

제자에게 주는 작별의 말인지도 모른다.

8/15

선생님께서 말씀하셨다.

"그 경지에 있지 않으면 그 사리를 논의할 수 없다."

子曰:不在其位,不謀其政.

종래의 해석 선생님께서 말씀하셨다. "그 직위에 있지 않으면 그 정무를 논의하지 않는다."

- 14/27에 동일한 말이 나온다. 道不同,不相爲謀(15/40)와 같은 발상이다. 따라서 位를 굳이 직위로, 政을 정무로 축소 해석하는 것은 바람직하지 않다.

8/16

선생님께서 말씀하셨다.

"악사장 지摯[3]가 처음 연주할 때 관저關雎의 마지막 장이 양양하게 내 귀를 가득 채웠다."

子曰:師摯之始,關雎之亂,洋洋乎盈耳哉!

- 師(사) : 태사大師. 악사장.

3) 지(摯) : 노나라의 악사장(樂師長). 지(摯)는 그의 이름.

- 始(시) : 태사 부임 초기라는 설과 음악 연주를 시작할 때라는 설이 있는데 여기서는 전자를 택했다.
- 關雎(관저) : 『시경』 국풍國風의 첫 시. 3/20 각주 참조.
- 亂(란) : 악곡의 종장終章.
- 洋洋乎(양양호) : 양양하도다. 넓고 큰 모양. 성대한 모양.

8/17

선생님께서 말씀하셨다.

"과격하면서도 곧지 않은 것, 어수룩하면서도 순진하지 않은 것, 우둔하면서도 믿음직하지 않은 것을 나는 이해할 수 없다."

子曰:狂而不直,侗而不愿,悾悾而不信,吾不知之矣.

- 狂(광) : 과격하다. 급진적이다. 논어에서 狂은 정치적, 사회적 정의의 구현을 직접적인 행동을 통해 달성하려는 일련의 급진주의적 행태를 말한다.
- 侗(통) : 무지하다. 바보스럽다. 어수룩하다.
- 愿(원) : 착하다. 선량하다. 순진하다.
- 悾(공) : 어리석다. 어리둥절하다無知貌. 우둔하다.

8/18

선생님께서 말씀하셨다.

"배움에 있어서는 미치지 못한 듯한 자세로 하여라. 오히려 그것을 잃어버릴까 두렵구나."

子曰:學如不及,猶恐失之.

- 猶恐失之(유공실지) : "오히려 그것을 잃어버릴까 두렵구나" 하는 우려의 말로 보인다. 보통은 이 말을 "그것을 잃어버릴까 두려워하라" 하는 명령문으로 본다. 그러나 잃어버릴까 두려워하라고 한다면 그것은 미쳤음을 전제로 한 것이기 때문에 앞에 나오는 미치지 못한 듯한 자세로 하라는 말과 앞뒤가 맞지 않는다. 공자는 스스로 미쳤다及고 여기는 어떤 자의 잘못된 행태를 겨냥하여 이 말을 한 것으로 보이며 그래서 오히려猶라는 말을 사용하지 않았나 한다. 물론 어떻게 해석하든 의미상으로 큰 차이는 없다.
- 9/10에 나오는 안연의 탄식 중 瞻之在前,忽焉在後를 참고할 수 있다.

8/19

선생님께서 말씀하셨다.

"우뚝하게 높구나! 순임금과 우임금[4]은 천하를 차지하고 있었으면서도 그에 초연하였으니!"

子曰:巍巍乎!舜禹之有天下也,而不與焉.

- 巍(외) : 높고 거대함. 높고 준수함.
- 有(유) : 가지다. 소유하다. 차지하다. 거느리다.
- 與(여) : 함께하다. 연연하다. 不與는 초연超然한 것이 된다.

4) 우(禹) : 하(夏)나라의 시조. 이름은 문명(文命). 황제(黃帝)의 현손(玄孫)이며 전욱(顓頊)의 손자다. 순(舜)임금으로부터 치수의 명을 받아 13년 동안 이에 전념하느라 자기 집 문 앞을 지나면서도 감히 들어가지 않았다 한다. 마침내 순임금으로부터 천하를 물려받아 국호를 하후(夏后)라 하였다. 우임금 때부터 후임자를 찾아 천하를 물려주던 선양제(禪讓制)가 없어지고 왕위 세습제(世習制)가 시작되어 소위 왕조시대가 개막되었다.

8/20

선생님께서 말씀하셨다.

"위대하구나! 요의 임금됨은. 우뚝하게 높구나! 오직 하늘만이 큰데 오직 요임금만이 그를 본받았으니. 한없이 넓구나! 백성들은 무어라 이름 짓지 못했으니. 우뚝하게 높구나! 그 공을 이룸이여. 빛나는구나! 그 문화의 위용이여."

子曰:大哉堯之爲君也!巍巍乎!唯天爲大,唯堯則之.蕩蕩乎!民無能名焉.巍巍乎!其有成功也,煥乎!其有文章.

- 則(칙) : 본받다. 본뜨다.
- 蕩蕩(탕탕) : 크고 넓은 모양.
- 煥(환) : 빛나다.
- 文章(문장) : 문화의 찬란한 모습.

8/21

순임금은 다섯 사람의 신하를 두었는데 천하가 다스려졌다. 무왕武王[5]은 말하기를 "나는 다스리는 신하 열 명이 있다"고 하였다. 공자께서 말씀하셨다.

"인재만으로는 어렵다고 했으니 바로 그렇지 않으냐! 요순시절이 현왕조보다 더 태평성대를 이루었으니."

부인이 있어서 아홉 명뿐이었다.

---

5) 무왕(武王) : 문왕의 아들. 이름은 발(發). 은나라의 말왕(末王) 주(紂)를 치고 강태공(姜太公), 주공(周公) 등의 도움을 받아 주나라를 세웠다.

"천하의 삼분의 이를 가지고 있으면서도 은나라에 복속하였으니 주나라의 덕은 가히 지고의 덕이라 말할 수 있겠구나!"

舜有臣五人,而天下治.武王曰:予有亂臣十人.孔子曰:才難,不其然乎?唐虞之際,於斯爲盛.有婦人焉,九人而已.三分天下有其二,以服事殷,周之德,其可謂至德也已矣!

종래의 해석 (앞부분 같음) 공자께서 말씀하셨다. "인재는 얻기 어렵다고 했으니 바로 그렇지 않으냐! 요순시절은 지금周代에 이르러 가장 성하였으니." (뒷부분 같음)

- 五人(오인) : 다섯 사람. 보통 우禹, 직稷, 설契, 고요皐陶, 백익伯益을 꼽는다.
- 予有亂臣十人(여유난신십인) : 亂은 다스린다治는 말의 옛 표현. 십인으로는 주공단周公旦, 소공석召公奭, 태공망太公望, 필공畢公, 영공榮公, 태전太顚, 굉요閎夭, 산의생散宜生, 남궁괄南宮适, 무왕의 어머니 태사太姒를 꼽는다.
- 才難(재난) : 인재만으로는 어렵다. 이어지는 不其然乎와 관련시켜 보면 당시의 관용어였음을 알 수 있다. 일반적으로 "인재는 얻기 어렵다"는 뜻으로 해석하나 신하 다섯으로 다스리던 요순시절이 신하 열 명으로 다스린 주나라보다 더 태평성대였으니 인재만으로는 어렵다는 것이 공자의 뜻이었을 것이다. 2/8의 色難과 비교해 볼 것.
- 唐虞之際(당우지제) : 唐은 요임금 당시의 국호인 도당陶唐을 말하고 虞는 순임금 당시의 국호인 유우有虞를 말한다. 따라서 唐虞之際는 요와 순이 통치하던 무렵 즉 요순시절을 말한다. "요임금에서 순임금에로 양위되던 당시"라는 일부의 해석은 際를 만남會 또는 접함接으로 풀이한 결과이고 "요순 이후"라는 일부의 해석은 際를 가邊 또는 끝極으로 풀이한 결과이나 모두 적절치 않다.
- 於斯爲盛(어사위성) : 於斯를 "이 대代에"로 해석하여 "(요순 이래) 이 대周代에 와서 인재가 성하였다"고 해석하기도 하고 於를 與와 같다고 보고

앞 문장과 이어 "요순 때와 이 대에 인재가 성하였다"고 해석하기도 한다. 그러나 盛은 인재의 성함보다 시대 자체의 성함으로 보아야 할 것이며 於斯도 범조우范祖禹나 주자의 견해와 같이 "이 대周代, 공자 당시 현 왕조보다"로 해석하는 것이 타당하다. 공자는 늘 요순시대를 진정한 이상시대로 보았다.

- 有婦人焉,九人而已(유부인언, 구인이이) : 다섯 사람, 열 사람이 누구누구라고 구구하게 해석하던 훈고학적 입장이 훗날 소급하여 논어에 가찬加撰된 것으로 보인다. 태백편의 끝에서 두 번째 단편이기 때문에 다른 편에서와 마찬가지로 가찬의 가능성이 높고 有婦人焉 운운이 공자의 말답지 않은 사소한 훈고학적 내용이라는 점을 고려할 필요도 있다.
- 三分天下有其二 이하는 과거부터 子曰을 붙여 별개의 장으로 나누어야 한다는 견해가 있어 왔다. 그러나 이 문장은 공자가 주대를 요순시대보다 격하시킨 점을 우려하여 누군가가 주대도 유덕함을 강조하기 위해 덧붙인 것으로 보인다. 子曰이 붙지 않은 이유도 그 때문이 아닐까 한다. 따라서 장을 나누는 것은 무리다.

8/22

선생님께서 말씀하셨다.

"우임금에 대해서는 나는 아무런 거리감이 없다. 마시고 먹는 것은 변변치 못하면서도 귀신에 대해서는 정성을 다했고 의복은 누추해도 제례의 의관은 정갈하게 했으며 궁실은 초라해도 치수 사업에는 온 힘을 다 바쳤으니 우임금에 대해서는 나는 아무런 거리감이 없다."

子曰:禹,吾無間然矣.菲飮食而致孝乎鬼神,惡衣服而致美乎黻冕,卑宮室而盡力乎溝洫.禹,吾無間然矣.

- 禹(우) : 우임금. 하나라를 세운 임금. 8/19 각주 참조.
- 間然(간연) : 이 표현에 대하여는 여러 가지 설들이 있으나 어떤 사람에 대해 동의할 수 없는 점이 있을 때 그로 인하여 생기는 거리감으로 보는 것이 가장 타당하다. 정약용도 間을 "틈"으로 보고 있다間罅隙也. 공자는 禹에 대해서는 그러한 점을 전혀 느끼지 않았다는 말이 된다.
- 菲(비) : 엷다薄. 변변치 못하다.
- 黻冕(불면) : 제사 때 임금이 입는 의관. 黻은 임금이 입던 예복의 치마같이 만든 자락에 도끼 모양과 亞자 모양으로 놓았던 수繡. 冕은 면류관冠.
- 卑(비) : 업신여기다. 낮다. 소홀히 하다.
- 溝洫(구혁) : 溝와 洫 모두 도랑, 물길 등을 말함. 농업 진흥을 위한 치수 사업을 말함.

9
자한子罕

제15장까지는 술이편과 비슷한 공자에 대한 정보들이다. 주종은 역시 공자가 자기 자신과 관련하여 언급한 것들이지만 제자들의 관찰이나 공자에 대한 평가도 있다.

제16장 이후는 일반적인 공자의 어록으로서 자세히 보면 어딘가 모르게 배움의 의지나 용기, 투지, 성실성 따위를 강조하고 있음을 알 수 있다.

9/1

선생님께서는 이익과 천명과 어짊에 대해서는 좀처럼 말씀하지 않으셨다.

子罕言,利與命與仁.

- 罕(한) : 드물다.
- 命(명) : 명. 천명.
- 좀처럼 말하지 않았다는 사실에 있어서는 利,命,仁 모두 동일하나 그 이유는 서로 다르다. 이익은 군자가 주로 관심을 둘 사항이 아니라는 점에서, 천명은 인식의 대상으로 함이 부적절하다는 점에서, 어짊은 크나큰 실천적 과제라는 점에서 각각 쉽게 말하지 않았던 것이라 하겠다.

9/2

달항당達巷黨의 사람이 말하였다.

"대단하구나! 공자는. 박학하면서도 이름난 분야가 없으니!"

선생님께서 그 말을 들으시고 문하 제자들에게 말씀하셨다.

"나는 무엇을 전공할까? 수레몰기를 전공할까? 활쏘기를 전공할까? 나는 수레 몰기나 전공해야겠다."

達巷黨人曰:大哉孔子!博學而無所成名.子聞之,謂門弟子曰:吾何執?執御乎?執射乎?吾執御矣.

- 達巷黨人(달항당인) : 전통적인 해석에 의하면 達巷은 지명, 黨은 500호가 사는 마을이라 한다. 어떤 집단을 지칭할 가능성도 있지만 역시 불분

명하므로 여기서는 그냥 달항당의 사람이라 해둔다.

- 執(집) : 잡다. 맡다. 관장하다. 주장主掌하다. 여기서는 전공하다는 뜻.
- 射, 御(사, 어) : 활쏘기, 수레몰기. 둘 다 육예六藝에 속한다. 육예는 예, 음악, 활쏘기, 수레몰기, 글쓰기, 셈하기禮, 樂, 射, 御, 書, 數다.
- 달항당인의 말도 공자의 말도 그 의중을 짐작하기가 매우 어려운 단편이다. 주자는 달항당인의 말은 공자가 어느 한 분야에서도 이름이 나지 않은 것을 애석해한惜 말이라 하였다. 그러나 그것은 크도다大哉라는 앞의 찬탄과 어울리지 않는다. 오히려 달항당인은 자신의 말 그대로 공자가 박학하면서도 어느 한 분야에서도 명성이 나지 않은 그 자체를 찬탄하고 있는 듯하다. 그의 찬탄은 공자에 대한 '어떤 바른 예감', 즉 공자가 능통해진 것은 더 이상 분야적分野的일 수 없는, 어떤 새로운 차원임을 막연하게나마 짐작한 결과가 아닌가 한다. 그에 대한 공자의 대응은 약간의 역설을 담은 위트로 보인다.

9/3

선생님께서 말씀하셨다.

"삼베관을 쓰는 것이 예이지만 요즈음에 와서는 명주관을 쓰는데, 이는 검소한 것이므로 나도 시속時俗을 따르겠다. 당하에서 절하는 것이 예이지만 요즈음에 와서는 당상에서 절하는데, 이는 거만한 짓이므로 비록 시속에 어긋나더라도 나는 당하에서 절하는 것을 따르겠다."

子曰:麻冕禮也,今也純,儉,吾從衆.拜下禮也,今拜乎上,泰也,雖違衆,吾從下.

- 麻冕(마면) : 삼베로 만든 관으로 옛날 교제郊祭에서 사용했다.

- 純(순) : 명주실.
- 衆(중) : 무리. 대중. 여기서는 시속時俗으로 의역하였다.
- 泰(태) : 오만함. 거만함. 크다는 뜻에서 전轉하여 커 보이고자 한다는 뜻을 가짐.
- 마면麻冕은 거친 삼베로 만든 것이고 순면純冕은 고운 명주실로 만든 것이므로 공자가 순면을 쓰는 것에 대해 검소하다儉고 한 것이 얼핏 이해가 되지 않는 점이 있다. 다만 이 말을 할 당시 마면을 쓰던 관습은 순면을 쓰는 것으로 바뀌어 가고 있었는데, 이는 예를 번거롭게 하거나 호화롭게 하는 것이 아니라 오히려 검소하게 하는 것이었음을 알 수 있다. 당시는 명주의 생산 증가로 삼베보다 명주가 더 구하기 쉽고 보편적인 피륙이었던 것으로 추정된다.

9/4

선생님께서는 네 가지를 절대 하지 않으셨으니 자의적으로 하지 않으셨고 기어코 하려 하지 않으셨으며 고지식하지 않으셨고 자기중심으로만 하지 않으셨다.

子絕四.毋意,毋必,毋固,毋我.

- 毋(무) : 하지 않다. 말다. 無와 통한다.
- 意(의) : 임의로 하다. 자의적으로 하다.
- 必(필) : 기필코 하다. 반드시 하다.
- 固(고) : 완고하다. 고지식하다.
- 我(아) : 남을 고려하지 않고 나만 주장하다. 자기중심으로만 하다.
- 意, 必, 固, 我는 모두 편협하고 근시안적인 의욕에서 발생한다는 유사성을 지니고 있다. 意를 넘어서면 사물의 필연성을 좇는 합리적 사유가 나타나고 必을 넘어서면 순리에 좇아 기다리는 여유가 나타나며 固를 넘어

서면 더 큰 진리에 대한 개방적 자세가 나타나고 我를 넘어서면 남을 고려하는 객관적 태도가 나타난다 할 것이다.

9/5

선생님께서 광匡 지방에서 위기에 처하셨을 때 말씀하셨다.

"문왕文王[1]은 이미 돌아가셨으나 문文은 여기에 남아 있지 않느냐! 하늘이 이 문文을 없애고자 했다면 후에 죽을 자들은 이 문文과 함께하지 못하였을 것이다. 하늘도 이 문을 없애지 않는다면 광匡 사람들이 나를 죽인들 무엇하겠느냐?"

子畏於匡,曰:文王旣沒,文不在玆乎!天之將喪斯文也,後死者不得與於斯文也.天之未喪斯文也,匡人其如予何?

종래의 해석 선생님께서 광匡 지방에서 위기에 처하시자 말씀하셨다. "문왕文王은 이미 돌아가셨으나 문文은 나에게 남아 있지 않느냐! 하늘이 장차 이 문을 없애고자 했다면 후에 죽을 내가 이 문과 함께하지 못하였을 것이다. 하늘도 이 문을 없애지 않는다면 광匡 사람들이 나를 어찌하겠느냐?"

- 畏(외) : 두려워하다. 죽음의 위기에 처하다.
- 匡(광) : 광匡은 지명. 『사기』「공자세가」에는 공자가 위衛나라를 떠나 진陳나라로 가는 길에 광을 지나갔다고 기록하고 있다. 당시 위나라, 정나

---

1) 문왕(文王) : 주(周)나라의 기초를 닦은 성군(聖君). 이름은 창(昌). 계력(季歷)의 아들이자 무왕의 아버지다. 은나라의 주왕(紂王)이 동이(東夷) 정벌에 여념이 없는 틈을 타 점차 세력을 길러 아들인 무왕에 의해 주왕조가 창건될 기틀을 잡았다. 만년에는 강태공(姜太公)의 도움을 받아 덕치(德治)에 힘썼다. 다른 제후들의 신뢰를 얻어 천하 제후의 삼분의 이가 그를 따랐으나 은왕조에 끝까지 충성을 다했다. 이 점에서 은왕조를 쓰러뜨린 아들 무왕과 자주 대비되어 왔다.

라, 진晉나라, 송나라, 노나라가 서로 들락거리며 차지했던 분쟁 지역이었으며 지금의 하남성河南省 장원현長垣縣에 있었다. 지도 참조.

- 文(문) : 文은 여러 개념으로 쓰인다. 단순히 글이라는 뜻에서 시작하여 학문, 문채文彩, 무늬, 문화, 문물 등에 이르기까지 광범위한 뜻을 가지고 있다. 그러나 여기에서는 가장 심오한 뜻으로 쓰였으니 주자가 "道가 나타난 것을 文이라 하며 대개 예악과 제도를 일컫는다"道之顯者,謂之文.蓋禮樂制度之謂고 한 것이 가장 적절한 해석으로 보인다.
- 玆(자) : 이此. 현재 여기라는 뜻. 공자 자신을 지칭한다는 주자 등의 설은 타당하지 않을 뿐더러 이 단편 전체의 의미를 왜곡시킨다.
- 後死者(후사자) : 후에 죽을 자. 문왕을 기준으로 문왕보다 나중에 죽을 자들. 따라서 後死者를 공자로 보는 마융馬融이나 주자의 해석은 지나치게 협소하다.
- 斯文(사문) : 이 文. 斯는 단지 文의 관형사로 쓰였을 뿐이다. 그러나 훗날 사문이라는 말은 그 자체가 정통 유교를 의미하는 것으로 고착되고 말았다. 사문난적斯文亂賊이라는 말이 대표적이다.
- 如予何(여여하) : 나를 가지고 무얼 하겠느냐. 그들이 나를 죽인들 그것이 사문斯文에 무슨 영향이 있겠느냐는 뜻. 따라서 "광인이 나를 죽일 수 없을 것이다"라는 뜻으로 해석하는 것은 옳지 않다.
- 이 단편은 죽음의 위기 속에서 탄생한 공자의 위대한 종교적 발언이다. 이 단편에서 그는 자아를 완전히 초탈하여 도에 혼입한 위대한 정신의 경지를 보여 주고 있다.

9/6

태재太宰가 자공에게 물었다.

"선생께서는 성자이신가요? 그렇다면 어떻게 그리 다능하실 수 있습니까?"

자공이 말했다.

"진실로 하늘이 장차 성자로 세우실 분이고 또 다능하신 분입니다."

선생님께서 그것을 들으시고 말씀하셨다.

태재가 나를 아는구나! 나는 젊어서 미천하였기에 보잘것없는 일들에 다능하지만 군자야 다능하겠는가? 다능하지 않다."

노牢[2]가 말했다.

"선생님께서 '나는 쓰이지 않았기 때문에 예藝에 능하게 되었다'고 말씀하셨다."

大宰問於子貢曰:夫子聖者與?何其多能也?子貢曰:固天縱之將聖,又多能也.子聞之曰:大宰知我乎!吾少也賤,故多能鄙事.君子多乎哉?不多也.牢曰:子云,吾不試,故藝.

- 大宰(태재) : 총리급 관직명. 주자는 "오나라 또는 송나라 관직명이라 하나 알 수 없다"라 했다. 『좌전』에 의하면 자공은 애공 7년과 12년에 오나라의 태재 비嚭를 만났다. 따라서 여기에서 말하는 태재는 비를 말하는 것으로 보이며, 공자가 애공 11년에 귀국하였으므로 이 대화는 애공 12년의 만남에서 이루어졌을 것이다.
- 大宰知我乎(태재지아호) : 乎는 "태재가 나를 아는구나!" 하는 감탄형 어미다. 의문형으로 보는 입장은 태재大宰의 말을 인정하지 않는다는 뜻이 되니 타당하지 않다.
- 固(고) : 진실로.

---

2) 노(牢), 금장(琴張) : 공자의 제자. 성은 금(琴), 이름은 노(牢), 자는 자개(子開) 또는 자장(子張). 위(衛)나라 사람이다. 논어에는 한 번밖에 나오지 않는다. 나이도 미상이나 『좌전』 소공(昭公) 20년조에 30세이던 공자와 대화하는 것이 나오는 것을 보면 공자와 나이 차이는 크지 않았던 것으로 보이며 제자라기보다 그냥 후배 또는 친구였을 가능성도 배제할 수 없다. 『맹자』「진심하」편에는 그가 증자의 아버지 증석(曾晳)과 더불어 광자(狂者), 즉 뜻과 말만 크고 행동이 뒤따르지 못하는 사람의 대표적인 인물로 소개되어 있다.

- 縱(종) : 세우다豎. 두다置. 내리다.
- 試(시) : 시험하다. 해보다. 여기서는 쓰다用 혹은 쓰여지다는 뜻.
- 固天縱之將聖에 대하여 박세당은 固天縱之,將聖진실로 하늘이 그를 내신지라, 장차 성인이 되실 것이오으로 띄어 읽어야 한다고 주장했다. 채택하지는 않았지만 일리 있는 주장이다.
- 공자는 말하는 도중에 문제가 된 聖者를 슬그머니 君子로 바꾸고 있다. 남들이 제기한 문제이기는 하지만 자신이 관련된 상황이기 때문에 성자라는 용어가 부담스러웠을 것이다.
- 금로琴牢의 말이 단편의 말미에 추록되어 있는 것은 금로가 공자를 젊은 시절부터 잘 아는 사이였기 때문에 젊어서 미천하여 다능하게 되었다는 진술에 이어 역시 쓰임을 받지 못하여 예에 능하게 되었다는 그의 증언을 참고로 추록한 것으로 보인다. 그러나 왜 牢라는 이름만으로 기록되었는지는 자세히 알 수 없다.

9/7

선생님께서 말씀하셨다.

"내가 아는 것이 있는가? 아는 것 없다. 미천한 사람이 있어 내게 물어 오면 나는 막막하다. 나는 단지 그 양단을 두드려 줄 뿐이다."

子曰:吾有知乎哉?無知也.有鄙夫問於我,空空如也,我叩其兩端而竭焉.

종래의 해석 선생님께서 말씀하셨다. "내가 아는 것이 있는가? 아는 것 없다. 미천한 사람이 있어 내게 물어 올 때 막연해하면 나는 단지 처음부터 끝까지 규명해 가르쳐 줄 뿐이다."

- 有鄙夫(유비부) : 미천한 사람이 있어서. 여기서 有는 有朋自遠方來에서와 같은 용법으로 쓰였다. 鄙夫는 보잘것없는 사람이라는 뜻인데 질문자를 낮추어 보아서가 아니라 아무것도 아는 것 없는 나 같은 사람에게도 물어 올 만큼 미천하다는 뜻이니 결국 자신에 대한 겸사라 하겠다.
- 空空如(공공여) : 막연하다. 알지 못하여 막막한 모습. 空은 悾과 같음. 일반적으로 이 막막함은 비부鄙夫의 막막함으로 풀이하지만 공자 자신의 막막함으로 보아야 한다는 정약용丁若鏞의 견해가 공자의 진의를 예리하게 간파하고 있다고 본다.
- 叩(고) : 두드리다. 묻다. 계발啓發하다.
- 兩端(양단) : 양쪽 끝. 양쪽 끄트머리. 중용中庸의 대립 개념. 주자는 兩端을 兩頭와 같은 말로 보아 처음과 끝, 근본과 말단, 상과 하, 정치함과 조야함 등으로 보았는데 이는 잘못으로 兩端이 중용과 관련되어 있는 개념임을 간과하고 있다. 양단을 중용의 대립개념으로 본 사례로는 초순焦循의 『논어보소論語補疏』가 있다. 양단을 두드린다는 것은 어느 한 사람의 경우에 양단이 동시에 두드려짐을 말한다기보다는 어떤 사람에게는 이쪽 단이, 또 다른 사람에게는 저쪽 단이 두드려지는 형태가 될 것이다. 선진/23의 聞斯行諸章을 참고할 수 있다. 양단은 상호적으로는 이단異端(2/16)이 된다.
- 竭(갈) : 다하다盡. 마르다. 여기서는 공자 자신의 능력이 겨우 양단을 두드려 주는 정도에 지나지 않고 더 이상의 능력이 없다는 뜻이다. 9/10에 나오는 旣竭吾才에서와 같은 뜻이다.
- 논어의 중용사상과 관련하여 매우 중요하고 시사하는 의미가 큰 단편이다.

9/8

선생님께서 말씀하셨다.

“봉황은 오지 않고 하수河水는 도문圖文을 내지 않으니 나도 이제 다되었나 보다!”

子曰:鳳鳥不至,河不出圖,吾已矣夫!

- 鳳鳥(봉조) : 봉황. 순임금 때 날아왔으며 문왕文王 때 기산岐山에서 울었다 함. 자료에 따라서는 소호少昊:黃帝의 아들가 위位에 오르자 때때로 날아들었으며 이에 따라 새로써 관직명을 삼았다고 한다.
- 河圖(하도) : 복희씨伏羲氏 때 하수河水:黃河에서 용마龍馬가 나왔는데 그 무늬가 팔괘八卦를 그리고 있었다 한다. 하도는 통상 우禹임금이 치수할 때 낙수洛水에서 신령스런 거북이 등에 지고 나왔다는 낙서洛書와 함께 하출도낙출서河出圖洛出書라 일컬어진다.
- 이 문장의 해석은 분분하다. 대개 봉조와 하도를 성인聖人의 출현과 관련시키느냐 성천자聖天子의 출현과 관련시키느냐에 따라 공자 자신을 겨냥한 말이라는 설과 천자를 겨냥한 말이라는 설로 나누어진다. 봉조와 하도가 전설적 존재로서 상징적 의미를 갖는다는 것을 공자가 몰랐을 리 없으므로 공자가 이들을 무엇의 상징으로 보았을까 하는 것이 관건이 된다. 자한편이 모두 공자 자신에 관한 신상 단편들로 이루어진 점, 吾已矣夫라 한탄한 점 등을 고려하면 이 단편은 결국 공자 자신의 정신적 상황을 토로한 것이라 하겠으며 이 점에서 보면 7/5의 "심하다. 나의 노쇠함이여! 내가 꿈에 주공을 다시 뵙지 못한 지가 오래되다니!"子曰:甚矣吾衰也! 久矣吾不復夢見周公!와 맥락을 같이한다고 할 수 있다. 그렇다면 봉조와 하도는 전래의 어지러운 설명들과는 달리 단지 위대한 깨달음의 순간을 비유하는 말일 가능성이 높다.

9/9

선생님께서는 상복을 입은 자와 관복을 갖춰 입은 자, 눈먼 자를 만남에 있어, 눈에 띄면 비록 젊더라도 반드시 자리에서 일어나셨고 그들을 지나쳐 가야 할 경우에는 반드시 잰 걸음을 하셨다.

子見齊衰者,冕衣裳者,與瞽者.見之,雖少必作.過之,必趨.

- 齊衰(자최) : 오복五服의 하나로서 내간상內艱喪:모친상에 입는 아랫단을 꿰맨 상복. 외간상外艱喪:부친상에는 아랫단을 꿰매지 않은 참최斬衰를 입는다. 오복은 무거운 순으로 참최斬衰, 재최齊衰, 대공大功, 소공小功, 시마緦麻다.
- 冕衣裳者(면의상자) : 관모官帽를 쓰고 관복官服을 입은 자. 형병邢昺에 의하면 冕은 대부의 관冠이라 하는데 대체로 신분이 높은 사람만 썼던 것으로 보인다.
- 瞽(고) : 눈멀다. 맹인.
- 少(소) : 젊다.
- 作(작) : 일어나다.
- 趨(추) : 빨리 걷다. 잰 걸음을 하다.

9/10

안연顔淵이 탄식하며 말하였다.

"쳐다보면 더욱 높아지고 파면 더욱 견고해지며 앞에 있다 여기고 바라보면 어느새 뒤에 있구나. 선생님께서는 차근차근 사람을 잘 이끌어 주시니 학문으로써 나를 박학하게 하시고 예로써 나를 다잡아 주신다. 그만두고자 하여도 그럴 수도 없고 나의 재주는 이미 다하였는데 우뚝하게 아직도 서 있는 것이 있는 듯하여 비록 그것을 따르고자 하지만 따를 길이 없구나."

顔淵喟然歎曰:仰之彌高,鑽之彌堅,瞻之在前,忽焉在後.夫子循循然善誘人,博我以文,約我以禮.欲罷不能,旣竭吾才,如有所立卓爾,雖欲從之,末由也已.

- 喟(위) : 한숨 쉬다. 탄식하다.
- 彌(미) : 더욱.
- 鑽(찬) : 뚫다.
- 循(순) : 좇다行順. 돌다循環. 차례. 여기서는 순서를 좇아 차근차근히 한다는 뜻.
- 文(문) : 문학文學. 학문學文. 학문學問. 글로 기록된 역사, 문물, 시가 등의 인문학적 성과 또는 그 문전文典을 총체적으로 일컫는 말.
- 約(약) : 다잡다. 제약하다.
- 卓爾(탁이) : 우뚝하게 높이 솟은 모양.
- 앞부분의 仰之, 鑽之, 瞻之와 뒷부분의 從之에서 之를 공자로 보는 견해가 많으나 이는 무리한 해석으로 보인다. 뒤에 나오는 所立의 주체에 관해서도 마찬가지다. 모두 공자에 의해 제시된 도道 정도로 해석하는 것이 옳지 않을까 한다. 편집자가 이 단편을 자한편에 수록한 것도 전체 언급이 모두 공자와 직접 관련된 것으로 보았기 때문인 듯하다. 그러나 공자와 직접 관련된 언급은 夫子循循然善誘人,博我以文,約我以禮뿐이라고 보는 것이 공자에 의해 너무 가려진 안연의 주체적 모습을 더 객관적으로 드러내는 일이라 생각한다.
- 안연은 남긴 말이 거의 없다 해도 과언이 아닌데 이 탄식이 누군가에 의해 포착되고 기록되었다는 것은 기적에 가까운 일이다. 아마 연령상으로도 가장 가까웠던 자공이 듣고 기록한 것이 아닐까 한다. 신비스러운 존재인 안연의 내면을 들여다 볼 수 있는 극히 희귀한 단편임에 틀림없다. 왜 안연이 이런 기로에 봉착하게 되었는지 살펴보는 것은 안연에 대한 이해를 넘어 공자의 가르침이 가진 가장 심오한 영역 속으로 발을 내딛는 일이 될 것이다. 11/20의 "안연은 천명에 가까웠으나 자주 공허에 빠졌다"回也其庶乎,屢空는 공자의 특이한 진술과 깊은 연관성이 있다고 본다.

9/11

선생님께서 중병이 드시자 자로가 문인으로 하여금 가신 역할을 수행케 하니 선생님께서 병중에 말씀하셨다.

"유由가 거짓을 행한 지도 오래되었구나. 가신이 없는데도 가신이 있는 것처럼 하였으니 내가 누구를 속이겠는가? 하늘을 속이겠는가? 또 내가 가신의 보살핌 속에서 죽는 것보다 차라리 너희들의 보살핌 속에서 죽는 것이 낫지 않겠느냐? 또한 내가 비록 거창한 장례를 치를 수 없다 하더라도 길거리에서 죽기야 하겠느냐?"

子疾病,子路使門人爲臣,病間,曰:久矣哉,由之行詐也.無臣而爲有臣,吾誰欺?欺天乎?且予與其死於臣之手也,無寧死於二三子之手乎?且予縱不得大葬,予死於道路乎?

- 臣(신) : 가신家臣. 대부가 죽음을 앞두면 가신을 붙여 임종에서 장례에 이르기까지 일체의 일을 관장케 하는 관례가 있었다.
- 病間(병간) : 병중에. 병이 조금 차도가 있는 중에少差也라는 해석은 주자가 추정한 것으로 일리 있는 해석이지만 반드시 그렇다는 것은 아니다.
- 行詐(행사) : 거짓을 행하다. 속이다.
- 與其 A 無寧 B (여기 A 무녕 B) : A하기보다 차라리 B함이 낫지 않겠는가.
- 縱(종) : 비록. 가령. 설사.

9/12

자공子貢이 말하였다.

"여기에 아름다운 옥이 있는데 궤 속에 감추어 간직해야 하겠습니까? 아니면 좋은 상인을 만나 팔아야 하겠습니까?"

선생님께서 말씀하셨다.

"팔아야지! 팔아야지! 나는 살 사람을 기다리는 자다."

子貢曰:有美玉於斯,韞匵而藏諸?求善賈而沽諸?子曰:沽之哉!沽之哉!我待賈者也.

- 韞(온) : 감추다.
- 匵(독) : 손궤手櫃. 늘 가까운 곳에 두고 쓰는 조그마한 궤.
- 諸(저) : 之乎를 발음상 줄인 것임. 之는 美玉.
- 賈(고) : 상인. 장사. 좌상坐商을 賈라 하고 행상行商을 商이라 한다.
- 沽(고) : 팔다賣.
- 자공의 질문을 자세히 살펴보면 비록 비유를 쓰고 있으나 가정을 한 것은 아님을 알 수 있다. 공자의 대답과 관련시켜 보면 자공은 바로 공자 자신의 태도 내지 거취에 대해 직접 질문한 것이라고 할 수 있다. 공자의 배움과 수양 전체가 현실적 변혁에 이어지는 것이지 결코 폐쇄적 아카데미즘에 그치는 것이 아님을 보여 주는 것이다. 물론 이러한 입장은 공자의 위기지학爲己之學(14/25)의 입장과 충돌하는 것은 아니다.

9/13

선생님께서 동쪽 오랑캐 땅에서 거하고자 하시니 누군가가 말했다.

"누추하실 텐데 어떻게 하시겠습니까?"

선생님께서 말씀하셨다.

"군자가 거처함에 있어 무슨 누추함이 있겠느냐?"

子欲居九夷.或曰:陋,如之何?子曰:君子居之,何陋之有?

- 九夷(구이) : 夷는 동쪽 오랑캐. 九는 그 종족이 아홉이므로 붙은 숫자다. 그러나 夷는 조선이나 왜를 지칭하기도 하고, 산동반도의 원주민이나 회수淮水 하류의 회이淮夷, 양자강 이남 해안지대의 동이東夷를 지칭하기도 하는 등 폭이 극히 넓어 공자가 어디를 가리키며 이 말을 하였는지는 분명치 않다.
- 欲居九夷(욕거구이) : 이주하고자 한 것으로 볼 수도 있고 외유 중에 부득이 잠시 거처하고자 한 것으로 볼 수도 있다. 후자의 가능성이 더 높아 보인다. 다만 주자가 이 구절을 5/7의 乘桴浮于海를 잘못 해석한 것처럼 문명지역을 떠나려 한 뜻으로 본 것은 잘못이다.
- 君子居之(군자거지) : 군자를 공자 자신으로 보는 입장이 있고 구이九夷 지역에 실제 살고 있는 군자로 보는 입장이 있다. 특히 실제 살고 있는 군자로 보는 입장 중에는 공자가 이 말로 조선인朝鮮人의 우월성을 인정했다는 아전인수식의 주장도 있으나 역시 공자의 진의와는 거리가 먼 해석이다. 君子居之의 군자는 공자 자신도, 실제 구이九夷 지역에 살고 있는 군자도 아니고 그냥 일반적인 군자를 지칭한다. 즉 君子居之는 "군자가 그곳에 거처한다면" 하는 단순한 조건절에 불과하다. 이 단편을 통하여 공자가 말하려는 취지는 "누추하다는 것은 외부의 환경에 있는 것이 아니라 거기에 거하는 자의 됨됨이에 있는 것"임을 대화의 상대로 하여금 깨닫게 하려는 것이다.

9/14

선생님께서 말씀하셨다.

"내가 위衛나라에서 노魯나라로 돌아온 후에야 음악이 바르게 되었고 아雅와 송頌이 각각 제 자리를 잡게 되었다."

子曰:吾自衛反魯,然後樂正,雅頌各得其所.

- 自衛反魯(자위반노) : 위衛나라에서 노魯나라로 돌아오다. 애공 11년, 68세의 공자는 12년간의 외유를 마감하고 고국인 노나라로 돌아온다.
- 樂正(악정) : 음악이 바르게 되었다는 뜻이지만 그것이 구체적으로 무엇을 가리키는 것인지는 확정하기 어렵다. 아마 뒤에 나오는 雅頌各得其所가 악정의 가장 핵심적 내용이 아닐까 생각한다.
- 雅頌(아송) : 『시경』에는 국풍國風 160편, 소아小雅 80편, 대아大雅 31편, 송頌 40편, 도합 311편의 시가 있다. 국풍은 각국의 민요이고 소아小雅는 향연의 음악, 대아大雅는 조정의 음악, 송頌은 종묘제례의 음악이다.
- 各得其所(각득기소) : 각각 제자리를 잡다. 아송이 종묘제례악이나 향연의 음악이었음을 감안할 때 매 악곡의 배경을 밝혀 연주의 때와 장소, 목적을 가릴 줄 알게 된 것을 말하는 것으로 보인다.
- 공자가 만년에 시경을 산정刪定하였다는 설화는 이 단편에서 비롯된 듯하다. 그러나 이 단편의 언급만으로 그가 시경을 산정하였다고 판단하는 것은 무리다.

9/15

선생님께서 말씀하셨다.

"밖에 나가서는 공경公卿을 섬기고 집에 들어와서는 아버지와 형을 섬긴다. 상사喪事에 임해서는 감히 애쓰지 않을 수 없다. 술에 취해 몽롱하게 지내지 않는다. 나에게 달리 무엇이 있겠느냐?"

子曰:出則事公卿,入則事父兄,喪事不敢不勉,不爲酒困.何有於我哉?

종래의 해석 선생님께서 말씀하셨다. (앞부분 같음) "이런 것이야 나에게 무슨 어려움이 있겠느냐?"

- 公卿(공경) : 주대周代에 천자를 보필하던 삼공三公과 구경九卿을 아울러 일컫는 말. 여기서는 임금과 대부를 지칭한다.
- 勉(면) : 힘쓰다. 애쓰다. 정성을 다하다. 不敢不勉불감불면은 "감히 애쓰지 않을 수 없다"는 뜻으로 공자가 자신의 행동을 말하는 것이기 때문에 겸손하게 표현한 것이다.
- 困(곤) : 노곤하다. 지치다. 게으르다. 곧 술로 심신이 피폐하여 바른 생각을 하지 못하고 몽롱하게 지내는 것을 말한다. 마융馬融은 困을 어지러움亂이라 하였는데 다소 비약이라 하겠다.
- 何有於我哉(하유어아재) : 나에게 무슨 대수로운 것이 있는가? 7/2에 같은 구절이 나온다. 역시 같은 취지이므로 7/2 주석 참조. 종래에 이 구절을 "나에게 무슨 어려움이 있겠느냐?"로 해석하여 이 단편의 의미가 결정적으로 왜곡되고 말았다.
- 入則事父兄이라는 구절은 공자가 자신의 구체적 사정을 말한 것이라고 볼 때 특별한 정보를 담고 있다. 즉 『사기』「공자세가」나 『공자가어』 등에 의하면 공자가 세 살 때 아버지 숙량흘叔梁紇이 죽었다. 그러나 이 단편이 공자의 구체적 사정을 보여 주고 있다면 당시 공자의 아버지는 살아 있었다는 뜻이 된다. 오히려 부모 대신 부형을 쓴 것을 보면 어머니가 안 계신 상태였지 않나 하는 추정이 가능하다.

9/16

선생님께서 냇가에서 말씀하셨다.

"나아가는 자는 이와 같구나! 밤낮으로 그치지 않는다."

子在川上,曰:逝者如斯夫!不舍晝夜.

- 川上(천상) : 냇가. 上은 주변을 가리키는 말이다.
- 逝(서) : 가다往, 行. 배움을 통해 자신을 끊임없이 바꾸어 나가는 것을 말한다. 9/20 등의 進과 같은 의미. 따라서 세월의 빠름을 비유한 것으로 보는 해석은 잘못이 아닌가 한다.
- 舍(사) : 머무르다. 놓다. 그만두다. 폐하다.
- 맹자가 "원천이 끊임없이 솟아올라 밤낮으로 그치지 아니하며 구덩이를 채운 뒤에야 나아가 사해에 이르나니 근본이 있는 자는 이와 같다"原泉混混, 不舍晝夜, 盈科而後進, 放乎四海, 有本者如是. 『孟子』離婁下고 한 것이 비록 이 단편에 대한 직접적 해석은 아니지만 "공자가 왜 자주 물에 대해 언급하였느냐"는 질문에 답한 것이고 不舍晝夜라는 동일한 표현이 들어간 것, 탁월한 의미부여 등을 고려할 때 사실상 이 단편에 대한 주석으로 보아도 무방할 것 같다.

9/17

선생님께서 말씀하셨다.

"나는 보임새 좋아하듯 덕을 좋아하는 자를 보지 못하였다."

子曰:吾未見好德如好色者也.

종래의 해석 선생님께서 말씀하셨다. "나는 여색 좋아하듯 덕을 좋아하는 자를 보지 못하였다."

- 好色(호색) : 보임새를 좋아하다. 남들에게 보이는 모양새를 좋아하다. 전통적으로 好色은 맹자孟子가 제선왕齊宣王과 여색을 좋아하는好色 문제를 두고 이야기(『맹자』「양혜왕하」편)한 이래 그 해석이 "여색을 좋아함"으로 고착되었으나 논어 이전의 전적에서 色이 여색의 의미로 사용된 전례가 없다. 好色, 즉 보임새를 좋아하는 것은 공자가 만들어 처음 사용

한 말로 보이며 개념적으로 好德의 정확한 대척점에 놓여 있다. 이 단편은 모든 사람들이 외화外華, 즉 보임새를 좋아하는 만큼 내면의 실實을 고려하지 않고 있음을 한탄한 것이다. 好色이 반드시 부정적으로 평가되어 있지 않다는 점도 유의할 필요가 있다.

9/18

선생님께서 말씀하셨다.

"산을 쌓는 데에 비유해서 말하자면 한 삼태기의 흙을 덜 쌓고 그치더라도 나는 그만둘 것이며 평지에 비유해서 말하자면 비록 한 삼태기의 흙을 부어서라도 나아감이 있다면 나는 갈 것이다."

子曰:譬如爲山,未成一簣,止,吾止也.譬如平地,雖覆一簣,進,吾往也.

- 簣(궤) : 삼태기.
- 吾(오) : 吾를 공자 자신으로 보느냐 보편적 주체인 '나'로 보느냐에 따라 해석이 달라진다. 공자로 보는 황간皇侃의 고주古註는 吾止也를 "나 또한 그가 산을 쌓아 온 공功이 많음을 칭찬하지 않는다"吾亦不美其前功多也는 뜻으로 해석하며 보편적 주체로 보는 주자朱子의 신주新註는 "내 자신이 그치는 것"吾自止耳, 즉 "그치고 나아가는 것이 다 나에게 있지 남에게 있는 것이 아니다"其止其往,皆在我而不在人也는 뜻으로 해석한다. 고주가 공자의 진의였다고 보며 주자의 신주는 이 구절을 지나치게 인성론적 입장에서 철학적으로 풀이하다가 오히려 진의를 놓친 경우가 아닌가 한다. 고주는 일견 단순해 보이지만 결과적으로 이 단편을 통해 공자가 말하고자 하는 바를 드러내기에 부족함이 없다. 논어에서 보편적 주체를 말할 때는 吾나 我를 쓰지 않고 己 또는 其身, 自 등을 썼다는 점도 참고할 수 있다. 吾나 我를 보편적 주체로 쓴 예는 논어에서 단 한 번도 발견되지 않는다.
- 平地(평지) : 땅을 고른다는 뜻으로 풀이하기도 하나 뜻이 통하지 않는

다. 爲山과 마찬가지로 두 경우 모두 산을 완성하는 것이 목표인데 여기서는 산을 쌓기 위해 평지에 처음으로 한 삼태기의 흙을 붓는 것을 말하는 것이다. 譬如가 양쪽에 들어가 있어 두 가지의 서로 다른 조건을 상정한 것처럼 보이는 것이 平地를 잘못 이해하게 한 요인이었을 것이다. 황간皇侃도 『논어의소論語義疏』에서 譬於平地作山이라 해석하여 같은 견해를 피력하고 있다.

- 覆(복) : 덮다. 엎지르다. 붓다.
- 往(왕) : 가다. 그를 도와주러 가겠다는 뜻. 17/5와 7에서 공산불요公山弗擾와 필힐佛肹이 공자를 불렀을 때 공자가 가고자 했다는 이야기子欲往에서와 같은 '감'이다. 마찬가지로 吾止也의 止도 가르치거나 도와주는 것을 그만둔다는 뜻이다.
- 인간의 지적 발전과 관련하여 매우 중요한 관점이 내재되어 있는 단편이다. 논어의 위대함은 상식을 뒤엎는 이런 반전적反轉的 인식에서 비롯된다.

9/19

선생님께서 말씀하셨다.
"말해 주어서 그것을 게을리 하지 않는 자는 회回로구나!"

子曰:語之而不惰者,其回也與!

- 語(어) : 말해 주다. 설명해 주다. 言은 주로 자신의 일을 스스로 말하는 것自言己事을, 語는 주로 남에게 설명하고 논하는 것爲人論說을 가리킨다.
- 惰(타) : 게으르다. 태만히 하다.

9/20

선생님께서 안연을 일컬어 말씀하셨다.

"애석하구나. 나는 그가 나아가는 것만 보았지 멈춰 있는 것을 보지 못하였다."

子謂顔淵曰:惜乎!吾見其進也,未見其止也.

- 惜乎(석호) : 애석하구나. 안연의 사후 그의 죽음을 애석히 여긴 말이다.

9/21

선생님께서 말씀하셨다.

"싹 트고도 꽃 피지 못하는 자가 있고 꽃 피고도 열매 맺지 못하는 자가 있다."

子曰:苗而不秀者有矣夫,秀而不實者有矣夫.

- 苗(묘) : 싹. 싹 트다.
- 秀(수) : 꽃이 피다. 이삭이 패다.
- 實(실) : 열매 맺다.
- 보통 안연의 이른 죽음을 두고 한 말이라고 하나 옳지 않다. 이 단편은 오히려 본편 제30장 可與共學章과 궤를 같이한다고 볼 수 있다. 다만 이 단편의 편집자가 편집 시 이 장이 안연과 관련된 것으로 오해하여 앞의 장에 뒤이어 배치한 것으로 보인다.

9/22

선생님께서 말씀하셨다.

“후배들을 두려워할 만하다. 어떻게 새로 등장할 자들이 지금만 못하리라고 단정할 수 있겠는가? 그러나 사십, 오십이 되어도 세상에 알려지지 않는다면 그 또한 두려워할 바가 못 된다.”

子曰:後生可畏.焉知來者之不如今也?四十五十而無聞焉,斯亦不足畏也已.

- 後生(후생) : 나중에 태어난 자. 즉 후배後輩.
- 焉(언) : 어찌. 어떻게.
- 聞(문) : ‘듣는다’는 뜻에서 전轉하여 세인들의 귀에 들리는 것, 알려지는 것을 말한다. 名聞於天下라는 말은 천하에 이름이 알려진다는 뜻이다.
- 공자는 명성이 나는 것 자체를 추구할 대상으로 여기지는 않았지만 정도正道를 좇아 노력해 온 사람이 저절로 세간의 주목을 받게 되는 것은 오히려 필연적 과정으로 여겼음을 알 수 있다.

9/23

선생님께서 말씀하셨다.

“법어法語의 말씀을 좇기야 못하겠냐마는 잘못을 고치는 것이 중요하고 손여巽與의 말씀을 좋아하기야 못하겠냐마는 그것을 풀어 쓰는 것이 중요하다. 좋아하면서 풀어 쓰지 않고 좇으면서 고치지 않는다면 나도 어떻게 할 수가 없다.”

子曰:法語之言,能無從乎!改之爲貴.巽與之言,能無說乎!繹之爲貴.說而不繹,從而不改,吾末如之何也已矣!

- 法語(법어), 巽與(손여) : 설이 구구하다. 그 자의字意에서 어떤 의미를 찾으려는 시도는 모두 제가끔의 억측을 낳는 데 그치고 말았다. 둘 다 공자 당시까지 전해 내려오던 어떤 고문헌의 명칭이었을 것으로 짐작된다. 다만 그 명칭과 전후 문장을 볼 때 法語는 각종 금칙禁則이나 사람의 잘못을 경계하는 내용을, 巽與는 그 반대로 각종 미담美談이나 바람직한 언행을 수록한 책이 아니었을까 추측해 볼 수 있다.
- 從(종) : 따르다. 좇다.
- 改之(개지) : 그것을 고치다. 여기서 그것之은 공자와 대화 상대방은 잘 알고 있던 것으로서 法語之言의 내용에 포함되어 있던, 사람이 흔히 범하기 쉬운 여러 가지 잘못을 말하는 듯하다.
- 說(열) : 기뻐하다. 기꺼워하다. 좋아하다.
- 繹(역) : (실 등을) 풀어내다. 뽑아내다. 궁구하다. 演繹, 溫繹 등의 합성어에 쓰인다. 실제로 溫故의 溫과 비슷한 의미다. 여기서는 巽與之言의 진실을 추출하여 현실에 응용하는 것으로 보았다.

9/24

선생님께서 말씀하셨다.

"충성스러움과 믿음직함에 주력하여라. 자기보다 못한 자를 벗하지 마라. 잘못했다면 고치기를 꺼리지 마라."

子曰:主忠信.毋友不如己者.過則勿憚改.

- 憚(탄) : 기탄하다. 꺼리다.

- 1/8에 이어 중복되게 나오는 단편이다. 여기서도 毋友不如己者와 過則勿憚改는 자기보다 못한 자들만 주변에 두려는, 그리고 잘못을 고치는 것을 기피하려는 왜곡된 심리를 겨냥하고 있다.

9/25

선생님께서 말씀하셨다.

"삼군三軍에서 그 장수를 빼앗을 수는 있지만 필부匹夫에게서 그 뜻을 빼앗을 수는 없다."

子曰:三軍可奪帥也,匹夫不可奪志也.

- 三軍(삼군) : 중군, 우군, 좌군. 7/12 참조.
- 帥(수) : 장수. 장군.
- 匹夫(필부) : 대수롭지 않은 평범한 사나이.

9/26

선생님께서 말씀하셨다.

"해진 솜두루마기를 입고 여우나 담비 털옷을 입은 자와 함께 서서도 부끄러워하지 않을 사람은 바로 유由일 것이다."

子曰:衣敝緼袍,與衣狐貉者立而不恥者,其由也與.

- 衣(의) : 입다.
- 敝(폐) : 해지다. 낡아 떨어지다.
- 緼袍(온포) : 솜을 넣어 만든 옷. 緼은 묵은 솜. 袍는 도포.

- 狐貉(호학) : 여우나 담비털옷. 狐는 여우, 貉은 狢학, 즉 담비.

9/27

'해롭게 하지도 않고 탐욕을 부리지도 않으면 어찌 선하지 않으리오.'

자로가 이를 평생토록 되뇌자 선생님께서 말씀하셨다.

"그 방침이 어찌 충분히 선하겠느냐?"

> 不忮不求,何用不臧.子路終身誦之.子曰:是道也,何足以臧?

- 忮(기) : 해롭게 하다害. 사납다. 해코지하다. 시기하고 미워하다.
- 求(구) : 탐하다貪. 남의 것을 탐하여 빼앗고자 하다.
- 何用(하용) : 用은 以와 통한다. 何以.
- 臧(장) : 선하다善.
- 道(도) : 일반적으로 일컬어지는 도道와 같은 개념으로 쓰였으나 여기서는 是와 결합하여 자로가 견지하는 不忮不求의 도道, 즉 방침이나 신조 정도의 뜻을 가진다.
- 공자가 자로가 되뇌는 말을 대수롭지 않게 여긴 까닭은 그 말이 남에게 피해를 주지 않겠다는 소극적 차원에 머물러 있었기 때문이 아닐까 한다.
- 인용된 시는 『詩經』 패풍邶風, 웅치雄雉의 일절이다. 전문은 다음과 같다.

  雄雉于飛　장끼가 날아가네
  泄泄其羽　날개를 퍼덕이며
  我之懷矣　내가 그걸 생각하면
  自詒伊阻　내 마음만 괴롭구나
  雄雉于飛　장끼가 날아가네
  下上其音　위아래서 울어대며
  展矣君子　정말로 임께서는

實勞我心 내 마음을 곤케 하셔

瞻彼日月 해와 달을 쳐다보며

悠悠我思 내 생각은 끝이 없네

道之云遠 길은 천리만리 멀고

曷云能來 언제 임이 돌아올까

百爾君子 세상의 남정네들

不知德行 덕행을 모르시오

不忮不求 탐학하지만 않는다면

何用不臧 어찌 아니 선할까

- 이 장을 제26장과 합하여 한 장으로 취급하는 관례는 잘못이다.

9/28

선생님께서 말씀하셨다.

"계절이 추워진 다음에야 소나무, 잣나무가 늦게 시드는 것을 알게 된다."

子曰:歲寒然後,知松柏之後彫也.

- 歲(세) : 해, 세월, 여기서는 계절이라 번역하였으나 歲寒은 歲暮, 歲末처럼 歲序遷易에 있어서 겨울이 되었을 때를 말함.
- 松柏(송백) : 소나무와 잣나무. 柏은 측백나무로 보기도 한다.
- 彫(조) : 말라서 시들다瘁. 조잔凋殘하다.
- 추워지기 전에는 松柏도 다른 나무와의 차이가 쉽게 드러나지 않는다는 뜻이 내포되어 있다.

9/29

선생님께서 말씀하셨다.

“아는 자는 미혹되지 않고 어진 자는 근심하지 않으며 용기 있는 자는 두려워하지 않는다.”

子曰:知者不惑,仁者不憂,勇者不懼.

- 주자는 어진 자가 근심을 하지 않는 것은 사사로움私을 넘어설 수 있기 때문이라 한다.
- 14/30에 동일한 구절이 나온다.

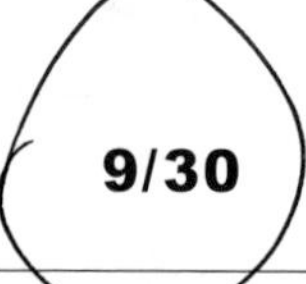

9/30

선생님께서 말씀하셨다.

“함께 배울 수는 있어도 함께 도를 향해 나아갈 수 없는 경우가 있으며 함께 도를 향해 나아갈 수는 있어도 함께 설 수 없는 경우가 있으며 함께 설 수는 있어도 함께 펼칠 수 없는 경우가 있다.”

子曰:可與共學,未可與適道.可與適道,未可與立.可與立,未可與權.

- 適(적) : 가다之. 나아가다. 適道는 도를 향해 나아감을 말한다.
- 權(권) : 발휘하다. 현실에 적용하다. 權은 원래 저울추라는 말인데 여기서는 배워 확립한 것을 가지고 현실 상황에 적절히 대응해 나가는 것을 뜻한다. 고주에서 權을 反經合道, 즉 수단은 올바르지 않으나 결과가 도에 합당한 것을 의미하는 것으로 보았으나 신주 이래로 이 입장이 수정되어 대체로 일의 경중을 가림으로써 중정中正한 길을 찾아 나아감을 의

미하는 것으로 본다於事之常變, 能酌量輕重之分, 使適得其中, 而無偏失也. 『思辨錄』, 朴世堂. 다만 여기서는 경중을 가리는 것보다 그러한 가림을 통해 현실을 다루어 나가는 것에 더 비중을 두었다고 보았기 때문에 權을 "펼치다"로 번역하였다. 權은 柄과 마찬가지로 이미 춘추시대에 각각 '저울추'와 '자루, 손잡이'라는 뜻에서 발전하여 권력을 의미하였다.

9/31

'당체나무 고운 꽃,
어느덧 다 져가네.
어찌 그대 생각 않으리오만
계신 곳 멀리 있네.'
선생님께서 말씀하셨다.
"사모하지 않는 것이다. 무릇 사모한다면 어찌 멀 수 있겠느냐?"

唐棣之華, 偏其反而. 豈不爾思, 室是遠而, 子曰: 未之思也. 夫何遠之有?

- 唐棣(당체) : 산매자나무. 당체棠棣나무.
- 偏其反而(편기반이) : 팔랑거리며 나부낀다는 해석과 반쯤 져 가고 있다는 해석이 있다. 여기서는 후자를 택했다. 『논어집해』는 이 구절에 대해 보통 꽃은 먼저 꽃잎이 합쳐져 있다가 피지만 당체나무 꽃은 먼저 피었다가 합쳐진다는 점을 들어 반경합도反經合道, 즉 권도權道를 비유한 것으로 보았다. 앞장과 합하여 한 장으로 본 탓도 있겠지만 이러한 해석은 공자가 잘못된 수단도 목적에 따라서는 옹호하는 것이 되어 정치적으로 악용될 소지가 있었다. 고주를 따르게 되면 뒤에 나오는 공자의 말도 "생각해 보지 않아서다. 생각해 보면 어찌 멀겠는가?" 하는 뜻이 되어 잘못된

수단도 자세히 관찰해 보면 합목적적임을 알 수 있다는 터무니없는 뜻으로 해석될 소지가 있었다. 주자가 이러한 해석을 거부한 이후 반경합도설은 거의 채택되지 않고 있다.

- 인용된 시는 『시경』에는 나오지 않는 시다.

10
향당鄕黨

익히 지적되어 왔듯이 공자의 행동거지를 소묘한 특이한 편이다. 행동거지를 묘사하는 많은 형용사가 옛 의미를 섬세히 유지하지 못한 경우가 많아 해석과 번역에 어려움을 안겨 주고 있다. 향당편은 한 사람에 의해 기록된 것으로 보이는데 공자에 대한 관심이 다른 편들에서와는 달리 피상적, 즉물적이다. 기록자는 공자의 훌륭함을 인정하고 있었지만 그 훌륭함이 어디에서 비롯되는지는 거의 이해하지 못하였던 것 같다.

10/1

공자께서 향리에 계실 때에는 묵묵하신 것이 마치 말을 할 줄 모르는 사람 같았으나 종묘나 조정에 계실 때에는 거침없이 발언하시되 다만 삼가서 하셨다.

孔子於鄕黨,恂恂如也,似不能言者.其在宗廟朝廷,便便言,唯謹爾.

- 鄕黨(향당) : 鄕은 주대周代의 행정구역 이름이며 黨은 500호의 동네. 여기서는 향리 정도의 뜻으로서 특히 종묘조정과 대칭을 이루고 있다는 점에서 공식적이 아닌 사사로운 자리라는 의미가 깔려 있다.
- 恂恂(순순) : 진실하다. 신실하다. 공손하다. 왕숙王肅은 따뜻하고 공손한 모습溫恭之貌으로 풀이하고 있다. 여기서는 말을 하지 않는 것과의 관계를 고려하여 묵묵하다고 풀이하였다.
- 便便(편편) : 말이 걸림 없고 기탄없음을 뜻함.
- 謹(근) : 삼가다. 주의하다. 조심하다.
- 거주지에서는 마치 말을 할 줄 모르는 사람처럼 묵묵했다는 것도 주목할 증언이나 조정에서는 거침없이 말을 하였다는 것도 주목할 필요가 있다. 대체로 공자는 지나칠 정도로 말이 없는 사람이었지만 조정에서는 말이 없다는 것 자체가 불충과 불성실이 되니 필요한 견해를 피력하여 자신의 역할을 충실히 행하였다는 뜻일 것이다.

10/2

조정에서 하대부와 더불어 말씀하실 때에는 기꺼운 모습이셨고 상대부와 더불어 말씀하실 때에는 화평한 모습이셨으며 임금께서 계실 때에는 공경스러우면서도 떳떳한 모습이셨다.

朝,與下大夫言,侃侃如也.與上大夫言,誾誾如也.君在,踧踖如也,與與如也.

- 侃侃(간간) : 웃는 모습. 즐거운 모습. 강직하다는 뜻도 있으나 11/13에서 공자를 모시고 있을 때 염유와 자공의 모습이 侃侃如로 묘사된 점을 고려하면 웃고 기꺼워하는 모습으로 보는 것이 더 합당하다.
- 誾誾(은은) : 공안국은 "中正한 모습"으로 풀이하지만 일반적으로 화기애애하다 혹은 화평하다는 뜻이다. 11/13에서 민자건의 모습을 묘사할 때 誾誾如가 사용되고 있다. 논어에서 엿보이는 민자건의 성품을 고려하면 조용하고 남들과 화목한 모습을 말하는 것으로 여겨진다.
- 踧踖(축적) : 踧과 踖은 모두 조심해서 걷는다는 뜻으로 마융馬融은 "恭敬스러운 모습"이라 하였다.
- 與(여) : 마융馬融은 "與與는 威儀가 中適한 모습이다"라 하였고 황간皇侃도 "與與는 徐徐와 같고 공손하면서도 편안하게 하는 것이다"라 하였다. 대체로 떳떳하고 의연함을 말하는 듯하다.
- 侃侃如也,誾誾如也,踧踖如也,與與如也는 형용사로서 당시의 정확한 감각을 오늘날에 재현하는 데에는 한계가 있다.
- 대체적인 기록 의도는 공자가 누구와 함께해서도 그 위세에 눌리지 않았지만 그러면서도 지극히 공경스러웠음을 말하려한 것으로 보인다.

10/3

임금께서 불러서 국빈을 맞게 하면 얼굴빛이 상기되었고 발걸음은 빨라졌으며 함께 서서 서로 읍할 때에는 좌로 우로 번갈아 손을 모으더라도 옷의 앞뒤 자락이 드리워진 듯했다. 빠른 걸음으로 나아가실 때에는 새가 날개를 편 듯했다. 손님이 떠나면 반드시 복명하여 말씀하시기를 "손님께서는 돌아보지 않으셨습니다" 하셨다.

君召使擯,色勃如也,足躩如也.揖所與立,左右手,衣前後,襜如也.趨進,翼如也.賓退,必復命,日:賓不顧矣.

- 擯(빈) : 손님을 맞는 사신. 접빈관接賓官.
- 勃(발) : 활발하다興起. 우쩍 일어나다. 번성하다.
- 躩(곽) : 바삐 가다. 빠른 걸음으로 걷다.
- 所與立(소여립) : 손님과 함께 서는 것을 말함.
- 左右手(좌우수) : 정현鄭玄은 "좌측 사람에게 읍할 때에는 손을 좌로 하고 우측 사람에게 읍할 때에는 손을 우로 한다"揖左人,左其手.揖右人,右其手고 주석하였다.
- 衣前後,襜如也(의전후, 첨여야) : 襜은 옷을 단정하게 입어 가지런한 모양. 정현은 "한 번 숙이고 한 번 우러르는 까닭에 옷의 앞뒤 자락이 가지런한 것이다"一俛一仰,故衣前後則襜如也고 하였다.
- 翼如也(익여야) : 주자朱子에 의하면 "새가 날개를 편 듯한 것"如鳥舒翼을 말한다고 한다.
- 復命(복명) : 명령을 받은 경우 그 결과를 보고하는 일.
- 不顧(불고) : 돌아보지 않다. 당시의 관용적인 표현으로 보이는데 대체로 손님을 보내는 예의가 충분하면 손님은 더 이상 돌아보지 않고 떠나는 것이 당시의 예법이었으리라 추정한다.

10/4

궐문에 들어가실 때에는 몸을 구부리시는 것이 마치 문이 좁은 듯이 하셨고 서 계실 때에는 문 가운데를 피하셨으며 다니실 때에는 문지방을 밟지 않으셨다. 임금의 자리 앞을 지날 때에는 얼굴빛이 상기되었고 발걸음은 빨라지셨다. 그 말은 마치 부족한 사람 같았다. 옷자락을 들고 당에 오를 때에는 몸을 구부리셨고 숨을 죽이

시는 것이 마치 숨 쉬지 않는 사람 같았다. 나가서 한 계단 내려서서는 안색을 푸시는 것이 기꺼운 듯하셨다. 계단을 다 내려와서 빨리 걸으실 때에는 날개를 펴신 듯했고 자리에 돌아오셔서는 공경스러우셨다.

入公門,鞠躬如也,如不容.立不中門,行不履閾.過位,色勃如也,足躩如也,其言似不足者.攝齊升堂,鞠躬如也,屛氣似不息者.出降一等,逞顔色,怡怡如也.沒階,趨進,翼如也.復其位,踧踖如也.

- 公門(공문) : 제후가 있는 대궐의 문.
- 鞠躬(국궁) : 몸을 구부리다. 鞠은 구부리다. 躬은 몸.
- 履閾(이역) : 문지방을 밟다. 履리는 밟다. 閾은 문지방.
- 攝齊(섭제) : (계단에서 옷자락을 밟지 않기 위해) 옷자락을 걷어들다. 攝은 당겨 잡다, 거두어 올리다. 齊는 옷의 앞자락.
- 屛(병) : 가리다. 덮다蔽.
- 逞顔色(영안색) : 낯빛을 풀다. 逞령은 풀다, 쾌快하다. 구속받지 않다不檢.
- 沒階(몰계) : 계단을 다 내려오다.
- 怡(이) : 기쁘다. 기꺼워하다. 즐겁다. 화和하다.
- 趨進(추진) : 빨리 나아가다.

10/5

홀을 잡고 계실 때에는 몸을 굽히시는 것이 이기지 못하시는 듯했고 홀을 올릴 때에는 읍하는 높이로 하셨으며 홀을 내릴 때에는 무엇을 주는 높이로 하셨는데 낯빛이 상기되는 것이 긴장하신 듯했고 발은 종종걸음을 하는 것이 발을 끄는 듯하셨다. 예물을 바침에 있어서는 기꺼운 낯빛을 지으셨고 공식 절차가 끝나고 사적인 만남에 있어서는 즐거운 듯하셨다.

執圭,鞠躬如也,如不勝.上如揖,下如授,勃如戰色,足蹜蹜如有循.享禮,有容色,私覿,愉愉如也.

- 圭(규) : 홀笏. 홀은 관리가 조정에서 임금을 뵈올 때 조복朝服에 갖추어 손에 쥐던 패를 말한다.
- 戰色(전색) : 바짝 긴장한 모습.
- 蹜(축) : 발을 끌어 디디다. 종종걸음을 하다. 보폭을 좁게 떼다.
- 循(순) : 좇다行順.
- 享禮(향례) : 예물을 드리는 예. 享은 드린다獻는 뜻.
- 私覿(사적) : 공식적인 의례 절차가 끝난 후 사사롭게 회견하는 것. 覿은 본다見는 뜻.
- 愉(유) : 기뻐하다. 즐거워하다.

10/6

군자께서는 보라색이나 검푸른 색으로 옷을 꾸미지 않으셨고 붉은 색이나 자주색으로 평상복을 해 입지 않으셨다. 더위를 맞아서는 갈포의 홑옷만을 입으시되 반드시 겉으로 내어 입으셨다. 검은 옷으로는 염소갖옷을 입으셨고 흰 옷으로는 어린 사슴갖옷을 입으셨으며 노란 옷으로는 여우갖옷을 입으셨다. 평상복은 길게 입으셨는데 오른쪽 소매를 짧게 하셨다. 반드시 잠옷을 입으셨는데 길이가 키의 한 배 반이었다. 여우나 담비의 두꺼운 털가죽을 깔고 거하셨다. 상을 벗고 나시면 패물 차는 것은 가리지 않으셨다. 조복朝服이나 제복祭服이 아닌 옷은 반드시 마름질을 해서 입으셨다. 검은 염소갖옷 차림에 검은 관을 쓰고는 조문하지 않으셨다. 매달

초하룻날에는 반드시 조복을 입고 조회에 나가셨다.

君子不以紺緅飾,紅紫不以爲褻服.當暑,袗絺綌,必表而出之.緇衣羔裘,素衣麑裘,黃衣狐裘.褻裘長,短右袂.必有寢衣,長一身有半.狐貉之厚以居.去喪,無所不佩.非帷裳,必殺之.羔裘玄冠,不以弔.吉月,必朝服而朝.

- 紺緅(감추) : 紺은 보라색. 緅는 검푸른색 혹은 아청색.
- 褻服(설복) : 평상복. 褻은 평복 혹은 사복을 뜻함.
- 袗絺綌(진치격) : 袗은 홑옷. 絺와 綌은 모두 갈포(絺는 세갈포).
- 表而出之(표이출지) : 겉으로 내어 입다. 즉 속옷을 입고 그 위에 입다.
- 緇(치) : 검다.
- 羔裘(고구) : 염소 갖옷. 羔는 염소. 裘는 갖옷(가죽옷).
- 麑(예) : 사슴 새끼.
- 袂(메) : 소매袖.
- 狐貉(호학) : 狐는 여우. 貉은 담비.
- 佩(패) : 패물 또는 패물을 차다.
- 帷裳(유상) : 마름질하지 않은 원단으로 만든 조복朝服 또는 제례복. 허리 등 좁은 부분에서는 필연적으로 주름이 잡히게 된다. 帷는 휘장 또는 장막이라는 뜻.
- 殺(쇄) : 자르고 잇다剪縫. 마름질하다. 유상帷裳과 비교할 때 좁은 부분은 잘라 내어 입으므로 주름이 거의 잡히지 않는다.
- 吉月(길월) : 매월 초하루朔日.
- 문장 첫머리의 君子라는 말 때문에 이 단편부터 수 개의 단편은 공자의 언행을 기록한 것이 아니라 군자의 일반적인 예법에 관한 기록이 혼입된 것으로 보는 견해가 있다. 여기서 채택하지는 않지만 논어에서 공자를 칭하여 군자라 한 예가 거의 없고 내용도 일반적 복식 범례로 보아도 충분할 내용이기 때문에 이 견해도 가능성이 있다 할 것이다.

10/7

재계하실 때에는 반드시 흰 베옷을 입으셨다. 재계하실 때에는 반드시 음식을 바꾸셨으며 거하시는 자리도 옮기셨다.

齊必有明衣布,齊必變食,居必遷坐.

- 齊(재) : 재계하다. 제사를 지내기 위하여 몸과 마음을 깨끗이 하고 부정을 멀리하는 일. 재계하다는 뜻으로 읽을 때만 齋와 같이 재로 발음함. 다른 경우는 제로 발음한다.
- 明衣(명의) : 흰 옷.
- 變食(변식) : 음식을 바꾸다. 재계하여야 하므로 특정한 음식을 삼감.
- 遷坐(천좌) : 자리를 옮김.

10/8

밥은 잘 도정된 것을 싫어하지 않으셨고 회는 잘게 썬 것을 싫어하지 않으셨다. 밥이 쉬거나 맛이 변한 것, 생선이 상하거나 고기가 부패한 것은 잡숫지 않으셨다. 색깔이 나쁜 것도 잡숫지 않으셨고, 냄새가 나쁜 것도 잡숫지 않으셨고, 잘 익히지 않은 것도 잡숫지 않으셨고, 제 철이 아닌 것도 잡숫지 않으셨고, 바르게 썰지 않은 것도 잡숫지 않으셨고, 간이 맞지 않는 것도 잡숫지 않으셨다. 고기가 비록 많더라도 밥 기운을 누를 정도로는 들지 않으셨다. 오직 술만은 양의 제한이 없었지만 어지러운 지경에는 이르지 않으셨다. 술집에서 파는 술이나 시장에서 파는 마른 고기포는 잡숫지 않으셨다. 생강 잡숫는 것은 끊지 않으셨으나 많이 드시지는 않으셨다.

食不厭精,膾不厭細.食饐而餲,魚餒而肉敗不食,色惡不食,臭惡不食,失飪不食,不時不食,割不正不食,不得其醬不食.肉雖多,不使勝食氣.唯酒無量,不及亂.沽酒市脯不食,不撤薑食,不多食.

- 厭(염) : 싫어하다.
- 精(정) : 도정하다. 정백미精白米
- 饐(의) : 밥이 쉬다.
- 餲(애) : 밥이 쉬다. 맛이 변하다.
- 餒(뇌) : (생선 따위가) 뭉크러지다.
- 飪(임) : 익히다熟.
- 無量(무량) : 한정된 양이 없다. 앞에 나오는 唯와 뒤에 나오는 不及亂과 관련해서 볼 때 '딱 한 잔'이라든지 '석 잔'이라든지 하는 정해진 양이 없이 그때그때 사정에 따라 적게도 마시고 많이도 마셨다는 뜻으로 보인다.
- 沽酒(고주) : 파는 술. 沽는 팔다, 매매하다. 沽酒의 반대는 역시 집에서 직접 담근 술일 것이다.
- 市脯(시포) : 파는 육포. 市는 팔다, 매매하다 혹은 시장.
- 撤(철) : 걷다. 치우다. 걷어치우다.
- 薑(강) : 생강.

10/9

임금을 도와 제사 드리고 받아 온 고기는 밤을 넘기지 않으셨다. 집안 제사에서 사용한 고기는 사흘을 넘기지 않으셨으며 사흘을 넘기면 잡숫지 않으셨다.

祭於公,不宿肉.祭肉不出三日,出三日不食之矣.

- 祭於公(제어공) : 군주가 제주祭主인 제사를 도와 봉행하는 일.
- 不宿肉(불숙육) : 고기를 밤을 넘기지 않다. 이는 제사 후 받은 제육을 밤을 넘기지 않고 나누어 먹는다는 뜻이다. 『주례周禮』에 의하면 "임금께서 지내는 제사를 도와주고 얻은 희생의 고기와 술은 돌아오면 바로 나누어 주니 이는 신의 은총을 머물려 두지 않으려는 것이다"助祭於君,所得牲體歸則頒賜,不留神惠라고 한다.

10/10

식사 중에는 이야기를 하지 않으셨고 잠자리에서도 말하지 않으셨다.

食不語,寢不言.

- 語(어) : 서로 주고받는 이야기對話 또는 알려 주는 말告. 물음에 답하는 말.
- 言(언) : 가장 일반적인 뜻에서의 말. 주로 스스로 하는 말.

10/11

비록 변변치 않은 밥과 나물국이라도 반드시 고수레를 하셨는데 반드시 재계하듯 하셨다.

雖蔬食菜羹,瓜祭.必齊如也.

- 蔬食(소사) : 나물밥. 변변치 못한 음식. 蔬는 나물 또는 푸성귀
- 菜羹(채갱) : 나물국. 菜는 나물, 채소. 羹은 국이나 미음.
- 瓜(과) : 오이 반찬이라는 설이 있지만 육덕명의 『경전석문』에 의하면 瓜

는 노론魯論에 必로 되어 있었으나 정현鄭玄이 고론을 좇아 瓜를 채택하였다 한다. 오이 반찬이라는 설을 따른다면 雖蔬食菜羹瓜, 祭로 끊어 읽어야 할 것이다. 蔬食菜羹이 초라한 식사를 표현하는 관용구라 한다면 오이瓜가 추가되어 있는 것은 생경할 뿐 아니라 구문상構文上으로도 사족의 느낌을 준다. 주자도 必의 오기로 보았다.

10/12

자리가 바르지 않으면 앉지 않으셨다.

席不正,不坐.

- 여기서 자리가 바르지 않다는 것은 공자의 신분에 비추어 자리의 위치 및 방향 등이 적절하지 않음을 말하는 것으로 보인다.

10/13

마을 사람들과 술을 드실 때에는 지팡이 짚은 늙은이가 먼저 나가야 따라 나가셨다.

鄕人飮酒,杖者出,斯出矣.

- 杖者(장자) : 지팡이를 짚은 자, 곧 노인.

10/14

마을 사람들이 나례를 지내면 조복을 입고 동편 섬돌에 서 계셨다.

鄕人儺,朝服而立於阼階.

- 儺(나) : 나례. 음력 선달 그믐날 밤에 악귀를 쫓던 행사.
- 阼(조) : 동편 섬돌. 손님이 올 경우 맞이하는 곳. 조상의 신이 놀라지 않도록 지키기 위한 것이라는 설도 있다.

10/15

다른 나라에 있는 사람을 문안할 적에는 사자에게 두 번 절하고 보내셨다.

問人於他邦,再拜而送之.

- 問人(문인) : 사람의 안부를 묻다.
- 일반적 해석에 의하면 사자使者에게 두 번 절하는 것은 다른 나라에 있는 사람에게 더 극진히 예를 갖추는 것이라고 한다. 그러나 사자에게 절하는 것이 상식적으로는 적절하지 않을 뿐 아니라 예법에 기록되어 있는 근거도 없다. 이 때문에 주자는 떠나는 사자의 뒤에서 절하는 것으로 추정하였고 명대에 『논어의부論語義府』를 쓴 의가醫家 왕우태王宇泰는 사자에게 절한 것이 아니라 문안할 사람을 향하여 멀리서나마 절한 것으로 절충해 보기도 하였으나 역시 부자연스럽다. 問人於他邦은 타방에 있는 사람이 아니라 타방에 갈 사람에게 문안하는 것을 뜻하지 않을까 하지만 전례가 없어 감히 택하지는 않는다.

10/16

계강자가 약을 보내자 절하여 받고 말씀하셨다.
"저는 약을 받을 만하지 않은지라 감히 맛보지 못하겠습니다."

康子饋藥,拜而受之,曰:丘未達,不敢嘗.

- 康子(강자) : 계강자를 말함. 노나라의 대부이자 실권자.
- 饋(궤) : (먹을 것 등을) 보내다. 하사하다.
- 未達(미달) : 약을 보내 줄 대상이 될 만큼 자신이 존귀하지 못하다는 뜻. 약(의 효능)에 대해 잘 알지 못한다는 뜻으로 보기도 하나 적절치 않다.
- 공자의 말이 지닌 진정한 의도에 대하여는 여러 해석이 있으나 모두 분명치 않다. "감히 맛보지 못하겠습니다" 하는 말은 스스럼없이 받아 마시기에는 과분한 배려임을 나타내는 사례의 말로 여겨진다.

10/17

마구간이 불타자 선생님께서 조정에서 돌아와 말씀하셨다.
"사람이 다쳤느냐?"
그러나 말에 대해서는 물어 보지 않으셨다.

廏焚.子退朝,曰:傷人乎?不問馬.

- 廏(구) : 마구간. 마사馬舍.
- 焚(분) : 불타다. 불태우다.
- 춘추시대에 말은 재산 가치의 주요 지표였다.

10/18

임금께서 음식을 내리시면 반드시 자리를 바로 하시고 먼저 맛을 보셨고 임금께서 날고기를 내리시면 반드시 익힌 다음에 조상에게 천신薦神하셨으며 임금께서 산 것을 내리시면 반드시 기르셨다.

君賜食,必正席先嘗之.君賜腥,必熟而薦之.君賜生,必畜之.

- 腥(성) : 날고기.
- 薦(천) : 드리다進. 천신薦神하다. 주자는 "조상에게 천신하는 것은 임금께서 하사하심을 영광스럽게 여기기 때문이다"라 하였다.

10/19

임금을 모시고 식사하실 때에는 임금께서 고수레를 드리는 동안 먼저 식사를 하셨다.

侍食於君,君祭先飯.

- 君祭先飯(군제선반) : 여러 설이 있으나 임금이 고수레를 드리는 동안 신하는 같이 고수레를 드리지 않는다는 차원에서 먼저 식사를 한 것이 아닌가 한다. 당시는 아랫사람이 먼저 식사하는 것이 비례가 아니었던 모양이다. 형병邢昺은 음식을 맛보는 것이 임금의 은혜를 공경하는 것이라 풀이하고 있다. 그러나 음식에 독이 들어 있는지 여부를 알아보기 위해 먼저 식사한다는 일부의 설은 지지하기 어렵다.

10/20

병이 나 임금께서 보러 오시면 머리를 동쪽으로 하고 누워 조복을 덮고 띠를 당겨 놓으셨다.

疾,君視之,東首,加朝服拖紳.

- 東首(동수) : 머리를 동쪽으로 하다. 임금께서 남면하고 앉아 병자를 문병할 수 있게 하기 위해서다.
- 拖紳(타신) : 띠를 당겨 놓다. 띠지는 않고 조복 위에 끌어다 놓는 것을 말한다. 拖는 끌다曳, 당기다引. 紳은 띠.
- 누워서 조복을 덮고 띠를 당겨 놓는 것은 일어나 의관을 갖추지는 못하지만 누운 채로라도 예를 다하기 위함이다.

10/21

임금께서 부르시면 마차가 준비되기를 기다리지 않고 가셨다.

君命召,不俟駕行矣.

- 俟(사) : 기다리다待.
- 駕(가) : 멍에. 멍에에 말을 채우는 것을 말한다.

10/22

태묘에 들어가시면 매사에 물으셨다.

入太廟,每事問.

- 3/15에 같은 구절이 나온다.

10/23

벗이 죽어 안치될 곳이 없자 말씀하셨다.
"내 집에 빈소를 차려라."

朋友死,無所歸,曰:於我殯.

- 無所歸(무소귀) : 돌아갈 곳이 없다. 시신이 안치될 곳이 없다.
- 殯(빈) : 빈소를 차리다. 염하다. 시체를 입관하여 장사지낼 때까지 안치하는 것을 말하다.

10/24

벗이 선물을 주는 경우에는 비록 마차라 하더라도 제육이 아닌 한 절하지 않았다.

朋友之饋,雖車馬,非祭肉,不拜.

- 饋(궤) : 보내다. 주다.

- 車馬(거마) : 마차. 사두마차. 당시에는 가장 값비싼 최고의 선물이었다.
- 벗이 보낸 것이라 하더라도 제육만큼은 신에 제사를 드린 물건이기 때문에 예외적으로 절을 하였다.

10/25

주무실 때에는 죽은 것 같이 주무시지 않으셨고 거하실 때에는 손님처럼 거하지 않으셨다.

寢不尸,居不容.

- 尸(시) : 주검. 사체.
- 容(용) : 육덕명陸德明의 『경전석문』에 의하면 객客으로 발음하는 것을 원본으로 보고 용으로 발음하는 것을 이본으로 본다苦百反本,或作容羊凶反. 客이 맞는 것으로 여겨진다. 이 경우 寢不尸와 대구를 이룰 수 있다. 반면 容으로 할 경우에는 "몸가짐을 꾸미지 않는다"고 해석될 것이나 寢不尸와 대구를 이룸에 있어서 격이 떨어진다.

10/26

상복을 입은 사람을 만나시면 비록 친한 사이라 하더라도 반드시 얼굴빛이 바뀌셨다. 관모를 쓴 사람과 눈먼 사람을 보시면 비록 가까운 사이라 하더라도 반드시 예모를 갖추셨다. 상복喪服을 한 사람에게는 수레 위에서도 몸을 굽히셨고 판목을 진 사람에게도 몸을 굽히셨다. 성찬이 나오면 반드시 얼굴빛이 바뀌어 일어나셨으며 급작스런 천둥이나 거센 바람에도 반드시 얼굴빛이 바뀌셨다.

見齊衰者,雖狎必變.見冕者與瞽者,雖褻必以貌.凶服者式之,式負版者.有盛饌,必變色而作.迅雷風烈必變.

- 齊衰(자최) : 모친상에 입는 상복. 9/9 참조.
- 狎(압) : 친하다. 친근하다.
- 變(변) : 변하다. 얼굴빛이 바뀌다. 낯빛이 바뀌다. 변색하다.
- 冕者(면자) : 관모를 쓴 사람. 벼슬아치.
- 瞽者(고자) : 눈 먼 사람. 장님.
- 褻(설) : 가깝다. 격의 없다. 친하다.
- 貌(모) : 정약용은 "용모를 고치는 것은 變, 예의를 극진히 하는 것은 貌"라고 주석하고 있다.
- 凶服(흉복) : 상복喪服. 齊衰가 주로 모친상의 상복임에 비해 凶服은 斬衰, 齊衰, 大功, 小功, 緦麻의 오복五服을 통칭하는 것이다.
- 式(식) : 구부리다. 원래 수레 앞 가로막대를 의미하나 수레에서 공경할 대상을 만나면 式에 구부려 예를 표함으로써 공경하는 행위를 의미하게 되었다.
- 負版(부판) : 판목을 짐. 일종의 공문서 운송이라고 할 수 있다. 공안국은 版은 "지적도와 인구대장"圖籍이라 하였고 주자는 판목을 진 자에게 경의를 표하는 것은 백성의 수효를 중히 여기기 때문이라 하였다.
- 迅(신) : 빠르다.

10/27

수레에 오르셔서는 반드시 바로 서서 고삐를 잡으셨고 수레 안에서는 안을 돌아보지 않으셨으며 빠르게 말씀하지 않으셨고 손가락으로 직접 가리키지 않으셨다.

升車,必正立,執綏.車中不內顧,不疾言,不親指.

- 綏(수) : 수레 고삐.
- 疾言(질언) : 빠르게 말함.
- 수레에서 고삐를 잡지 않고 수레 안을 돌아보고 빠르게 말하고 이리저리 손가락질을 하는 것은 모두 경박한 자들이 흔히 일삼는 행동이라 할 것이다.

10/28

무언가 일으킬 것 같은 기색을 보이자 날아올랐다가 나중에 다시 모였다. 선생님께서 말씀하셨다.

"산 다릿목의 까투리들은 때를 아는구나! 때를 아는구나!"

자로가 잡아 바치니 몇 번 냄새만 맡다가 일어서셨다.

色斯擧矣,翔而後集.曰:山梁雌雉,時哉時哉!子路共之,三嗅而作.

- 翔(상) : 빙빙 돌며 날다. 높이 날다.
- 集(집) : 만나다. 모이다.
- 梁(양) : 다리.
- 雌雉(자치) : 까투리.
- 嗅(후) : 냄새 맡다.
- 이 장은 의미가 모호하고 해석하기 어려운 것으로 정평이 나 있다. 향당편의 주제와도 어울리지 않는다. 착간錯簡이나 첨가添加로 향당편의 맨 뒤에 붙게 되었으리라 추정된다. 쉽게 이해되지 않는 이유로는 기록자가 보편성이 없는 내용을 기록한 경우, 자신의 의사를 충분히 표현하지 못한 경우, 기록자가 어떤 우의寓意를 가지고 있었기 때문에 정확한 의미 전

달에 장애가 초래된 경우 등을 상정해 볼 수 있다. 무리하게 해석하거나 의미 부여를 하지 않는 것이 좋다.

11
선진先進

제1장에 제자 교육에 관한 공자 자신의 방침에 대해 일반론적 언급이 나오고 이후 모든 장이 제자들에 대한 공자의 직접적, 간접적 평가로 이루어져 있다.

11/1

선생님께서 말씀하셨다.

"예악에 먼저 나아가는 자는 야인이다. 예악에 나중 나아가는 자는 군자다. 만약 실제로 활용한다면 나는 예악에 먼저 나아가는 쪽을 따르겠다."

子曰:先進於禮樂,野人也.後進於禮樂,君子也.如用之,則吾從先進.

종래의 해석 선생님께서 말씀하셨다. "예악에 대한 옛사람의 태도는 야인이었다. 예악에 대한 오늘날 사람의 태도는 군자다. 만약 실제로 활용한다면 나는 예악에 대한 옛사람의 태도를 따르겠다."

- 先進(선진), 後進(후진) : 먼저 나아가다. 나중 나아가다. 무엇보다 먼저 나아가고 나중 나아가는지는 생략되어 있다. 생략된 것은 예악을 통해 확보하려는 정신적이고도 추상적인 그 무엇이다. 장횡거는 그것을 문文으로 보고 있는데 근접된 이해라고 여겨진다. 선진후진을 前輩後輩로 보는 주자는 그 발상에서부터 완전히 착종되어 있다.
- 野人(야인) : 군자라는 개념과 대칭적으로 사용되고 있다. 군자는 주로 소인과 대칭되어 왔는데 여기서만 유일하게 야인과 대칭되고 있다. 야인의 野는 6/18에서 史와 대칭적으로 사용된 野質勝文則野와는 직접적으로 큰 관련이 없다. 물론 소인과도 거의 관련이 없다. 대체로 오늘날 지식인과 대칭되는 일군의 인간 유형을 상정할 수 있듯이 문화적 교양으로 훈련되지 않은, 아직 삶의 직접성에 속해 있는 대부분의 사람들을 지칭한 것이라 하겠다.
- 如(여) : 만약. 若과 같음.
- 주자朱子가 지지한 정자程子의 설은 다음과 같다. "선배들은 예악에 있어서 문文과 질質이 잘 어우러졌는데 지금엔 도리어 질박하다고 여겨 야인

이라 하고 후배들은 예악에 있어서 문이 그 질을 지나쳤는데 지금엔 도리어 아름답게 빛난다고 여겨 군자라고 한다. 이는 아마도 주나라 말기에 문이 승勝했기 때문에 당시 사람의 말이 이와 같았으니 스스로 그 문에 지나쳤음을 알지 못한 것이다." 이는 공자의 말을 이해하는 실마리를 놓친 상태에서 궁리에 궁리를 거듭하다가 이른 기론奇論에 불과하다. 주자도 자설自說을 낼 수 없어 부득이 정자의 설을 택한 것으로 보이는데 그에 앞서 나온 장횡거의 명쾌한 해설을 왜 채택하지 않았는지 이해가 되지 않는다. 참고로 장횡거는 『論語精義』에서 이렇게 말하였다. "중니께서 야인으로 하여금 반드시 문文이 갖추어진 후에 예악에 나아가게 하면 예악을 마침내 얻어 행하지 못하게 되는 까닭에 야인에 대해 말씀하시면서 각자의 처지에 따르도록(예악에 먼저 나아가도록) 하신 것이다."

- 이 단편은 공자의 매우 중요한 교육론이라 할 수 있다. 소수의 군자들을 제외하고는 대부분 예악을 먼저 가르쳐서 그 예악에 깃든 정신을 각 인격에 구현토록 하는 것이 가장 현실적인 방법임을 강조한 것이다. 이를테면 정중하게 악수하는 법을 한 번 가르치는 것이 인간의 존엄성과 상호존중에 대한 필요성을 열 번 강론하는 것보다 더 나을 수 있다는 것이다.
- 이 단편의 기본 정신은 8/10의 民可使由之,不可使知之와 맥락이 닿아 있다.

11/2

선생님께서 말씀하셨다.

"진나라와 채나라에서 나를 좇던 자들은 모두 문에도 이르지 못했다."

子曰:從我於陳蔡者,皆不及門也.

종래의 해석 선생님께서 말씀하셨다. "진나라와 채나라에서 나를 좇던 자들은 모두 지금 문하에 없다."

- 從我於陳蔡者(종아어진채자) : 진나라와 채나라에서 나를 좇던 자들. 이는 진나라와 채나라 현지에서 공자를 추종하던 일군一群의 젊은이들을 말하는 것으로 보인다. 노나라에서부터 함께 수행한 자로나 안연 등의 제자들도 있었지만 여기서는 현지의 추종자들만을 말한다 할 것이다.
- 不及門(불급문) : 문에 이르지 못하다. 그 수준이 공문孔門의 기초적 수준에 미치지 못하다. 문門은 11/16의 丘之門과 같으며 及門은 같은 장에 나오는 升堂, 入於室로 이어지는 수준 평가의 첫 단계로 볼 것이다. 따라서 "다들 벼슬을 하지 못하였다" 혹은 "모두 문하門下에 있지 않다" 하는 해석은 모두 잘못이다.
- 이 단편은 5/22의 子在陳章과 밀접하게 연관되어 있다.

선생님께서 진나라에 계실 때 말씀하셨다. "돌아가야겠구나! 돌아가야겠어! 나를 따르는 젊은이들은 과격하고 단순하여 찬란하게 기치는 세웠으나 그것을 어떻게 마름질해 나가야 할지는 알지 못하는구나!"

11/3

덕행 : 안연, 민자건, 염백우, 중궁.

언변 : 재아, 자공.

정치 : 염유, 계로.

학문 : 자유, 자하.

德行,顔淵,閔子騫,冉伯牛,仲弓.言語,宰我,子貢.政事,冉有,季路.文學,子游,子夏.

- 閔子騫(민자건), 冉伯牛(염백우) : 6/9와 6/10 각주 참조.
- 言語(언어) : 언변. 말재주. 오늘날의 언어와는 다른 말이다.
- 文學(문학) : 학문. 문헌 탐구. 역시 오늘날의 문학과는 다른 뜻이다.
- 德行, 言語, 政事, 文學 : 흔히 공문사과孔門四科라고 부른다.

• 이 단편은 공자의 말이 아니라 논어 편찬자 중 어떤 호사가가 공자의 제자를 분류한 것으로 보인다. 따라서 이 분류에 큰 의미를 부여할 필요는 없을 것 같다. 그러나 기록자는 적어도 이들을 직접 또는 간접으로 잘 알던 사람이었을 것이다.

11/4

선생님께서 말씀하셨다.

"회回는 나를 도와주는 자가 아니로구나. 내 말에 기뻐하지 않음이 없으니!"

子曰:回也,非助我者也.於吾言無所不說.

• 說(열) : 기뻐하다. 좋아하다.

11/5

선생님께서 말씀하셨다.

"효성스럽구나. 민자건閔子騫은! 남들은 그의 부모형제가 한 말에 끼어들지 못하니."

子曰:孝哉,閔子騫!人不間於其父母昆弟之言.

• 閔子騫(민자건) : 공자의 제자. 6/9 각주 참조.
• 昆(곤) : 맏. 언니. 형.
• 間(간) : 사이에 끼어들다. 간여하다. 개입하다.
• 종래의 주된 해석은 주자가 자신의 견해는 밝히지 않은 채 인용한 胡氏

의 해석, 즉 "부모형제가 그의 효우를 일컬으면 사람들이 모두 그것을 믿고 다른 말을 하는 자가 없었다"父母兄弟,稱其孝友.人皆信之,無異辭者는 해석이었다. 이 해석이 의심스러운 것은 이런 뜻이었다면 구태여 공자가 본문처럼 복잡한 표현을 쓸 필요 없이 "부모형제는 물론 남들도 모두 그의 효성을 칭찬하였다"고 간단히 표현하지 않았을까 한다. 공자의 말은 민자건의 부모형제가 하는 말은 그 내용 여하를 떠나 민자건이 다 이해하고 포용할 수 있었기 때문에 남들이 그 사이에 끼어들어 이러쿵저러쿵 말할 여지가 없었다는 뜻이 아닐까 한다.

- 민자건의 효행에 대해서는 『예문유취藝文類聚』 효부孝部에 『설원說苑』을 인용한 다음과 같은 이야기가 나온다.
  민자건은 형제였다. 어머니가 죽자 그 아버지가 다시 부인을 얻어 새로 두 아들을 얻었다. 자건이 아버지를 위해 수레를 몰다가 고삐를 놓쳤다. 아버지가 그 손을 잡아 보니 옷이 심히 얇았다. 아버지가 돌아와 후처의 아들들을 불러 손을 잡아 보니 옷이 심히 두텁고 따뜻했다. 즉시 후처에게 이르기를 "내가 당신을 부인으로 삼은 것은 내 자식을 위해서였다. 지금 당신이 나를 속였으니 더 이상 머무르지 말고 떠나라" 하였다. 자건이 말하기를 "어머니가 계시면 한 자식만 얇은 옷을 입지만 어머니가 떠나시면 네 자식이 추위에 떨게 됩니다" 하였다. 그의 아버지는 묵묵히 말을 잇지 못하였다.
  『한시외전韓詩外傳』에도 비슷한 설화가 전한다. 그러나 이 설화는 이 단편에 근거하여 누군가가 지어낸 이야기로 보이는 만큼 이 단편을 이해하는 데에 참고가 되기는 어렵다 할 것이다.

11/6

남용南容이 시 백규白圭를 여러 번 반복하여 외우자 공자께서 당신 형의 딸을 그에게 시집보내셨다.

南容三復白圭,孔子以其兄之子妻之.

- 南容(남용) : 공자의 제자이자 조카사위. 5/2 각주 참조.
- 三復(삼복) : 세 번 반복하다. 구체적으로는 여러 번 백규장의 시를 외우거나 묻거나 거론한 것으로 보인다.
- 白圭(백규) : 흰 구슬. 흰 옥. 『시경』 대아大雅편의 억抑이란 시에 나오는 용어. 억은 위衛나라 무공武公이 주周나라 여왕厲王의 잘못을 훈계한 것이라 한다. 해당 부분은 다음과 같다.

  白圭之玷(백규지점) 흰 구슬의 흠이야
  尙可磨也(상가마야) 갈 수라도 있지만
  斯言之玷(사언지점) 내뱉은 말의 흠은
  不可爲也(불가위야) 그럴 수도 없네.

- 5/2에도 마찬가지로 남용을 조카사위로 삼게 된 이유가 나오는데 그 이유邦有道不廢,邦無道免於刑戮가 여기서 제시된 이유와 다르다. 꼭 한 가지 이유만으로 조카사위를 삼았다고 보기는 어려운 만큼 공자가 실제 둘 이상의 이유를 말했을 것이다.
- 子를 쓰지 않고 孔子를 쓴 것은 문장 가운데에 나오는 兄之子의 子와 구별하기 위해서였을 것이다.

11/7

계강자季康子가 물었다.

"제자 중에서 누가 배우기를 좋아합니까?"

공자께서 대답하셨다.

"안회顔回라는 자가 있어서 배우기를 좋아했는데 불행히도 단명하여 죽고 말았습니다. 지금은 배우기를 좋아하는 자가 아무도 없습니다."

季康子問:弟子孰爲好學?孔子對曰:有顔回者好學,不幸短命死矣.今也則亡.

- 孰(숙) : 누구.
- 亡(무) : 없다. 無와 같음
- 계강자와의 대화임에도 불구하고 孔子對曰이라는 표현이 처음으로 나온다. 이 점은 2/20과 6/8에서 역시 계강자와 대화하고 있음에도 子曰로 되어 있는 것과 대조된다. 대부가 되기 전과 후의 차이인 것으로 추정된다.
- 6/3에는 질문자가 애공哀公으로 되어 있는 약간 더 부연된 문장이 나온다. 이 단편이 6/3의 문장보다 훨씬 짜임새가 있는 것을 고려할 때 이 단편이 대화의 원형이었을 것으로 보인다. 청대의 고증학자 최술崔述은 6/3을 원형으로 보고 있는데 그의 판단은 단지 임금인 애공과 대화하고 있다는 점을 중시한 것으로 보이며 설득력 있는 다른 이유를 제시하지 못하고 있다. 6/3 주석 참조.

11/8

안연顔淵이 죽자 안로顔路[1]가 선생님의 수레를 덧널로 썼으면 하고 청하였더니 선생님께서 말씀하셨다.

"재주가 있든 없든 역시 각자 자기 자식을 말하지요. 이鯉[2]가 죽었을 때에도 널은 있었으나 덧널은 없었소. 내가 수레를 덧널로 쓰

1) 안로(顔路) : 안연(顔淵)의 아버지. 성은 안(顔), 이름은 무유(無繇). 공자보다 6세 연하였다. 『사기』나 『공자가어』 등에는 모두 공자의 제자이기도 한 것으로 나오나 논어에는 안로가 제자였음을 증명할 만한 단편은 없다.

2) 이(鯉), 백어(伯魚) : 공자의 아들. 이름은 이(鯉), 자는 백어(伯魚). 공자보다 일찍 죽었고 특별한 두각을 나타내지는 못한 듯하다. 그러나 그의 아들 자사(子思)는 맹자의 스승이 되었고 『중용』의 저자로 알려져 있다.

고 걸어가지 않는 것은 내가 수레를 타고 대부의 뒤를 좇아야 하므로 걸어갈 수 없기 때문이오."

顔淵死,顔路請子之車以爲之椁.子曰:才不才,亦各言其子也.鯉也死,有棺而無椁.吾不徒行以爲之椁,以吾從大夫之後,不可徒行也.

- 椁(곽) : 덧널. 외관外棺. 槨과 같음. 관을 넣는 궤. 보통 관만 사용하나 신분이 높거나 호화로운 장례를 치를 경우에는 외관인 곽을 사용하였다. 곽에는 목곽木槨도 있고 석곽石槨도 있다.
- 車以爲之椁(거이위지곽) : 수레를 덧널로 쓴다는 말을 일부에서는 수레를 팔아서 덧널을 산다는 뜻으로 보기도 하나 터무니없는 해석이다. 수레 자체를 그대로 혹은 일부 손을 보아 덧널로 쓴다는 뜻일 것이다. 수레는 살아서도 높은 신분과 영화로움을 뜻했기 때문에 죽어서도 수레를 곽으로 쓰는 것은 영화로움을 의미했을 것이다.
- 徒行(도행) : 걸어서 가다.
- 從大夫之後(종대부지후) : 대부의 뒤를 좇다. 공자의 신분은 대부大夫였다는 설과 사士였다는 설로 나누어진다. 그가 한때 사구司寇를 지냈다는 『좌전』의 기록이 사실이라면 사구는 노나라의 삼경三卿에 해당하므로 상대부로 보아야 하나 크릴H. G. Creel이 그 기록의 신빙성에 문제를 제기하고 있는 등 근거로 삼기 어렵다. 공자는 신분상으로는 사에 속했으나 양호의 치세 후 자로가 계씨의 가재가 되었을 때나 외유 후 노나라에 돌아와 국로國老의 대접을 받았을 때에는 신분 이상의 역할을 하였을 것으로 여겨진다. 따라서 대부의 뒤를 따른다는 표현은 공자의 신분이 대부가 아니었음을 말하는 것이며 일각에서 주장하듯 자신이 대부였음을 겸손히 표현한 것은 아니라 하겠다.

11/9

안연顔淵이 죽자 선생님께서 말씀하셨다.

"아아! 하늘이 나를 버리는구나! 하늘이 나를 버리는구나!"

顔淵死.子曰:噫!天喪予!天喪予!

- 噫(희) : 탄식하는 소리. 한숨 쉬는 소리.
- 喪(상) : 죽다. 잃다. 망치다.
- 11/10과 더불어 안연의 죽음 앞에서 공자가 극도의 상실감을 표현한 것을 누군가가 기록으로 남겼다는 것은 그로서도 이 반응이 예상치 못했던 것임을 말해 주며 이 예상외의 반응에 어떤 의미가 있을 것이라는 생각을 담고 있다. 짐작컨대 11/10을 비롯하여 이 단편을 기록한 제자는 자공이었을 가능성이 크다.

11/10

안연顔淵이 죽자 선생님께서 애통하게 우시니 종자가 말했다.

"선생님께서는 애통해하시는군요."

선생님께서 말씀하셨다.

"애통해한다고? 그 사람을 위해 애통해하지 않는다면 누구를 위해 애통해하겠느냐?"

顔淵死,子哭之慟.從者曰:子慟矣.曰:有慟乎?非夫人之爲慟而誰爲?

- 慟(통) : 목 놓아 애통해하다. 서럽게 울다.

- 夫人(부인) : 그 사람. 夫는 其와 같으며 '이' 또는 '그', '저'의 뜻.

11/11

안연顔淵이 죽자 문인들이 장례를 후하게 치르고자 하였다.

선생님께서 말씀하셨다.

"옳지 않다."

문인들이 후하게 장례를 치르니 선생님께서 말씀하셨다.

"회回는 나를 아버지처럼 대했으나 나는 그를 자식처럼 대하지 못하고 말았구나. 내가 아니라 저들이 그렇게 한 것이다."

顔淵死,門人欲厚葬之.子曰:不可.門人厚葬之.子曰:回也,視予猶父也.予不得視猶子也.非我也,夫二三子也.

- 視(시) : 보다. 여기다. ~처럼 대하다.
- 夫(부) : 저. 그.
- 二三子(이삼자) : 너희들, 저희들, 여러분 등으로 풀이할 수 있으며 두세 명의 인원을 통칭하는 대명사.

11/12

계로季路가 귀신 섬기는 일에 대해 묻자 선생님께서 말씀하셨다.

"사람도 아직 섬기지 못하는데 어떻게 귀신을 섬길 수 있겠느냐?"

계로가 말했다.

"감히 죽음에 대해 묻습니다."

선생님께서 말씀하셨다.

"삶도 아직 알지 못하는데 어떻게 죽음을 알겠느냐?"

季路問事鬼神. 子曰: 未能事人, 焉能事鬼? 曰: 敢問死. 曰: 未知生, 焉知死?

- 季路(계로) : 중유仲由의 자字. 자로子路. 季路라는 칭호는 그가 막내아들임을 말해 준다.
- 焉(언) : 어찌.
- 공자의 인간중심주의, 현세중심주의가 잘 드러나 있다.

11/13

민자閔子께서 선생님을 곁에서 모시고 있을 때에는 화평한 모습이었고 자로는 당당한 모습이었으며 염유와 자공은 기꺼운 모습이었다. 선생님께서는 즐거워하셨다.

閔子侍側, 誾誾如也. 子路, 行行如也. 冉有, 子貢, 侃侃如也. 子樂.

- 閔子(민자) : 민자건閔子騫을 높여 부른 것이다.
- 侍側(시측) : 곁에서 모시다.
- 誾誾(은은) : 평온하다. 화평하다. 평화롭고 기쁜 모습和悅貌.
- 行行(행행) : 굳세다. 당당하다.
- 侃侃(간간) : 웃는 모습. 화락한 모습. 기꺼워하는 모습.
- 이 단편에서도 誾誾如也, 行行如也, 侃侃如也를 기록 당시의 섬세한 감각으로 복원, 추체험하기는 어렵다.

"유由와 같은 사람은 순리의 죽음을 맞지 못할 듯하다."

若由也,不得其死然.

- 不得其死然(부득기사연) : 제대로 천수를 다하고 죽지 못함. 자연스런 죽음을 얻지 못함. 말미의 然은 得其死를 꾸미는 보어로 '자연스럽게' 정도의 의미를 지니는 것으로 추정된다. 대부분의 해석은 然을 짐작을 뜻하는 어조사로 본다. 퇴계退溪 이황李滉이 『논어석의論語釋義』에서 이 구절을 "그 死를 得디 몯할 듯하다"로 번역하고 있는 것도 같은 입장이다. 그러나 짐작을 뜻하는 어조사로 볼 경우 14/6에 나오는 동일한 문구는 어떻게 해석할 것인가 하는 문제가 발생한다. 논어에 두 번 용례가 나올 뿐 동시대의 다른 전거에 유사 용례가 없어 논어 안에서만이라도 통일된 해석이 필요하다고 생각한다. 물론 짐작하는 어조사로 보지 않더라도 이 문구는 전체 문맥상 미래를 추정하는 말투로 번역하는 것이 불가피할 것이다.
- 실제로 자로는 위나라의 정변에 휘말려 공자보다 수개월 먼저 죽는다. 『좌전』 애공 15년조에 "공자께서 위나라에서 난리가 났다는 소식을 들으시고 '시柴:高柴는 돌아올 것이나 자로는 죽을 것이다'라고 하셨다"는 기록이 남아 있다. 그러나 이 말은 공자가 평소 자로의 신변을 우려하여 했던 말을 주변인이 잘못 알아듣고 퍼트린 말일 가능성이 많다. 이 단편에 子曰이 빠져 있는 것도 기록자가 공자의 말이라는 것을 확신할 수 없었기 때문이 아닐까 한다. 그러나 공자가 아니고는 유由라는 이름만으로 호칭할 사람이 없기 때문에 공자의 말인 것은 틀림없어 보인다.

11/15

노나라 사람들이 장부長府를 짓자 민자건閔子騫이 말하였다.

"예대로 두면 어떤가? 굳이 다시 만들어야 하나?"

선생님께서 말씀하셨다.

"저 사람은 말을 않지만 말을 하면 반드시 핵심을 찌른다."

魯人爲長府.閔子騫曰:仍舊貫,如之何?何必改作?子曰:夫人不言,言必有中.

- 長府(장부) : 일종의 창고라는 설과 군주의 별관이라는 설이 있다. 『좌전』 소공 25년조에 "소공이 장부에 거했다"公居於長府는 말이 나온다. 그러나 장부가 어떤 용도의 건물인지 확정하기 어려워 그냥 장부라고 번역하였다.
- 仍(잉) : 그대로尙. 예전의 것을 그대로 쓰는 것을 仍用이라 함.
- 舊貫(구관) : 옛일. 옛 관례. 그동안의 방식.
- 夫人(부인) : 저 사람. 11/10 참조.
- 이 단편은 구체적인 내용이 생략되어 있기 때문에 제시된 외형에서 은근하게 전해 오는 의미에 만족해야 하며 내용을 무리하게 상상할 필요는 없다.

11/16

선생님께서 말씀하셨다.

"유由의 비파를 어찌 나의 문門에서 타느냐?"

문인들이 자로를 존경하지 않자 선생님께서 말씀하셨다.

"유由는 마루에는 올라왔으나 방 안에는 들어오지 못했다."

子曰:由之瑟,奚爲於丘之門?門人不敬子路.子曰:由也升堂矣,未入於室也.

- 瑟(슬) : 주대周代 이전부터 사용되어 온 중국 고대 현악기. 명주실로 꼬아 만든 줄을 손가락으로 직접 탔다. 물론 여기서는 자로가 견지하는, 공자와는 다른 생각 내지 이념을 비유한 것이다. 따라서 자로가 실제 비파 타는 소리를 듣고 공자가 한 말이라고 보는 정자程子나 주자의 전통적 해설은 난센스에 불과하다.
- 공자의 비판적 평가로 말미암아 제자들이 자로를 공경하지 않게 되었다는 것은 역설적으로 제자들이 평소에는 자로를 존경하였다는 사실을 반증하고 있다. 자로는 공자보다 9세밖에 연소하지 않았기 때문에 공자보다 30세 내지 40세 연소했던 대부분의 제자들은 그를 자신들과 똑같은 제자로 여기기 어려웠음을 짐작할 수 있다.
- 이 단편으로 미루어 보면 자로는 공자학단 내에서 공자와는 생각이 좀 다른, 모종의 이견을 이끌고 있었던 것으로 보인다.

11/17

자공子貢이 물었다.

"사師와 상商 중에서 누가 더 낫습니까?"

선생님께서 말씀하셨다.

"사는 지나치고 상은 모자란다."

자공이 말했다.

"그러면 사가 더 낫습니까?"

선생님께서 말씀하셨다.

"지나친 것은 모자라는 것과 같다."

子貢問:師與商也,孰賢?子曰:師也過,商也不及.曰:然則師愈與?子曰:過猶不及.

- 師與商(사여상) : 사와 상. 사는 자장子張의 이름, 상은 자하子夏의 이름.
- 愈(유) : 낫다. 우월하다. 勝 또는 賢과 같음.
- 過와 不及은 『중용』의 無過不及이라는 말의 근원이다.
- 자공이 “그러면 사가 더 낫습니까?” 하고 물은 것은 아무래도 지나친 것이 모자란 것보다는 낫지 않느냐는 전제에서 나온 말이다. 공자가 “지나친 것은 모자라는 것과 같다”고 답변한 배경에도 그런 정조情調가 전혀 없는 것은 아니다. 다만 공자는 지나친 것은 결과적으로 모자란 것과 같다는 말로 지나치게 되는 것을 경계한 것이다. 반대로 “모자란 것은 지나친 것과 같다”는 말은 공자가 하지도 않았지만 성립도 되지 않는 말이라는 점을 깊이 생각해 볼 필요가 있다. 지나침=모자람이라는 등식에서 출발하면 이 단편의 외형적 함정에 빠지고 만다.

11/18

계씨季氏는 주공周公보다 부유한데도 구求가 그를 위해 부세賦稅를 걷어 더욱 부유하게 해주니 선생님께서 말씀하셨다.

“내 제자가 아니다. 너희들은 북을 울려 가며 그를 성토해도 좋다.”

季氏富於周公,而求也爲之聚斂,而附益之.子曰:非吾徒也.小子鳴鼓而攻之,可也.

- 季氏(계씨) : 여기서는 계강자를 말함.
- 周公(주공) : 무왕의 아우인 周公旦주공단을 가리킨다는 다수설이 있고 周

公黑肩주공흑견, 周公閱주공열처럼 周나라의 왕을 보필하는 직책명이라는 소수설이 있다. 어느 설을 지지하든 비교치로 주공이 등장하는 것은 다소 걸맞지 않다는 느낌이 든다.

- 求(구) : 염유冉有의 이름. 공자의 말이 아닌 부분에서 염유 또는 염구라 하지 않고 이름을 사용하고 있다는 사실은 이 단편이 자공 등 무간한 동문 제자들에 의해 기록된 것임을 말해 준다.
- 聚(취) : 모으다會. 걷다聚斂. 쌓다積.
- 斂(렴) : 거두다收. 모으다.
- 附益之(부익지) : 기존의 부富에 덧붙여 부를 더 늘리다. 附는 덧붙이다. 益은 더하다. 증가시키다.
- 이 사건은 애공 11년 공자가 천하주유를 마치고 노나라로 돌아오던 해(공자 나이 69세)의 일로 『좌전』에 좀 더 상세한 기록이 나온다.

11/19

시柴[3]는 어리석고 삼參은 노둔하며 사師는 편벽되고 유由는 거칠다.

柴也愚,參也魯,師也辟,由也喭.

- 柴, 參, 師, 由(시, 삼, 사, 유) : 각각 자고子羔, 증삼曾參, 자장子張, 자로子路의 이름.
- 魯(노) : 노둔하다鈍. 둔하다. 고지식하다.
- 辟(벽) : 편벽되다偏.

3) 시(柴), 자고(子羔) : 공자의 제자. 성은 고(高), 이름은 시(柴), 자는 자고(子羔). 『공자가어』에 의하면 공자보다 40세 연하(『사기』에는 30세 연하)였다. 논어에 두 번 이름이 나오나 그의 성향을 짐작할 만한 내용은 없다. 자로가 그를 비읍(費邑)의 읍재를 삼았다는 기록이 11/26에 나오고, 자로가 위(衛)나라 정변에 휘말려 죽을 때 자고가 그를 말렸다는 기록이 『사기』와 『좌전』에 나온다. 『좌전』에 의하면 공자는 위나라 정변 소식을 듣고 "자고는 살아 돌아올 것이나 자로는 죽을 것이다"라고 말하였다.(孔子聞衛亂,日:柴也其來.由也死矣. 애공 15년)

- 喭(언) : 거칠다.
- 비록 子曰이 없으나 나이 많은 자로도 이름만으로 호칭된 것을 고려할 때 공자의 평으로 보아야 할 것이다.

11/20

선생님께서 말씀하셨다.

"회回는 천명天命에 가까웠으나 자주 공허에 빠졌고 사賜는 천명을 받지 못하고 보배로운 것만 늘려 갔으나 짐작하면 자주 적중했다."

子曰:回也其庶乎,屢空.賜不受命而貨殖焉,億則屢中.

종래의 해석 선생님께서 말씀하셨다. "회回는 천명天命에 가까웠으나 자주 쌀궤가 비었고 사賜는 천명을 받지 못하고 재산을 늘려 갔는데 예측하면 자주 적중했다."

- 庶(서) : 가깝다. 거의. 여기서는 무엇에 가까운지 그 대상에 대한 언급이 생략되어 있다. 주자는 "도에 가까움"近道으로 설명하고 있으나 뒤에 "사賜는 천명을 받지 못하고 …"와 관련시켜 이해할 때 안연이 천명에 거의 가까웠다는 뜻으로 보는 것이 옳다.
- 屢空(누공) : 자주 공허해지다. 자주 실마리를 놓치다. 屢空을 보통 "자주 쌀궤가 비다"로 해석하는 것은 근거가 없다. 또 安貧으로 해석하는 것도 박세당朴世堂의 지적처럼 비약이다. 안연이 자주 직면한 空, 즉 정신적 공허는 9/10에서 안연이 깊이 탄식하며 자신의 정신적 방황을 호소하고 있는 상황과 내밀한 관련성이 있어 보인다.
- 命(명) : 천명.
- 貨殖(화식) : 보배로운 것들을 늘리다. 貨는 일반적으로 재화 또는 보화를 뜻하나 여기서는 비유로서 '보배로운 것'을 뜻하지 않나 한다. 보배로

운 것貨은 命의 대립개념이자 그 투영投影으로서, 지상地上에서 구체적으로 적용된 개별적 지식 내지 경험치 등을 비유한 것으로 보인다. 17/1 양화의 말에 나오는 보배로운 것寶, 9/12에서 자공이 말하는 미옥美玉을 참고할 수 있다.

- 億(억) : 짐작하다. 억측하다. 예지적 통찰은 아니지만 누적된 경험에 기초하여 감각적으로 핍진逼眞하는 인식을 말한다.
- 안연의 空과 자공의 貨殖을 전통적으로 내려오는 안이하고 무의미한 해석에 방치해 두기에는 공자가 이 두 제자를 관찰하고 대비하는 깊고 오묘한 뜻이 분명히 따로 있다고 믿는다. 여기에서의 해석이 수용되든 더 깊고 근접한 해석이 대두하든 이 단편의 진의에 대한 탐구는 부단히 지속되어야 할 것이다.

11/21

자장子張이 선인善人의 도에 대해 묻자 선생님께서 말씀하셨다.
"발자취를 좇지 않고는 또한 방 안으로 들어가지 못한다."

子張問善人之道.子曰:不踐迹,亦不入於室.

- 善人(선인) : 논어에 다섯 번 나오는데 단순히 선한 사람이라는 뜻을 넘어 거의 성인聖人에 필적할 만한 완성도를 지닌 사람을 말한다.
- 踐(천) : 밟다. 딛다. 좇다.
- 迹(적) : 발자취. 흔적.
- 室(실) : 방. 선인의 궁극적 경지.
- 이상적 인간상인 선인善人은 공자가 보기에 너무나도 즉자적卽自的인 존재라서 단지 숭배나 예배를 낳을 뿐, 배우는 사람들에게 필요한 노력을 유도하지는 못할 우려가 있었다. 그래서 공자는 선인에 대한 자장의 관심을 오히려 그 발자취迹에 관심으로 유도한 것 같다.

11/22

선생님께서 말씀하셨다.

"논의하는 말이 극진하다고 그 편을 든다면 군자다운 사람인가, 겉으로만 장중한 사람인가?"

子曰:論篤是與,君子者乎?色莊者乎?

- 篤(독) : 돈독하다. 독실하다. 도탑다厚. 굳다固. 극진하다.
- 是與(시여) : 편들다. 『좌전』 양공 25년조에 利社稷者是與사직을 이롭게 하는 자의 편을 들다라는 구절이 나온다. 論篤是與를 "논의하는 말이 극진하다고 그 편을 든다면"으로 해석하기도 하고 "논의하는 말이 극진하면 그 편을 들기는 하겠지만"으로 해석하기도 한다. 전자의 경우에는 편드는 사람이, 후자의 경우에는 論篤者가 정말로 군자다운 사람인가 하는 의문의 대상이 될 것이다. 여기서는 전자의 해석을 택하였다.
- 莊(장) : 씩씩하다. 당당하다. 장중하다.
- 제자들에 대한 평가가 주된 내용인 선진편에 이 단편이 실려 있다는 것은 적어도 편집자가 이 단편에서 공자가 문제 삼고 있는 사람이 공자의 제자라는 판단을 하고 있었음을 말해 준다. 그러나 편집자가 정말로 그 사정을 알고 있었는지 아니면 그저 추정한 것인지는 알 수 없다.

11/23

자로子路가 물었다.

"들으면 바로 행해야 합니까?"

선생님께서 말씀하셨다.

"아버지와 형이 계시는데 어떻게 듣는다고 바로 행하겠느냐?"

염유冉有가 물었다.

"들으면 바로 행해야 합니까?"

선생님께서 말씀하셨다.

"들으면 바로 행해야 한다."

공서화公西華가 말했다.

"유由가 '들으면 바로 행해야 합니까' 하니 선생님께서 '아버지와 형이 계시지 않느냐'고 하시고 구求가 '들으면 바로 행해야 합니까' 하니 선생님께서 '들으면 바로 행해야 한다' 하시니 저는 도무지 이해가 되지 않아 감히 묻고자 합니다."

선생님께서 말씀하셨다.

"구는 물러서는 까닭에 나아가게 한 것이고 유는 남들과 함께하는 까닭에 물러서게 한 것이다."

子路問:聞斯行諸?子曰:有父兄在,如之何其聞斯行之?冉有問:聞斯行諸?子曰:聞斯行之.公西華曰:由也問,聞斯行諸,子曰,有父兄在.求也問,聞斯行諸,子曰,聞斯行之.赤也惑,敢問.子曰:求也退,故進之.由也兼人,故退之.

- 斯(사) : ~ 하면 곧. 卽과 용례가 같음.
- 諸(저) : 之乎의 준말.
- 退(퇴) : 물러서다. 나앉다. 남과 자신을 구분하는 가운데 자신의 문제에 다소 이기적으로 집착하는 자세를 말한다.
- 兼人(겸인) : 남들과 함께함. 남의 문제에 끼어듦.

11/24

선생님께서 광匡 지방에서 위기에 처하셨을 때 안연顔淵이 뒤쳐졌다 오니 선생님께서 말씀하셨다.

"나는 네가 죽은 줄 알았다."

안연이 말했다.

"선생님께서 계시는데 제가 어찌 감히 죽겠습니까?"

子畏於匡,顔淵後.子曰:吾以女爲死矣.曰:子在,回何敢死?

- 畏(외) : 두려워하다. 위기에 처하다.
- 匡(광) : 지명. 위나라에 속했는데 여러 나라의 접경 지역이었다. 9/5 참조.
- 後(후) : 뒤쳐져 오다.
- 以 A 爲 B (이 A 위 B) : A가 B하는(인) 줄 알다. 따라서 以女爲死는 네가 죽은 줄 알다.
- 위기 상황에서 스승과 제자가 서로 염려하고 소중히 여기는 마음이 잘 드러나 있다.

11/25

계자연季子然[4]이 물었다.

"중유仲由와 염구冉求는 큰 신하라 할 수 있습니까?"

선생님께서 말씀하셨다.

---

4) 계자연(季子然) : 공자 당시 계씨가(季氏家)의 한 사람. 그가 계환자(季桓子)나 계강자(季康子)와 어떤 관계인지는 알 수 없다. 계평자(季平子)의 아들이라는 당대(唐代) 두우(杜佑)의 설을 받아들인다면 계환자의 아우이고 계강자의 숙부가 될 것이다.

"나는 당신께서 다른 질문을 하실 줄 알았는데 겨우 유由와 구求에 관한 질문이군요. 이른바 큰 신하란 도로써 임금을 섬기다가 더 이상 섬길 수 없으면 그만둡니다. 지금 유由와 구求는 부화附和하는 신하라 할 수 있을 것입니다."

계자연이 말했다.

"그러면 맹종하는 자들입니까?"

선생님께서 말씀하셨다.

"아비나 임금을 죽이는 일에는 그래도 따르지 않을 것입니다."

季子然問:仲由冉求可謂大臣與?子曰:吾以子爲異之問,曾由與求之問.所謂大臣者,以道事君,不可則止.今由與求也,可謂具臣矣.曰:然則從之者與?子曰:弑父與君,亦不從也.

- 大臣(대신) : 큰 신하. 본문에서 공자가 스스로 설명하듯이 도로써 임금을 섬기며 그럴 수 없을 때는 그만두는 신하. 자기 소신을 좇아 행동하는 신하.
- 吾以 A 爲 B(오이 A 위 B) : 나는 A가 B할(하는, 한) 줄 알다.
- 異之問(이지문) : 다른 질문.
- 曾(증) : 겨우. 乃와 같음.
- 具臣(구신) : 부화附和하는 신하. 대부가 하자는 대로 비위를 맞추는 신하. 大臣에 반대되는 개념으로 소신에 따라 행동하지 못하고 대부의 뜻을 추종하는 신하를 말하는 것으로 보인다. 공안국은 "신하의 수효나 채울 뿐임을 말한다"言備臣數而已也고 하였는데 결과적으로는 같은 얘기가 될 것이다.

11/26

자로子路가 자고子羔를 비읍費邑의 읍재邑宰를 삼자 선생님께서 말씀하셨다.

"남의 자식을 해치는구나."

자로가 말했다.

"백성이 있고 사직이 있는데 어찌 꼭 책을 읽어야만 배우겠습니까?"

선생님께서 말씀하셨다.

"이런 까닭에 말만 그럴듯하게 하는 자를 미워하는 것이다."

子路使子羔爲費宰.子曰:賊夫人之子.子路曰:有民人焉,有社稷焉,何必讀書然後爲學?子曰:是故惡夫佞者.

- 子羔(자고) : 공자의 제자. 11/19 각주 참조.
- 費宰(비재) : 비읍費邑을 다스리는 읍재. 『사기』「중니제자열전」에는 비읍이 아닌 후읍郈邑으로 기록되어 있다.
- 賊(적) : 해치다.
- 夫人(부인) : 그 사람. 자고의 아버지를 지칭한다.
- 民人(민인) : 백성. 民은 일반 백성, 人은 지배계층으로 보기도 한다.
- 夫(부) : 어조사. 이. 그. 저.
- 佞者(영자) : 말 잘하는 자.

자로子路와 증석曾晳[5]과 염유冉有와 공서화公西華가 선생님을 모시고 앉아 있을 때 선생님께서 말씀하셨다.

"내가 너희들보다 나이가 조금 더 많으나 나를 대함에 있어서 그 점을 개의치 마라. 평소 말하기를 '나를 몰라준다'고 하는데 만약 누군가가 너희를 알아준다면 어떻게 하겠느냐?"

자로가 불쑥 나서 대답했다.

"천승의 나라가 대국들 사이에 휘말려 군사 정벌에 시달리고 그로 인하여 기근에 허덕이더라도 제가 힘쓰면 대략 삼 년 안에 용기를 가질 뿐 아니라 그 타개책을 알게 할 수 있습니다."

선생님께서 빙긋이 웃으셨다.

"구求야, 너는 어떠하냐?"

염유가 대답했다.

"사방이 육칠십 리나 오륙십 리 되는 지역을 대상으로 제가 힘쓰면 대략 삼 년 안에 백성들의 생활을 풍족하게 할 수 있겠지만 그 예악에 관해서는 군자의 도움을 기다려서 하고자 합니다."

"적赤아, 너는 어떠하냐?"

적이 대답했다.

"무엇을 할 수 있다고 말하지는 못하겠고 배우고 싶을 뿐입니다. 종묘의 일과 제후의 회동 시 예복과 예관을 갖추고 행하는 일에서 작은 보좌역이 되고 싶습니다."

"점點아, 너는 어떠하냐?"

---

5) 증석(曾晳) : 공자의 제자. 성은 증(曾), 이름은 점(點), 자는 자석(子晳). 증삼(曾參), 곧 증자(曾子)의 아버지이다. 공자보다 11세 연하였다. 논어에 단 한 번 이름이 나올 뿐이다.

느리게 비파를 타다가 치렁하고 비파를 내려놓고 일어나 대답했다.

"세 사람이 말한 바와는 다릅니다."

선생님께서 말씀하셨다.

"무슨 상관이 있겠느냐? 각자 자기 뜻을 말하는 것이다."

 점이 말했다.

"늦은 봄에 봄옷이 다 되거든 어른 대여섯 명, 동자 예닐곱 명과 더불어 기수沂水에서 목욕하고 무우舞雩에서 바람을 쐬면서 읊조리며 돌아오는 것입니다."

선생님께서 깊이 탄식하며 말씀하셨다.

"나는 점點과 함께하겠다."

세 사람이 나가니 증석이 뒤에 남아 있다가 말하였다.

"저 세 사람의 말이 어떠합니까?"

선생님께서 말씀하셨다.

"각자 자기 뜻을 말했을 따름이다."

증석이 말했다.

"선생님께서는 어째서 유由의 말에 빙긋이 웃으셨습니까?"

선생님께서 말씀하셨다.

"나라 일은 예로써 해야 함에도 그 말에 겸양하는 바가 없기에 웃은 것이다."

"그러면 구求가 말한 것은 나라일이 아닙니까?"

"어떻게 사방이 육칠십 리나 오륙십 리라 하여 나라로 보지 않겠느냐?"

"그러면 적赤이 말한 것은 나라일이 아닙니까?"

"종묘와 회동에 관한 것이니 제후의 일이 아니고 무엇이겠느냐

마는 적이 작은 일을 하면 누가 능히 큰일을 하겠느냐?"

子路,曾晳,冉有,公西華侍坐.子曰:以吾一日長乎爾,毋吾以也.居則曰,不吾知也.如或知爾則何以哉?子路率爾而對曰:千乘之國,攝乎大國之間,加之以師旅,因之以饑饉,由也爲之,比及三年,可使有勇,且知方也.夫子哂之.求,爾何如?對曰:方六七十,如五六十,求也爲之,比及三年,可使足民.如其禮樂,以俟君子.赤,爾何如?對曰:非曰能之,願學焉.宗廟之事,如會同,端章甫,願爲小相焉.點,爾何如?鼓瑟希,鏗爾舍瑟而作,對曰:異乎三子者之撰.子曰:何傷乎?亦各言其志也.曰:莫春者,春服旣成,冠者五六人,童子六七人,浴乎沂,風乎舞雩,詠而歸.夫子喟然歎曰:吾與點也.三子者出,曾晳後.曾晳曰:夫三子者之言何如?子曰:亦各言其志也已矣.曰:夫子何哂由也?曰:爲國以禮,其言不讓,是故哂之.唯求則非邦也與?安見方六七十如五六十而非邦也者?唯赤則非邦也與?宗廟會同,非諸侯而何?赤也爲之小,孰能爲之大?

- 以吾一日長乎爾(일일장호이) : 나로서 (말하자면) 너희들보다 다소 연장이지만. 一日은 다소 정도의 뜻. 爾는 너희, 너희들. 乎는 於와 같음. 長은 연장, 즉 나이가 더 많음.
- 毋吾以也(무오이야) : 나를 그로써(나이가 더 많다는 점으로써) 대하지 마라. 즉 나를 대함에 있어서 나이를 의식하지 마라. 무간하게 대하여라.
- 何以哉(하이재) : 무엇으로써 하겠느냐. 무엇을 하겠느냐.
- 率爾(솔이) : 가볍게. 경솔하게(爾는 어조사).
- 攝(섭) : 몰아 잡다總持. 끌어 잡다引持. 휘말리다.
- 加之以師旅(가지이사려) : 師旅는 군사 정벌. 加之는 그에 가하다, 그 천승지국에 군사력을 가하다.
- 比(비) : 거의. 대략.
- 知方(지방) : 방책方策을 알다. 타개책을 알다. 여기서 말하는 타개책은

큰 나라들의 군사 정벌을 피할 방도를 말한다.

- 哂(신) : 빙그레 웃다微笑. 빙긋이 웃다. 비웃다嘲笑.
- 俟(사) : 기다리다.
- 如會同(여회동) : 如는 및. 會同은 제후들의 모임.
- 端章甫(단장보) : 端은 검은색의 예복玄端, 章甫는 검은색의 관. 결국 중후한 의례용 의관을 말함.
- 小相(소상) : 의례를 돕는 작은 보좌역.
- 希(희) : 稀와 통함. 띄엄띄엄. 느릿느릿.
- 鏗爾(갱이) : 금석 소리金石聲를 내며. 爾는 어조사.
- 作(작) : 일어나다. 일어서다.
- 撰(찬) : 서술하다述. 피력하다. 말의 진열.
- 何傷乎(하상호) : 무슨 상관이 있느냐.
- 莫春者(모춘자) : 莫는 저물다는 뜻으로 暮와 같음. 즉 늦은 봄.
- 冠者(관자) : 관을 쓰게 된 사람, 즉 어른.
- 浴乎沂(욕호기) : 기수沂水에서 목욕을 하다. 기수沂水는 니구산尼丘山에서 발원하여 곡부曲阜로 흘러드는 작은 강. 노나라 동쪽 변방을 흐르는 큰 강도 기수沂水라는 같은 이름으로 불리었으나 여기서는 작은 기수를 지칭한다. 지도 참조.
- 風乎舞雩(풍호무우) : 무우舞雩에서 바람을 쐬다. 무우는 기우제를 지내는 제단이 있는 곳.
- 安(안) : 어찌.
- 모두 317자로 구성된 이 단편은 논어에서 가장 긴 단편이다. 문장의 흐름이나 세밀한 구성, 눈으로 보는 듯한 묘사가 다른 단편들과 확연히 구별된다. 이는 선진편 마지막에 붙어 있다는 사실과 함께 이 단편이 어느 정도 뒤늦게 만들어진 위작일 가능성을 시사하는 것이다. 최술崔述은 그의 『수사고신록洙泗考信錄』에서 위작으로 추정하는 이유로 스승이 대화하는 동안 제자가 비파를 타는 것은 예의에 어긋나는 행동이고 제자가 스승을 면전에서 부자夫子라고 부르는 것은 유례가 없다는 점을 들었다. 최술은 노장老莊을 배우는 자들이 통째로 위작했을 가능성을 제기하지만 이런 유

형의 단편은 뒤늦게 논어 편집에 참여한 재전제자再傳弟子들이 전승되어 오던 일화들 중에서 의미 있는 일화가 기왕의 논어에 빠져 있는 것을 보고 실제 사실 여부는 확신하지 못한 상태에서 추록했을 수도 있다고 본다. 또 이 단편은 맹무백과 공자의 대화(5/8)에 등장하는 자로, 염유, 공서화에 증자의 아버지인 증석만 다소 우월적 위치에서 추가된 형식임을 알 수 있다. 따라서 이 단편은 증자의 문하에 있던 어떤 제자가 5/8을 기초로 구전 설화를 추록하였을 가능성도 생각해 볼 수 있다.

- 전승된 이야기는 공자로부터 직접 듣고 기록한 첫 제자들의 경우와는 달리 재전제자들의 상상력 속에서 재구성되어야 했을 것이다. 이런 상황이 섬세하고 치밀한 표현을 낳았지만 다른 한편으로는 그 섬세함과 치밀함이 오히려 투박하고 단순했던 첫 제자들의 표현보다 리얼리티가 떨어지고 있음을 주목할 필요가 있다.

12
안연顔淵

제자들이나 권력자들의 비교적 구체적인 물음에 대해 공자가 구체적으로 대답한 말들이 주로 모여 있다. 대체로 정치를 둘러싸고 무엇을 어떻게 할 것인가 하는 행위 규범을 제시하는 것들이 많은데 제1장에 나오듯이 주로 세목細目을 제시했다고 여겨지는 단편들만을 모은다는 편집 취지를 보여주고 있다.

안연顏淵이 어짊에 대해 묻자 선생님께서 말씀하셨다.

"자신을 이겨 내고 예를 되찾는 것이 어짊을 도모하는 것이다. 어느 하루 자신을 이겨 내고 예를 되찾는다면 천하가 어짊에 돌아올 것이다. 어짊을 도모하는 것이 자기에게서 비롯되지 남에게서 비롯되겠느냐?"

안연이 말했다.

"그 세목을 묻고자 합니다."

선생님께서 말씀하셨다.

"예가 아니면 보지 말고 예가 아니면 듣지 말며 예가 아니면 말하지 말고 예가 아니면 움직이지 마라."

안연이 말했다.

"제가 비록 불민하나 그 말씀을 잘 받들겠습니다."

顏淵問仁.子曰:克己復禮爲仁.一日克己復禮,天下歸仁焉.爲仁由己,而由人乎哉?顏淵曰:請問其目.子曰:非禮勿視,非禮勿聽,非禮勿言,非禮勿動.顏淵曰:回雖不敏,請事斯語矣.

- 一日(일일) : 어느 하루. 일조一朝라는 말과 유사한 개념(정약용).
- 克己復禮(극기복례) : 자기 자신을 이겨 내고 예를 되찾는 것 혹은 예로 돌아가는 것. 『좌전』 소공 12년조에도 이 말이 소개되어 있다. 아마 고어古語였을 것이다. 다만 고어에서 克己는 자신의 욕심이나 편벽됨 따위를 극복하는 것을 말하겠지만 안연에게 들려주는 단계에서는 공자가 특별한 의미를 부여하고 있었다고 본다. 즉 안연이 모든 문제의 원인을 자신에게서 찾는 것은 좋지만 그것이 자신을 세계로부터 괴리시키는 것이어

서는 안 된다는 것, 자아와 세계가 동심원적 관계로 형성될 필요가 있다고 보지 않았을까 하는 것이다. 공자와 안연 사이에 형성된 이 극기복례라는 화두는 평생을 두고 탐구할 만한 각별한 과제가 아닐까 한다.

- 天下歸仁(천하귀인) : 정이천은 천하가 "그의 어짊을 일컫는 것"이라 하였고 주자는 이를 조금 더 발전시켜 "천하의 사람들이 모두 그의 어짊에 함께한다는 것으로 어짊의 효과가 매우 빠르고 지대함을 극단적으로 말한 것이다"天下之人,皆與其仁,極言其效之甚速而至大也고 하였다. 그러나 공자의 말은 어짊과 天下歸仁 사이에 매개가 없는 직접적 관계를 지칭한 것으로 복례復禮는 곧 바로 天下歸仁을 가져온다는 뜻이다. 한 개인의 '復禮'와 천하의 '歸仁' 사이에 충돌이 발생하는 것은 상식선에서 볼 때 당연한 일이며 그것은 일일一日이라는 표현에 의해 극대화되어 있다. 정자와 주자의 해설은 이 긴장을 전혀 살리지 못하고 있다. 따라서 주자로부터 지나치게 높다過高는 비난을 받았고 실제 너무 관념화된 폐단은 있지만 여씨呂氏의 물아겸체物我兼體 설이 오히려 주목할 만하다.(『論語精義』 참조)
- 請問(청문) : "묻고자 합니다" 정도의 상대를 받드는 표현. 뒤의 請事도 마찬가지로 "받들고자 합니다" 하는 뜻.
- 其目(기목) : 그 세목細目. 그 자세한 사항.
- 不敏(불민) : 기민하지 못하다. 실천에 빠르지 못하다.
- 回雖不敏,請事斯語矣가 제2장에 나오는 중궁의 말미 발언과 동일한 까닭에 이 단편의 사실성을 의심하는 경우가 더러 있다. 그러나 안연편의 이 두 개 장은 내용상 매우 중요하고 희귀한 기록으로서 공자의 친언親言임을 의심할 수 없는 최고 수위의 발언이다. 다만 안연과 중궁의 동일한 대답 부분은 기록자가 임의로 구성해 넣었을 가능성이 높다.

12/2

중궁仲弓이 어짊에 대해 묻자 선생님께서 말씀하셨다.

"문을 나서기를 귀한 손님을 맞는 것처럼 하고 백성을 부리기를 큰 제사를 올리는 것처럼 하여라. 자기가 하고자 하지 않는 바를 남에게 베풀지 마라. 나라에 있어서도 원망하지 말고 대부의 가家에 있어서도 원망하지 마라."

중궁이 말했다.

"제가 비록 불민하나 그 말씀을 잘 받들겠습니다."

仲弓問仁.子曰:出門如見大賓,使民如承大祭.己所不欲,勿施於人.在邦無怨,在家無怨.仲弓曰:雍雖不敏,請事斯語矣.

종래의 해석 (앞부분 같음) "… 자기가 하고 싶지 않은 것을 남에게 시키지 마라. 그러면 나라에 있어서도 원망을 듣지 않고 대부의 가家에 있어서도 원망을 듣지 않는다." (뒷부분 같음)

- 承(승) : 받들다奉. 올리다.
- 己所不欲,勿施於人(기소불욕, 물시어인) : 자기가 하고자 하지 않는 바를 남에게 베풀지 마라. 즉 자기가 하고자 하는 바를 통해서만 남에게 베풀어야 한다는 뜻. 따라서 "자기가 원하지 않는 것은 남에게도 시키지 마라"는 속된 해석은 잘못된 것이다. 매우 미묘하고 중요한 언명으로 깊이 들여다보지 않으면 핵심을 놓치기 쉽다. 결국 이 말은 스스로는 아무것도 하고자 하지 않으면서 남에게만 무언가를 베풀려고 하는 속된 이타주의利他主義를 경고한 것이다. 己欲立而立人, "스스로 서고자 하여 남을 세운다"는 말(6/30)이나 子欲善而民善矣, "당신이 선하고자 하면 백성들도 선해진다"는 말(12/20)을 참고하면 이해가 쉬울 것이다. 공자 정신의 가장 핵심적인 부분이므로 이 부분을 놓치고 공자를 이해한다는 것은 연목구어緣木求魚가 아닐 수 없다.
- 無怨(무원) : 원망하지 마라. "원망을 듣지 않는다"는 수동형의 해석은 잘못이다. 14/37의 不怨天,不尤人이라는 자기도야의 기본 자세가 바로 그것이다. 남을 원망하지 않는 일은 모든 것을 자기 자신에게서 구하는

일求諸己의 불가피한 선결조건이 되기 때문에 앞에 나온 己所不欲,勿施於人과 의미상 철저히 연결되어 있다.

- 家(가) : 대부의 가家를 뜻함. 노나라 삼가三家처럼 실제 국권을 좌우하는 경우도 있었지만 대부분은 제후를 보필하는 가문으로서 그 종주인 대부는 세습제였다. 노나라의 삼가가 환공桓公의 세 아들에서 비롯된 것처럼 제후의 혈족으로 시작한 경우가 많았지만 성씨가 다른 경우도 없지 않았다. 일각에서 家를 단순한 '집안'으로 해석하기도 하나 논어에 나오는 家는 예외 없이 대부의 가家를 말한다. 예를 들면 百乘之家(5/8), 有國有家者(16/1), 惡利口之覆邦家者(17/18), 夫子之得邦家者(19/25) 등.
- 공자의 대답은 세 단락(出門~, 己所~, 在邦~)으로 나뉘어져 있다. 세 단락은 문맥상 직접 연결되지는 않지만 세 가지 답변이 모두 어짊에 대한 질문에 따라 나온 답변이라는 점에서는 공통점이 있다. 또 그 점을 유의하고 단편을 보면 어짊에 대한 개관을 얻는 데에 도움을 받을 수 있다.

12/3

사마우司馬牛가 어짊에 대해 묻자 선생님께서 말씀하셨다.

"어진 자는 그 말이 힘겹다."

사마우가 말했다.

"말이 힘겨우면 어질다 할 수 있습니까?"

선생님께서 말씀하셨다.

"그것을 행하기가 어려운데 그것에 대한 말이 힘겹지 않을 수 있겠느냐?"

司馬牛問仁.子日:仁者其言也訒.日:其言也訒,斯謂之仁已乎?子日:爲之難,言之得無訒乎?

- 訒(인) : 말이 나오기 어렵다言難出. 말하기가 힘겹다. 말이 적다.
- 斯謂之仁已乎(사위지인이호) : 주자의 『논어집주』에는 斯謂之仁矣乎로 되어 있다. 여기서는 형병본邢昺本을 따랐다.

12/4

사마우司馬牛[1]가 군자에 대해 묻자 선생님께서 말씀하셨다.

"군자는 근심하지 않고 두려워하지 않는다."

사마우가 말했다.

"근심하지 않고 두려워하지 않으면 군자라 할 수 있겠습니까?"

선생님께서 말씀하셨다.

"안으로 살펴보아 병통이 없으면 무릇 무엇을 근심하고 무엇을 두려워하겠느냐?"

司馬牛問君子.子曰:君子不憂不懼.曰:不憂不懼,斯謂之君子已乎?子曰:內省不疚,夫何憂何懼?

- 懼(구) : 두려워하다.
- 疚(구) : 병. 특히 고질병. 병통. 병집. 여기서는 물론 인간 됨됨이에 있어서의 결점, 부끄러운 점, 왜곡된 점 등을 말한다.
- 夫(부) : 무릇. 대저大抵.

1) 사마우(司馬牛) : 공자의 제자. 성은 사마(司馬), 이름은 경(耕), 자는 자우(子牛). 전통적 해설에 따르면 그는 송나라 사람으로서 송환공(宋桓公)의 후손인 명문 귀족 출신이며 논어에도 나오는 환퇴(桓魋)의 아우라 한다. 『좌전』에 따르면 사마우는 애공 14년 환퇴의 반란에 연루되어 송나라를 출분(出奔), 제나라, 오나라로 떠돌다 노나라 곽문 밖에서 객사하였다. 그러나 양백준(楊伯峻)에 의하면 『좌전』에 기록된 사마우는 논어에 나오는 사마우와 동명이인일 가능성이 있다고 한다. 『좌전』의 사마우는 형제가 많으나 12/5의 사마우는 스스로 형제가 없다고 한탄하는 것으로 미루어 양백준의 새로운 설도 일리가 있다고 본다.

12/5

사마우司馬牛가 시름에 차서 말했다.

"남들은 다 형제가 있는데 나만 홀로 없구나."

자하가 말했다.

"내가 듣기로 '죽고 사는 것에는 명이 있고 부귀는 하늘에 달렸다'고 했소. 군자가 경건하여 과실이 없고 다른 사람들과 함께 함에 공손하여 예가 있으면 온 세상 사람이 다 형제요. 군자가 어찌 형제 없는 것을 한탄하겠소!"

司馬牛憂曰:人皆有兄弟,我獨亡.子夏曰:商聞之矣.死生有命,富貴在天,君子敬而無失,與人恭而有禮,四海之內,皆兄弟也.君子何患乎無兄弟也!

- 失(실) : 잃다. 잘못. 과실.
- 四海(사해) : 동서남북의 네 바다. 고대인들이 육지의 사방이 바다로 둘러싸여 있다고 믿은 데서 나온 말. 따라서 四海之內는 온 세상이란 뜻. 사해형제四海兄弟 또는 사해동포주의四海同胞主義란 말이 여기서 비롯되었다.
- 공자의 제자 사마우는 『좌전』에 나오는 사마우와 동명이인일 가능성이 많다. 이 단편에서 사마우는 형제가 없다고 한탄했는데 『좌전』에 나오는 사마우의 형제는 최소한 다섯 이상이었다. 악명 높은 환퇴桓魋가 그의 형이었고 그 위에 또 향소向巢라는 큰형이 있었으며 환퇴의 아우로 사마우 외에 자기子頎와 자차子車가 있었다. 환퇴가 송나라 경공景公의 미움을 받아 위나라로 도망가는 바람에 향소는 노나라로 도망갔고 사마우도 제나라, 오나라를 거쳐 노나라로 도망갈 수밖에 없었다. 『좌전』의 사마우와 동일인이라면 형제가 없다는 말은 그 과정에서 형제들이 뿔뿔이 흩어진 것, 혹은 흩어져 죽은 것을 뜻하는지도 모른다.

- 인용문을 死生有命에서 皆兄弟也까지로 보기도 하나 다소 무리하다.

12/6

자장子張이 명철함에 대해 묻자 선생님께서 말씀하셨다.

"은밀히 제기되는 참소와 감정적인 하소연을 받아들이지 않는다면 명철하다 할 수 있다. 은밀하게 제기되는 참소와 감정적인 하소연을 받아들이지 않는다면 원대하다 할 수 있다."

子張問明.子曰:浸潤之譖,膚受之愬,不行焉,可謂明也已矣.浸潤之譖,膚受之愬,不行焉,可謂遠也已矣.

- 浸潤(침윤) : 스며들어 젖다. 은밀히 제기되다.
- 譖(참) : 참소하다讒.
- 膚受(부수) : 피부적으로 받아들이다. 감각적, 감정적으로 다가오다.
- 愬(소) : 고하다告. 하소하다. 참소하다.
- 여기서 공자는 위정자로서 갖추어야 할 자세를 말하고 있다.

12/7

자공子貢이 정치에 관해 묻자 선생님께서 말씀하셨다.

"양식을 풍족하게 하고 군사를 든든히 하며 백성이 정치를 신뢰하도록 하는 것이다."

자공이 말했다.

"부득이 한 가지를 버려야 한다면 이 셋 중에서 어느 것을 먼저 버려야 합니까?"

선생님께서 말씀하셨다.

"군사를 버려라."

자공이 말했다.

"부득이 또 한 가지를 버려야 한다면 나머지 둘 중에서 어느 것을 먼저 버려야 합니까?"

선생님께서 말씀하셨다.

"식량을 버려라. 예로부터 사람은 다 죽게 마련이지만 백성이 신뢰하지 않으면 나라가 존립할 수 없다."

子貢問政.子曰:足食,足兵,民信之矣.子貢曰:必不得已而去,於斯三者何先?曰:去兵.子貢曰:必不得已而去,於斯二者何先?曰:去食.自古皆有死,民無信不立.

- 民信之(민신지) : 백성이 그것을 신뢰하다. 여기서 그것(之)는 바로 자공이 질문한 정치政를 말한다.
- 去(거) : 버리다.
- 自古皆有死(자고개유사) : 자고로 사람은 다 죽어 왔다. 食은 생존과 관련된 것이다. 食의 부족으로 죽음에 이르더라도 사람은 어차피 죽으니까 그것을 우려하기보다는 믿음의 상실로 나라가 존립하지 못하는 것을 더 우려해야 한다는 뜻이다. 공자의 말은 부드러워 보이지만 이 표현처럼 매우 극단적으로 느껴지는 경우도 많다. 그러나 이 표현은 단지 강조하기 위해 사용된 것은 아닌 만큼 전개된 논리 그대로 엄숙히 받아들이고 이해할 필요가 있다.
- 不立(불립) : 국가나 사회가 서지 못함. 존립하지 못함.

12/8

극자성棘子成[2]이 말했다.

"군자는 질質이면 그만이지 문文은 해서 무엇하겠소?"

자공子貢이 말했다.

"애석하군요! 당신이 군자에 대해 그렇게 말씀하시다니. 사두마차도 혀보다 빠르지는 않습니다. 문도 질만큼 중요하고 질도 문만큼 중요합니다. 호랑이나 표범의 털 뽑은 가죽은 개나 양의 털 뽑은 가죽과 같습니다."

棘子成曰:君子質而已矣,何以文爲?子貢曰:惜乎!夫子之說君子也.駟不及舌,質猶文也.虎豹之鞟,猶犬羊之鞟.

- 質(질) : 기질. 타고난 성품. 주로 의로움義, 곧음直 등을 가리킨다.
- 文(문) : 학습을 통해 갖춘 후천적 교양.
- 駟(사) : 사마駟馬. 네 필의 말이 끄는 수레.
- 文猶質也(문유질야) : 문도 질과 같다. 문도 질만큼 중요하다.
- 鞟(곽) : 털 뽑은 가죽. 文이 없는 質을 비유하고 있다.
- 文과 質에 관해서는 6/18의 文質彬彬 관련 단편을 참고할 수 있다.

12/9

애공哀公이 유약有若에게 물었다.

"흉년이 들어 재정이 부족한데 어떻게 하면 좋겠소?"

---

2) 극자성(棘子成) : 극자성에 대한 자세한 사항은 알려진 것이 없다. 정현(鄭玄)은 구설(舊說)에 위나라의 대부로 되어 있다고 했다.

유약이 대답했다.

"어째서 철전법徹田法을 쓰지 않으십니까?"

애공이 말했다.

"십분의 이로도 나는 오히려 부족한데 십분의 일인 철전법을 가지고 어떻게 한단 말이오?"

유약이 대답했다.

"백성이 풍족하면 임금께서 누구와 더불어 부족하시겠으며 백성이 부족하면 임금께서 누구와 더불어 풍족하시겠습니까?"

哀公問於有若曰:年饑,用不足,如之何?有若對曰:盍徹乎?曰:二,吾猶不足,如之何其徹也?對曰:百姓足,君孰與不足?百姓不足,君孰與足?

- 饑(기) : 흉년들다. 흉년.
- 盍(합) : 어찌 아니何不.
- 徹(철) : 철전법徹田法. 주나라의 기본 세법으로서 정전법井田法의 하나였다. 8가구가 백무百畝의 공전公田을 공동 경작하여 세금으로 내었는데 전체적으로 볼 때는 10분의 1이었다.
- 二(이) : 10분의 2를 내는 세법. 원래 노나라는 철전법에 따라 10분의 1만 내다가 선공宣公 15년부터 공전의 소출 외에 사전私田:畝에서 다시 10분의 1씩을 세금으로 받아 결과적으로 10분의 2를 취하게 되었다. 『좌전』은 이를 예가 아닌 일非禮이었다고 비판하고 있다.
- 유약의 말에는 공자에 버금가는 지혜와 위엄이 있다. 공자 사후 자하와 자장과 자유가 유약이 가장 공자를 닮은 점을 들어 공자를 섬기듯 유약을 섬겼으며 이를 증자에게도 권유한 것(『맹자』 「등문공하」편 제4장)도 이런 자질 때문이었는지도 모른다. 다만 군주로서의 권한이 사실상 무력화되어 있던 애공이 마치 전제군주처럼 발언하고 있다는 점에서 후대인의

위작일 가능성도 배제할 수 없다. 『좌전』에 의하면 노나라 군주가 세금의 일부나마 직접 징수할 수 있는 권한을 삼가의 대부들에게 빼앗긴 것은 이미 소공昭公 5년의 일이었다.

12/10

자장子張이 덕을 숭상하고 미혹됨을 판별하는 것에 대해 묻자 선생님께서 말씀하셨다.

"충성과 믿음을 주로 하고 의로운 데로 나아가는 것이 덕을 숭상하는 것이다. 사랑하면 살기를 바라고 싫어하면 죽기를 바라는데, 이미 살기를 바랐으면서 또 죽기를 바란다면 그것이 미혹이다."

子張問崇德辨惑.子曰:主忠信,徙義,崇德也.愛之欲其生,惡之欲其死.旣欲其生,又欲其死,是惑也.

- 辨惑(변혹) : 미혹됨을 판별하다. 辨은 분별하다. 분명히 하다.
- 徙義(사의) : 의로운 데로 옮겨 감.
- 愛之欲其生 이하의 문장은 풀이하기는 쉬우나 이해하기는 어렵다. 공자가 자장에게 있었던 어떤 특정 사건을 예로 삼아 말한 것으로 볼 수도 있으나 그것이 무엇인지는 알 수 없다. 이 문장이 다소 막연한 느낌을 주는 것은 바로 그 때문이다.
- 12/22에 번지가 비슷한 질문을 하는 장면이 나온다.

12/11

진실로 부유함 때문이 아니라 역시 다른 까닭으로 인함이네.

誠不以富,亦祇以異.

- 誠不以富,亦祇以異(성불이부,역지이이) : 『시경』「소아小雅」 아행기야我行其野의 일절로서 원래 16/12와 결합되어 있던 것이 잘못하여 나누어지게 되었다. 정자程子는 논어 편집자가 12/12 첫머리에 齊景公이라는 말이 나오기 때문에 12/12를 16/12, 즉 齊景公有馬千駟章으로 착각함으로써 이 시구를 16편에 넣지 않고 현재의 위치에 잘못 편입하였다고 보았다. 그러나 12편과 16편의 서로 다른 특징, 그리고 12/12의 내용으로 미루어 볼 때 齊景公有馬千駟章이 원래 12편에 있다가 알 수 없는 어떤 이유로 16편으로 옮겨졌고 그때 실수로 이 구절이 함께 옮겨 가지 못하고 남겨진 것으로 보는 것이 합당하다. 따라서 16/12를 원래의 위치인 이곳으로 옮겨 재결합시키지 않고 그대로 두려면 전통적 견해처럼 이 시를 무의미하게 12/10의 뒤에 붙여 두기보다는 별개의 장으로 두어 원래의 형태에 좀 더 가까운 모양으로 보전하는 것이 옳다고 본다.

12/12

제齊나라 경공景公[3]이 공자에게 정치에 대해 묻자 공자께서 대답하셨다.

---

3) 제경공(齊景公) : 제나라의 경공(景公). 공자가 5세 되던 해부터 62세 되던 해까지 무려 58년 간 재위했다. 암군(暗君)으로 욕심이 많았고 가렴주구가 심해 민심은 그를 떠나 진씨(陳氏) 일가에게 돌아가 있었다. 그래도 그가 공위를 잃지 않은 것은 그와 거의 같은 세월을 함께한 춘추시대의 대재상 안평중(晏平仲: 晏嬰 혹은 晏子)의 보필이 있었기 때문이다.

"임금은 임금답고 신하는 신하다우며 아버지는 아버지답고 자식은 자식다워지는 것입니다."

경공이 말했다.

"좋은 말이오. 진실로 만일 임금이 임금답지 못하고 신하가 신하답지 못하며 아버지가 아버지답지 못하고 자식이 자식답지 못하다면 비록 곡식이 있더라도 내가 먹을 수가 있겠소?"

齊景公問政於孔子.孔子對日:君君,臣臣,父父,子子.公日:善哉!信如君不君,臣不臣,父不父,子不子,雖有粟,吾得而食諸?

- 君君(군군) : 임금은 임금다워야. 임금은 임금이 되고. 임금은 임금 노릇을 하고.
- 信(신) : 문두에 나오는 信은 '진실로'라는 뜻.
- 如(여) : 만약. 가정문을 이끄는 말.
- 粟(속) : 벼. 곡식. 대체로 껍질을 벗긴 것은 米, 벗기지 않은 것은 粟이라 불렀다.
- 경공의 대답은 공자의 말을 제대로 이해한 것이 아니라 오직 자기 입장에서 아전인수 격으로 해석한 것으로 보인다. 경공은 욕심이 많은 사람이었다. 따라서 이 대화는 하나의 코미디가 된 셈이다.

12/13

선생님께서 말씀하셨다.

"몇 마디 말로써 소송을 판결할 수 있는 자는 곧 유由일 것이다."

자로는 대답을 미루는 일이 없었다.

子日:片言可以折獄者,其由也與!子路無宿諾.

- 片言(편언) : 짧은 몇 마디 말. 자질구레하게 이런 저런 사정에 얽히지 않고 핵심만 찔러 판단한다는 점에서 片言이라 한 것이다.
- 折獄(절옥) : 소송을 판결하다. 折은 꺾다, 자르다斷. 獄은 송사.
- 宿(숙) : 밤을 넘기다. 날짜를 넘기다. 시간을 끄는 것을 말한다.
- 諾(낙) : 승낙. 승인. 대답하는 말. 諾은 평교平交간의 대답이고 唯는 어른에 대한 공손한 대답이다.
- 無宿諾(무숙락) : 승낙을 하지 않고 미루는 일이 없다는 뜻이나 주자는 "승낙한 것을 실천하지 않고 묵히는 일이 없었다"는 뜻으로 풀이했다. 자로는 결정을 주저하지 않았다는 점에서 주자의 설은 받아들이기 어렵다.
- 子路無宿諾은 다른 제자나 어떤 편찬자가 덧붙인 것으로 보인다.

12/14

선생님께서 말씀하셨다.

"송사를 듣고 판단하는 것은 나도 남만큼은 하지만 반드시 송사가 없도록 해야 할 것이다."

> 子曰:聽訟吾猶人也.必也使無訟乎!

- 聽訟(청송) : 송사를 듣다. 聽에는 단순히 듣는다는 뜻 외에 사리를 판단한다는 뜻이 포함되어 있다.
- 자로가 송사 판단을 잘한다는 앞장의 언급에 대한 제한이다.

12/15

자장子張이 정사에 대해 묻자 선생님께서 말씀하셨다.

"정사를 맡아봄에 있어서는 안일에 빠지지 말아야 하며 정사를 수행함에 있어서는 충성으로써 해야 한다."

子張問政.子曰:居之無倦,行之以忠.

- 之(지) : 居之, 行之의 之는 모두 政을 말함.
- 倦(권) : 진력내다. 물리다. 안일에 빠지다. 싫증내다.

선생님께서 말씀하셨다.

"문文에 대해 널리 배우고 예로써 다잡음으로써 또한 모반하지 않을 수 있다."

子曰:博學於文,約之以禮,亦可以弗畔矣夫.

종래의 해석 선생님께서 말씀하셨다. "군자는 문文에 대해 널리 배우고 예로써 다잡음으로써 또한 도에서 벗어나는 일은 없을 것이다."

- 弗(불) : 不 또는 去버리다와 같음.
- 畔(반) : 반역하다. 모반하다. 함부로 세력을 휘두르며 날뛰다跋扈. 이 반畔은 반叛과 통한다.
- 당시로서는 위정자들에게 있어서 신하의 반역이 큰 골칫거리였던 것은 틀림없다. 배우고 예를 갖추게 될 경우 모반은 줄어드는 것이 사실일 것이다. 그러나 공자가 신분 질서 파괴라는 당면한 현안을 해결하기 위해 이런 이야기를 한 것으로 볼 필요는 없을 것이다.
- 6/27에 같은 내용의 단편이 수록되어 있다. 6/27 해설 참조.

12/17

선생님께서 말씀하셨다.

"군자는 남의 좋은 점을 키워 주고 남의 나쁜 점을 조장하지 않는다. 소인은 그 반대다."

子曰:君子成人之美,不成人之惡.小人反是.

- 成(성) : 이루다就. 키우다. 조장助長하다.
- 反是(반시) : 이와 반대다.

12/18

계강자季康子가 공자에게 정치에 대해 묻자 공자께서 대답하셨다.

"정치란 바로잡는 일입니다. 당신이 올바름으로써 앞장선다면 누가 감히 올바르지 않겠습니까?"

季康子問政於孔子.孔子對曰:政者,正也.子帥以正,孰敢不正?

- 正(정) : 바로잡다. 바루다. 올바르게 하다.
- 帥(솔) : 앞장서다. 장수를 의미할 때는 '수'로 읽고 앞장서다는 뜻일 때는 '솔'로 읽는다.
- 공자 정치학의 백미로서 정치학의 알파와 오메가가 이 짧은 한마디 안에 다 들어 있다. 정치는 올바르게 하는 일에 다름 아니며 그 일은 위정자가 나서서 세상을 올바르도록 만드는 일이 아니라 위정자 자신이 스스로 올바르고자 하는 일이라는 일관된 생각이다. 고금을 막론하고 세상은 이 신비로운 역설을 좀처럼 받아들이지 못하였다.

12/19

계강자季康子가 도둑을 걱정하여 공자에게 묻자 공자께서 대답하셨다.

"단지 당신께서 욕심 부리지만 않는다면 설혹 상을 준다 하더라도 훔치지 않을 것입니다."

季康子患盜,問於孔子.孔子對曰:苟子之不欲,雖賞之,不竊.

- 苟(구) : 단지. 오로지.
- 竊(절) : 도둑질하다. 훔치다.

12/20

계강자가 공자께 정치에 대해 물었다.

"만약 무도無道한 자를 죽여 백성들로 하여금 유도有道한 데로 나아가게 한다면 어떻겠습니까?"

공자께서 대답하셨다.

"당신이 정치를 하신다면서 어떻게 죽이는 방법을 쓰십니까? 당신이 선하고자 하면 백성들도 선해집니다. 군자의 덕은 바람이고 소인의 덕은 풀이라서 풀 위로 바람이 불면 풀은 반드시 눕게 됩니다."

季康子問政於孔子曰:如殺無道以就有道,何如?孔子對曰:子爲政,焉用殺?子欲善而民善矣.君子之德風,小人之德草.草上之風必偃.

- 如(여) : 문두에 나올 경우 '만약 ~ 한다면'이라는 가정법 문장을 만든다.
- 爲政(위정) : '정치를 한다'는 뜻이지만 여기서 政은 18장에서처럼 '바루다'는 뜻을 함유하고 있다. 즉 '당신이 바룬다고 하면서 어떻게 (바루지 않고) 죽이는 방법을 쓰십니까?' 하는 논리가 의미상 작용하고 있다.
- 子欲善而民善矣(자욕선이민선의) : 당신이 선하고자 하면 백성들도 선해진다. 6/30의 己欲立而立人,己欲達而達人과 통한다.
- 之(지) : 草上之風의 之는 가다, 불다의 뜻. 풀 위로 바람이 불면.
- 偃(언) : 자빠지다. 눕다臥.

12/21

자장子張이 물었다.

"선비는 어떻게 해야 경지에 이르렀다 할 수 있겠습니까?"

선생님께서 말씀하셨다.

"네가 경지에 이르렀다 하는 것이 무엇이냐?"

자장이 대답했다.

"나라에서도 반드시 이름이 나고 대부의 가家에서도 반드시 이름이 나는 것입니다."

선생님께서 말씀하셨다.

"그것은 이름이 나는 것이지 경지에 이른 것이 아니다. 실로 일정한 경지에 이르렀다는 것은 성품이 곧고 의를 좋아하며 말을 헤아리고 표정을 살피는가 하면 깊이 생각하여 사람을 다루니 그렇게만 하면 나라에 있어서도 반드시 일정한 경지에 이르고 대부의 가家에 있어서도 반드시 일정한 경지에 이를 것이다. 그러나 이름이 난다는 것은 겉으로는 어진 모습을 취하나 행동은 그와 어긋나게 하며 그런 식으로 사는 데에 아무런 회의도 갖지 않는 것이니 그렇게 하면 나라에 있어서도 필경 이름은 나고 대부의 가家에 있어서도 필경 이름은 나게 될 것이다."

子張問:士何如斯可謂之達矣?子曰:何哉,爾所謂達者?子張對曰:在邦必聞,在家必聞.子曰:是聞也,非達也.夫達也者,質直而好義,察言而觀色,慮以下人.在邦必達,在家必達.夫聞也者,色取仁而行違,居之不疑,在邦必聞,在家必聞.

- 達(달) : 달하다. 달통하다. 능통하다. 일정한 경지에 이르다. 능력이 일정한 수준에 이르러 현실을 잘 움직여 나가는 것. 공자는 6/8에서 자공을 두고 "능란하다"達고 평한 바 있다. 제임스 레게는 "distinguished"(두드러지다)로 번역하였는데 역시 일리 있는 역어로 보인다.
- 聞(문) : 소문이 나다. 명망이 나다.
- 下人(하인) : 사람을 다루다. 사람을 대하다. 사람을 부리다. 남에게 자신을 낮춘다는 뜻으로 풀이하기도 하나 적절치 않다.
- 居之不疑(거지불의) : 그러한 상태에 빠져서 아무런 회의도 갖지 아니함. 타성에 젖어 생활함. 之는 앞 문장인 色取仁而行違를 가리킴.

12/22

번지樊遲가 선생님을 따라 무우舞雩 아래에서 거닐며 말했다.

"감히 덕을 숭상하는 것과 못된 마음을 다스리는 것, 미혹됨을 판별하는 것에 대해 묻고자 합니다."

선생님께서 말씀하셨다.

"좋은 질문이다. 일하는 것을 우선으로 하고 그 결과는 나중으로 하는 것이 덕을 숭상하는 것이 아니겠느냐? 자신의 나쁜 점을 공박하고 남의 나쁜 점을 공박하지 않는 것이 못된 마음을 다스리는 것이 아니겠느냐? 일순간의 분함 때문에 자기 일신을 잊고 부모에게까지 화를 미치는 것이 미혹됨이 아니겠느냐?"

樊遲從遊於舞雩之下,曰:敢問崇德,脩慝,辨惑.子曰:善哉問!先事後得,非崇德與?攻其惡,無攻人之惡,非脩慝與?一朝之忿,忘其身以及其親,非惑與?

- 樊遲(번지) : 공자의 제자. 2/5 각주 참조.
- 霧雩之下(무우지하) : 舞雩는 기우제를 지내는 제단. 포함包咸은 "무우에는 제단과 수목이 있어 그 아래에서 거닐 수 있다"고 했다.
- 脩(수) : 닦다. 다스리다. 기르다. 修와 같음.
- 慝(특) : 간사함. 사특함. 못됨. 악함. 악한 짓.
- 辨惑(변혹) : 미혹된 상태에서 벗어나 바른 분별력을 발휘하는 것이라기보다는 어떤 것이 미혹됨인지 판별하는 것을 말한다. 비슷하게 보이지만 엄밀히 말하면 다른 것이라고 할 수 있다.
- 先事後得(선사후득) : 일하기를 먼저 하고 얻는 것은 나중으로 하다. 이는 일하기보다 그 결과부터 먼저 챙기려 하는 것을 경계한 말이다. 6/22에 나오는 仁者先難而後獲과 같은 의미다. 따라서 得을 "이득을 얻는 것"으로 보는 해석은 잘못이다.
- 一朝(일조) : 하루아침. 일순간. 어느 한 순간을 의미함.
- 숭덕崇德과 변혹辨惑에 대한 질문은 12/10에서 자장도 공자에게 제기하고 있는데 공자는 두 경우에 서로 다른 답변을 하고 있다. 비교해 보면 이 단편에서의 답변이 훨씬 내실이 있어 보인다.
- 번지는 다른 제자들에 비해 유달리 질문을 많이 하였고 연속된 질문, 추가 질문도 많았다. 심지어 동문 제자에게 묻는 것도 꺼리지 않았던 것 같다. 그래서 그런지 이 단편에서 공자는 질문 자체를 칭찬善哉問하고 있다.

번지樊遲가 어짊에 대해 묻자 선생님께서 말씀하셨다.

"사람을 사랑하는 것이다."

앎에 대해 묻자 선생님께서 말씀하셨다.

"사람을 아는 것이다."

번지가 미처 이해하지 못하자 선생님께서 말씀하셨다.

"곧은 것을 들어 굽은 것 위에 놓으면 능히 굽은 것을 곧게 할 수 있다."

번지가 물러 나와 자하를 보고 말했다.

"아까 내가 선생님을 뵙고 앎에 대해 묻자 선생님께서 '곧은 것을 들어 굽은 것 위에 놓으면 능히 굽은 것을 곧게 할 수 있다'고 하셨는데 무엇을 말씀하신 것인가?"

자하가 말했다.

"뜻 깊은 말씀이군. 순임금은 천하를 다스리게 됨에 뭇사람 중에서 골라 고요皐陶[4]를 등용하시니 어질지 못한 자들이 멀어져 갔고 탕임금[5]은 천하를 다스리게 됨에 뭇사람 중에서 골라 이윤伊尹[6]을

---

4) 고요(皐陶) : 고대 중국의 전설적 현신(賢臣). 순(舜)임금의 신하로 형정(刑政)을 담당하는 사(士)의 직에 있었다 한다. 『서경』에 고요가 순임금 앞에서 우(禹)와 대화한 기록인 고요모(皐陶謨)편이 있다.

5) 湯(탕) : 은나라를 세운 왕. 이름은 이(履). 원래 하(夏)나라의 제후인 갈(葛)을 섬겼으나 하나라의 마지막 왕인 걸(桀)이 폭정을 행하여 민심을 잃자 군사를 일으켜 걸을 친 후 새로 은나라를 세웠다. 주(周)의 무왕(武王)과 더불어 군사력에 의한 왕조의 교체를 대표하고 있으며 그 점에서 양위(讓位)를 대표하고 있는 요순(堯舜)과 대조된다.

6) 이윤(伊尹) : 은나라 탕(湯)임금의 현신(賢臣). 이(伊)는 성이며 윤(尹)은 벼슬 이름이다. 이름은 지(摯). 탕임금은 초야에 묻혀 살던 그를 재상으로 삼았으며 탕임금이 죽은 후에도 그는 탕의 적손(嫡孫)을 세워 극진히 보필하였다.

등용하시니 어질지 못한 자들이 멀어져 갔소."

樊遲問仁.子曰:愛人.問知.子曰:知人.樊遲未達.子曰:擧直錯諸枉,能使枉者直.樊遲退.見子夏曰:鄕也,吾見於夫子而問知,子曰,擧直錯諸枉,能使枉者直,何謂也?子夏曰:富哉言乎!舜有天下,選於衆,擧皐陶,不仁者遠矣.湯有天下,選於衆,擧伊尹,不仁者遠矣.

- 未達(미달) : 도달하지 못하다. 알아듣지 못하다.
- 擧直錯諸枉(거직조저왕) : 2/19에도 나오는 말이다. 錯(조)는 두다. 諸(저)는 之於.
- 鄕(향) : 曏향과 같음. 접때. 지난번.
- 번지가 공자의 말을 채 이해하지 못하자 자세한 의미를 자하가 풀이해 주고 있다. 자하는 공자보다 44세 연하였다. 번지는 『사기』「중니제자열전」에 의하면 36세 연하였고 『공자가어』에 의하면 46세 연하였다. 여덟 살이나 더 어린 사람에게 질문하였다는 것은 어딘가 걸맞지 않다. 또 『좌전』 애공 11년조에 보면 제나라와의 전쟁에서 좌장군이 된 염유가 번지를 오른편 전사로 삼자 계강자가 "너무 어리다"고 염려하는 장면이 나온다. 이때 번지는 공자보다 46세 연하여야만 22세가 된다. 따라서 나이 자료는 번지가 46세 연하였다는 『공자가어』의 기록이 더 합당해 보인다.

12/24

자공子貢이 벗에 대해 묻자 선생님께서 말씀하셨다.

"충고해서 잘 이끌되 안 될 것 같으면 그쳐서 스스로 욕을 당하지는 말 것이다."

子貢問友.子曰:忠告而善道之,不可則止,無自辱焉.

- 道(도) : 인도하다. 導와 같음.
- 자공의 지나친 겸인兼人의 자세를 경계한 것이다.

12/25

증자曾子께서 말씀하셨다.

"군자는 문文으로 벗을 모으고 벗으로 어짊을 돕는다."

曾子曰:君子以文會友,以友輔仁.

- 文(문) : 학문. 문화. 교양.
- 會(회) : 모으다. 모이게 하다.
- 輔(보) : 돕다弼, 助. 두터이 하다.

13
자로子路

주로 정치 내지 정사에 관한 언급들이 수집되어 있다. 그러나 뒤로 가면 꼭 정치와 관련이 있다고 보기 어려운 단편들도 포함되어 있다.

13/1

자로子路가 정사에 대해 묻자 선생님께서 말씀하셨다.

"먼저 하고 애써 하여라."

더 청하자 말씀하셨다.

"안일하지 마라."

子路問政.子曰:先之勞之.請益.曰:無倦.

- 先之勞之(선지노지) : 두 번 나오는 之는 모두 정사政事를 말함.
- 益(익) : 더하다. 많다. 더욱.
- 倦(권) : 싫증내다. 안일에 빠지다. 게으르다. 무사안일하다.

13/2

중궁仲弓이 계씨季氏의 가재家宰가 되어 정사에 대해 묻자 선생님께서 말씀하셨다.

"관리들을 먼저 바로잡되 작은 잘못은 용서하고 훌륭한 인재를 등용하여라."

중궁이 말했다.

"훌륭한 인재인지를 어떻게 알고 등용합니까?"

선생님께서 말씀하셨다.

"네가 아는 사람을 등용하여라. 네가 알지 못하는 사람이라 해도 다른 사람들이 그를 내버려두겠느냐?"

仲弓爲季氏宰,問政.子曰:先有司,赦小過,擧賢才.曰:焉知賢才而擧之?日:擧爾所知.爾所不知,人其舍諸?

종래의 해석 중궁仲弓이 계씨季氏의 가재家宰가 되어 정사에 대해 묻자 선생님께서 말씀하셨다. "관리들에게 먼저 일을 시키고 작은 잘못은 용서하며 훌륭한 인재를 등용하여라." (뒷부분 같음)

- 季氏(계씨) : 계강자季康子를 말함.
- 先有司(선유사) : 주자朱子는 유사들보다 앞서서 일하는 것이라 하고 혹자는 유사들에게 먼저 일을 시키는 것이라고도 한다. 그러나 여기에서는 問政이라는 질문과 공자의 대답이 가지는 구조적 관계를 고려해야 한다. 先有司는 질문과의 관계에서 보면 先政有司, 곧 先正有司가 된다. 정치는 먼저 관리들을 바르게 쓰는 것에서 출발하라는 뜻이다. 赦小過, 擧賢才는 바로 先有司의 구체적 내용이라고 할 수 있다.
- 賢才(현재) : 현명한 인재. '현명한 자와 재능 있는 자'로 보기도 하나 賢才는 이미 그 당시에 합성어로 정착되었던 것 같다.
- 人其舍諸(인기사저) : 舍는 捨와 같으며 버린다는 뜻. 諸는 之乎.
- "훌륭한 인재인지를 어떻게 알고 등용합니까?" 하는 물음에 대한 공자의 답변에는 그의 독특한 용인관用人觀이 반영되어 있다. 즉 사람은 자신을 훌륭하게 도야하기만 하면 반드시 적소適所를 얻게 마련이라는 것이다. "네가 그의 훌륭함을 몰라주더라도 다른 사람이 결국 알아줄 것이다" 하는 입장이다. 만약 다른 사람도 그를 몰라주면 하늘이라도 그를 알아서 일정한 용도로 쓰게 된다는 확고한 믿음인데 그런 신념은 6/6의 犁牛之子,騂且角,雖欲勿用,山川其舍諸?에도 반영되어 있다. 그것은 공자가 자기 자신의 운명을 통찰하는 일련의 자의식과도 관련된 것으로 공자를 이해하는 데에 매우 중요한 변수가 된다.

13/3

자로가 말했다.

"위나라 임금이 선생님을 모시고 정치를 하면 선생님께서는 장차 무엇부터 하시겠습니까?"

선생님께서 말씀하셨다.

"반드시 명칭을 바로잡겠다."

자로가 말했다.

"그런 것도 있습니까? 선생님께서는 너무 우원迂遠하십니다. 그것을 바로잡아 뭐하겠습니까?"

선생님께서 말씀하셨다.

"조야하구나, 유由는! 군자는 자기가 알지 못하는 것에 대해서는 비워 두어야 하는 것이다. 명칭이 바르지 않으면 말이 조리가 없어지고 말이 조리가 없으면 일이 이루어지지 못하고 일이 이루어지지 않으면 예악이 일어나지 못하며 예악이 일어나지 않으면 형벌이 적절해지지 못하며 형벌이 적절하지 않으면 백성들이 손발 둘 데가 없어진다. 그러므로 군자는 무언가를 명명命名하면 반드시 말할 수 있게 되고 말하면 반드시 행할 수 있게 되니 군자는 그 말에 있어서 구차함이 없을 따름이다."

子路曰:衛君待子而爲政,子將奚先?子曰:必也正名乎!子路曰:有是哉?子之迂也.奚其正?子曰:野哉!由也.君子於其所不知,蓋闕如也.名不正則言不順,言不順則事不成,事不成則禮樂不興,禮樂不興則刑罰不中,刑罰不中則民無所錯手足.故君子名之必可言也,言之必可行也.君子於其言,無所苟而已矣.

- 衛君(위군) : 衛君은 위출공衛出公을 말한다. 이름은 첩輒. 위령공衛靈公의 손자로서 망명 중인 아버지 괴외蒯聵와 공위를 두고 알력을 거듭한다. 노나라 애공哀公 3년(공자 60세)에 즉위한 후 애공15년, 아버지 괴외莊公에게 위를 빼앗기지만 몇 차례 파란을 겪은 후 복위, 노나라 도공悼公 때까지 장기 재위한다. 7/16 참조.
- 待子(대자) : 선생님을 대우하여. 선생님을 맞아. 선생님을 모시어.
- 有是哉(유시재) : 그러함이 있는가?
- 迂(우) : 돌아서 가다. 우회하다. 멀다. 우원하다. 현실에 맞지 않다.
- 野哉(야재) : 세련되지 못하구나. 조야하구나.
- 錯手足(조수족) : 손발을 두다.
- 所苟(소구) : 구차스러운 바.
- 이른바 正名思想의 연원으로 알려진 이 매력적인 단편에 대해서는 실제 공자의 말이 아니라 후세의 위작이라는 혐의가 따라다니고 있다. 웨일리A. D. Waley는 그 근거로 名不正에서 言不順, 事不成 등으로 이어지는 논리 전개가 공자다운 논법이 아니라 후세의 유행 논법임을 들고 있다. 크릴은 『순자』「正名」편에 논어 인용이 전혀 보이지 않는 점도 한 이유로 들고 있으며 형벌을 강조한 점도 공자의 평소 태도와는 거리가 있는 등 법가의 영향력에 의해 쓰인 것으로 보고 있다. 그러나 자로의 질문에 대해 正名으로 답한 것은 공자가 아니면 발상조차 할 수 없는 사유라는 점에서 공자의 발언임에 틀림없다. 다만 뒷부분의 공자답지 않은 논리 전개는 전국시대 명가名家의 자료가 끼어든 것일 가능성이 있다.

13/4

번지樊遲가 농사짓는 법을 배우고자 청하니 선생님께서 말씀하셨다.

"나는 농사짓는 늙은이만 못하다."

밭농사 짓는 법을 배우고자 청하니 말씀하셨다.

"나는 밭농사 짓는 늙은이만 못하다."

번지가 나가자 선생님께서 말씀하셨다.

"소인이로구나. 번수樊須는! 윗사람이 예를 좋아하면 백성이 감히 불경스럽게 굴지 못하고 윗사람이 의로움을 좋아하면 백성이 감히 복종하지 않을 수 없고 윗사람이 신의를 좋아하면 백성이 감히 성의를 다하지 않을 수 없게 된다. 실로 그렇게만 하면 사방의 백성들이 포대기에 어린아이를 싸서 업고 몰려올 텐데 농사짓는 법이 무슨 필요가 있겠느냐?"

樊遲請學稼.子曰:吾不如老農.請學爲圃.曰:吾不如老圃.樊遲出.子曰:小人哉!樊須也.上好禮則民莫敢不敬,上好義則民莫敢不服,上好信則民莫敢不用情.夫如是,則四方之民襁負其子而至矣,焉用稼?

- 稼(가) : 심다種穀. 농사.
- 圃(포) : 채마밭. 밭갈다田作.
- 樊須(번수) : 번지樊遲. 遲는 자, 須는 이름이다. 2/5 각주 참조.
- 用情(용정) : 진정을 구사함. 진정을 다함.
- 襁負其子(강부기자) : 자기 자식을 포대기에 싸서 업음. 襁은 포대기.
- 외형만으로 보면 공자가 백성들의 경제적 삶을 윤택하게 하는 일에 무관심했다는 비판이 나올 만한 단편이다. 그러나 대화 내용을 좀 더 자세히 살펴보면 번지의 관심이 백성들의 윤택한 삶에 있었다기보다 세수稅收의 증대에 있었다는 것을 알 수 있다.

13/5

선생님께서 말씀하셨다.

"시 삼백 편을 다 외우고도 그에게 정사를 맡겼을 때 제대로 수

행해 내지 못하고 각국에 사신으로 나가 알아서 대응하지 못한다면 비록 많이 외웠다한들 무슨 소용이 있겠느냐?"

子曰:誦詩三百,授之以政,不達,使於四方,不能專對,雖多,亦奚以爲?

- 誦(송) : 낭송하다. 암송하다. 외우다.
- 授之以政(수지이정) : 그에게 정무를 주다(맡기다).
- 專對(전대) : 스스로 알아서 외교 임무를 수행함. 專은 혼자서獨라는 뜻. 사신으로 나간 상태에서는 일일이 임금의 지시를 받을 수 없기 때문에 임금의 뜻을 받들어 혼자서 결정할 수밖에 없다.
- 奚以爲(해이위) : 그로써 무엇을 하겠느냐. 무슨 소용이 있겠느냐.
- 시를 배워서 그것으로 정사政事나 외교外交에 활용할 수 있다는 공자의 관점이 깔려 있다. 얼핏 생각하면 시는 시일 뿐이고 정치나 외교는 별개의 영역이라고 할 수도 있겠지만 시가 인간의 상정常情에 통하는 것임을 감안하면 참으로 공자다운 관점이라 하겠다.

13/6

선생님께서 말씀하셨다.

"그 자신이 바르면 명령하지 않더라도 행하고 그 자신이 바르지 않으면 비록 명령한다 하더라도 따르지 않는다."

子曰:其身正,不令而行.其身不正,雖令不從.

- 其身(기신) : 그 자신. 위정자를 말한다. 身이라고 해서 위정자 一身의 신변문제만을 지칭하는 것은 아니다. 위정자의 일신에는 나라 전체의 正位와 正向이 모아진다.
- 行하거나 不從하는 주체는 신하 또는 백성이 될 것이다.

- 정치에 관한 공자의 수많은 언급과 마찬가지로 정치는 최고 권력자 일인의 正不正에서 모든 것이 결정되고 좌우된다는 관점이 전형적으로 잘 드러나 있다.

13/7

선생님께서 말씀하셨다.
"노나라와 위나라의 정치는 형제와 같다."

子曰:魯衛之政,兄弟也.

- 일각에서는 노나라의 시조 주공周公과 위나라의 시조 강숙康叔이 형제지간이라는 점을 얘기한 것으로 보나 옳지 않다. 대개 두 나라의 정치 수준이 유사함을 말한 것이 아닐까 한다. 당시 노나라는 군주가 실권을 잃은 상태에서 3가三家의 대부들이 권력을 휘두르고 있었고 위나라는 군주에게 실권이 있었으나 영공靈公 사후 영공의 아들 괴외蒯聵와 손자 첩輒 간에 권력투쟁이 벌어지고 있었다. 정치적으로 어지러운 것도 난형난제였다. 그럼에도 불구하고 두 나라는 다른 주변국에 비하면 정치의 문화적 수준은 비교적 높았던 것 같다. 6/24에서 제齊나라의 수준을 노골적으로 노나라보다 한 단계 아래로 평가한 것齊一變至於魯,魯一變至於道에 비하면 위나라의 수준은 제나라보다는 한 단계 높았던 것 같다.

13/8

선생님께서 위나라 공자 형荊[1]에 대해 말씀하셨다.

"경제생활 자세가 좋구나. 처음 재산이 장만되자 '그럭저럭 모아졌다'고 했고 조금 갖추어지자 '그런대로 갖추어졌다'고 했으며 부유하게 되자 '웬만큼 아름답다'고 말했다."

子謂衛公子荊:善居室.始有,曰,苟合矣.少有,曰,苟完矣.富有,曰,苟美矣.

- 居室(거실) : 室은 재산, 가재家財 등을 말함. 『좌전』에 "그가 태자였을 때의 재산을 반숭에게 주었다"以其爲太子之室與潘崇:文公元年 또는 "삼 년이 지나자 가재를 다 털어서 다시 거나라로 갔다"三年而盡室以復適莒:文公14年 등의 표현이 나온다. 따라서 居室은 재산에 관한 태도, 처신을 말한다.
- 始有(시유) : 재산이 처음 생기다. 여기서 有는 얻다得, 취하다取, 가지다得의 뜻.
- 苟(구) : 구차히도, 그럭저럭, 단지, 겨우, 간신히, 다만, 진실로,
- 合, 完, 美(합, 완, 미) : 合은 모이다. 알맞다. 完은 완전하다. 만족스럽다. 美는 아름답다. 미려하다. 화려하다.
- 형용사 合, 完, 美의 정확한 의미는 간취하기 어렵지만 대체로 어떤 단계에서든 늘 만족스러워하고 욕심 부리지 않았음을 칭찬한 것이 아닌가 한다.

---

1) 위공자형(衛公子荊) : 위나라 헌공(獻公)의 아들이며 공자보다 한 세대 정도 앞선 사람이다. 오나라 공자(公子) 계찰(季札)이 각국을 순방하는 중에 위나라에 들러 그를 만나 보고 그의 인품을 좋아하여 "위나라에는 군자가 많다"고 한 기록이 『좌전』 양공(襄公) 29년조에 보일 뿐 자세한 행적은 알 수 없다.

13/9

선생님께서 위나라에 가셨을 때 염유가 마차를 몰았다. 선생님께서 말씀하셨다.

"사람들이 많구나."

염유가 말했다.

"이미 사람들이 많아졌으니 무엇을 더해야 합니까?"

선생님께서 말씀하셨다.

"풍요하게 해야 한다."

염유가 말했다.

"이미 풍요하게 되었다면 무엇을 더해야 합니까?"

선생님께서 말씀하셨다.

"가르쳐야 한다."

子適衛,冉有僕.子曰:庶矣哉.冉有曰:旣庶矣,又何加焉?曰:富之.曰:旣富矣,又何加焉?曰:敎之.

- 適(적) : 가다.
- 僕(복) : 시중들다. 마차를 몰다.
- 庶(서) : 많다.
- 庶→富→敎 즉 사람들을 모이게 하고 모인 후에는 풍요롭게 하며 풍요로워진 후에는 가르친다는 단계 설정에 주목할 필요가 있다. 이 과정의 선후 관계가 뒤바뀌는 것은 바람직하지 않을 것이다.
- 이 대화는 외유 중 위나라에 들렀을 때 있었던 대화로 보인다. 위나라에는 모두 세 번 정도 간 것 같은데 이 대화는 첫 번째 방문이나 마지막 방문 시에 있었던 것으로 추정된다.

13/10

선생님께서 말씀하셨다.

"진실로 나를 쓰는 사람이 있다면 한 해만 지나도 괜찮아지고 삼 년이면 성과가 있을 것이다."

子曰:苟有用我者,期月而已可也,三年有成.

- 期月(기월) : 제 달이 돌아오는 기간, 즉 만 일 년.
- 已(이) : 그치다. 그것만으로도. 이미. 벌써. 즉 可하기 위해서는 1년期月만 지나도 충분하고 더 이상 필요가 없다는 뜻이다.
- 有成(유성) : 성과가 있다. 가시적 결과를 낳다.

13/11

선생님께서 말씀하셨다.

"'선인善人이 나라를 백 년간 다스리면 또한 가히 잔혹함을 극복하여 살육을 없앨 수 있다'고 했다. 진실하구나! 이 말은."

子曰:善人爲邦百年,亦可以勝殘去殺矣.誠哉!是言也.

- 勝殘(승잔) : 잔혹함을 이기다. 잔혹함을 극복하다.
- 去殺(거살) : 살육을 버리다. 인명을 마구 해치는 일을 없애다. 죽이는 형벌이 없어진다고 보는 주자의 견해不用刑殺도 있다. 일리는 있으나 구태여 좁게 해석할 필요는 없을 것이다.
- 誠哉(성재) : 진실하구나. 진정이로구나.
- 인용 구절은 예로부터 전해 내려오던 말이거나 당시 항간에 유전하던 말

로 보인다. 누군가를 죽여서 문제를 해결하겠다는 발상이 통용되는 세상은 그만큼 야만성을 드러내는 것이다. 선정善政으로 국격이 향상되면 그런 발상은 저절로 자취를 감추게 될 것이다.

13/12

선생님께서 말씀하셨다.

"만약 왕자王者가 나타난다면 필경 한 세대 후에는 세상이 어질어질 것이다."

子曰:如有王者,必世而後仁.

- 如(여) : 만약.
- 王者(왕자) : 성덕聖德을 지니고 세상을 다스릴 왕.
- 世(세) : 한 세대. 30년.
- 공안국孔安國 이래 왕자가 나타나더라도 삼십 년 정도의 세월은 지나야 비로소 세상이 어질어진다는 해석이 주종을 이루고 있다. 새 해석은 왕자의 출현과 세상의 어질어짐에 강조점을 두었다. 必世而後仁만을 보면 종래의 해석이 옳다는 주장도 가능하겠지만 如有王者라는 더 큰 조건을 고려하면 역시 왕자의 출현과 세상의 어질어짐이 주된 골격이고 世而後는 仁에 관한 부수 조건 정도로 보는 것이 낫지 않을까 한다. 새 해석은 아직까지는 웨일리의 『The Analects of Confucius』 등 소수에서만 볼 수 있다.
- 13/10, 11, 12 세 단편은 비록 주체가 공자, 선인, 왕자로 서로 다르지만 결국 뛰어난 성현이 나라를 다스리면 일정 기간 후에는 세상이 몰라보게 달라질 수 있다는 신념을 동일하게 피력하고 있다.

13/13

선생님께서 말씀하셨다.

"진실로 자기 자신을 바르게만 한다면 정치를 함에 있어서 무엇이 더 필요하겠느냐? 자기 자신을 바르게 하지 못한다면 어떻게 남을 바르게 하겠느냐?"

子曰:苟正其身矣,於從政乎何有?不能正其身,如正人何?

- 正其身(정기신) : 자기 자신을 바르게 하다. 자기 자신을 바르게 한다는 것은 사생활이나 신변의 깨끗함만을 말하는 것이 아니다. 국정이 바르고 곧은 정점頂點을 향해 집약될 수 있도록 권력자로서의 위상을 올바르게 유지한다는 뜻이다.
- 於從政乎何有(어종정호하유) : 從政함에 있어서 무엇이 더 있어야 하겠느냐. 여기서 何有는 能以禮讓爲國乎,何有(4/13), 何有於我哉(7/2, 9/15), 由也果,於從政乎何有(6/8)에서 말하는 何有와 같은 의미다. 관용적으로 쓰이듯 "무슨 어려움이 있겠느냐"로 해석해도 말뜻에 큰 차이는 없다.
- 如正人何(여정인하) : 如~何의 구도다. 보통 如와 何 사이에 한 글자가 들어가는 것이 상례이지만 여기서는 正人이라는 짧은 문구가 들어갔다.
- 이 단편이 최고 권력자에게만 해당하는 것인지 모든 정치 참여자에게 해당하는 것인지는 논란의 여지가 있다. 말 자체는 모든 정치 참여자를 염두에 두고 한 것으로 보이며 다만 최고 권력자를 둘러싸고 가장 전형적으로 나타나는 양상이라 하겠다.

13/14

염자가 조정에서 돌아오자 선생님께서 말씀하셨다.

"어째서 늦었느냐?"

염자가 대답했다.

"정사政事가 있었습니다."

선생님께서 말씀하셨다.

"그의 일이다. 만약 정사가 있었다면 비록 내가 참여하고 있지 않지만 나도 더불어 그것을 알았을 것이다."

冉子退朝.子曰:何晏也?對曰:有政.子曰:其事也.如有政,雖不吾以,吾其與聞之.

종래의 해석 염자가 조정에서 돌아오자 선생님께서 말씀하셨다. "어째서 늦었느냐?" 염자가 대답했다. "정사政事가 있었습니다." 선생님께서 말씀하셨다. "그의 일이다. 만약 정사가 있다면 비록 내가 참여하고 있지 않지만 나도 함께 그것을 얻어들었을 것이다."

- 冉子(염자) : 염유冉有를 높여 부른 호칭. 당시 계강자의 가신이었기에 존칭을 사용한 것이다. 또 기록자가 염유보다 나이가 어린 후배나 제자였을 것이라는 추정도 가능하다.
- 晏(안) : 늦다晚.
- 其事(기사) : 그의 일. 여기서 그는 계강자를 말한다. 즉 나라를 바로 다스리는 일이 아니라 자신의 이해利害만 염려하는 일이라는 뜻이다.
- 以(이) : 참여하다. 쓰이다用.
- 聞(문) : 들어 알다. 직접 청정聽政하는 것을 의미하는 것이 아니라 나라의 정세를 통해 아는 것을 의미한다. 바른 정치는 꽃의 향기처럼 저절로

알려지는데 공자는 그런 징조를 감지聞하지 못했음을 말한 것이다.

- 공자는 염유에게 현재 노나라에는 진정한 의미의 정치가 없다는 점을 인식시키려 한 것이다. 공자는 政을 늘 바루는 일正로 이해하였으며 모든 권력 행위를 다 政으로 보는 통념에 동의하지 않았다. 1/10에서 자공과 진자금이 나누고 있는 대화와 비교하여 읽으면 두 단편에 쓰인 聞의 의미를 좀 더 확실히 이해할 수 있다.

13/15

정공定公이 물었다.

"한 마디로 가히 나라를 일으킬 만한 말이 있습니까?"

공자께서 대답하셨다.

"말로써는 그렇게 되지 않습니다. 그 가까운 것으로는 '임금 노릇 하기도 어렵고 신하 노릇 하기도 쉽지 않다'는 사람들의 말이 있습니다. 만약 임금 노릇 하기가 어렵다는 것을 안다면 그것이 한 마디로 나라를 일으키는 말에 가깝지 않겠습니까?"

정공이 말했다.

"한 마디로 나라를 잃어버릴 만한 말이 있습니까?"

공자께서 대답하셨다.

"말로써는 그렇게 되지 않습니다. 그 가까운 것으로는 '나는 임금이 되어 즐거운 것이 아니라 오직 말을 하면 아무도 거역하지 못하는 것이 즐거움이다' 하는 사람들의 말이 있습니다. 만약 그 말이 옳기에 아무도 거역하지 못한다면 그 또한 좋은 일이 아니겠습니까? 그러나 만약 그 말이 옳지 않은데도 아무도 거역하지 못한다면 그것이야말로 한 마디로 나라를 잃는 말에 가깝지 않겠습니까?"

定公問:一言而可以興邦,有諸?孔子對日:言不可以若是.其幾也,人之言日,爲君難,爲臣不易.如知爲君之難也,不幾乎一言而興邦乎?日:一言而喪邦,有諸?孔子對日:言不可以若是.其幾也,人之言日,予無樂乎爲君,唯其言而莫予違也.如其善而莫之違也,不亦善乎?如不善而莫之違也,不幾乎一言而喪邦乎?

- 定公(정공) : 노나라 임금. 애공哀公의 아버지. 3/19 각주 참조.
- 言不可以若是(언불가이약시) : 말로써는言以 그와 같이若是 되지 않습니다不可. 즉 말로써는 나라가 흥하게 되거나 망하게 되지 않는다는 뜻. 황간皇侃에 의하면 若是는 如此와 같다若是者猶如此也.『論語義疏』.
- 其幾也(기기야) : 그 가까운 것은. 왕숙王肅이 幾를 近으로 본 것이 옳다. 주자가 幾를 期, 즉 기대하다 혹은 기약하다의 뜻으로 본 것은 무리다.
- 莫予違(막여위) : 나를 어기지 못하다. 나를 거역하지 못하다.

13/16

섭공葉公이 정치에 대해 묻자 선생님께서 말씀하셨다.
"가까이 있는 자는 기뻐하고 멀리 있는 자는 오는 것입니다."

葉公問政.子日:近者說,遠者來.

- 葉公(섭공) : 초나라 섭葉 지방을 다스렸던 유명한 정치인. 7/20 각주 참조.
- 반대로 악정惡政은 가까이 있는 자들이 두려움에 떨거나 먼 타방으로 떠나게 만든다.

13/17

자하子夏가 거보莒父의 읍재邑宰가 되어 정치에 대해 묻자 선생님께서 말씀하셨다.

"빨리하려 하지 말고 작은 이익에 집착하지 마라. 빨리하려 하면 목표에 이르지 못하고 작은 이익에 집착하면 큰일이 이루어지지 못한다."

子夏爲莒父宰,問政.子曰:無欲速,無見小利.欲速則不達,見小利則大事不成.

- 莒父(거보) : 노나라 동남방에 있던 읍으로 지금의 산동성 거현莒縣. 지도 참조.
- 見(견) : 보다. 눈독을 들이다. 집착하다.

13/18

섭공葉公이 공자께 말했다.

"우리 무리에 행실이 곧은 자가 있는데 그 아비가 양을 훔치자 자식이 그것에 대해 증언을 했습니다."

공자께서 말씀하셨다.

"우리 무리의 곧은 자는 그와 다릅니다. 아비는 자식을 위해 숨겨 주고 자식은 아비를 위해 숨겨 주니 곧음이 그 가운데에 있습니다."

葉公語孔子曰:吾黨有直躬者,其父攘羊而子證之.孔子曰:吾黨之直者異於是.父爲子隱,子爲父隱,直在其中矣.

- 黨(당) : 무리. 자신과 행동을 함께하는 일군의 사람들을 말함. 黨을 마을로 보는 것은 잘못이다. 무리로 보지 않는 해석자들에게는 君子群而不黨(15/22)이라는 말이 걸렸을 수도 있겠다. 群而不黨에서 黨은 다소 부정적 의미에서 사용된 것이 틀림없으나 여기서는 일반적 의미로 사용되었다고 볼 것이다. 4/7의 人之過也,各於其黨의 黨도 일반적 의미로 쓰였고 5/22에서는 吾黨之小子라고 아예 공자가 직접 일반적 의미의 黨이라는 용어를 사용하고 있다.
- 直躬(직궁) : 몸가짐을 곧게 하다. 행실이 곧다.
- 攘(양) : 훔치다竊.
- 證(증) : 증언하다. 증명하다.
- 隱(은) : 숨다. 숨기다.

13/19

번지樊遲가 어짊에 대해 묻자 선생님께서 말씀하셨다.

“일상생활에 있어서는 공손하고 일을 수행함에 있어서는 경건하며 사람을 대함에 있어서는 진지해야 하니 이는 비록 오랑캐의 땅에 가더라도 버릴 수 없는 것이다.”

樊遲問仁.子曰:居處恭,執事敬,與人忠,雖之夷狄,不可棄也.

- 居處(거처) : 평상의 생활. 일상사.
- 執事(집사) : 일을 처리하다. 업무를 수행하다. 여기서 事는 자로편이 주로 정사에 관한 문제를 다루고 있음을 참작할 때 ‘공무’가 될 것이다.

* 雖之夷狄(수지이적) : 비록 오랑캐 땅에 가더라도. 之는 가다.

13/20

자공子貢이 물었다.

"어떠하여야 선비라 할 수 있겠습니까?"

선생님께서 말씀하셨다.

"자신의 행동에 부끄러워함이 있고 각국에 사신으로 나가 군명을 욕되게 하지 않으면 선비라 할 수 있다."

자공이 말했다.

"감히 그다음 되는 것을 묻고자 합니다."

선생님께서 말씀하셨다.

"일가친척이 효성스럽다 하고 마을 사람들이 공순하다 하는 것이다."

자공이 말했다.

"감히 그다음 되는 것을 묻고자 합니다."

선생님께서 말씀하셨다.

"말을 하면 반드시 믿음성이 있고 행동을 하면 반드시 결과가 있다면 깐깐한 소인이지만 또한 그다음 되는 것으로 할 수 있다."

자공이 말했다.

"오늘날 정치에 종사하는 자들은 어떠합니까?"

선생님께서 말씀하셨다.

"아아. 종지 그릇만한 사람들이야 무슨 셈할 것이나 있겠느냐?"

子貢問曰:何如斯可謂之士矣?子曰:行己有恥,使於四方,不辱君命,可謂士矣.曰:敢問其次.曰:宗族稱孝焉,鄕黨稱弟焉.曰:敢問其次.曰:言必信,行必果,硜硜然小人哉,抑亦可以爲次矣.曰:今之從政者何如?子曰:噫!斗筲之人,何足算也?

- 何如斯(하여사) : 어떠하여야.
- 行己(행기) : 자기 자신을 행하다. 스스로 처신하다.
- 使(사) : 사신으로 나가다. 외교활동을 하다. 일부에서는 '시'로 읽어야 명을 받고 나간다는 의미命也, 將命者가 된다고 주장하기도 한다.
- 硜(갱) : 깐깐하다小人貌. 딱딱하고 융통성 없다.
- 抑(억) : 도대체, 또한, 그래도 등 문장의 흐름이 꺾일 때 사용하는 어조사.
- 噫(희) : 탄식하다. 탄식하는 소리. 한숨 쉬는 소리.
- 斗筲之人(두소지인) : 그릇이 작은 사람들. 斗는 한 말 들이 그릇, 筲는 한 말 두 되들이 대그릇으로 용량이 작다는 의미.

13/21

선생님께서 말씀하셨다.

"중행中行을 얻지 못하고 간여하면 반드시 과격해지거나 완고해진다. 과격한 자는 나아가 취하려 하고 완고한 자는 하지 않는 바가 있다."

子曰:不得中行而與之,必也狂狷乎.狂者進取,狷者有所不爲也.

종래의 해석 선생님께서 말씀하셨다. "중행을 실천하는 사람을 얻어 함께 하지 못할 바에야 차라리 과격한 사람이나 완고한 사람을 택하겠다. 과격한

사람은 진취적인 데라도 있고 완고한 사람은 하지 않는 바라도 있기 때문이

- 中行(중행) 중용적 실천. 양단화兩端化 현상이 일반화된 세상에서 양단에 치우치지 않고 그 가운데의 길을 걷는 것. 『맹자』「진심하」편에 인용된 문장에서는 中道중도로 표현되어 있다.
- 與之(여지) : 그것에 함께하다. 여기서 之는 정치적 문제 혹은 사회적 문제 정도로 볼 수 있다. 맹자는 이 之를 中行者로 보았기 때문에 글 전체에 대한 왜곡이 발생하였다. 與의 주체도 공자로 보는 것은 잘못이고 중행을 얻지 못한 자로 보아야 한다.
- 狂(광) : 사납다. 과격하다. 대체로 급진적이고 표면적인 변화를 추구하며 인위적으로 새로운 현실을 만들어 내려는 정치적 태도를 말한다. 단순함簡과 결합하여 쓰이는 것이 보통이다吾黨之小子狂簡(5/22). 『맹자』「진심하」편에는 吾黨之士狂簡進取라는 말이 나온다. 狂과 簡과 進取가 하나의 경향성으로 통하고 있음을 보여 주는 것이다. 주자는 "뜻은 지극히 높으나 실천이 그것을 받치지 못하는 것"志極高而行不掩이라 하였는데 역시 狂의 실체에 근접한 규정이라 하겠다.
- 進取(진취) : 나아가 취하다. 공자의 방법은 脩己以安人이므로 공자의 입장에서 볼 때 나아가 취하려 하는 것은 방법론적 하자를 지니고 있다. 進取는 狷者의 '하지 않는 것'과 마찬가지로 결국 아무것도 이루지 못하는 도로徒勞에 귀착한다. 이 용어는 명백히 부정적 평가임에도 맹자의 잘못된 해석으로 말미암아 그동안 긍정적 의미로 쓰여 왔으며 그것이 오늘날의 사전적辭典的 의미로 고착되었다.
- 狷(견) : 완고하다. 고집스럽다. 지조를 지키다. 조수操守하다. 대체로 현실을 염오하면서도 변화의 가능성을 믿지 않고 일신의 지조와 결벽만을 고수하는 폐쇄적 기질을 말한다. 주자는 "앎은 미치지 못하지만 지킴은 남음이 있는 것"知未及而守有餘이라 하였다.
- 有所不爲(유소불위) : 하지 않는 바가 있다. 하지 못하는 바가 있다. 狂者가 현실 속으로 '나아가' 원하는 결과를 '취하려' 하는 방법론적 문제점이 있는 반면 狷者는 그런 광자의 태도를 비판하면서도 결국은 아무것도

하지 못하고 만다. 이에 비하면 中行者의 방법은 자신을 변화시켜 세상을 변화시키는 것이기 때문에 무턱대고 현실 가운데에로 나아가 다른 현실을 취하려 하지도 않고 그렇다고 해서 자신만을 지키며 아무것도 하지 못하는 것도 아닌 제3의 방법이 된다.

- 맹자가 이 구절을 인용하면서 내린 그릇된 해석(『맹자』「진심하」편)으로 말미암아 이천오백 년 동안 한 번도 공자의 발언 의도가 제대로 드러나지 못해 온 이 단편은 논어에 나타나는 중용 사상과 관련하여 매우 중요한 단편이다. 반드시 그 진의가 되살아나 논어에 나타난 중용의 본래 모습을 되찾을 필요가 있다.

13/22

선생님께서 말씀하셨다.

"남쪽 사람들의 속담에 '사람이 되어 항상됨이 없으면 무당이나 의원이 될 수 없다'는 말이 있다. 좋은 말이다."

'그 덕을 항상 유지하지 못하면 수치를 당하는 수가 있다.'

선생님께서 말씀하셨다.

"점을 칠 수가 없을 것이다."

子曰:南人有言曰,人而無恒,不可以作巫醫.善夫.不恒其德,或承之羞.子曰:不占而已矣.

- 南人(남인) : 남쪽 나라 사람들. 남방인. 오나라 등을 말함.
- 巫醫(무의) : 무당과 의원. 과거에는 무당과 의원이 오늘날처럼 서로 판이하게 다른 사람들이 아니라 인간의 영육靈肉을 다룬다는 점에서 근접성을 지니고 있었다.
- 不恒其德,或承之羞(불항기덕, 혹승지수) : 『주역』 항괘恒卦의 효사爻辭로도

나오고 있다. 承은 받다受, 羞는 수치, 치욕. 이 부분은 7/18과 마찬가지로 역학자易學者들에 의한 가찬되었을 가능성도 배제할 수 없다.

- 不占(부점) : 점을 칠 수가 없다. 점을 치지 못하다. 不恒其德의 조건 하에서는 점을 칠 수 없다는 말이다. 항상됨이 없는 자는 무당이 될 수 없다는 앞의 말과 같은 궤도에 있다. 그러나 정확한 의미는 占에 대한 관념이 퇴색한 오늘날에 와서는 모호한 점이 있다.

13/23

선생님께서 말씀하셨다.

"군자는 서로 융화하나 같지는 않고 소인은 똑같으면서도 서로 융화하지 못한다."

子曰:君子和而不同,小人同而不和.

종래의 해석 선생님께서 말씀하셨다. "군자는 서로 융화하고 뇌동하지 않으며 소인은 뇌동하고 서로 융화하지 못한다."

- 同(동) : 같다. 똑같다. '뇌동雷同하다' 내지 '영합하다'는 뜻으로 풀이하는 경우가 많으나 취지상 옳지 않다.
- 최근에는 同을 '획일화하다'는 뜻으로 풀이하여 다양성에 대한 불인정으로 풀이하는 경향도 있으나 고대와 현대의 여건 차이를 고려하지 않은 무리한 해석으로 보인다.

13/24

자공子貢이 물었다.

"마을 사람들이 모두 좋아한다면 어떻습니까?"

선생님께서 말씀하셨다.

"아직 부족하다."

"마을 사람들이 모두 싫어한다면 어떻습니까?"

선생님께서 말씀하셨다.

"아직 부족하다. 마을 사람들 중에서 선한 자는 좋아하고 선하지 못한 자는 싫어하는 것만 못하다."

子貢問曰:鄕人皆好之,何如?子曰:未可也.鄕人皆惡之,何如?子曰:未可也.不如鄕人之善者好之,其不善者惡之.

- 鄕人(향인) : 마을 사람들. 동네 사람들.
- 이 질문에는 모든 사람들로부터 호평을 받고 있었던 자공이 그런 자신에 대한 공자의 긍정적 평가를 은근히 기대한 측면이 엿보인다.

13/25

선생님께서 말씀하셨다.

"군자는 섬기기는 쉽지만 기쁘게 하기는 어려우니 도道로써 기쁘게 하지 않으면 기뻐하지 않는다. 사람을 부림에 있어서는 그 그릇에 맞게 한다. 소인은 섬기기는 어렵지만 기쁘게 하기는 쉬우니 비록 도道로써 기쁘게 하지 않더라도 기뻐한다. 사람을 부림에 있어서는 모든 것을 갖추고 있기를 요구한다."

子曰:君子易事而難說也,說之不以道,不說也.及其使人也,器之.小人難事而易說也,說之雖不以道,說也.及其使人也,求備焉.

- 易事而難說(이사이난열) : 섬기기는 쉽지만 기쁘게 하기는 어렵다. 이 말에 대해 공안국은 "한 사람에게 모든 것이 갖추어져 있기를 강요하지 않기 때문에 섬기기가 쉽다는 것이다"不責備於一人,故易事也라고 하였다.
- 使人(사인) : 남을 부리다. 남을 시키다. 사람을 활용하다.
- 器之(기지) : 그릇의 크기를 고려하다. 그릇에 맞게 쓰다. 적재를 적소에 쓰다.
- 求備(구비) : 모든 것을 다 갖추고 있기를 요구하다. 18/10에도 無求備於一人이라는 구절이 나온다.

13/26

선생님께서 말씀하셨다.

"군자는 의연하고 교만하지 않으나 소인은 교만하고 의연하지 못하다."

子曰:君子泰而不驕,小人驕而不泰.

- 泰(태) : 크고 당당함. 의연함. 가식 없이 의젓함. 대개 태연함으로 번역되나 태연하다는 말이 일상에서 다소 뻔뻔하거나 무신경하다는 의미로 많이 쓰여 어감이 좋지 않기 때문에 의연毅然하다는 용어를 빌렸다. 泰는 여기에서는 좋은 의미로 쓰였으나 9/3 今拜乎上,泰也에서는 부정적인 의미로 쓰이기도 했다.

13/27

선생님께서 말씀하셨다.

"강인함, 의연함, 질박함, 어눌함은 어짊에 가깝다."

子曰:剛毅木訥,近仁.

- 剛(강) : 굳다. 굳세다.
- 毅(의) : 과감하다. 의연하다.
- 木(목) : 질박하다.
- 訥(눌) : 어눌하다. 말 더듬다.

13/28

자로子路가 물었다.

"어떠하여야 가히 선비라 할 수 있겠습니까?"

선생님께서 말씀하셨다.

"간절하고, 진지하고, 흐뭇하면 가히 선비라 할 수 있다."

벗들과는 서로 간절히 권면하며 형제와는 화목하다.

子路問曰:何如斯可謂之士矣?子曰:切切偲偲怡怡如也,可謂士矣.朋友切切偲偲,兄弟怡怡.

종래의 해석 자로子路가 물었다. "어떠하여야 가히 선비라 할 수 있겠습니까?" 선생님께서 말씀하셨다. "서로 권면하고 화락하게 지내면 가히 선비라 할 수 있다." (뒷부분 같음)

- 切(절) : 간절하다. 절절하다.
- 偲(시) : 살피고 힘쓰다詳勉. 숙려하는 진지함.
- 怡(이) : 기뻐하다. 즐거워하다. 흐뭇해하다. 和의 뜻도 있으나 여기서는 悅의 뜻으로 쓰였다. 인식의 기쁨, 희열을 말한다.
- 切切偲偲怡怡는 切切→偲偲→怡怡라는 방향을 갖는 것으로 切切은 문제의식을 가지는 모습, 偲偲는 그 문제에 대해 깊이 생각하는 모습, 怡怡는 생각이 타개되었을 때 희열을 느끼는 모습이다. 切切偲偲에 관하여는 19/6에 나오는 자하의 말 切問而近思를 참고할 수 있다.
- 朋友 이하는 공자의 말이 아니고 원래 없던 말을 누군가가 덧붙인 것으로 보인다. 이 덧붙임 때문에 앞에 나오는 공자의 말도 덩달아 그 의미가 왜곡되어 왔던 것이 아닌가 한다. 마융馬融이 切切偲偲를 서로 간절히 책선責善하는 모습相切責之貌으로, 怡怡를 화목하게 따르는 모습和順之貌으로 정의한 것『論語義疏』도 역시 이러한 왜곡의 결과라 할 것이다. 따라서 朋友 이하의 切切偲偲와 怡怡는 어쩔 수 없이 덧붙인 자의 오해 내용에 좇아 번역하였다.
- 朋友 이하의 말을 제거하고 보면 공자의 말은 선비의 배우는 자세를 단계별로 그려 보인 것으로서 다른 어떠한 단편에도 나오지 않는 매우 탁월한 소묘라 아니할 수 없다.

13/29

선생님께서 말씀하셨다.

"선인善人이 칠 년 간 백성들을 가르치면 또한 전쟁에 나서게 할 수 있다."

> 子曰:善人教民七年,亦可以卽戎矣.

- 卽(즉) : 나아가다就. 임하다. 맞서다.

- 戎(융) : 병장기. 병거兵車. 전쟁. 군사. 서쪽 오랑캐.
- 공자가 무조건적 평화주의자로서 전쟁을 부인한 사람이 아니었다는 것이 잘 드러나 있는 단편이다.

13/30

선생님께서 말씀하셨다.

“가르치지 않은 백성으로 하여금 전쟁을 수행토록 하는 것을 일컬어 곧 백성을 버리는 것이라 한다.”

子曰:以不教民戰,是謂棄之.

- 棄之(기지) : 그들, 즉 백성을 버리다.
- 앞장과 비슷한 취지의 단편이라고 할 수 있다. 백성들이 전쟁의 목적과 이유를 충분히 알 수 있도록 가르쳐야 한다는 뜻이다.

14
헌문憲問

삶의 태도 내지 자세를 언급한 단편들을 모은 편으로서 구체적 인물들의 태도와 자세를 소개하고 평가하는 것이 있는가 하면 일반적 몸가짐에 관한 언급도 포함되어 있다.

14/1

헌憲이 부끄러움에 관해 묻자 선생님께서 말씀하셨다.

"나라에 도가 있어도 녹을 먹고 나라에 도가 없어도 녹을 먹는 것이 부끄러운 짓이다."

憲問恥. 子曰: 邦有道穀, 邦無道穀, 恥也.

- 憲(헌) : 공자의 제자 원헌原憲. 6/5 각주 참조. 일설에 의하면 憲이라는 이름이 나오는 것은 이 단편의 기록자가 原憲임을 말해 준다고 한다.
- 穀(곡) : 곡식. 녹祿을 먹다.
- 공안국孔安國은 "나라에 도가 있으면 녹을 먹는 것이 당연하지만 임금이 무도한데도 그 조정에서 녹을 먹는다면 이는 치욕이다"邦有道, 當食祿. 君無道, 而在其朝食其祿, 是恥辱라고 하여 恥也가 단지 邦無道穀에만 걸리는 것으로 해석하는데 이는 잘못이다. 공자의 말은 나라에 도가 없는데도 녹을 먹는다면 그것은 부끄러운 일이 되면서 동시에 나라에 도가 있을 때 녹을 먹은 것도 함께 부끄러운 일이 됨을 말한 것이다. 그러므로 문장 끝의 恥也는 邦無道穀만을 조건절로 하는 것이 아니라 邦有道穀, 邦無道穀 전체를 조건절로 하고 있다. 이 단편에 대해서는 주자의 해석상 문제점을 지적한 정약용丁若鏞의 해석이 정확하다. 그는 "만약 치세든 난세든 물러나 녹을 먹지 않는 경우가 없다면 그 사람됨을 가히 알 만한 바 이것이 곧 수치다"君子之道, 方而不圓, 合於治世, 違於亂世. 若治世亂世, 無往而不食祿則其人可知, 是恥也라고 하였다.
- 이 단편으로 미루어 볼 때 공자는 원헌이 정치적 여건의 변화에도 불구하고 관직에 연연하여 오래 머물러 있었던 사실 내지 그럴 가능성이 높은 기질을 지적한 것으로 보인다.

14/2

'남을 꺾는 일, 자기를 내세우는 일, 원망하는 일, 욕심 부리는 일을 하지 않으면 그것으로써 어짊이 될 수 있다.'

선생님께서 말씀하셨다.

"그렇게 하는 것이 어려운 일은 되겠지만 어짊이 되는지는 나는 모르겠다."

克伐怨欲,不行焉,可以爲仁矣.子曰:可以爲難矣,仁則吾不知也.

- 克(극) : 남을 꺾다. 이기다.
- 伐(벌) : 자기를 내세우다. 자랑하다.
- 克伐怨欲,不行焉,可以爲仁矣(극벌원욕, 불행언, 가이위인의) : 먼저 일반적인 해석처럼 이 구절을 의문문으로 볼 수 있느냐 하는 문제가 있다. 의문문으로 보기에는 可以爲仁矣가 평서문 어조사를 가지고 있다는 점, 질문 앞에 ○○問이 제시되어 있지 않다는 점에 문제가 있다. 의문문이 아니라면 원래 화자가 있을 수 없는 고어나 격언일 가능성이 있다. 그러나 제시된 문장은 아무래도 구어에 가까운 형태를 취하고 있어 고어나 격언일 가능성은 낮다. 그렇다면 누군가의 말이겠지만 기록자가 화자를 모르거나 알고 있어도 밝히고 싶지 않았을 가능성이 있다. 특히 후자일 경우 이 말은 9/27 不忮不求章과 관련시켜 보건대 자로의 말로서 자로를 중심으로 한 일군의 제자들이 신봉하던 원칙이었을 가능성이 있다. 만약 그렇다면 이 단편은 9/27과 더불어 11/16의 由之瑟,奚爲於丘之門?의 상황과 연결될 수 있는 가능성까지 있다. 세 단편을 연계시켜서 보는 것은 의외로 흥미로운 일이 되리라 생각한다.

14/3

선생님께서 말씀하셨다.

“선비로서 편안한 거처를 염두에 둔다면 선비가 되기에는 부족하다.”

子曰:士而懷居,不足以爲士矣.

- 懷居(회거) : 거하는 것을 마음에 두다. 편안한 거처를 염두에 두다.

14/4

선생님께서 말씀하셨다.

“나라에 도가 있으면 날선 말을 하고 날선 행동을 할 것이나 나라에 도가 없으면 날선 행동은 하더라도 말은 겸손해야 한다.”

子曰:邦有道,危言危行.邦無道,危行言孫.

- 危言危行(위언위행) : 위태로운 언사와 위태로운 행동. 危는 위태롭다 혹은 날이 서 있다는 뜻. 여기서 위태롭다危는 것은 도의 주장言과 실천行이 신랄하여 현실과 마찰할 가능성으로서의 위태로움을 말한다. 주자는 危를 高峻함危高峻也으로 풀이했는데 이는 깎아지른 듯이 높은 산봉우리처럼 위태로워 보이면서도 당당하게 솟아 있는 모습을 가리킨다. 따라서 비슷한 해석이라 여겨지지만 이 해석을 좇아 危를 ‘고상함’으로 새기는 일부 해석은 危에 내포된 위태로움을 거세한 것으로서 적절한 표현이라고 할 수 없다. 이 점에서 危를 매서움厲으로 풀이한 포함包咸의 해석은 적절하다 할 수 있다.

14/5

선생님께서 말씀하셨다.

"덕이 있는 자는 반드시 할 말이 있지만 할 말이 있는 자라고 해서 반드시 덕이 있는 것은 아니다. 어진 자는 반드시 용기가 있지만 용기 있는 자라고 해서 반드시 어진 것은 아니다."

子曰:有德者必有言,有言者不必有德.仁者必有勇,勇者不必有仁.

- 不必(불필) : 반드시 ~ 한 것은 아니다.
- 有德者必有言이라는 말은 뒤집어 보면 할 말이 없는 사람은 덕도 없는 사람이라는 명제를 성립시킨다. 단편이 말하고자 하는 범위를 벗어나는 것인지는 모르겠지만 덕과 관련하여 한번쯤 생각해 봄직한 것이 아닐까 한다.

14/6

남궁괄南宮适[1]이 공자께 물었다.

"예羿[2]는 활을 잘 쏘고 오奡[3]는 배를 움직이는 힘이 있었으나 둘

---

1) 남궁괄(南宮适) : 전통적으로는 공자의 제자이자 조카사위인 남용(南容)이라고 하나 믿기 어렵다. 공자의 제자일 경우 南宮适問於孔子曰 대신 南宮适問曰로 하는 것이 보통이기 때문이다. ○○問於○○曰이 통상 서로 격식을 갖추는 사이에서 쓰이는 점을 고려할 때 남궁괄은 상당한 지위에 있던 주변 인물이었을 것으로 짐작된다.

2) 예(羿) : 하왕조 때의 전설적 인물. 유궁국(有窮國)의 임금으로 하나라의 왕 상(相)을 축출하고 왕위를 찬탈했다. 활솜씨가 뛰어났으나 백성을 돌보지 않고 사냥에 탐닉했다. 후에 가신인 한착(寒浞)에 의해 죽임을 당했다.

3) 오(奡) : 예(羿)를 살해한 한착과 예의 처 사이에서 태어났으며 뭍에서 배를 움직일 만큼 힘이 세었다 한다. 포악한 짓을 많이 했으며 하(夏)의 왕 상(相)을 멸하기도 하였으나 후에 상의 아들 소강(少康)에 의해 죽임을 당했다.

다 순리의 죽음을 맞지 못하였습니다. 그러나 우禹와 직稷[4]은 몸소 농사를 지었으나 천하를 얻었습니다."

선생님께서 대답하지 않으시다가 남궁괄이 나가자 말씀하셨다.

"군자로구나! 저런 사람은. 덕을 숭상하는구나! 저런 사람은."

南宮适問於孔子曰:羿善射,奡盪舟,俱不得其死然.禹稷躬稼而有天下.夫子不答.南宮适出.子曰:君子哉!若人.尙德哉!若人.

- 盪舟(탕주) : 배를 움직이다. 盪은 움직이다, 밀치다.
- 俱(구) : 모두. 둘 다.
- 不得其死然(부득기사연) : 자연스런 죽음을 맞지 못하다. 순리의 죽음을 맞지 못하다. 然은 得其死를 뒤에서 꾸미는 보어로 자연스럽게 정도의 의미를 지니는 것 같다. 11/14에 동일한 표현이 나온다. 자세한 내용은 11/14의 설명 참조.
- 躬稼(궁가) : 몸소 농사를 짓다.
- 君子哉!若人(군자재약인): 5/3에서 공자는 자천을 두고 같은 표현을 사용하고 있다.

14/7

선생님께서 말씀하셨다.

"군자이면서 어질지 않은 자는 있었어도 소인이면서 어진 자는 없었다."

---

4) 직(稷) : 후직(后稷) 또는 기(棄)라고도 하며 설(契), 우(禹), 고요(皐陶) 등과 함께 순(舜)임금의 신하였다. 나중에 우(禹)를 받들며 백성들에게 농사짓는 법을 가르쳐 주는 등 식량 공급을 주관했다. 물론 전설적 인물이며 후에 주(周)나라의 시조가 되었다.

子曰:君子而不仁者有矣夫,未有小人而仁者也.

• 군자 중에는 어진 자도 있고 어질지 못한 자도 있음을 전제로 하고 있다. 군자라는 개념이 어짊과 직접적인 관계가 별로 없는 상태에서 형성되었음을 암시하는 것이기도 하다.

14/8

선생님께서 말씀하셨다.

"사랑한다면 애쓰지 않을 수 있겠느냐? 진지하다면 깨우쳐 주지 않을 수 있겠느냐?"

子曰:愛之,能勿勞乎?忠焉,能勿誨乎?

• 愛之(애지) : 주자는 소씨蘇氏의 의견을 인용하여 愛를 자식에 대한 사랑으로 보았고 이에 따라 勞도 '수고롭게 하다' 또는 '힘든 일을 시키다'는 뜻으로 이해하고 있는데 이는 경직된 유교적 도의 관념에 입각한 비약이라 생각된다. 여기서는 자식, 제자 등 가까운 사람에 대한 포괄적 사랑을 지칭하는 것으로 보인다. 따라서 勞도 그를 위해 애태우고 애쓰는 모든 일을 뜻한다.
• 忠(충) : 주자는 忠도 소씨蘇氏의 견해를 따라 임금에 대한 충성으로 해석한다. 따라서 忠焉能勿誨乎도 "임금에게 충성한다면 임금의 잘못을 깨우쳐 주지 않을 수 있겠느냐?"는 뜻으로 풀었다. 그러나 여기서 忠은 배우는 자가 진실한 마음을 가지고 있는 상태를 말한다고 볼 것이다. 대체로 춘추시대의 忠은 보편적인 진정성, 진지함을 뜻했으나 한대 이후 임금에 대한 충성으로 중심점이 옮겨 갔으며 이러한 입장이 소급하여 논어 해석에 영향을 미친 것으로 보인다.

- 誨(회) : 가르치다. 깨우쳐 주다. 알려 주다.
- 여기서 두 문장은 단순히 병렬된 것이 아니라 앞 문장은 뒷 문장을 강조하기 위해 제시된 비유라 할 것이다. 이를테면 6/17의 誰能出不由戶?何莫由斯道也?와 비슷한 구조인 셈이다.

14/9

선생님께서 말씀하셨다.

"외교문서를 작성하는 데에는 비심裨諶[5]이 초안을 만들고 세숙世叔[6]이 검토하고 외교관 자우子羽[7]가 다듬었으며 동리東里의 자산子産이 윤색하였다."

子曰:爲命,裨諶草創之,世叔討論之,行人子羽脩飾之,東里子産潤色之.

- 爲命(위명) : 命은 외교문서, 爲는 만들다 작성하다.
- 草(초) : 처음. 처음으로. 초안.
- 創(창) : 만들다.
- 修飾(수식) : 다듬다. 고치고 보완하다. 수정하다. 주자는 '보태고 더는 것'修飾謂增損之이라 하였다. 따라서 일반적으로 수식이라는 말이 꾸민다는

---

5) 정(鄭)나라의 대부.

6) 세숙(世叔) : 정(鄭)나라의 대부. 대숙(大叔)이라고도 하며 이름은 유길(游吉)이다. 공자 나이 46세 되던 해에 죽었으니 공자보다 한 세대 정도 앞선 인물이다. 자산(子産)의 유언에 따라 그의 뒤를 이어 집정(執政)이 되었는데 진(晉)의 조간자(趙簡子)에게 예를 설명하여 그를 감동시켰다는 기록이 『좌전』 소공(昭公) 25년조에 나온다.

7) 행인자우(行人子羽) : 정나라의 대부. 성은 공손(公孫), 이름은 휘(揮), 자는 자우(子羽). 행인(行人)은 사신의 파견을 담당하는 관직명이다. 역시 공자보다 한 세대 앞선 인물이며 각국의 전고(典故)와 습속에 능통했고 특히 문사(文辭)에 뛰어났다.

뜻으로 사용되는 것과는 다소 차이가 있다. 꾸민다는 뜻은 오히려 뒤에 나오는 潤色이라는 용어가 지니고 있다.

- 東里子產(동리자산) : 정나라의 대부. 공자가 존경해 마지않은 인물. 5/16 각주 참조. 東里는 그가 살던 마을 이름이다. 춘추시대에는 延州來季子延陵에서 살다가 나중에 州來로 옮겨 가 살았던 季札처럼 유명인에 대하여 지명을 덧붙여 지칭하는 관행이 있었다.

14/10

누군가가 자산子產에 대해 묻자 선생님께서 말씀하셨다.

"은혜로운 사람이다."

다시 자서子西[8]에 대해 묻자 말씀하셨다.

"그딴 사람이야! 그딴 사람이야!"

다시 관중管仲에 대해 묻자 말씀하셨다.

"인물이다. 백씨伯氏[9]로부터 병읍騈邑 삼백 호를 빼앗았지만 백씨는 거친 밥을 먹으면서도 목숨이 다하는 날까지 원망의 말을 하지 않았다."

---

8) 자서(子西) : 정(鄭)나라의 대부. 성은 공손(公孫), 이름은 하(夏), 자는 자서(子西). 정나라의 재상 자사(子駟)의 아들이자 자산(子產)의 사촌으로 공자의 나이 10세 전후에 죽은 인물이다. 재상이던 자공(子孔)이 정나라의 정치를 제멋대로 하자 그는 사람들을 모아 자공을 죽인 후 그 재물을 나누어 주었는데 『좌전』은 이를 징계한 것으로 보아 긍정적으로 기록하고 있다. 동명이인인 또 다른 자서로 초(楚)나라 평왕(平王)의 서장자(庶長子)가 있으나 여기서 말하는 자서는 정나라의 자서인 것으로 짐작된다. 자산, 관중, 정나라의 자서는 모두 공자보다 앞선 인물들인데 초나라의 자서는 공자 당대 인물이므로 해당될 가능성이 낮기 때문이다.

9) 백씨(伯氏) : 제(齊)나라의 대부라고 한다. 氏는 성씨가 아니라 존칭이라는 설도 있으나 지방 호족을 성씨로 지칭한 것일 가능성이 더 높아 보인다.

或問子産.子曰:惠人也.問子西.曰:彼哉!彼哉!問管仲.曰:人也.奪伯氏騈邑三百,飯疏食,沒齒無怨言.

- 彼哉(피재) : 그런 사람이야. 그딴 사람이야. 평가할 만한 것이 없다는 뜻이다. 자서가 국정을 전횡專橫하던 재상 자공子孔을 죽인 것을 두고 당시 정나라 사람들이 좋게 여겼지만 역시 정도正道가 될 수 없음을 말한 것이 아닌가 한다. 彼哉를 주자는 도외시하는 말外之之詞로, 정약용은 배타시하는 말擯斥之詞로 비슷하게 보았다.
- 騈邑(병읍) : 제나라에 속했던 지명. 지금의 산동성山東省 임구현臨朐縣 동남쪽에 있었다. 지도 참조.
- 沒齒(몰치) : 목숨이 다할 때까지. 齒는 나이, 연령.
- 당시에는 거대 제후국이 세력 확장 차원에서 지방 호족들의 성읍을 빼앗는 경우가 많았다. 『좌전』 노양공魯襄公 10년조에 보면 정나라의 자사子駟가 자기 영지의 경계를 바로잡는다며 사씨司氏, 도씨堵氏, 후씨侯氏, 자사씨子師氏의 영지를 빼앗았다는 기록이 나온다.

14/11

선생님께서 말씀하셨다.

"가난하면서도 원망하지 않기는 어려우나 부유하면서도 교만하지 않기는 쉽다."

子曰:貧而無怨難,富而無驕易.

- 1/15에 비슷한 구절이 포함된 단편이 있다.

14/12

선생님께서 말씀하셨다.

"맹공작孟公綽[10]은 조趙나 위魏의 가로家老가 되기에는 충분하지만 등滕나라나 설薛나라의 대부가 될 수는 없다."

子曰:孟公綽爲趙魏老則優,不可以爲滕薛大夫.

- 趙魏(조위) : 조趙와 위魏. 조와 위는 한韓과 더불어 진晋나라의 실권을 장악하고 있던 삼성三姓의 경卿으로서 그들의 세력과 봉토의 규모는 웬만한 제후국보다 컸다. 공자 사후 약 반세기가 지나서는 각각 나라를 이루며 결국 진晋나라는 이들 세 나라로 완전히 분열되고 만다.
- 老(노) : 가신家臣. 가로家老. 보통 세력 있는 경대부의 가재家宰로 노장老長이 임명되었다. 그러나 그 신분은 역시 사士였다.
- 優(우) : 충분하다. 넉넉하다.
- 滕薛大夫(등설대부) : 등나라나 설나라의 대부. 등나라와 설나라는 노나라 남쪽에 있던 아주 작은 나라들이다. 비록 작기는 했지만 그래도 제후국이라는 점에서 조위趙魏와는 다른 위상을 지니고 있었다.
- 이 단편에 대해서는 여러 해석이 대립하고 있다. 공안국은 맹공작이 욕심이 없다는 제13장의 기록과 관련시켜 조위의 가로를 특별히 하는 일이 없는 일종의 명예직으로 본다. 그래서 맹공작처럼 욕심 없는 사람이 담당하기에는 안성맞춤이나 등설의 대부는 번거로운 직책이라 감당치 못할 것이라 보았다家老無職,故優.藤薛小國,大夫煩,故不可爲也. 주자도 이와 유사하

10) 맹공작(孟公綽) : 노나라의 대부. 맹씨가의 한 사람으로 공자보다 반세기 이상 앞선 인물이다. 공자는 그를 "욕심이 없다"(不欲 14/13)고 평했다. 『좌전』 양공(襄公) 25년조에는 다음과 같은 일화가 나온다. 제(齊)나라의 최저(崔杼)가 노나라 북쪽을 침공하였을 때 양공이 급히 진(晋)나라에 도움을 청하려 했다. 맹공작은 "최저는 딴 생각이 있고 우리를 괴롭힐 의도가 아니니 반드시 빨리 돌아갈 것입니다" 하고 만류했다. 과연 최저는 난폭하게 굴지 않고 적당히 명분만 살린 후 돌아갔다.

게 조위가 대가大家로서 세력이 크나 제후의 일은 없으며 가로 또한 신망은 높으나 관수官守의 책임은 없는 자리인 반면 등설은 비록 소국이나 정무가 번거롭고 대부의 책임은 막중하여 맹공작이 감당하기는 어렵다고 보았다. 이에 반해 정약용은 조위는 비록 제후국은 아니지만 국토가 넓고 정무가 번거로워 가로의 할 일이 엄청나지만 맹공작은 사심 없이 이를 처리할 능력이 있었다고 보았다. 그러나 경대부의 기풍을 간직하지는 못하였기 때문에 그를 비루하게 여겨 공자가 이 말을 한 것으로 해석했다. 각각 해석상 일장일단이 있지만 대체로 정약용의 견해가 더 적실해 보인다. 어떤 해석에 따르든 맹공작의 상대적으로 부정적인 측면에 초점이 놓여 있는 것만은 확실하다.

14/13

자로子路가 된 사람에 대해 묻자 선생님께서 말씀하셨다.

"장무중臧武仲[11]의 지혜와 공작公綽의 욕심 부리지 아니함과 변장자卞莊子[12]의 용기와 염구冉求의 기예를 갖추고 그 위에 예악으로 문채를 낸다면 이 또한 된 사람이라 할 수 있다."

(자로가) 말했다.

"요즈음의 된 사람이야 어떻게 반드시 그렇겠는가? 이로운 것

---

11) 장무중(臧武仲) : 노나라의 대부 장손흘(臧孫紇). 장문중(臧文仲)의 손자로서 무중(武仲)은 시호다. 공자보다 반세기 정도 앞선 인물이다. 『좌전』 양공(襄公) 23년조에 장무중이 제나라로 갔을 때 장공(莊公)이 그에게 영읍을 주려는 생각을 갖자 일부러 장공의 진(晋) 정벌을 생쥐 같은 짓이었다고 망발을 하여 그 계획을 취소케 한다. 무도한 장공으로부터 영읍을 받았다가는 오히려 후환이 있을 것 같아 일부러 그를 노엽게 한 것인데 공자는 이를 "지혜로웠다"고 평하고 있다.

12) 변장자(卞莊子) : 노나라 변읍(卞邑)의 대부. 『좌전』에 그의 이름이 나오지 않아 자세한 행적과 생몰년대는 알 수 없다. 『순자』에 제나라가 노나라를 정벌할 때 변장자를 꺼려서 변을 지나쳤다는 기록이 있으며 그 밖에 『전국책』 등에 그가 호랑이를 찔러 죽였다는 기사가 있다. 또 『한시외전(韓詩外傳)』에는 그가 극진한 효자였다는 일화도 전해지고 있다.

을 보면 의로운 것인가 생각하고 위급한 것을 보면 목숨을 바치며 젊었을 때에 한 말을 오래 종요로이 여겨 잊지 않는다면 이 또한 된 사람이라 할 수 있다."

子路問成人.子曰:若臧武仲之知,公綽之不欲,卞莊子之勇,冉求之藝,文之以禮樂,亦可以爲成人矣.曰:今之成人者,何必然.見利思義,見危授命,久要不忘平生之言,亦可以爲成人矣.

- 成人(성인) : 제대로 모든 것을 갖추고 완성미를 보이는 사람. 된 사람.
- 文之(문지) : 그것을 꾸미다. 그것을 문채 나게 하다. 그것을 세련되게 하다. 여기서 그것은 전술한 知, 不欲, 勇, 藝를 말한다.
- 久要不忘(구요불망) : 오래 긴요하게 여겨 잊지 아니함. 공안국孔安國이나 주자는 모두 久要를 옛 약속舊約으로 보고 있으나 그럴 경우 오규 소라이荻生徂徠의 지적처럼 문장이 제대로 구성되지 않는다.
- 平生之言(평생지언) : 평소에 하던 말. 주자는 平生을 平日로 해석했고 그것은 平素와 같은 뜻이다. 그러나 공안국孔安國은 平生을 젊은 시절平生猶少時也로 보았는데 다소 생경해 보이는 이 해석은 평생이라는 말이 쓰인 몇몇 용례를 보면 전혀 근거가 없는 해석은 아니다. 『사기』「장이진여열전張耳陳餘列傳」에는 箯輿前,仰視泄公,勞苦如平生歡이라는 말이 나오고 『송사宋史』「사마광전司馬光傳」에는 自少至老,語未嘗妄,自言吾無過人者,但平生所爲,未嘗有不可對人言者耳라는 말이 나오며 『한서漢書』「마원전馬援傳」에는 援見公孫述,以爲當握手如平生이라는 말이 나온다. 모두 '평소'라는 말로 번역할 수 있지만 오늘날 사용하는 평소라는 말에 비하면 훨씬 과거와 결합되어 있는 형태다. 이 점에서 형병邢昺이 不忘平生之言을 풀이하여 "少時에 한 말을 나이가 들고 영달하여서도 잊지 않는 것"이라 한 것은 참고할 만하다.
- 중간에 들어 있는 曰의 주체가 공자인지 자로인지 논란이 있다. 주자는 曰의 주체를 공자로 보면서 "이미 답하고 다시 말한 것"既答而復言也으로

보았다. 고주도 같은 입장이다. 그러나 정약용은 그 내용이 자로가 말함 직한 것이고 何必이라는 말 또한 자로가 자주 쓰는 용어이며 공자가 구태여 자로가 이미 갖추고 있는 덕성인 見危授命 등을 된 사람의 요건으로 제시할 리가 없다는 점을 지적했다. 정약용의 지적이 일리가 있다고 생각한다. 일찍이 호씨胡氏도 같은 주장을 하였는데 채씨蔡氏는 호씨의 주장이 일리가 있다고 하면서도 그렇다면 왜 공자는 자로의 이러한 말에 대하여 아무 말도 하지 않았는가 하는 의문을 제기했다. 이에 대하여는 자로가 이 말을 공자 앞에서 바로 한 것이 아니라 공자가 나간 후 남아 있는 제자들에게 하였을 것으로 본다. 공자와 자로의 의견이 서로 엇갈리는 흥미로운 사례다.

14/14

공자께서 공명가公明賈[13]에게 공숙문자公叔文子[14]에 대해 물으셨다.

"그분은 말하지도 않고 웃지도 않고 취取하지도 않으셨다니 믿을 수 있습니까?"

공명가가 대답했다.

"일러준 사람이 과장한 것입니다. 그분은 때가 된 후에 말하였기에 사람들이 그 말을 싫어하지 않았고 즐거운 후에 웃었기에 사람들이 그 웃음을 싫어하지 않았으며 의로운 것임이 밝혀진 후에 취

13) 공명가(公明賈) : 그에 관해서는 자세한 기록이 없다. 주자는 그를 위(衛)나라 사람이라 하고 있다.

14) 공숙문자(公叔文子) : 위(衛)나라의 대부 공손발(公孫發 혹은 拔). 공자보다 한 세대 정도 앞선 인물이다. 그가 죽은 후 그의 아들이 위령공(衛靈公)에게 시호를 청하니 영공은 이렇게 말했다. "옛날 나라에 흉년이 들자 그는 죽을 쑤어 굶주린 자들을 먹였으니 또한 은혜(惠)가 아니겠느냐? 옛날 나라에 난리가 났을 때 그는 죽음으로써 나를 호위했으니 또한 정절(貞)이 아니겠느냐? 그는 나라의 정사를 맡아 그 위계질서를 잡고 뭇 나라와 교린함으로써 사직을 욕되게 하지 않았으니 또한 문(文)이 아니겠느냐? 그러니 그를 정혜문자(貞惠文子)라 하라."(『예기』, 단궁하) 정현(鄭玄)은 문자(文子)는 정혜문자의 약칭이라 했다.

했기 때문에 사람들이 그 취함을 싫어하지 않았던 것입니다."

선생님께서 말씀하셨다.

"그렇습니까? 어떻게 그럴 수가 있습니까?"

子問公叔文子於公明賈曰:信乎,夫子不言不笑不取乎?公明賈對曰:以告者過也.夫子時然後言,人不厭其言.樂然後笑,人不厭其笑.義然後取,人不厭其取.子曰:其然,豈其然乎?

- 信乎(신호) : 믿을 수 있습니까? 정말입니까?
- 以(이) : 그로써. 그렇게. 공자가 알고 있는 바와 같이.
- 時(시) : 때가 되다.
- 豈其然乎(기기연호) : 어찌 그럴 수가 있는가. 주자는 "대개 의심한 것이다"蓋疑之也고 하였다. 그러나 감탄의 의미가 더 강해 보인다.

14/15

선생님께서 말씀하셨다.

"장무중臧武仲이 방읍防邑을 구실로 자신의 후계자를 세워 달라고 노나라에 요구하였는데 비록 임금을 협박한 것은 아니라고 하나 나는 믿지 않는다."

子曰:臧武仲以防求爲後於魯,雖曰不要君,吾不信也.

- 臧武仲(장무중) : 노나라의 대부. 14/13 각주 참조.
- 以防求爲後於魯(이방구위후어노) : 방읍防邑을 구실로 노나라에 후계자를 세워 줄 것을 요구하다. 爲後는 후계를 세우다. 『좌전』 양공襄公 23년조에 의하면 관련 사건은 다음과 같다. 장무중은 계씨가 및 맹씨가와 알력

을 빚은 후 주邾나라로 망명한다. 얼마 후 그는 자신의 영지였던 노나라의 방防으로 돌아와 양공襄公에게 사신을 보내 정중히 사정을 설명하고 방防을 떠날 테니 장손씨臧孫氏 가문의 후사後嗣를 세워 선조의 사祀만 보존해 달라고 간청한다. 결국 그의 이복형 장위臧爲를 세워 뒤를 잇게 하니 방防을 반환하고 제齊나라로 출분出奔한다. 공자의 말은 장무중이 비록 정중히 간청하였다고는 하나 요구가 관철되지 않을 경우 방防을 거점으로 반기를 들겠다는 협박이 은닉되어 있는 만큼 강요하지 않았다는 말은 믿을 수 없다는 뜻이다. 防은 곡부曲阜 인근의 읍. 지도 참조.

- 要君(요군) : 임금을 강요하다. 임금을 협박하다.

14/16

선생님께서 말씀하셨다.

"진나라의 문공文公[15]은 간지奸智를 쓰며 정도正道를 따르지 않았고 제나라의 환공桓公[16]은 정도를 따르고 간지를 쓰지 않았다."

15) 진문공(晋文公) : 춘추오패(春秋五霸)의 한 사람. 이름은 중이(重耳)로 헌공(獻公)의 서자(庶子)이며 공자보다는 150년 정도 앞선 인물이다. 헌공은 자식이 많아 일찍부터 공위 계승을 두고 알력이 발생하였다. 중이는 이 공위 싸움에 개입하다가 역습을 당해 적(狄)으로 출분한다. 12년간 적(狄)에 머물다 제(齊)나라로 가서 환공(桓公)의 사위가 되어 다시 5년간 머무르고 그 후 또 여러 나라를 전전하며 기회를 노린다. 이윽고 진(秦)에 머무르는 중에 목공(穆公)의 힘을 빌려 진(晋)에 들어가 조카인 회공(懷公)을 죽이고 즉위하니 곧 문공(文公)이다. 그는 즉위 후 신하들의 진언을 들어 국력을 신장하는 한편 유명무실해진 주왕실을 돕는다는 구실로 제후들을 통솔하기 시작하여 마침내 제환공(齊桓公)에 이어 중원의 가장 강력한 패자가 된다.

16) 제환공(齊桓公) : 춘추오패(春秋五霸)의 한 사람. 이름은 소백(小白)이며 공자보다 160년 이상 앞선 인물이다. 제희공(齊僖公)의 서자이며 양공(襄公)의 이복동생이다. 양공(襄公)이 무도를 행하다 공손무지(公孫無知)에 의해 시살되고 공손무지도 역시 국인에 의해 시살되자 거(莒)나라에 망명 중이던 소백은 대부 고혜(高傒)의 도움을 받아 제나라에 들어가 환공(桓公)이 된다(B.C. 685년). 그는 관중을 등용하여 국력을 신장하면서 재위 43년 동안 수많은 정벌을 통해 춘추시대의 첫 패자(霸者)가 되었는데 "천하의 제후로서 그에게 향배(向背)하는 자가 없다"고 할 정도로 막강했다.

子曰:晉文公譎而不正,齊桓公正而不譎.

- 譎(휼) : 간사하다詐. 속이다詭.
- 여기서 정도를 따랐다든가 간지를 썼다든가 하는 말은 진문공과 제환공이 패자로 부상되는 과정에서 보인 행태를 평가한 것이다.
- 譎而不正(휼이부정) : 간지를 쓰고 정도를 따르지 않다. 진문공은 62세의 늦은 나이에 임금의 자리에 올랐으며 패자가 되기 위해 계획적으로 행동하는 경우가 많았다. 주양왕周襄王이 아우 희숙姬叔의 반역으로 정鄭나라로 도망간 상황에서도 난리를 진압하고 양왕을 환궁시키는 일이야말로 천하의 패자가 되는 지름길이라 생각하여 진秦나라의 개입을 배제하고 기어코 목적을 달성한 것은 대표적 사례였다. 또 초楚나라가 여러 나라와 연합하여 송宋나라를 포위한 상황을 두고도 그는 이 기회야말로 패자가 될 절호의 기회라는 생각에 각종 기만과 술수를 동원하여 결국 성복城濮의 전투를 승리로 이끈다. 또 양왕을 모셔 와서 여러 제후들이 보는 앞에서 패자로 인정받고 싶었으나 왕도로 가는 것이 여의치 않자 사냥을 구실로 양왕을 자신의 영토인 하양河陽으로 오게 하여 패자로 인정받는 등 정도와 의례에 벗어난 행동이 많았다.
- 正而不譎(정이불휼) : 정도를 따르고 간지를 쓰지 않다. 제환공이 융족을 친 것은 융족의 침입을 당한 연나라가 구원을 요청한 데에 따른 명분 있는 군사적 개입이었다. 또 융족을 물리치고 나서 제환공은 연나라에 아무것도 요구하지 않고 다만 주왕실에 조공을 바치지 않고 있는 것만 시정할 것을 요구하여 뭇 나라의 신망을 얻게 되었다. 또 노나라로 시집간 자신의 여동생이 자식을 죽여 가며 정부情夫를 임금으로 옹립하려 한 부도덕한 행위를 두고 여동생을 제나라로 소환하여 처형한 것도 제후국들의 신뢰를 높이는 계기가 되었다. 그 밖에도 제환공은 내외치를 불문하고 모두 관중의 조언에 따라 정정당당한 명분을 살려 가며 자연스럽게 패자가 되었기 때문에 공자가 정도를 쓰고 간지를 쓰지 않았다 평한 것이다.

14/17

자로子路가 말했다.

"환공桓公이 공자公子 규糾[17]를 죽였을 때 소홀召忽[18]은 따라 죽었으나 관중管仲은 죽지 않았습니다. 어질지 못해서가 아니겠습니까?"

선생님께서 말씀하셨다.

"환공이 아홉 번이나 제후들을 규합하면서 군사력으로 하지 않은 것은 관중의 힘이었다. 그만하면 어질지 않으냐? 그만하면 어질지 않으냐?"

子路曰:桓公殺公子糾,召忽死之,管仲不死.曰:未仁乎?子曰:桓公九合諸侯,不以兵車,管仲之力也.如其仁!如其仁!

- 桓公殺公子糾(환공살공자규) : 이 사건의 경위는 다음과 같다. 무도를 행하던 제齊의 임금 공손무지公孫無知가 국인에 의해 피살되자 제나라는 권력 공백 상태에 빠진다. 거莒나라에 망명 중이던 소백小白:桓公과 노魯나라에 망명 중이던 공자규(公子糾)는 서로 공위를 차지하려 하는데 소백이 한 발 앞서 제나라에 입성, 환공桓公이 된다. 제나라의 포숙鮑叔은 군사를 거느리고 노나라에 와서 공자규를 주살誅殺할 것과 그를 보좌하던 관중管仲과 소홀召忽의 인도를 요구하였다. 이에 공자규가 죽으니 소홀은 따라 죽었다. 그러나 관중은 죽지 않고 제나라로 잡혀 갔는데 포숙은 어릴 적

17) 공자규(公子糾) : 제희공(齊僖公)의 서자(庶子)로 환공(桓公)의 이복형이다. 어머니가 노나라 사람이기 때문에 정정(政情)이 어지러워지자 관중(管仲)과 소홀(召忽)은 그를 수행하여 노나라로 망명한다. 후에 노나라의 도움으로 제나라의 공위에 오르려 하나 선수를 친 환공(桓公)에 밀려 이윽고 주살되고 만다.

18) 소홀(召忽) : 제(齊)나라의 사람. 공자규(公子糾)의 보좌역(傅)으로서 그를 수행하여 노나라로 출분했다가 돌아오지 못하고 공자규가 제나라의 요구에 따라 노나라에서 죽자 그도 따라 죽는다.

친구인 관중을 환공에게 잘 말하여 풀어 주었을 뿐 아니라 재상으로 천거까지 하였다. 관중의 도움을 받은 환공은 춘추시대의 첫 패자가 된다.

- 死之(사지) : 그를 따라 죽다.
- 九合諸侯(구합제후) : 제후들을 아홉 번 규합하다. 주자는 九合은 糾合이라 했으나 여기서는 취하지 않는다.
- 如其仁(여기인) : 주자는 誰如其仁으로 보아 "누가 그의 어짊만 같으리오" 하는 뜻으로 해석하였다. 그러나 김종무金鍾武의 견해처럼 如其仁을 誰如其仁으로 볼 근거가 박약한 바 이 말은 단지 그가 병거를 동원하지 않고 제후들을 규합한 것은 "그가 어질다는 평가에 걸맞구나!" 하는 정도의 표현으로 여겨진다.

14/18

자공子貢이 말했다.

"관중管仲은 어진 자가 아니지 않겠습니까? 환공桓公이 공자규糾를 죽였을 때 능히 따라 죽지 못했고 오히려 환공을 도왔습니다."

선생님께서 말씀하셨다.

"관중이 환공을 도와 제후들의 패자가 되게 함으로써 크게 한 번 천하를 바로잡으니 백성들이 오늘날에 이르기까지 그 혜택을 입고 있다. 만약 관중이 없었더라면 우리는 머리를 풀어헤치고 옷깃을 왼쪽으로 여미고 있을 것이다. 어떻게 이름 없는 남녀들의 서로 생각하여 줌과 같겠느냐? 스스로 개천에 목을 매어 죽는다 하더라도 아무도 알아주는 사람이 없을 것이다."

子貢曰:管仲非仁者與?桓公殺公子糾,不能死,又相之.子曰:管仲相桓公,覇諸侯,一匡天下,民到于今受其賜.微管仲,吾其被髮左衽矣.豈若匹夫匹婦之爲諒也?自經於溝瀆而莫之知也.

- 相之(상지) : 그를 돕다.
- 覇(패) : 우두머리. 두목. 우두머리가 되다.
- 匡(광) : 바로잡다改正.
- 微(미) : 아니다非. 없다無.
- 被髮左衽(피발좌임) : 머리를 풀어헤치고 옷깃을 왼쪽으로 여미다. 중국인의 입장에서 본 남쪽 오랑캐들의 야만스런 풍습을 말한다. 披피는 흩다, 풀어헤치다. 衽임은 옷섶. 옷깃衣襟.
- 諒(량) : 헤아리다. 굽어 살피다. 생각하여 주다. 옛 주석에서는 諒을 주로 신의信로 풀이하였고 주자 역시 諒을 "작은 신의"小信라 하였다. 대의와 무관한 사사로운 인간관계 안에서 서로 헤아리고 살펴 주는 것이 결과적으로 작은 신의를 지키는 것과 다름없는 결과가 될지는 몰라도 諒의 본래 의미는 역시 헤아리고 살피는 것으로서 신의나 믿음과는 거리가 있다. 15/37, 16/4 해설 참조.
- 瀆(독) : 개천溝.
- 經(경) : 목매다縊.
- 제환공齊桓公을 패자로 하는 제1차 한족동맹은 서로 쟁패하는 제후국들 사이의 위계질서를 잡는다는 내부적 의의도 있었지만 더 크게는 남방 초나라의 세력을 견제한다는 의미가 있었다. 당시 초나라는 만족蠻族으로 간주되었는데 그 후 급속히 중국화되었다.

14/19

공숙문자公叔文子의 가신인 대부 선僎[19]이 공숙문자와 함께 공조公朝에 올랐다. 선생님께서 그것을 들으시고 말씀하셨다.

"가히 문文이라 시호할 만하다."

---

19) 선(僎) : 위나라의 대부. 자세한 인물됨은 알려진 것이 없다.

公叔文子之臣大夫僎,與文子同升諸公.子聞之日:可以爲文矣.

- 公叔文子(공숙문자) : 위나라의 대부. 14/14 각주 참조.
- 升(승) : 오르다. 올라가다.
- 諸(저) : ~에. 於와 쓰임이 같음.
- 公(공) : 제후의 조정朝廷. 공조公朝.

14/20

선생님께서 위령공衛靈公[20]의 무도함을 말씀하시자 계강자季康子가 말했다.

"실로 그러하다면 어떻게 군주의 자리를 잃지 않습니까?"

공자께서 말씀하셨다.

"중숙어仲叔圉가 빈객을 맞이하고 축타祝鮀가 종묘의 일을 처리하며 왕손가王孫賈가 군사를 도맡아 합니다. 실로 그러하니 어떻게 그 자리를 잃을 수 있겠습니까?"

子言衛靈公之無道也.康子日:夫如是,奚而不喪?孔子日:仲叔圉治賓客,祝鮀治宗廟,王孫賈治軍旅,夫如是,奚其喪?

- 喪(상) : 임금의 지위를 잃다. 주자도 失位로 보았다.
- 仲叔圉(중숙어) : 위나라의 대부 공문자孔文子. 5/15 각주 참조.

---

20) 위령공(衛靈公) : 위양공(衛襄公)의 서자(庶子)로 이름은 원(元). 일곱 살의 어린 나이에 즉위하여 42년간 재위했다. 그는 부인 남자(南子)에 빠져 국정을 살피지 못한 우군(愚君)이었는데 다행히 현신들의 보필을 받을 수 있었다. 그의 사후에는 아들 괴외(蒯聵)와 손자 첩(輒) 간에 권력 다툼이 벌어져 위나라는 혼돈에 빠지게 된다.

- 祝鮀(축타) : 위나라의 대부. 6/16 각주 참조.
- 王孫賈(왕손가) : 위나라의 대부. 3/13 각주 참조.
- 이 대화를 나눌 무렵 공자도 아직 외유를 떠나기 전이었고 계강자도 대부의 지위에 오르기 전이었다. 또 위령공도 재위 중이었다.

14/21

선생님께서 말씀하셨다.

"그것을 말함에 있어서 부끄러워함이 없으면 그것을 실천하기란 어렵다."

子曰:其言之不怍,則爲之也難.

- 怍(작) : 부끄러워하다慙. 무안하다顏色變.
- 爲之의 之는 말한 내용.

14/22

진성자陳成子[21]가 간공簡公[22]을 시해하자 공자께서 목욕재계하고 조정에 나아가 애공哀公에게 고하여 말씀하셨다.

"진항陳恒이 그 임금을 시해하였으니 청컨대 토벌하시기 바랍니다."

---

21) 진성자(陳成子) : 제(齊)나라의 대부. 진문자(陳文子)의 후손으로 성은 진(陳), 이름은 항(恒). 전상(田常)이라고도 한다. 간공(簡公)을 시해하고 그 아우인 평공(平公)을 세운 다음 스스로 재상이 되어 국정을 전단한다. 이후 진성자의 일족이 위세를 떨치다가 그 증손인 전화(田和)에 이르러서는 강공(康公)을 성주(城主)로 격하시키고 스스로 군주가 된다.

22) 간공(簡公) : 제(齊)나라의 군주로서 이름은 임(壬). 경공(景公)의 손자이고 도공(悼公)의 아들이다. 재위 4년 만에 자신이 중용했던 진성자(陳成子:陳恒, 田常)에 의해 죽음을 당한다. 감지(闞止)를 편애하여 진성자의 불만과 원한을 샀기 때문이다.

애공이 말했다.

"삼환에게 말해 보시오."

공자께서 말씀하셨다.

"나는 대부의 뒤를 좇는 처지이므로 감히 고하지 않을 수 없었던 것이나 임금께서는 삼환에게 말해 보라 하시는구나."

삼환에게 가서 말하니 불가하다 하자 공자께서 말씀하셨다.

"나는 대부의 뒤를 좇는 처지이므로 감히 고하지 않을 수 없었던 것이다."

陳成子弑簡公.孔子沐浴而朝,告於哀公曰:陳恒弑其君,請討之.公曰:告夫三子.孔子曰:以吾從大夫之後,不敢不告也.君曰,告夫三子者.之三子告,不可.孔子曰:以吾從大夫之後,不敢不告也.

- 弑(시) : 죽이다. 시해하다.
- 討(토) : 치다. 정벌하다. 토벌하다.
- 이 사건은 애공 14년, 공자 71세 때 있었던 일이다. 노나라와 인접한 대국 제나라에서 진성자陳成子:田常가 간공을 시해한 것은 노나라 입장에서는 대단히 중대한 국제적 사건이었다. 특히 간공은 즉위하기 전에 노나라에 있었고 제로 돌아가 임금이 되자 노나라에 있을 때 그가 총애한 감지闞止를 중용했는데 감지와 진성자 간의 알력을 조정하지 못한 것이 결국 자신에게까지 화를 초래하였다. 이후 국정을 전씨가 전단하다가 결국 증손자 대에 가서는 임금의 자리까지 차지하니 결국 제나라는 강姜씨의 나라에서 전田씨의 나라로 바뀌고 만다.
- 『좌전』에는 애공이 제나라보다 국력이 약하다는 이유로 부정적 입장을 표명하면서 계강자에게 건의해 보라고 하고 있으며 공자는 논어의 기록과는 달리 사양하고 계강자에게는 건의하지 않는다. 대체로 『좌전』의 기록이 더 구체적이고 사실성이 높다. 어쨌든 이 기록은 공자로부터 이야

기를 들은 어떤 사람의 전언을 거쳐 각각 논어와 『좌전』에 수록되었을 것으로 보이나 사실 여부에는 의혹이 없지 않다.

14/23

자로子路가 임금을 섬기는 일에 대해 묻자 선생님께서 말씀하셨다.
"속이지 말고 직간直諫하여라."

子路問事君.子曰:勿欺也,而犯之.

- 犯之(범지) : 임금의 낯빛을 살피지 않고 진실대로 말하는 것.
- 『禮記』에 나오는 다음 구절을 참고할 수 있다. "부모를 섬김에 있어서는 설혹 숨기게 될지언정 범해서는 안 되고 임금을 섬김에 있어서는 범하게 될지언정 숨겨서는 안 되며 스승을 모심에 있어서는 범해서도 안 되고 숨겨서도 안 된다."事親有隱無犯,…事君有犯而無隱,… 事師無犯無隱 『禮記』 檀弓上

14/24

선생님께서 말씀하셨다.
"군자는 위로 달통하고 소인은 아래로 달통한다."

子曰:君子上達,小人下達.

- 達(달) : 이르다. 달통하다.
- 上達과 下達에 대하여는 일찍이 황간皇侃이 上達을 인의仁義에 달통하는 것으로, 下達을 재리財利에 달통하는 것으로 본 것이 좀 단순하지만 근접한 해석이라 하겠다.

14/25

선생님께서 말씀하셨다.

"옛날의 배우는 사람들은 자기를 위해 배웠으나 요즈음의 배우는 사람들은 남을 위해 배운다."

子曰:古之學者爲己,今之學者爲人.

종래의 해석 선생님께서 말씀하셨다. "옛날의 배우는 사람들은 자기를 위해 배웠으나 요즈음의 배우는 사람들은 남에게 알려지기 위해 배운다."

- 爲己(위기) : 자기를 위하다. 자기 자신의 향상을 위하다.
- 爲人(위인) : 남을 위하다. 남의 향상을 위하다. 정자程子는 이 爲人을 "남에게 보여 알려지기 위한 것"爲人,欲見知於人也이라 하여 공자의 의도를 잘못 짚었으며 이후 우리나라의 모든 해석이 이 잘못된 정자의 해석을 좇고 있다.
- 남을 위해 배운다는 것은 오늘날의 상식에 의하면 당연함을 넘어 바람직한 일일 테지만 공자는 이를 부정적으로 보고 있다는 점을 주목할 필요가 있다. '남을 위하겠다'는 전제를 먼저 가질 경우 자신을 향상시킬 기제를 잃게 되고 자신의 향상이 없으면 남을 위한 모든 노력은 도로徒勞에 그칠 터이기 때문이다. 이 맥락을 이해하지 못하면 공자도 결코 이해할 수 없게 된다. 그에게 있어 남으로 가는 유일한 통로는 바로 자기 자신이었다.

14/26

거백옥蘧伯玉[23]이 공자께 사람을 보내자 공자께서 그와 더불어 앉아 물으셨다.

"그분께서는 무엇을 하고 계십니까?"

그가 대답했다.

"나리께서는 당신의 잘못을 적게 하려 하시나 아직 능히 그리하지 못하십니다."

심부름꾼이 나가자 선생님께서 말씀하셨다.

"훌륭한 심부름꾼이다. 훌륭한 심부름꾼이다."

蘧伯玉使人於孔子,孔子與之坐而問焉,日:夫子何爲?對日:夫子欲寡其過而未能也.使者出.子日:使乎!使乎!

- 使人(사인) : 사람을 보내다. 사람을 심부름시키다.
- 與之坐(여지좌) : 그와 더불어 앉다.

14/27

선생님께서 말씀하셨다.

"그 경지에 있지 않으면 그 사리를 논의할 수 없다."

---

23) 거백옥(蘧伯玉) : 위(衛)나라의 대부. 성은 거(蘧), 이름은 원(瑗), 자는 백옥(伯玉), 시호는 성자(成子). 공자보다 삼십 세 정도 연상이었으며 『사기』「공자세가」에 의하면 애공(哀公) 2년 공자가 재차 위나라에 갔을 때 그의 집에 유숙했다 한다. 『좌전』에도 그에 대한 기록이 보이는데 대부 손문자(孫文子)가 위령공을 축출하려 했을 때와 영희(甯喜)가 상공(殤公)을 시해하려 했을 때 각각 그런 일은 감히 할 수 없다고 거부하고 난리를 피해 국도(國都)를 떠났다고 한다. 공자는 그를 군자라고 말했고 오나라의 계찰(季札)도 위나라 순방 중에 그를 군자로 평했다.

子曰:不在其位,不謀其政.

종래의 해석 선생님께서 말씀하셨다. "그 직위에 있지 않으면 그 정무를 논의하지 않는다."

- 位(위) : 차원. 경지. 이를 세속적인 직위로 보게 되면 공자가 말하고자 하는 취지를 놓치게 된다.
- 8/15에 동일한 단편이 나온다.

14/28

증자께서 말씀하셨다.

"군자는 군자의 위상에서 벗어나지 않기를 생각한다."

曾子曰:君子思不出其位.

- 不出其位(불출기위) : 그 위상을 벗어나지 않다. 종래의 주된 해석은 位를 직위職位로 보고 있으나孔安國曰不越其職也 증자에게는 군자라는 존재 자체가 하나의 이상적 위상이었기 때문에 不出其位도 그 위상 바깥으로 벗어나지 않는 것을 의미하였을 것이다. 8/4~8에 드러난 증자의 삶의 자세도 그 점을 뒷받침하는 셈인데 전장에서 공자가 말하고 있는 位와는 약간 차원을 달리하는 것 같다. 두 이야기가 모두 세속적인 직위를 말하는 것은 아니지만 공자의 말은 자신이 확보한 경지位가 다른 사람들의 수준과 달라 서로 교유하지 못함을 안타까워하는 차원에 있고 증자의 말은 군자로서의 바람직한 위상位을 일탈할까 우려하는 수신守身의 차원에 있다. 다만 워낙 거두절미한 추상적 언급이라 『중용中庸』 제14장에 나오는 "군자는 자신의 현재 위치에 입각하여 행하고 그 바깥의 것을 원하지 않

는다"君子素其位而行,不願乎其外는 말과 같은 의미로 사용했을 가능성도 배제할 수 없다.

- 앞장과 같이 位라는 용어가 쓰이고 있지만 단편의 취지가 동일한 것은 아니다. 따라서 앞장과 합하여 해석하는 일부의 시도는 잘못이다. 주자도 앞장과는 분리시켜 보았다.
- 이 단편은 『역경』 간괘艮卦의 상사象辭로 쓰이고 있다. 증자의 말이 뒤늦게 『역경』에 편입되었을 것으로 본다.

14/29

선생님께서 말씀하셨다.

"군자는 자신의 말을 부끄러워하고 자신의 행동을 허물한다."

子曰:君子恥其言而過其行.

종래의 해석 선생님께서 말씀하셨다. "군자는 자신의 말이 자신의 행동보다 앞서는 것을 부끄러워한다."

- 過(과) : 여기서는 타동사로 허물하다, 나무라다, 견책하다라는 뜻으로 쓰였다. 용례로는『여씨춘추呂氏春秋』에 나오는 煩爲教而,過不識 등이 있다.
- 종래의 해석처럼 해석할 경우 而의 문장 내 역할이 애매해진다. 주자도 당연히 문장이 君子恥其言之過其行으로 되어야 할 것이라고 말했다『論語或問』. 실제 황간본皇侃本과 고려본高麗本에는 而가 之로 표기되어 있는데 이는 해석상 문제를 해결하기 위해 임의로 글자를 고친 것으로 보인다.
- 군자가 모든 말을 부끄럽게 여기고 모든 행동을 허물하는 것은 있을 수 없다고 보는 견해도 있겠으나 그것은 이 단편에서 경험적 요소를 사상捨象하고 단지 메마른 논리만을 보기 때문이다. 2/18의 "말에 잘못이 적고 행동에 뉘우침이 적으면 녹은 그 가운데에 있다"言寡尤,行寡悔,祿在其中矣는 말과 관련시켜 이해할 수 있다.

14/30

선생님께서 말씀하셨다.

“군자의 도道 세 가지가 있으나 나는 능히 해내지 못한다. 어진 자는 근심하지 않고 아는 자는 미혹되지 않으며 용기 있는 자는 두려워하지 않는다.”

자공이 말했다.

“선생님께서 스스로를 말씀하신 것이다.”

子曰:君子道者三,我無能焉.仁者不憂,知者不惑,勇者不懼.子貢曰:夫子自道也.

- 自道也(자도야) : 스스로를 말씀하신 것이다. 주자는 “道는 言이다”道言也 고 했다.
- 9/29에 동일한 구절이 나온다.

14/31

자공子貢이 남을 비평하니 선생님께서 말씀하셨다.

“사賜는 뛰어난가? 실로 나로서는 그럴 겨를이 없는데.”

子貢方人.子曰:賜也賢乎哉?夫我則不暇.

- 方(방) : 평가하다. 견주다比. 方은 원래 척도矩라는 뜻이니 곧 자를 들이대어 남을 재는 것을 말한다.
- 不暇(불가) : 여가가 없다. 겨를이 없다. 자신을 향상시키기에 바빠 남을 평할 겨를이 없다는 뜻.

14/32

선생님께서 말씀하셨다.

"남이 나를 알아주지 않음을 한탄할 것이 아니라 자신이 능히 그리하지 못함을 한탄하여라."

子曰:不患人之不己知,患其不能也.

- 其不能(기불능) : 자신이 능하지 못함. 이 능하지 못함은 1/16에서처럼 남을 알아보지 못함不知人으로 볼 수도 있고 일반적인 자질 함양의 부족으로 볼 수도 있으나 1/16과 문장이 극히 유사하고 不能이라는 말이 모종의 적극성을 지니고 있음을 고려할 때 남을 알아보지 못하는 것으로 해석함이 타당해 보인다.
- 1/16 不患人之不己知,患不知人也.
  4/14 不患無位,患所以立.不患莫己知,求爲可知也.
  14/32 不患人之不己知,患其不能也.
  15/19 君子病無能焉,不病人之不己知也
  네 단편이 모두 비슷하다. 다만 남이 나를 알아보지 못하는 것을 걱정하지 말라는 것은 네 단편이 동일하나 진정으로 걱정해야 할 것이 무엇인가 하는 데에 있어서는 1/16과 14/32는 "내가 남을 알아보는 것"이 제시되어 있는 반면 4/14와 15/19는 "남들이 알아줄 만한 능력을 갖추는 것"이 제시되어 있다. 그러나 그것도 본질로 들어가면 네 단편이 마찬가지라 하겠다.

14/33

선생님께서 말씀하셨다.

"사술詐術에 미리 대처하지 말고 믿지 않을 것이라고 억측하지 마라. 그럼에도 역시 그런 것을 먼저 깨닫는 사람이 곧 슬기로운 사람이다!"

子曰:不逆詐,不億不信.抑亦先覺者,是賢乎!

- 逆詐(역사) : 속이는 것에 미리 대비하다.
- 億(억) : 짐작하다. 억측하다.
- 抑亦(억역) : 그래도 역시. 13/20 硜硜然小人哉,抑亦可以爲次矣에 같은 용례가 있다.
- 사술과 불신이 난무하는 세상에서 어떻게 처신할 것인가를 가르친 현실감 있는 단편이다. 미리 그럴 것이라고 예상을 하게 되면 함께 저속해지고 그렇다고 상대방을 일방적으로 신뢰하면 어려움을 겪게 되니 두 결과를 모두 피할 수 있는 슬기로움을 갖추라는 말이다.

14/34

미생무微生畝[24]가 공자에게 말했다.

"구丘여, 무엇하러 이처럼 분주히 다니는가? 말재간을 부리기 위해서가 아닌가?"

---

24) 미생무(微生畝) : 微生은 성, 畝는 이름. 행적에 관해 알려진 바는 없으나 공자와의 대화 내용으로 미루어 공자보다 나이가 많았던 사람으로 보인다. 공야장/24에 나오는 미생고(微生高)와 동일인으로 보는 견해도 있으나 아무런 근거가 없으며 어쩌면 미생고와 혈족 관계에 있는 자였을 가능성은 있다. 그렇다면 공자와 같은 마을의 어른이 아니었을까 한다.

공자께서 말씀하셨다.

"감히 말재간을 부리기 위해서가 아닙니다. 병이 고질이 되어서입니다."

微生畝謂孔子曰:丘何爲是栖栖者與?無乃爲佞乎?孔子曰:非敢爲佞也.疾固也.

- 栖(서) : 어석대다. 싸다니다. 형병邢昺은 허둥거리다는 뜻으로 보았고栖栖猶皇皇也 정약용은 불안한 마음不安之意으로 보았다.
- 爲佞(위녕) : 말재간을 부리다. 유세의 솜씨를 발휘하다.
- 疾固也(질고야) : 병이 고질이 되어서입니다. 보통 "고루함을 미워해서입니다"로 해석하나 별로 적절해 보이지 않는다. 공자의 병은 천하의 타락을 스스로의 과제로 삼음으로써 비롯되었다 할 수 있다. 김종무金鍾武도 "버릇이 굳어진 것"이라 번역하면서 "공자는 부드럽게 자기 자신의 버릇이 본래 그런 거라고 받아넘기고 만 것"이라 해석하여 비슷한 견해를 피력하고 있다.(『논어신해論語新解』, 민음사, 1989)

14/35

선생님께서 말씀하셨다.

"천리마는 그 힘을 칭찬할 것이 아니라 그 덕을 칭찬할 것이다."

子曰:驥不稱其力,稱其德也.

- 驥(기) : 천리마. 하루에 천 리를 달릴 수 있다는 명마.
- 稱(칭) : 일컫다. 칭찬하다.
- 힘은 타고난 것일 수 있으나 덕은 노력에 의해 길러지기 때문에 덕을 칭찬하는 것이다.

14/36

누군가가 말했다.

"원한을 덕으로 갚는다면 어떻겠습니까?"

선생님께서 말씀하셨다.

"덕에 대해서는 그럼 무엇으로 갚겠느냐? 원한에 대해서는 곧음으로 갚고 덕에 대해서는 덕으로 갚아야 할 것이다."

或日:以德報怨,何如?子日:何以報德?以直報怨,以德報德.

- 報(보) : 응답하다. 갚다. 보답하다.
- 直(직) : 곧음. 원리원칙.

14/37

선생님께서 말씀하셨다.

"아무도 나를 알지 못하는구나!"

자공子貢이 말했다.

"어찌 선생님을 알지 못하기야 하겠습니까?"

선생님께서 말씀하셨다.

"하늘을 원망하지 않았고 사람을 탓하지 않았으며 아래로 배워 위에 달했다. 나를 아는 자는 저 하늘이구나!"

子日:莫我知也夫!子貢日:何爲其莫知子也?子日:不怨天,不尤人,下學而上達,知我者其天乎!

- 何爲其~也(하위기~야) : 어찌 ~ 하겠습니까? 부정하는 뜻이 포함되어 있다. 6/26에 같은 용례로 何爲其然也가 있다.
- 尤(우) : 탓하다. 허물하다.
- 不怨天,不尤人(불원천, 불우인) : 하늘을 원망하고 남을 탓하는 한 결코 자기 변혁이 가능하지 않다. 깨어진 독에는 물을 채울 수 없듯이 자기 변혁이 가능하기 위해서는 먼저 이 두 누수처漏水處를 막는 것이 필요하다. 6/3에서 안연이 말하고 있는 不遷怒가 바로 그것이다.
- 이 단편은 공자가 평생을 통해 얻은 인생관, 세계관을 누구와도 공유하지 못하고 있는 데에 따른 쓸쓸한 감회를 표명한 드문 단편이다.

14/38

공백료公伯寮[25]가 계손씨季孫氏에게 자로를 참소하자 자복경백子服景伯[26]이 그 사실을 선생님께 알리며 말했다.

"그분은 확실히 공백료에 대해 미혹된 신임을 지니고 있지만 나의 힘은 오히려 그를 참시하여 광장에 내걸 수 있습니다."

선생님께서 말씀하셨다.

"도道가 장차 행해지는 것도 명이고 도가 장차 폐하는 것도 명이다. 공백료가 명을 어떻게 하겠는가!"

---

25) 공백료(公伯寮) : 노나라 사람. 성은 공백(公伯), 이름은 료(寮), 자는 자주(子周). 『사기』「중니제자열전」에서는 공자의 제자라 하나 주변 인물로 보는 것이 적절할 듯하다.

26) 자복경백(子服景伯) : 노나라의 대부. 성은 자복(子服), 이름은 하(何), 경(景)은 시호, 백(伯)은 자라 한다. 맹씨가의 일족이었던 만큼 신분도 비교적 높은 사람이었다. 『좌전』의 기록에 따르면 그는 제후의 회맹과 종묘사직의 제사를 담당했던 것으로 보이는데 예(禮)에 관해 해박한 지식을 지니고 있었고 외교적 담판능력도 탁월했다. 공자학단에 우호적이었고 외교 교섭에 나설 때 자공을 대동하고 간 적도 있었다.

公伯寮愬子路於季孫.子服景伯以告曰:夫子固有惑志於公伯寮.吾力猶能肆諸市朝.子曰:道之將行也與,命也.道之將廢也與,命也.公伯寮其如命何!

- 愬(소) : 참소하다.
- 固(고) : 확실히. 진실로.
- 惑志(혹지) : 미혹된 신임. 志는 신임. 『좌전』에 不得志於季氏계씨로부터 신임을 얻지 못하다 등의 표현이 나온다.(정공 8년)
- 肆諸市朝(사저시조) : 그를 참시하여 시체를 저자와 조정에 내걸다. 肆는 죽여 시체를 내거는 것陳示을 말한다. 諸는 之於로서 之는 공백료를 가리킨다. 市朝는 처형하여 시체를 내거는 장소다. 市는 저자거리를, 朝는 백관과 부서가 늘어선 곳百官府署之所列也-丁若鏞을 말한다. 대부 이상의 신분을 가진 사람을 처형할 때는 朝에서 행하고 사士 이하 신분을 가진 사람을 처형할 때는 市에서 행한다고 한다. 그러나 『고공기考工記』에 의하면 "앞에는 조정, 뒤에는 저자를 짓는다"面朝後市고 했으니 결국 이곳은 같은 장소라 해도 과언이 아니다. 『예기』 단궁편에도 遇諸市朝라는 말이 나온다. 유보남劉寶楠은 이것이 市中官治之所로서 전술한 처형 장소인 市 또는 朝와는 다른 곳이라고 하나 정약용은 이를 같은 곳으로 보고 있다. 여기서는 광장이라 의역하였다.
- 이 사건이 애공 14년(혹은 15년) 자로가 노나라를 떠나 위나라로 되돌아간 계기가 된 것 같다.

14/39

선생님께서 말씀하셨다.

"현자는 세상을 피한다. 그다음 단계의 사람은 땅을 피하고 그다음 단계의 사람은 얼굴빛을 피하고 그다음 단계의 사람은 말을 피한다."

子曰:賢者辟世,其次辟地,其次辟色,其次辟言.

- 辟(피) : 피하다. 기피하다. 避와 같음.
- 辟地(피지) : 땅을 피하다. 즉 세상을 피하지는 않지만 특정의 지역 또는 나라를 피하다.
- 辟色(피색) : 낯빛을 피하다. 세상도 지역도 피하지 않지만 얼굴빛을 숨겨 일신을 피하다.
- 18/6에 "辟人之士를 따르기보다는 차라리 辟世之士를 따르는 것이 어떻겠는가?" 하는 말이 나온다.
- 전형적인 도가적 가치관을 반영하고 있을 뿐 아니라 이어지는 세 단편이 도가적 분위기에 젖어 있는 것을 볼 때 위작으로 여겨진다.
- 이 단편 이하 수개의 단편과 제18 미자편의 다수 단편은 도가적 사상을 반영한 것으로 대부분 공자와 관련 없는 전국시대의 위작들이다. 더욱 악화된 현실 속에서 유가적 사유가 세속화되는 등 더 이상 힘을 쓸 수 없게 되자 관념의 힘이 더욱 강화된 도가적 사유가 출현하며 그 중 일부가 논어에까지 유입된 것으로 보인다.

14/40

선생님께서 말씀하셨다.
"지은 자는 일곱 사람이었다."

子曰:作者七人矣.

- 作者(작자) : 지은 자. 혹은 일어난 자로 볼 수도 있다. 이를 앞장과 연결지어 辟世 내지 辟言한 자로 보는 것이 전통적 입장이나 무리한 결부라

여겨진다. 대체로 이 단편은 그 의미와 기록 취지를 알 수 없는 것으로 유보해 두는 것이 좋을 듯하다.

14/41

자로子路가 석문에서 숙박할 때 문지기가 말했다.

"어디에서 오시오?"

자로가 말했다.

"공씨孔氏의 문하에서 왔습니다."

문지기가 말했다.

"안 될 줄 알면서도 하는 그 사람 말이오?"

子路宿於石門.晨門曰:奚自?子路曰:自孔氏.曰:是知其不可而爲之者與?

- 石門(석문) : 노나라 성의 외문外門이라는 설도 있고 제나라의 한 지명이라는 설도 있다.
- 晨門(신문) : 문지기. 아침마다 성문을 여는 직분을 맡은 사람. 晨은 새벽, 아침 일찍.
- 奚自(해자) : 어디로부터? 하는 의문문.
- 知其不可而爲之者(지기불가이위지자) : 안 될 줄 알면서도 하는 자. 상식적으로 안 될 줄 알면 하지 않아야 하는데 공자는 하기 때문에 상식을 초월하는 기인이라는 의미와 상식에 미달하는 어리석은 사람이라는 의미가 혼재되어 있다. 어차피 유가와 도가가 만나는 경계선의 논리이기 때문에 애매함과 양의성ambiguity을 지니고 있다.

14/42

선생님께서 위나라에서 경磬을 치실 때 어떤 자가 삼태기를 지고 공씨의 집 문 앞을 지나가면서 말했다.

"마음이 담겨 있구나, 경 치는 것이!"

얼마 있다가 또 말했다.

"비속하구나. 저 깐깐한 소리! 아무도 자기를 알아주지 않아도 자기만으로 그치고 마는구나. '깊으면 옷을 입은 채로 건너고 얕으면 옷을 걷고 건넌다'고 하지 않았는가?"

선생님께서 말씀하셨다.

"과감하구나! 어려움이 없겠다."

子擊磬於衛,有荷蕢而過孔氏之門者,曰:有心哉,擊磬乎!旣而曰:鄙哉,硜硜乎!莫己知也,斯己而已矣.深則厲,淺則揭.子曰:果哉!末之難矣.

- 磬(경) : 나무로 만든 틀에 옥이나 돌로 만든 ㄱ자 모양의 경쇠를 매달아 긴 쪽의 끝을 각퇴角槌로 쳐서 소리를 낸다. 열여섯 개의 경쇠를 여덟 개씩 상하 두 줄로 매단 것을 편경編磬이라 하고 한 개의 경쇠만을 매단 것을 특경特磬이라 한다.
- 荷蕢(하궤) : 삼태기를 지다. 荷는 짊어지다. 蕢는 삼태기.
- 旣而(기이) : 얼마 후. 나중에. 관용적慣用的 표현이다.
- 硜硜乎(갱갱호) : 저 깐깐한 소리!
- 斯己而已矣(사기이이의) : 주자 이후 원문을 斯已而已矣로 보았으나 완원阮元의 『논어주소교감기論語注疏校勘記』에 의하면 당석경唐石經, 『경전석문經典釋文』, 『형병소邢昺疏』 등을 참고할 때 과거에는 원문을 일관되게 斯己而已矣로 보았고 斯已而已矣는 송유들의 잘못된 읽기에서 비롯되었다

한다. 己는 자기. 斯己而已矣는 자기만으로 그치다. 남이 자기를 알아주든 말든 자기만 완벽히 하는 것으로 그치다.

- 厲(려) : 옷 입고 물 건너다以衣涉水.
- 揭(게) : 옷 걷고 물 건너다褰衣涉水.
- 深則厲,淺則揭(심즉려, 천즉게) : 『시경』 패풍邶風에 나오는 시 포유고엽匏有苦葉의 한 구절. 『초사楚辭』에 나오는 滄浪之水清兮,可以濯吾纓.滄浪之水濁兮,可以濯吾足과 비슷한 이념을 띠고 있다. 즉 道도 경직되어서는 안 되며 세상이 맑으면 맑은 대로 흐리면 흐린 대로 그에 맞추어 응변해야 함을 말한다.
- 果哉!末之難矣(과재!말지난의) : 공자가 荷蕢者의 말을 가볍게 물리친 것으로 보는 것이 보통이지만 이 단편이 도가적 입장에서 만들어진 위작임을 고려하면 찬탄한 것으로 보는 것이 옳지 않나 한다. 즉 세상과의 차별성을 내세우며 자신만 지키려는 소은적小隱的 자세보다 시정市井에 숨는 대은적大隱的 자세를 더 높이 보는 도가적道家的 인식이 반영되어 있는 듯하다.

14/43

자장子張이 말했다.

"서書에 말하기를 '고종高宗[27]께서는 복상服喪하는 삼 년 동안 말씀을 아니 하셨다' 하는데 무슨 뜻입니까?"

선생님께서 말씀하셨다.

"어찌 고종만 그랬겠느냐? 옛사람들은 다 그랬으니 임금이 돌아가시면 백관들은 자기 일을 총괄하며 삼 년간 총재冢宰의 지휘를 따랐다."

---

27) 고종(高宗) : 은(殷)나라를 중흥한 임금으로 이름은 무정(武丁). 소을제(小乙帝)의 아들이다. 부열(傅說)이라는 인물을 등용하여 은나라를 흥기시켰다.

子張曰:書云,高宗諒陰,三年不言,何謂也?子曰:何必高宗?古之人皆然.君薨,百官總己以聽於冢宰,三年.

- 諒陰(양음) : 『서경』에는 亮陰, 『예기』에는 양암諒闇, 『한서漢書』에는 양음凉陰으로 되어 있다. 해석도 일정치 않아 원래 임금이 상중에 머무는 방을 뜻하다가 나중에는 임금의 복상服喪 자체를 말하게 된 것으로 보인다.
- 三年不言(삼년불언) : 삼 년 동안 말을 하지 않다. 『서경』說命上, 無逸과 논어에는 복상함으로 인하여 말을 하지 않은 것으로 되어 있으나 『사기』「은본기殷本紀」에 의하면 고종이 자신을 보좌해 줄 인물을 찾지 못해서 삼 년 동안 말을 하지 않고 정사는 총재冢宰에게 맡긴 채 나라의 기풍만을 유심히 관찰한 것으로 되어 있다. 전설이 정착되어 있지 않았음을 보여 주는 것이라 하겠다.
- 總己(총기) : 자기 직책을 총괄하다.總攝己職:朱子
- 聽(청) : 지휘를 따르다. 좇다從
- 冢(총) : 재상에 해당하는 벼슬 이름天官冢宰.
- 『예기』「단궁하檀弓下」편에 유사한 문장이 나온다.

  子張問曰:書云,高宗三年不言,言乃讙,有諸?仲尼曰:胡爲其不然也.古者天子崩,王世子聽於冢宰三年.

14/44

선생님께서 말씀하셨다.
"윗사람이 예를 좋아하면 백성들을 부리기가 쉽다."

子曰:上好禮則民易使也.

- 易使(이사) : 부리기 쉽다. 지휘에 잘 따르다.

- 17/4에도 小人學道則易使也라는 비슷한 시각의 단편이 있다.

14/45

자로가 군자에 대해 묻자 선생님께서 말씀하셨다.

"경敬으로써 자신을 닦는다."

자로가 말했다.

"그러할 뿐입니까?"

선생님께서 말씀하셨다.

"자신을 닦아 사람들을 편안케 한다."

자로가 말했다.

"그러할 뿐입니까?"

선생님께서 말씀하셨다.

"자신을 닦아 백성을 편안케 한다. 자신을 닦아 백성을 편안케 하는 것은 요임금과 순임금도 오히려 부심했던 것이다."

子路問君子.子日:脩己以敬.日:如斯而已乎?日:脩己以安人.日:如斯而已乎?脩己以安百姓.脩己以安百姓,堯舜其猶病諸.

- 敬(경) : 공경, 경건, 외경 등과 관련되지만 정확한 우리말 역어가 없다. 이 敬은 훗날 성리학에서 중요한 개념이 되었다.
- 脩己以敬(수기이경) : 경敬으로써 자신을 닦는다. 수기修己로써 경敬한다는 해석은 의미상 옳지 않다. 따라서 뒤에 나오는 脩己以安人이나 脩己以安百姓과는 以의 해석 방향이 다르다.
- 如斯而已乎(여사이이호) : 그러할如斯 따름입니까? 이 말에는 군자라는 존재의 규정이 너무 작아 보인다는 자로의 불만이 섞여 있다. 따라서 "그렇게만 하면 됩니까?"로 번역하는 것은 잘못이다. 세 차례에 걸친 공자

의 대답은 모두 동일한 내용을 점점 알기 쉽게 보여 준 것일 뿐 단계별로 차원이 점점 높아지는 것은 아니다.

- 病諸(병저) : 病之乎. 그것을 병으로 여기다. 그것에 대해 부심하다.
- 세상에 무언가 기여하고 싶어 하는 자로의 거친 의욕을 상대로 공자는 단지 군자는 "경으로써 자신을 닦는다"는 말을 한다. 그것은 엄청난 것이지만 자로에게는 보잘것없는 것처럼 들린다. 그래서 겨우 그것이냐고 두 번이나 반문을 하는 것이다. 이에 공자는 安人과 安百姓으로 범위를 확대하지만 핵심은 여전히 修己일 뿐이다. 그리고 그것은 요순도 채 달성하지 못했던 목표임을 강조한다. 이 단편은 공자 사상의 핵심을 이루는 것으로서 훗날 『대학大學』의 핵심 주제가 된다.

14/46

원양原壤[28]이 다리를 오그리고 앉아 기다리자 선생님께서 말씀하셨다.

"어려서는 불손하였고 자라서는 한 일이 없으며 늙어서는 죽지도 않으니 이는 곧 도적이다."

지팡이로 그의 무릎을 치셨다.

原壤夷俟.子曰:幼而不孫弟,長而無述焉,老而不死,是爲賊.以杖叩其脛.

28) 원양(原壤) : 공자의 고향 사람으로 성은 원(原), 이름은 양(壤). 공자와는 어릴 적부터 잘 아는 사이였던 것으로 보인다. 『예기』 단궁하편에 다음과 같은 기록이 있다. 원양의 어머니가 죽었을 때 공자가 곽을 다스렸다. 원양이 재목 위에 올라가 불손한 노래를 부르는 데도 공자가 모른 척하자 제자가 물었다. "선생님께서는 그와의 관계를 아직 끊지 않으셨습니까?" 공자는 이렇게 말했다. "친한 자와는 그 친함을 잃지 말고 오랜 자와는 그 오램을 잃지 말라고 들었다."

- 夷(이) : 두 다리를 앞으로 내어 구부리고 앉다. 호씨胡氏는 다리를 뻗고 앉는 것箕踞이라 하고 주자는 무릎을 세우고 앉는 것蹲踞이라 하여 서로 상반된 해석을 하고 있다. 박세당은 夷에 반듯하다는 뜻이 있다는 이유로 호씨의 말을 지지하고 있으나 지팡이로 무릎을 쳤다는 점에서 보면 주자의 견해가 더 타당하지 않나 한다.
- 俟(사) : 기다리다.
- 述(술) : 잇다. 좇다. 황간皇侃은 無述을 "본받아 이은 바가 없는 것"無所效述也으로 풀이했고 형병邢昺은 "덕행이 없어 칭송하지 않는 것"無德行不稱述으로 풀이했다. 주자는 "述은 稱과 같다"述猶稱也고 하여 형병의 해석을 따르고 있지만 황간의 해석적 입장이 더 낫다고 본다.
- 叩(고) : 두드리다. 치다.
- 脛(경) : 무릎. 정강이.

14/47

궐闕 마을의 아이가 말 심부름을 하고 있을 때 어떤 사람이 물었다.

"더 나아지려 하는 아이입니까?"

선생님께서 말씀하셨다.

"나는 그가 어른들의 자리에 앉아 있는 것을 보았고 연장자들과 나란히 걸어가는 것을 보았다. 더 나아지기를 구하는 아이가 아니라 빨리 이루어지기를 바라는 아이다."

闕黨童子將命.或問之曰:益者與?子曰:吾見其居於位也,見其與先生並行也.非求益者也,欲速成者也.

- 闕黨(궐당) : 궐闕이라는 이름의 마을. 당黨은 500호의 마을. 공자가 살던 마을이며 궐리闕里라고도 불리었다.

- 將命(장명) : 명을 받들다. 주인과 손님의 말을 양편에 전하여 통하게 함. 정약용에 의하면 將은 '받들다'奉는 의미다.將猶奉也
- 益者(익자) : 더 나아지려는 자.
- 先生(선생) : 먼저 태어난 자. 연장자. 웃어른.
- 欲速成者(욕속성자) : 빨리 이루어지기를 바라는 자. 여기서 欲速成은 앞에 나오는 益이 점진적인 자기 향상을 뜻하는 것과 달리 그 결과成에만 연연한 것을 뜻한다.
- 다자이 준太宰純은 공자가 궐 마을에 갔을 때 마을 사람이 동자에게 말 심부름을 시켰고 이때 어떤 사람이 그가 將命을 지혜롭게 하는 것을 보고 공자에게 그가 장래성이 있지 않으냐고 물은 것으로 보았다. 추정한 것에 지나지 않지만 일리 있는 상황 설정이라 생각한다.

15
위령공衛靈公

거의 모든 장이 공자의 교훈으로 구성되어 있는데 군자의 발군한 차별성과 함께 군자가 나아가야 할 방향이 선명하게 제시되어 있다. 이인편과 더불어 논어 중에서 비교적 지적 수준이 높은 편에 속한다.

15/1

위령공衛靈公이 공자께 진陣치는 법에 대해 묻자 공자께서 대답하셨다.

"제기祭器를 다루는 일이라면 일찍이 들은 것이 있으나 군사軍事에 대해서는 미처 배우지 못했습니다."

이튿날 결국 떠나셨다.

衛靈公問陳於孔子.孔子對曰:俎豆之事則嘗聞之矣.軍旅之事,未之學也.明日遂行.

- 衛靈公(위령공) : 위나라 임금. 부인 남자南子에게 빠져 정사를 그르친 우군愚君이었다. 14/20 각주 참조.
- 陳(진) : 陣과 통하며 군진軍陣, 즉 용병用兵에 관한 일을 말함.
- 俎豆之事(조두지사) : 俎와 豆는 모두 제기祭器. 따라서 俎豆之事는 '제례에 관한 일'을 말함.
- 軍旅之事(군려지사) : 군사에 관한 일. 원래 旅에는 무리衆란 뜻이 있는데 주례周禮에 따르면 500명의 병력을 旅라 하고 1만 2천 500명의 병력을 軍이라 한다.
- 遂(수) : 결국. 마침내.

15/2

진나라에 계실 때 양식은 떨어지고 종자들은 병이 나 일어나지를 못했다. 자로子路가 화가 나서 뵙고 말했다.

"군자에게도 궁함이 있습니까?"

선생님께서 말씀하셨다.

"군자는 궁하더라도 참고 견디나 소인은 궁하면 선을 넘는다."

在陳絕糧,從者病,莫能興.子路慍見,日:君子亦有窮乎?子日:君子固窮,小人窮斯濫矣.

- 陳(진) : 진나라. 노나라의 남서쪽에 있던 작은 나라. 순임금의 후예가 책봉된 나라로 북방의 제齊나라, 진晉나라, 남방의 초楚나라, 오吳나라 등 강대국 사이에 끼어서 많은 고통을 받았다. 공자는 12년에 걸친 외유 중 진나라에 약 3년 간 머물렀는데 공자가 서거한 이듬해에 결국 초나라에 의해 멸망하고 말았다.
- 莫能興(막능흥) : 일어나지 못하다.
- 固窮(고궁) : 궁함을 견디다. 궁함을 참다. 정이천程伊川의 固窮,固守其窮也에 따른 것이다. 이율곡은 그의 『언해본諺解本』에서 "군자는 본디 궁하거니와"로 새기고 있다. 가능성은 있으나 택하기는 어려운 해석이다.
- 濫(람) : 넘치다溢. 선을 넘다.
- 공자와 제자들이 왜 진나라에서 이런 어려움을 겪었는지는 어떤 문헌에도 자세한 기록이 없어 알 수 없다. 다만 『맹자』「진심하」편에 "그 나라 군신들과의 교제가 없었기 때문"無上下之交也이라는 막연한 말이 기록되어 있을 뿐이다.

선생님께서 말씀하셨다.

"사賜야, 너는 나를 많이 배워서 아는 자로 보느냐?"

자공이 대답했다.

"그렇습니다. 그렇지 않습니까?"

선생님께서 말씀하셨다.

"그렇지 않다. 나는 하나로써 모든 것을 꿰고 있단다."

子曰:賜也,女以予爲多學而識之者與?對曰:然.非與?曰:非也.予一以貫之.

- 賜(사) : 자공子貢의 이름.
- 識(식) : 알다. 파악하다. '기억하다'는 뜻도 있으나 여기서는 '알다'로 번역하는 것이 더 적합하다. 知는 생각하여 아는 것, 識은 보고 들어서 아는 것으로 이해하면 된다.
- 一以貫之(일이관지) : 하나로써 그것을 꿰다. 一은 모든 일원론적 종교나 철학에서 볼 수 있는 최고의 자명한 존재를 말한다. 일관성一貫性이라는 말이 이 구절에서 비롯되었다.
- 공자가 7/30에서는 多見而識之를 제자들에게 학문의 방법으로 권장하면서 이 단편에서는 多學而識之를 공자 자신의 경지가 아니라고 하고 있는 것은 대화의 상황과 목적이 서로 다름에 따른 것으로 모순된다고 할 수 없다.

15/4

선생님께서 말씀하셨다.
"유由야, 덕을 아는 자는 드물구나."

子曰:由,知德者鮮矣.

- 由(유) : 자로子路의 이름. 뒤에 也가 붙어 있지 않다. 그의 나이를 의식한 것이라 본다. 2/17에서도 같다. 다만 위작으로 보이는 17/8에서는 다르다.
- 자로에게 이 말을 들려주고 있다는 것은 자로야말로 덕을 알 필요가 있음을 은근히 일러주고 있는 셈이다.

15/5

선생님께서 말씀하셨다.

"아무것도 하지 않고 다스린 이는 곧 순임금이실 게다. 실로 무엇을 하셨겠느냐? 스스로를 공경히 한 채 똑바로 남면하셨을 뿐이다."

子曰:無爲而治者,其舜也與.夫何爲哉?恭己正南面而已矣.

- 無爲而治(무위이치) : 아무것도 함이 없이 다스리는 것. 無伐善,無施勞(5/26), 己所不欲,勿施於人(12/2)과 관련이 있다. 공자의 이러한 정신은 후에 노자老子를 위시한 황로黃老 사상에 나오는 무위 사상의 남상濫觴이 된다.
- 南面(남면) : 임금이 남쪽을 향해 정좌하는 것. 임금의 일이란 방향을 바로 잡는 것일 뿐임을 말한다. 6/1에도 나오고 있다.
- 너무나도 중요한 단편으로 정치는 무언가를 '하는' 것이 아니라 위정자가 스스로의 자세를 바르게 갖추는 것에 불과함을 말하고 있다. 이 단편을 제대로 이해하지 못하고는 논어를 이해했다고 할 수 없다. 2/1의 爲政以德,譬如北辰,居其所,而衆星共之를 참고할 수 있다.

15/6

자장이 행해짐에 대해 묻자 선생님께서 말씀하셨다.

"말이 진실 되고 믿음직하며 행동이 극진하고 경건하면 비록 야만한 나라에서라도 행해질 것이지만 말이 진실 되지 않고 믿음직하지 않으며 행동이 극진하지 않고 경건하지 않으면 비록 문명한 곳에선들 행해지겠느냐? 서면 그것이 바로 앞에 늘어서 있음을 보고 수레에 타면 그것이 멍에에 걸려 있음을 본다면 그런 후에야 행해질 것이다."

자장子張이 그 말씀을 띠에 적었다.

子張問行.子曰:言忠信,行篤敬,雖蠻貊之邦行矣.言不忠信,行不篤敬,雖州里行乎哉?立則見其參於前也,在輿則見其倚於衡也,夫然後行.子張書諸紳.

- 行(행) : 행해짐. 세상에 받아들여져 통하는 것.
- 蠻貊(만맥) : 오랑캐. 蠻은 남쪽 오랑캐南蠻, 貊은 북쪽 오랑캐의 일종.
- 州里(주리) : 사방의 오랑캐 땅을 제외한 중국 땅을 일컫는 말. 州는 고대 중국의 지방 행정 단위로 순임금이 처음 중국 전역을 12개 州로 나누었다 한다. 통상 九州로 분류하기도 한다. 里는 500호를 기준으로 한 세분된 행정 단위.
- 參(참) : 참여하다. 벌여서다. 늘어서다.
- 衡(형) : 수레 멍에. 횡목橫木.
- 諸(저) : 之於의 발음상 준말.
- 紳(신) : 큰 띠大帶. 옷의 허리띠. 늘어진 띠 자락에 썼을 것이다.

15/7

선생님께서 말씀하셨다.

"곧구나, 사어史魚[1]는! 나라에 도가 있어도 화살 같이 곧았고 나라

---

1) 사어(史魚) : 위(衛)나라의 대부. 사(史)는 성이라는 설과 관직명이라는 설이 있다. 자는 자어(子魚), 이름은 추(鰌). 공자보다 한 세대 정도 앞선 인물이다. 오(吳)의 계찰(季札)이 그를 군자라 칭했다. 『신서(新書)』 등에 다음과 같은 기록이 있다. 사어는 평소 영공(靈公)에게 거백옥(蘧伯玉)을 등용하고 소인배인 미자하(彌子瑕)를 물리칠 것을 자주 간했지만 영공은 듣지 않았다. 죽음에 임하여 그는 아들에게 "내가 조정에 있으면서 현자인 거백옥을

에 도가 없어도 화살 같이 곧았다. 군자로구나, 거백옥蘧伯玉은! 나라에 도가 있으면 벼슬을 하고 나라에 도가 없으면 거두어 품을 줄 알았다."

子曰:直哉!史魚.邦有道如矢,邦無道如矢.君子哉!蘧伯玉.邦有道則仕,邦無道則可卷而懷之.

- 如矢(여시) : 화살 같다. 화살 같이 곧다.
- 蘧伯玉(거백옥) : 위衛나라의 대부. 14/26 각주 참조.
- 仕(사) : 벼슬하다. 관직을 갖다. 관직에 나아가다.
- 卷(권) : 거두다. 거두어들이다. 捲과 통함.
- 懷(회) : 품다. 간직하다. 7/11에 나오는 藏과 비슷한 의미다.

15/8

선생님께서 말씀하셨다.

"함께 말할 만한데도 말하지 않는 것은 사람을 잃는 것이고 함께 말할 만하지 않은데도 말하는 것은 말을 잃는 것이다. 지혜로운 자는 사람을 잃지도 않고 말을 잃지도 않는다."

子曰:可與言而不與言,失人.不可與言而與之言,失言.知者不失人,亦不失言.

등용케 하지 못하고 소인배인 미자하를 물리치게 하지 못했다. 이는 주군을 올바로 받들지 못한 것이니 나의 빈소를 정당(正堂)에 차리지 말고 북당(北堂)에 차려라" 하고 말했다. 영공이 조문을 와서 그 까닭을 묻자 아들이 사실대로 고했다. 이에 영공이 크게 깨닫고 그의 빈소를 정당(正堂)에 차리게 한 다음 미자하를 내치고 거백옥을 등용하였다. 공자가 이 이야기를 듣고 "그 옛날 어느 누구도 사어처럼 죽어서까지 시간(屍諫)한 자는 없었다. 사어야말로 곧다(直) 하리라" 하였다. 물론 『신서』의 기록이니만큼 신빙성은 낮다.

- 6/21의 "중급中級 이상의 사람에게는 상급上級의 말을 해줄 수 있으나 중급 이하의 사람에게는 상급의 말을 해줄 수 없다"와 서로 통하는 단편이다.

15/9

선생님께서 말씀하셨다.

"뜻 있는 선비와 어진 사람은 목숨을 구걸하기 위해 어짊을 해치는 일이 없으며 제 몸을 희생시켜서라도 어짊을 이룬다."

子曰:志士仁人,無求生以害仁,有殺身以成仁.

- 害仁(해인) : 어짊을 해치다. 어짊을 희생하다. 어짊을 포기하다.
- 殺身(살신) : 몸을 죽이다. 목숨을 바치다.
- 어짊이 사소한 덕성에 그치는 것이 아니라 목숨을 걸고 지켜야 할 만큼 가치 있고 필수적인 덕성임을 천명한 것이다.
- 오늘날 이 살신성인이라는 말은 주로 의사자義死者들에게 사용됨으로써 원래 의미가 단순화된 측면이 있다. 문화적 배경의 이질성 등이 주는 생경함에도 불구하고 살신성인의 참뜻을 이해함에 있어 거의 완벽한 역사적 사례를 들자면 역시 신약시대를 연 계기가 되었던 저 나사렛 청년의 죽음을 들 수 있다.

15/10

자공子貢이 어짊을 추구하는 것에 대해 묻자 선생님께서 말씀하셨다.

"장인이 자기 일을 잘하려면 반드시 먼저 자신의 연장을 벼리듯이 어느 한 나라에 거하게 되면 그 나라 대부 중에서 현명한 자를 섬기고 그 나라 선비 중에서 어진 자를 벗해야 한다."

子貢問爲仁.子曰:工欲善其事,必先利其器.居是邦也,事其大夫之賢者,友其士之仁者.

- 問爲仁(문위인) : 대부분의 질문 사례는 問仁인데 여기서는 問爲仁이다. 어짊 자체에 대한 물음이 아니라 어짊의 구현을 묻는 점이 問仁과 다르다.
- 工(공) : 장인匠人. 물건 등을 만드는 사람.
- 善(선) : 잘 하다.
- 利(리) : 벼리다. 날카롭게 하다.
- 器(기) : 도구. 연장.
- 공자의 진술 중에서는 결코 흔치 않은 구체적 처방이다. 이 단편은 공자가 여러 나라를 전전하며 취했던 행동이 구체적으로 어떤 모습이었는가, 또 그 목적이 어디에 있었는가를 짐작케 해주는 귀중한 정보를 담고 있다.

15/11

안연顔淵이 나라 다스리는 것에 대해 묻자 선생님께서 말씀하셨다. "하나라의 역법曆法을 쓰고 은나라의 수레를 타며 주나라의 관을 쓰되 음악은 소무韶舞로 하여라. 정나라 소리를 추방하고 말 잘하는 자를 멀리하여라. 정나라 소리는 음란하고 말 잘하는 자는 위태롭다."

顔淵問爲邦.子曰:行夏之時,乘殷之輅,服周之冕,樂則韶舞.放鄭聲,遠佞人.鄭聲淫,佞人殆.

- 時(시) : 역법曆法. 연월일을 정하는 방법.

- 輅(로) : 큰 수레.
- 冕(면) : 머리에 쓰는 관. 면류관.
- 韶舞(소무) : 순임금의 음악과 춤. 팔일무八佾舞, 육일무六佾舞처럼 춤이 음악과 동시에 연주되는 경우가 많았으므로 순임금의 음악과 춤을 韶舞라 칭했을 것이다.
- 鄭聲(정성) : 정鄭나라의 음악. 오吳나라의 현인 계찰季札은 일찍이 노나라를 예방하여 각국의 음악 연주를 들은 후 정나라의 음악에 대해 평하기를 "아름답기는 하나 그 섬세함이 너무 심하여 백성들이 마침내 감당하지 못하여 나라가 멸망에 이를 수도 있는 위험한 음악"이라 하였다(『좌전』 양공 29년)

15/12

선생님께서 말씀하셨다.
"사람이 먼 생각이 없으면 반드시 가까운 근심이 있다."

子曰:人無遠慮,必有近憂.

- 일각에서 먼 생각遠慮을 먼 훗날을 고려하는 것으로, 가까운 근심近憂을 가까운 장래의 근심으로 보는 것은 잘못된 것이다. 여기서 멀고 가까움은 꼭 시간적인 것만은 아니다.
- 먼 생각과 가까운 근심이 상관관계에 있음을 주목할 일이다. 즉 먼 생각이 없지만 가까운 근심도 없는 경우는 없다는 뜻이다.

15/13

선생님께서 말씀하셨다.
"다 되었나 보다! 나는 보임새 좋아하듯 덕을 좋아하는 자를 보지 못하였다."

子曰:已矣乎!吾未見好德如好色者也.

종래의 해석 선생님께서 말씀하셨다. "다 되었나 보다! 나는 여색 좋아하듯 덕을 좋아하는 자를 보지 못하였다."

- 已矣乎(이의호) : 다 되었나 보다. 말세로다. 9/17 吾未見好德如好色者也의 앞에 已矣乎가 추가된 형태다. 이 말은 단순히 호덕자가 드문 현상을 지적한 것이기를 넘어 그 현상을 깊이 한탄하고 있다.
- 好色(호색) : 보임새를 좋아하다. 남들에게 어떻게 보이느냐 하는 것에 신경을 쓰다. 여색을 좋아한다는 뜻으로 해석될 수 없음에 대해서는 9/17 참조.

15/14

선생님께서 말씀하셨다.

"장문중臧文仲은 그 지위를 훔친 자라 하겠구나. 그는 유하혜柳下惠[2]가 현명하다는 것을 알고도 그와 함께 서지 않았다."

子曰:臧文仲,其竊位者與.知柳下惠之賢,而不與立也.

- 臧文仲(장문중) : 노나라의 대부. 공자보다 한 세기 정도 앞선 인물로서

2) 유하혜(柳下惠) : 노나라의 대부. 성은 전(展), 이름은 획(獲), 자는 금(禽)이다. 유하혜라는 이름에 대해서는 혜(惠)가 시호라는 것은 밝혀졌으나 유하(柳下)에 대해서는 논의만 분분할 뿐 정설이 없다. 공자보다 한 세기 정도 앞선 인물이다. 맹자는 그에 대해 이렇게 말했다. "그는 더러운 임금을 섬겨도 부끄러워하지 않았고 작은 관직도 사양하지 않았으며 벼슬자리에 나아가 현명함을 숨기지 않되 반드시 그 도(道)로써 하였다. 또 남에게 버림을 받아도 원망하지 않았고 곤궁에 처해서도 번민하지 않았다."(『맹자』「만장하」)

당대에는 지자知者로 알려져 있었는데 공자는 그에 대해 비판적이다. 5/18 각주 참조.

- 不與立(불여립) : 함께 서지 않다. 자신과 같은 지위로 격상시켜 조정에 함께 서지 않다. 14/19의 與文子同升諸公은 그 반대의 경우가 될 것이다.
- 유하혜에 대해서는 18/2와 18/8에도 언급되어 있다.

15/15

선생님께서 말씀하셨다.

"자기 자신을 스스로 중후하게 하고 남에 대한 책망은 엷게 하면 원망을 멀리하게 된다."

子曰:躬自厚而薄責於人,則遠怨矣.

종래의 해석 선생님께서 말씀하셨다. "제 자신을 두터이 책망하고 남에 대한 책망을 엷게 하면 원망을 멀리하게 된다."

- 躬自厚(궁자후) : 자기 몸을 스스로 후厚히 하다. 자기 세계를 넓히고 이해심을 증진시키는 것을 말한다. 躬은 몸소 행하다親行. 공안국은 責己厚, 責人薄이라 하여 躬自厚도 責과의 관련 속에서 이해했고 대부분의 주석가들이 이 설을 추종하고 있으나 이는 잘못된 해석으로 보인다. 따라서 躬自厚를 躬自厚責에서 責이 생략된 형태로 보는 견해도 근거가 없다. 이토 진사이伊藤仁齊는 自治厚而責人薄이라 하여 責자를 쓰지 않고 이 구절을 해석하고자 하였는데 그의 착안에 의미가 있다고 하겠다. 이율곡李栗谷도 이 구절을 "몸을 스스로 厚히 하고"라 언해하였다. 두 해석의 차이는 결코 사소하지 않다.
- 遠怨(원원) : 원망을 멀리하다. 여기서 원망은 남들이 하는 원망이 아니라 자신이 하는 원망을 말한다.

15/16

선생님께서 말씀하셨다.

“어떻게 하나 어떻게 하나 하고 말하지 않는 자에 대해서는 나도 어떻게 할 수가 없다.”

子曰:不曰如之何如之何者,吾末如之何也已矣.

- 如之何(여지하) : 어떠한가, 어떻게 하나, 어찌 ~ 하나 등으로 폭넓게 쓰이는 표현.
- 발분하는 것만큼은 반드시 스스로 행해야 함을 말한다. 병아리가 알에서 부화하기 위해서는 알껍데기를 병아리가 안에서 쪼는 노력啐과 어미닭이 밖에서 쪼는 노력啄이 동시에 이루어져야 한다는 啐啄同時의 뜻을 담고 있다.

15/17

선생님께서 말씀하셨다.

“하루 종일 모여 앉아서도 화제가 의로움에 이르지 않고 조그마한 지혜나 구사하기를 좋아한다면 참으로 난감한 일이다.”

子曰:群居終日,言不及義,好行小慧,難矣哉!

- 小慧(소혜) : 작은 지혜. 큰 틀에 대한 인식 없이 작은 영역의 조그마한 발견과 인식. 그것을 즐겨 구사하는 것好行은 결국 잡담에서 크게 벗어나지 못할 것이다. 小慧를 잔꾀라 번역하는 것은 어딘가 적절치 않다.
- 의로움義을 모든 사람의 기본적 요건으로 여기는 공자의 관점이 잘 나타나 있다.

15/18

선생님께서 말씀하셨다.

"군자는 의로움을 바탕으로 하여 예로 이를 행하고 겸손으로 이를 표출하며 믿음으로 이를 이루니 참으로 군자로구나!"

子曰:君子義以爲質,禮以行之,孫以出之,信以成之,君子哉!

- 質(질) : 기질. 밑바탕. 근본.
- 出(출) : 표출하다. 표출에는 다양한 방법이 있겠으나 주로 말하는 것言이 될 것이다.
- 之(지) : 세 번 반복된 之는 모두 義를 가리킴. 군자의 삶에서는 무엇보다 옳고 그름의 문제가 기본적인 축이 됨을 보여 주고 있다.
- 義-質, 禮-行, 孫-出, 信-成의 구조와 관계를 면밀히 이해할 필요가 있다. 특히 의가 이루어지는 것이 외부 세계에 있지 않고 자신의 믿음에 있다는 것은 깊이 생각해 볼 가치가 있는 말이다.

15/19

선생님께서 말씀하셨다.

"군자는 자신의 무능함에 대해 부심할 뿐 남이 나를 알아주지 않는 것에 대해 부심하지 않는다."

子曰:君子病無能焉,不病人之不己知也.

- 病(병) : 번민하다. 고민하다. 부심하다.
- 1/16과 4/14 및 14/32에 유사한 내용의 단편이 있다. 그러나 여기서 말하

는 無能은 14/32의 不能이 남을 알아보지 못하는 것으로 해석되는 것과는 달리 문장 구조상 일반적인 능력(덕성, 지식, 용기, 예의 등)의 부족으로 해석하는 것이 옳다고 판단된다. 물론 그렇게 해석하더라도 1/16이나 14/32에서 말하고자 한 내용과 본질적인 차이는 없다.

15/20

선생님께서 말씀하셨다.

"군자는 생애를 다하고 나서 이름이 일컬어지지 않을까 우려한다."

子曰:君子疾沒世而名不稱焉.

- 疾(질) : 싫어하다. 우려하다. 근심하다.
- 沒世(몰세) : 생애를 다하다. 자기 시대를 마치다. 목숨이 다하다. 이 구절의 해석에는 두 가지가 있는데 하나는 "생애를 다하고 나서"로 보는 것이고 다른 하나는 "생애가 다하도록"으로 보는 것이다. 주자나 정약용은 후자로 보고 있다. 후자로 보는 사람들은 9/22의 四十五十而無聞焉, 斯亦不足畏也已를 의식한 측면이 있다. 그러나 9/22는 객관적 현상을 말하는 것이고 여기서는 군자가 스스로 우려하는 것이다. 군자가 살아서 그것을 우려하게 되면 필경 불필요한 명예욕이 개입할 수 있다. 따라서 이 단편을 해석하는 데 9/22를 의식하는 것은 바람직하지 않다. 또 沒世와 名不稱을 잇고 있는 而가 순차적인 전개, 즉 '그러고 나서'의 의미를 가지는 것으로 보이기 때문에 그 점에서도 沒世而는 '죽고 나서'로 해석하는 것이 더 적절하다고 생각된다.
- 이 단편은 인간이 명예를 추구하는 것이 바람직한 것이냐 부정적인 것이냐 하는 간단치 않은 질문에 대해서도 단순 긍정이나 단순 부정을 넘어선 슬기로운 답이 될 수 있다.

15/21

선생님께서 말씀하셨다.

"군자는 자신에게서 찾고 소인은 남에게서 찾는다."

子曰:君子求諸己,小人求諸人.

- 求(구) : 찾다. 구하다. 요구하다. 바라거나 책임을 추궁하는 것을 말한다.
- 諸(저) : 之於.
- 공자 사상의 핵심적인 내용이며 모습을 바꾸어 가며 논어에 숱하게 등장하는 기본 방침이기도 하다.

15/22

선생님께서 말씀하셨다.

"군자는 자긍하지만 다투지는 않고 함께 어울리지만 패를 짓지는 않는다."

子曰:君子矜而不爭,群而不黨.

- 矜(긍) : 자랑스러워하다. 자긍하다. 긍지를 갖다.
- 爭(쟁) : 다투다. 경쟁하다.
- 群(군) : 함께하다. 함께 모이다.
- 黨(당) : 패를 짓다. 파당을 만들다.

15/23

선생님께서 말씀하셨다.

"군자는 말하는 것을 보고 사람을 기용하지도 않고 사람을 보고 말을 내치지도 않는다."

子曰:君子不以言擧人,不以人廢言.

- 不以人廢言(불이인폐언) : 사람됨이 훌륭하지 못하다 하여 그가 하는 말도 물리치지는 않는다. 발설된 말에 대해 어느 정도 독자성과 객관적 의의를 인정한다는 뜻이다.

15/24

자공子貢이 물었다.

"한 마디 말로서 일생 동안 행할 만한 것이 있습니까?"

선생님께서 말씀하셨다.

"그것은 서恕다. 자기가 하고자 하지 않는 바를 남에게 베풀지 마라."

子貢問曰:有一言而可以終身行之者乎?子曰:其恕乎!己所不欲,勿施於人.

종래의 해석 자공子貢이 물었다. "한 마디 말로서 일생 동안 행할 만한 것이 있습니까?" 선생님께서 말씀하셨다. "그것은 서恕다. 자기가 하고 싶지 않은 것을 남에게 시키지 마라."

- 恕(서) : 동정하다以己體人. 용서하다. 이해하다. 상대방의 마음속에 들어가 그의 입장에서 그를 이해하는 것을 말한다. 恕는 곧 어짊의 본질을 구성한다.
- 己所不欲,勿施於人(기소불욕, 물시어인) : 자기 스스로는 하고자 하지 않으면서 남에게 베풀고자 하는 속된 이타주의利他主義를 경계한 말이다. 자신이 하기 싫은 것을 남에게 시키지 말아야 한다는 일반적 해석은 잘못된 것이다. 공자 사상의 핵심을 이루는 매우 중요한 언명이다. 12/2의 좀 더 상세한 주석 참조.

15/25

선생님께서 말씀하셨다.

"내가 사람을 대함에 있어서 누구를 깎아 내리고 누구를 추어올리겠느냐? 만약 추어준 것처럼 여겨진 자가 있었다면 그는 다만 평가됨이 있었을 뿐이다. 이 백성들은 하, 은, 주 삼대의 곧은 도리를 좇아 걸어온 자들이다."

子曰:吾之於人也,誰毁誰譽?如有所譽者,其有所試矣.斯民也,三代之所以直道而行也.

- 譽(예) : 기리다. 칭찬하다. 여기서는 단순한 칭찬이 아니라 깎아내리다毁에 대립되는 개념으로서 추켜세우는 것을 말한다.
- 試(시) : 시험하다. 평정評定하다. 평가하다.
- 三代(삼대) : 하나라, 은나라, 주나라를 말함.
- 三代 이하의 마지막 말은 이 백성들이 삼대에 걸쳐 곧은 도리를 기준으로 걸어온 만큼 내가 그 기준을 벗어나 자의적으로 추어올리고 깎아 내릴 수 없다는 뜻이다.
- 이 단편의 핵심은 '추어주는 것'譽과 '평가하는 것'試은 그 결과가 외형적

으로 유사해 보이더라도 근본적인 차이가 있다는 것이다.

15/26

선생님께서 말씀하셨다.

"나는 오히려 사관이 기록하지 못한 것에 이르렀다. 말 가진 자가 사람을 빌려 그것을 타게 하려 하나 지금은 아무도 없구나."

子曰:吾猶及史之闕文也.有馬者借人乘之,今亡矣夫!

종래의 해석 선생님께서 말씀하셨다. "나는 그래도 사관이 모르는 부분을 비워 놓는 일과 말 가진 사람이 남에게 빌려 주어 타게 하던 일을 볼 수 있었지만 지금은 다 없어졌다."

- 史之闕文(사지궐문) : 사관이 (기록하고자 하였으나 능력의 한계로) 기록하지 못한 글. 역사의 궁극적 의미 혹은 원리를 가리킨다.
- 有馬者(유마자) : 말을 가진 자. 여기서는 역사의 원리를 발견한 자, 곧 공자 자신을 의미한다.
- 借人(차인) : 사람을 빌리다. 사람을 얻다.
- 今亡矣夫(금무의부) : 지금은 없구나. 말을 탈 사람이 없구나, 자신의 생각을 받아들여 구현해 줄 통치자가 없구나.
- 호인胡寅은 "이 장의 뜻은 의아스러운 바 그 뜻을 억지로 해석하려 하지 말아야 한다"此章義疑,不可强解고 하였고 주자도 그 말에 동의의 뜻을 보였다. 그러나 공자는 비유적 표현으로 은밀하게 자신이 어떤 사가도 찾지 못한 역사의 궁극적 원리를 찾았으나 다만 그것을 받아들여 구현해 줄 통치자가 없음을 한탄한 것이라 생각한다.

15/27

선생님께서 말씀하셨다.

"세련된 말은 덕을 어지럽힌다. 작은 것을 참지 못하면 큰 계획을 그르친다."

子曰:巧言亂德.小不忍則亂大謀.

- 덕은 한없는 정직성과 진실성 속에서만 배태되기 때문에 사물의 표면에만 머무는 그럴듯한 언사 아래에서는 배양되지 못한다.

15/28

선생님께서 말씀하셨다.

"뭇사람이 싫어해도 반드시 살펴보아야 하고 뭇사람이 좋아해도 반드시 살펴보아야 한다."

子曰:衆惡之,必察焉.衆好之,必察焉.

- 惡(오) : 미워하다. 싫어하다.
- 다수의 사람들이 싫어하거나 좋아하면 거기에는 반드시 상응하는 이유가 있을 것이니 그 인과관계를 반드시 살펴야 할 필요가 있다는 말이다.

15/29

선생님께서 말씀하셨다.

"사람이 능히 도道를 넓히는 것이지 도道가 사람을 넓히는 것이

ㅓ다.”

子曰:人能弘道,非道弘人.

- 弘(홍) : 넓히다. 크게 하다大之.
- 사람에 중심점을 둔 논어적 세계관의 단적 표현이다. 그 중심점을 떠날 경우 객체화와 우상화, 물화의 진행은 필연적이다. 주객전도를 경계한 말이기도 하다.

15/30

선생님께서 말씀하셨다.

“잘못이 있는데도 고치지 않는 것을 바로 잘못이라 한다.”

子曰:過而不改,是謂過矣.

- 이 말에 따르면 1차적 잘못은 아직 잘못이 아닌 것이 된다. 1차적 잘못을 보고도 고치려 하지 않음으로써 비로소 잘못은 2차적 잘못으로 자리매김한다. 공자는 안연을 말하는 자리(6/3)에서 그것을 이과貳過라고 불렀다.
- 19/8에 나오는 자하의 말 “소인은 잘못이 있으면 반드시 꾸민다”小人之過也必文도 같은 문제점을 겨냥하고 있다.
- 인간의 도덕적 과제와 관련하여 엄청난 중요성을 가진 발언이다.

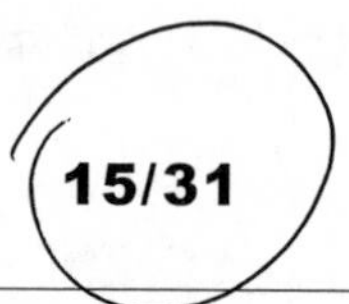

15/31

선생님께서 말씀하셨다.

“나는 일찍이 종일토록 먹지 않고 밤새도록 자지 않으면서 생각해 보기도 하였으나 무익했고 배우는 것만 못하였다."

子曰:吾嘗終日不食,終夜不寢,以思,無益.不如學也.

- 終夜(종야) : 밤이 새도록. 밤이 다하도록.
- 배움의 중요성을 강조하는 말이지만 한편에서 공자가 생각에 얼마나 치열하게 생각에 몰두했는지를 부수적으로 보여 주고 있다.

15/32

선생님께서 말씀하셨다.

"군자는 도道를 도모하지 먹는 것을 도모하지 않는다. 밭갈이에는 굶주림이 그 가운데에 있고 배움에는 녹이 그 가운데에 있다. 군자는 도를 근심하지 가난을 근심하지 않는다."

子曰:君子謀道,不謀食.耕也,餒在其中矣.學也,祿在其中矣.君子憂道,不憂貧.

종래의 해석 선생님께서 말씀하셨다. "군자는 도道를 도모하지 먹는 것을 도모하지 않는다. 밭갈이에도 굶주림이 그 가운데에 있을 수 있지만 배움에는 녹이 그 가운데에 있다. 군자는 도를 근심하지 가난을 근심하지 않는다."

- 餒(뇌): 굶주리다餓
- 耕也餒在其中矣(경야뇌재기중의) : 밭갈이에는 굶주림이 그 가운데에 있다. 밭갈이라는 상징적인 행위로 표현된 '먹을 것을 도모하는 일'은 굶주림에 대응하는 일이기 때문에 그 본질을 결국 굶주림에 두고 있다. 부富의 본질 역시 굶주림이며 부의 정도는 굶주림으로부터의 거리에 불과하다.

• 祿(녹) : 일반적으로 벼슬아치가 나라로부터 받는 녹봉을 의미하나 여기서는 배움에 부수되는 복록福祿을 의미한다. 『서경』에 등장하는 天祿永終이라는 말도 참고할 수 있다.

15/33

선생님께서 말씀하셨다.

"앎이 그에 미쳤더라도 어짊이 그것을 능히 지키지 못하면 비록 그것을 얻더라도 반드시 잃고 말 것이다. 앎이 그에 미치고 어짊이 그것을 능히 지키더라도 장중하게 그에 임하지 못하면 백성들이 존경하지 않을 것이다. 앎이 그에 미치고 어짊이 그것을 능히 지키며 장중하게 그에 임하더라도 예로써 그것을 움직여 나가지 못하면 아직 최선이 못된다."

子曰:知及之,仁不能守之,雖得之,必失之.知及之,仁能守之,不莊以涖之,則民不敬.知及之,仁能守之,莊以涖之,動之不以禮,未善也.

• 莊(장) : 씩씩하다嚴. 장엄하다.
• 涖(리) : 임하다臨.
• 知-仁-莊-禮 의 관계를 잘 살필 일이다.

15/34

선생님께서 말씀하셨다.

"군자는 작은 것은 알 수 없지만 큰 것은 받을 수 있고 소인은 큰 것은 받을 수 없으나 작은 것은 알 수 있다."

子曰:君子不可小知而可大受也.小人不可大受而可小知也.

- 大受(대수) : 큰 것을 받음. 여기서 大受는 천부天賦에 대응하는 개념으로서 거대하고 일관一貫된 지혜의 총체에 접하는 것을 말한다. 박세당이나 정약용은 大受를 모두 "큰일을 맡는 것"受大任으로 보고 있으나 小知와의 관계를 고려하면 설득력이 없다. 정약용은 이를 관철하기 위해 小知의 知마저 사무의 관장으로 이해하며 관직 명칭에 知자가 많이 들어가는 것도 그런 연유에서 비롯된 것이라 한다. 독창적인 발상이기는 하나 역시 知를 단순한 앎 이외의 그 무엇으로 보는 것은 무리라고 본다. 大受에서 知를 쓰지 않고 受를 쓴 것은 그 상황이 단순히 어떤 대상을 아는 것보다 더 차원 높은 상황이기 때문이라 여겨진다.
- 이 단편에 대해서는 "군자의 도는 심원하므로 작은 것은 알 수 없으나 큰 것은 받아들이며 소인의 도는 천근하므로 작은 것은 알 수 있지만 큰 것은 받아들일 수 없다"君子之道深遠,不可以小了知,而可大受.小人之道淺近,可以小了知,而不可大受也고 한 왕숙王肅의 고주가 본지에 가깝다고 여겨진다. 이 단편이 "사람을 관찰하는 법"觀人之法을 말한다는 주자의 견해는 거의 지지를 받지 못하고 있다.

15/35

선생님께서 말씀하셨다.

"백성들에게 있어서 어짊이란 물이나 불보다 더 심하니 물이나 불은 안고 죽는 사람을 내가 보았으나 어짊을 안고 죽는 사람은 보지 못하였다."

子曰:民之於仁也,甚於水火.水火吾見蹈而死者矣,未見蹈仁而死者也.

종래의 해석 선생님께서 말씀하셨다. "백성들에게 있어서 어짊이란 물이나 불보다 더 긴요하지만 물이나 불은 안고 죽는 사람을 내가 보았으나 (위험하지도 않은) 어짊은 안고 죽는 사람을 보지 못하였다."

- 甚(심) : 심하다. 더하다. 더 감당키 어렵다. 甚을 더 절실하고 긴요하다는 의미로 사용했다고 본 전통적 해석은 잘못된 것이다.
- 蹈(도) : 밟다踐. 딛다. 여기서 딛는다는 말은 피하지 않고 맞서 대처한다는 뜻을 지닌 춘추시대의 관용적 표현이다. 우리말에는 이런 관용적 표현이 없으므로 같은 의미로 '안는다'抱는 표현을 썼다.
- 물이나 불 속으로 당당히 걸어 들어가는 사람은 있어도 어짊을 꿋꿋이 지켜내는 사람은 없다는 뜻으로 공자다운 독특한 비유가 돋보인다. 이 단편에 대한 종래의 다수설은 마융馬融의 해석에 바탕을 한 것으로 "어짊은 물이나 불보다 더 긴요하다. 물이나 불은 사람을 해치는 경우도 있으나 어짊은 사람을 해치지도 않는데 왜 추구하지 않는가" 하는 것이었다. 이 다수설은 형병邢昺에 이어 주자가 채택하고 있다. 위에서 채택한 해석은 왕필王弼과 정이천程伊川이 견지했던 소수설과 일치하는 것이다. 마융 등의 해석은 잘못된 것이다.

선생님께서 말씀하셨다.
"어짊을 행함에 있어서는 스승에게도 양보하지 않는다."

子曰:當仁不讓於師.

- 當(당) : 임하다. 맞다. 당하다.
- 궁극적인 어짊을 갖추는 것은 스승을 뛰어넘어서라도 해야 할 일임을 강조한 것으로 보인다. 즉 스승보다 더 어질어서는 곤란하다는 생각은 가

질 필요가 없다는 뜻이 아닐까 한다.

15/37

선생님께서 말씀하셨다.

"군자는 원칙을 지키고 무조건 양해하지 않는다."

子曰:君子貞而不諒.

종래의 해석 선생님께서 말씀하셨다. "군자는 바르고 곧으며 맹목적으로 완고하지 않다."

- 貞(정) : 곧다正. 지조를 지키다. 원칙을 지키다. 내적 기준에 따라 흔들리지 않고 행동함을 말함. 주자는 "바르고 굳음"正而固也이라 하였다.
- 諒(량) : 헤아리다. 살피다. 생각하여 주다. 대상을 무조건 양해함으로써 진정한 이해에 이르지 못하고 도리어 아무런 기준도 없이 그 대상에 동화될 위험이 있는 일련의 태도를 말한다. 주자는 "옳고 그름을 가리지 않고 맹목적으로 신의만을 지키는 것"不擇是非, 而必於信이라 하였는데 이는 諒에 대한 전통적 주석을 따른 것이다. 무조건적 양해나 무조건적 신의나 그 양상이 비슷하기는 하지만 諒을 단순히 信으로 주석하는 것은 諒의 미묘한 속성을 놓치기 쉽다. 諒을 맹목적 신의尾生之信로 보는 것은 바로 그런 오류를 안고 있는 대표적 예다. 논어 이전의 전적에 諒자가 사용된 용례가 너무 적어 춘추시대에 이 諒이 어떤 의미로 사용되었는지 판단하기가 매우 어려우나 시경에 쓰인 두 용례諒不我知, 不諒人只는 모형毛亨의 주석에도 불구하고 諒이 '헤아리다' 혹은 '생각하여 주다'의 의미로 사용된 듯하며 전통적으로 쓰여 온 양찰諒察, 양지諒知, 양촉諒燭, 양해諒解, 양서諒恕가 모두 그러하다. 일찍이 오규 소라이荻生徂徠도 諒을 諒察의 諒으로 보아야 한다는 입장을 피력한 바 있다. 16/4 해설 참조.

15/38

선생님께서 말씀하셨다.

"임금을 섬기는 데에 있어서는 맡은 일을 하는 것을 우선으로 하고 녹을 먹는 것은 뒤로 해야 한다."

子曰:事君,敬其事而後其食.

- 敬(경) : 높이 여기다. 뒤에 나오는 後其食과 관련하여 볼 때 우선하고 존중하는 것을 말한다.

15/39

선생님께서 말씀하셨다.

"가르침에 있어서는 여러 유형이 없다."

子曰:有教無類.

- 無類(무류) : 공자의 가르침은 근원적 성격의 가르침이다. 따라서 여러 유형으로 나눌 수 있는 것이 아니다. 공자는 자신의 가르침을 유형화시킬 수 있는 세상의 이런 저런 분야적 혹은 학파적學派的 가르침과 구별하고 있는 듯하다. 그 점에서 9/2의 博學而無所成名과 서로 통하는 단편이라 하겠다. 그러나 워낙 거두절미한 단문이라 다른 해석의 가능성을 남기고 있는데 전통적 해석은 가르침에 있어서 피교육자의 신분이나 재능에 차별을 두지 않는 것으로 보아 왔다. 이러한 해석은 다름 아닌 주자의 인성론적 해석人性皆善,而其類有善惡之殊者,氣習之染也.故君子有教,則人皆可以復於善,而不當復論其類之惡矣. 『論語集註』에 기반을 두고 있다. 그러나 실제 논어의 구석구

석을 살펴보면 공자는 가르침에 있어서 군자와 소인, 함께 말할 수 있는 자와 말할 수 없는 자, 중인中人 이상과 중인 이하 등 다양한 구분을 통해 피교육자를 나누고 있다. 無類를 피교육자에 적용하기보다는 教 자체에 적용하는 것이 공자의 원뜻이 아닐까 한다. 다만 워낙 짧은 단편이라 어떤 해석이든 배타적으로 단정하는 것은 무리라 하겠다.

15/40

선생님께서 말씀하셨다.

"도가 같지 않으면 서로 논의하지 못한다."

子曰:道不同,不相爲謀.

- 8/15, 14/27에 나오는 不在其位,不謀其政도 결국 같은 말이다.
- 15/8에 나오는 不可與言而與之言,失言과 서로 통한다.

15/41

선생님께서 말씀하셨다.

"문사文辭란 전달하는 것일 뿐이다."

子曰:辭,達而已矣.

- 辭(사) : 주로 외교적, 정치적, 의례적 의사 표현을 말하며 말로 된 것은 언사言辭, 글로 된 것은 문사文辭라 한다.
- 이 단편도 지나치게 거두절미되어 있어 단정적으로 해석하기에는 무리가 있다. 그러나 역시 辭의 본래적 기능인 의사 전달을 할 수 있으면 그

것으로 충분하니 문식文飾과 수사修辭에 흐르지 않도록 경계한 말이 아닐까 한다.

15/42

장님 악사 면冕[3]이 찾아뵈러 왔을 때 계단에 이르자 선생님께서 말씀하셨다.

"계단입니다."

자리에 이르자 또 말씀하셨다.

"자리입니다."

모두 좌정하자 선생님께서는 "누가 여기에 있고 누가 여기에 있습니다" 하고 알려 주셨다. 악사 면이 나가자 자장이 물었다.

"악사와 그렇게 말하는 것이 도리입니까?"

선생님께서 말씀하셨다.

"그렇다. 진실로 눈먼 악사를 도와주는 도리다."

師冕見,及階.子曰:階也.及席.子曰:席也.皆坐.子告之曰:某在斯,某在斯.師冕出.子張問曰:與師言之,道與?子曰:然.固相師之道也.

- 師(사) : 악사. 악사장은 태사大師라고 했다.
- 見(현) : 찾아보다. 방문하다. 알현하다.
- 相(상) : 돕다. 보조하다.

---

3) 면(冕) : 노나라의 악사. 공자와 동시대인이며 연령도 비슷했을 것으로 보인다. 대부분의 악사들과 마찬가지로 그도 역시 맹인이었다.

16
계씨季氏

계씨편은 三畏, 三戒, 三愆, 九思, 三樂 등 숫자가 붙은 단편이 많으며 군주나 대부와의 대화가 아닌 경우에도 子曰 대신 孔子曰이라는 표현이 처음으로 나온다. 원래 안연편에 있었던 것으로 보이는 제12장을 제외하고는 사실상 모든 단편이 위작이거나 그릇된 전승이라고 볼 수 있을 만큼 논어 전편을 통틀어 위작의 가능성이 가장 높은 편이다.

16/1

계씨季氏가 전유顓臾나라를 치려 하자 염유冉有와 계로季路가 공자를 찾아뵙고 말했다.

"계씨께서 전유나라에 대해 장차 일을 벌이려 합니다."

공자께서 말씀하셨다.

"구求야, 네가 이러는 것은 잘못이 아니냐? 실로 전유나라는 옛날 선왕께서 동몽東蒙의 제주祭主로 삼으셨고 또 나라 한가운데에 있으니 곧 사직의 신하다. 어찌하여 치려 하느냐?"

염유가 말했다.

"계씨께서 하려는 것이지 우리 두 신하는 모두 원치 않습니다."

공자께서 말씀하셨다.

"구求야, 주임周任[1]이 한 말에 '힘을 펼쳐 관직에 나아가되 그럴 수 없는 자는 그만둔다'는 것이 있다. 위태로운데 붙잡아 주지 않고 넘어지는데 부축하여 주지 않는다면 그런 신하를 장차 어디에 쓸 것이냐? 또 너의 말이 잘못인 것이 범이나 외뿔소가 우리에서 뛰쳐나오고 구갑龜甲이나 보옥寶玉이 상자 안에서 깨진다면 이는 누구의 잘못이냐?"

염유가 말했다.

"오늘날 전유나라는 견고하고 비읍費邑에서 가까워 지금 취하지 않으면 후세에 반드시 자손의 근심거리가 될 것입니다."

공자께서 말씀하셨다.

---

1) 주임(周任) : 고대의 이름난 사관(史官). 논어나 『좌전』에 드물게 이름이 등장하고 있지만 그에 관한 자세한 내역을 전하는 것이 없다. 옛날의 양사(良史)라는 설, 상(商)나라의 태사(太史)라는 설, 주초(周初)의 대부라는 설이 있다.

"구求야, 군자는 원한다고 말하지 않고 어쩔 수 없다고 말하는 것을 미워한다. 내가 듣기에 '나라를 다스리고 대부의 가家를 다스리는 자는 백성이 적은 것을 근심하지 않고 균등하지 못한 것을 근심하며 가난한 것을 근심하지 않고 평안하지 못한 것을 근심한다'고 했다. 대개 균등하면 가난함이 없고 화목하면 백성 적음이 문제되지 않으며 평안하면 기울어지지 않는다. 실로 이러한 까닭에 멀리 있는 사람들이 복속服屬하지 않으면 문덕文德을 닦아 저절로 오게 하고 이미 오게 하였으면 평안케 하는 것이다. 지금 너희들은 계씨를 돕고 있지만 멀리 있는 사람들이 복속하지 않아도 능히 오게 하지 못하고 나라가 쪼개져 풍비박산이 되어도 능히 지켜 내지 못하며 오히려 나라 안에서 싸움을 벌일 궁리만 하고 있다. 나는 계손씨의 근심이 전유나라에 있는 것이 아니라 오히려 담장 안에 있는 것이 아닌가 두렵구나."

季氏將伐顓臾,冉有季路見於孔子曰:季氏將有事於顓臾.孔子曰:求,無乃爾是過與?夫顓臾,昔者先王以爲東蒙主,且在邦域之中矣,是社稷之臣也.何以伐爲?冉有曰:夫子欲之,吾二臣者,皆不欲也.孔子曰:求,周任有言曰:陳力就列,不能者止.危而不持,顚而不扶,則將焉用彼相矣?且爾言過矣.虎兕出於柙,龜玉毁於櫝中,是誰之過與?冉有曰:今夫顓臾,固而近於費,今不取,後世必爲子孫憂.孔子曰:求,君子疾夫舍曰欲之,而必爲之辭.丘也聞,有國有家者,不患寡而患不均,不患貧而患不安.蓋均無貧,和無寡,安無傾.夫如是,故遠人不服,則脩文德以來之.旣來之,則安之.今由與求也相夫子,遠人不服而不能來也,邦分崩離析而不能守也,而謀動干戈於邦內.吾恐季孫之憂不在顓臾,而在蕭牆之內也.

- 季氏(계씨) : 여기서 말하는 계씨는 계강자季康子를 말한다.
- 顓臾(전유) : 노나라의 한가운데에 있던 조그마한 부용국附庸國. 동몽산東蒙山의 서쪽에 있었고 비읍費邑과 가까웠다. 노나라가 생겨나기 전부터 있던 풍風씨 성의 씨족국가로 복희씨와 제수濟水의 신에 대한 제사를 맡았다고 하는 것을 볼 때 복희씨의 후예로 보인다. 노나라 인근에 있던 임任, 숙宿, 수구須句 등의 나라는 모두 풍風씨 성의 나라였다.
- 無乃 A 與(무내 A 여)? : A가 아니냐? A임을 강조하기 위한 표현이다.
- 東蒙主(동몽주) : 동몽산東蒙山의 제주祭主. 동몽산은 현재 산동성 비현費縣에 있는 산. 지도 참조.
- 何以伐爲(하이벌위) : 어찌 치려 하느냐. 爲는 별 의미 없는 조자助字.
- 就列(취열) : 조정 신하들의 반열班列에 나아가다. 벼슬자리에 오르다.
- 彼相(피상) : 그런 보좌인. 그런 신하. 낮추어 평가하는 말이다.
- 兕(시) : 외뿔소.
- 柙(합) : 짐승 우리.
- 櫝(독) : 상자. 궤.
- 寡(과) : 적다. 여기서는 백성의 수가 적음을 말한다. 백성이 적다寡는 것은 논어에서 도道의 行, 不行과 불가분의 관계를 가지고 있다. 18/9에 나오는 악사들의 흩어짐, 19/19에 나오는 上失其道,民散久矣, 13/4 등 참조.
- 安無傾(안무경) : 평안하면 기울어짐이 없다. 傾은 기울어짐, 위험해짐.
- 邦分崩離析(방분붕리석) : 나라가 나뉘고分 무너지고崩 흩어지고離 쪼개지다析.
- 謀動干戈(모동간과) : 무력을 행사할 것을 꾀하다. 干은 방패, 戈는 창.
- 蕭(소) : 차면遮面담. 바깥에서 집 안이 보이지 않도록 둘러막아 쌓은 담.
- 不患寡…安無傾에서는 용어의 일관성이 형식과 내용에 걸쳐 모두 흐트러져 있다. 그러나 첫 구절의 寡와 두 번째 구절의 貧이 서로 위치를 바꾼다면 일관성이 살아난다. 실제 세 번째 구절 蓋均無貧은 앞의 두 문장이 착종되었음을 시사하고 있다. 따라서 원문이 착종되었다고 보고 바로잡아 해석하면 "가난함을 근심하지 않고 균등하지 못함을 근심하며 백성 적음을 근심하지 않고 평안하지 못함을 근심하니"가 될 것이다. 원문이

틀리지 않았다고 보고 寡를 재화 또는 토지의 적음으로 해석하는 경우도 있으나 무리하다.

16/2

공자께서 말씀하셨다.

천하에 도가 있으면 예악禮樂과 정벌征伐이 천자로부터 나오고 천하에 도가 없으면 예악과 정벌이 제후로부터 나온다. 제후로부터 나오면 대개 십세 안에 그것을 잃어버리지 않음이 드물고 대부로부터 나오면 오세 안에 잃어버리지 않음이 드물며 대부의 신하가 국명을 좌우하면 삼세 안에 잃어버리지 않음이 드물다. 천하에 도가 있으면 정권이 대부에게 있지 않고 천하에 도가 있으면 일반 백성들이 나랏일을 논의하지 않는다."

孔子曰:天下有道,則禮樂征伐自天子出.天下無道,則禮樂征伐自諸侯出.自諸侯出,蓋十世希不失矣.自大夫出,五世希不失矣.陪臣執國命,三世希不失矣.天下有道,則政不在大夫.天下有道,則庶人不議.

- 十世(십세) : 열 세대. 부, 자, 손으로 이어지는 각 세대가 1세다.
- 陪臣(배신) : 신하의 신하, 즉 대부의 신하. 가신家臣. 陪는 모시다側, 伴, 따르다隨, 돕다助.
- 庶人(서인) : 일반 백성들. 서민.
- 陪臣執國命(배신집국명) : 대부의 신하가 국명을 좌우하다. 自陪臣出이라는 표현을 사용하지 않고 陪臣執國命이라는 표현을 쓴 것은 배신에게로까지 권력이 내려가는 경우 배신이 직접 國命을 내리지 않고 대개 제후나 대부를 겁박하여 행사하기 때문이다. 노나라의 경우 대부 계환자季桓子의 가신이었던 양호陽虎:일명 陽貨가 정공定公과 계환자를 구금하고 협박

하여 노나라의 정치를 약 4년간 장악하였던 사례가 있다.

16/3

공자께서 말씀하셨다.

"녹을 주는 권한이 공실을 떠난 지가 이미 오세이고 정권이 대부의 손에 떨어진 지가 이미 사세인 까닭에 삼환의 자손들도 이제는 쇠미해져 가고 있다."

孔子曰:祿之去公室,五世矣.政逮於大夫,四世矣.故夫三桓之子孫微矣.

- 祿(록) : 신하들에게 내리는 작록.
- 公室(공실) : 제후의 거처. 제후의 권역.
- 五世(오세) : 다섯 대. 이 발언을 한 것이 애공哀公 당시라 한다면 애공哀公, 정공定公, 소공昭公, 양공襄公, 성공成公으로 소급하여 성공成公 때부터 녹을 주는 권한이 공실을 떠난 셈이 된다. 만약 정공定公으로부터 역산한다면 성공成公의 윗대인 선공宣公 때부터가 될 것이다.
- 逮(체) : 미치다及. 잡아 가두다.
- 三桓(삼환) : 맹손씨孟孫氏: 일명 仲孫氏, 숙손씨叔孫氏, 계손씨季孫氏의 세 대부 가문을 통칭하는 말. 三桓이라 부르는 것은 이 세 가문이 노나라 환공桓公(B.C. 712~B.C. 694)의 자식들에서 비롯되었기 때문이다.
- 微(미) : 쇠미해지다. 미약해지다. 계평자季平子 이후 계환자季桓子, 계강자季康子 대에 이르러 양호陽虎, 공산불뉴公山不狃 등 배신들의 득세로 이 노나라 명문 귀족 집안은 점점 미약해졌다.
- 삼환이 세워진 것이 환공의 아들 장공 당시였다고 하면 환공–장공–민공–희공–문공–선공–성공으로 이어졌으니 가문이 형성되고 대략 4~5세 만에 제후의 권력을 무력화한 셈이다.

16/4

공자께서 말씀하셨다.

“이로운 세 벗이 있고 해로운 세 벗이 있다. 벗이 곧거나 벗이 이해심이 있거나 벗이 많이 들어 알면 이롭고, 벗이 편벽되거나 벗이 잘 영합하거나 벗이 말을 잘 둘러대면 해롭다.”

孔子曰:益者三友,損者三友.友直,友諒,友多聞,益矣.友便辟,友善柔,友便佞,損矣.

- 우직(友直) : 일반적으로 “곧은 사람을 벗하고”로 번역하나 여기서는 율곡언해본栗谷諺解本의 “友ㅣ 直하며”를 좇아 “벗이 곧거나”로 번역한다. 다만 선조명찬본宣祖命撰本 역시 “直을 友하며”로 번역하고 있다. 友를 동사로 보는 것은 제5장에서 樂이 동사로 쓰인 것과 보조를 같이하는 것이나 원문만으로 본다면 友를 명사로 본 율곡의 입장이 옳다고 여겨진다. 다만 어느 쪽을 선택하든 의미상으로는 큰 차이가 없다.
- 諒(량) : 헤아리다. 살피다. 양해하다. 잘 이해하다. 이해심이 있다. 14/18과 15/37에서는 諒이 다소 부정적인 의미로 사용되었으나 여기서는 긍정적인 의미로 사용되었다. 이는 諒이 양의성兩義性:Ambiguity을 지닌 어휘였음을 시사해 준다. 즉 이해한다는 측면에서는 긍정적인 의미가 있으나 인정에 기울거나 편협함에 빠져 중심을 지키지 못하는 경우에는 무력한 온정주의가 될 수도 있는 위치에 諒이라는 용어가 성립해 있었던 것으로 보인다. 여기서 諒을 전통적 주석에 따라 ‘신의가 있음’으로 풀이하는 것은 앞에 나오는 곧음直과 지나치게 근접한다는 점에서도 신빙성이 적으며 특히 뒤에 그 사이비 행태로서 ‘잘 영합함’善柔이 나온다는 점에서 역시 양해하다 내지 이해심이 많다는 해석이 더 타당성이 있다 할 것이다. 이렇게 볼 때 논어에 4회에 걸쳐 나오는 諒의 용례 중 특수한 의전 용어로 보이는 14/43의 고종양음高宗諒陰을 제외하고는 모두 일관된 의미로 쓰

이고 있다고 하겠다.

- 便辟(편벽) : 편벽되다. 외골수로 치우치다. 대체로 偏僻과 같다고 본다. 주자가 "便辟은 위의威儀에 길들었을 뿐 곧지 않음을 말한다"便辟,謂習於威儀而不直고 한 말은 비교적 근접하고 있다. 그러나 便辟을 '편피'로 읽으면서 '간사하다', '비위를 맞추다'라고 풀이하는 일반적 해석은 무리해 보인다. 『서경』 「경명冏命」편에도 便辟이라는 말이 나오지만無以巧言令色便辟側媚 역시 便辟을 정확히 정의하는 데에는 큰 도움이 되지 않는다.
- 善柔(선유) : 잘 영합하다. 잘 굽히다.
- 便佞(편녕) : 말을 잘 둘러대다.
- 이 단편에서 益者三友를 "바른 덕성을 지닌 벗"으로 볼 때 損者三友는 각각 그 사이비似而非로서 제시된 듯하다.

  —곧음直의 사이비로서 편벽됨便辟

  —이해심 있음諒의 사이비로서 잘 영합함善柔

  —많이 들어 앎多聞의 사이비로서 말만 잘 둘러댐便佞

16/5

공자께서 말씀하셨다.

"이로운 세 즐거움이 있고 해로운 세 즐거움이 있다. 예악으로 조절하는 것을 즐거워하고 남의 좋은 점을 따르는 것을 즐거워하며 훌륭한 벗을 많이 사귀는 것을 즐거워하면 이롭고, 교만의 쾌감을 즐거워하고 편히 노는 것을 즐거워하며 향연의 재미를 즐거워하면 해롭다."

孔子曰:益者三樂,損者三樂.樂節禮樂,樂道人之善,樂多賢友,益矣.樂驕樂,樂佚遊,樂宴樂,損矣.

- 節禮樂(절예악) : 예악으로 조절하는 것.
- 道人之善(도인지선) : 남의 선한 점을 좇다. 남의 좋은 점을 따르다.
- 佚(일) : 편하다不勞.

16/6

공자께서 말씀하셨다.

"군자를 모심에 있어서는 세 가지 잘못이 있을 수 있다. 말이 미칠 수 없는데도 말하는 것을 조급함이라 하고 말이 미칠 수 있는데도 말하지 않는 것을 숨김이라 하며 낯빛을 살피지 않고 말하는 것을 안목 없음이라 한다."

孔子曰:侍於君子有三愆.言未及之而言,謂之躁.言及之而不言,謂之隱.未見顔色而言,謂之瞽.

- 愆(건) : 잘못. 죄. 허물.
- 躁(조) : 조급하다. 초조해하다.
- 瞽(고) : 눈멀다.

16/7

공자께서 말씀하셨다.

"군자에게는 세 가지 삼가는 것이 있다. 젊은 시절에는 혈기가 안정되지 않아서 삼가는 것이 여색에 있고 장년에 이르러서는 혈기가 바야흐로 왕성해져서 삼가는 것이 싸움에 있고 노년에 이르러서는 혈기가 이미 쇠약해져서 삼가는 것이 얻음에 있다."

孔子曰:君子有三戒.少之時,血氣未定,戒之在色.及其壯也,血氣方剛,戒之在鬪.及其老也,血氣旣衰,戒之在得.

- 戒(계) : 경계하다. 금기로 삼다. 삼가다.
- 方剛(방강) : 한창 왕성하다. 바야흐로 강성하다.
- 得(득) : 얻다. 물욕物慾을 말한다.

16/8

공자께서 말씀하셨다.

"군자에게는 세 가지 두려움이 있다. 천명天命을 두려워하고 훌륭한 사람을 두려워하며 성인의 말씀을 두려워한다. 소인은 천명을 알지 못해 두려워하지도 않고 훌륭한 사람도 함부로 대하며 성인의 말씀도 업신여긴다."

孔子曰:君子有三畏.畏天命,畏大人,畏聖人之言.小人不知天命,而不畏也,狎大人,侮聖人之言.

- 畏(외) : 두려워하다.
- 狎(압) : 친근히 굴다. 경솔히 대하다. 막 대하다.
- 侮(모) : 업신여기다. 모독하다.

16/9

공자께서 말씀하셨다.

"태어나면서부터 아는 자가 최상이고 배워서 아는 자는 그다음이며 답답해서야 배우는 자는 또 그다음이지만 답답해도 배우지 않는 자는 백성들로서 곧 최하가 된다."

孔子曰:生而知之者,上也.學而知之者,次也.困而學之,又其次也.困而不學,民斯爲下矣.

- 困(곤) : 답답하다. 암담하다. 막막하다. 곤혹스러워하다.
- 民斯爲下矣(민사위하의) : 백성들로서 곧 최하가 된다. 『선조명찬본宣祖命撰本』은 "民이라 이에 下ㅣ 되나니라"로 번역하고 있는데 가장 정확한 번역이라 생각된다. 그러나 『율곡언해본栗谷諺解本』은 "民의셔 下ㅣ 될디니라"고 하여 오늘날 "백성들 가운데서 하급이 된다"는 번역과 같은 궤도에 있다. 율곡의 해석은 백성을 무조건 최하로 보는 것이 공자답지 않다는 우려감에서 비롯된 것으로 보인다. 또 혹자는 제3의 방안으로 "백성이 이困而不學를 최하로 친다"고 번역하나 역시 왜곡된 해석이다. 이 단편은 공자의 실제 발언과는 아무 관련이 없는 전국시대 속유俗儒들의 안이한 신분 관념을 드러낸 것에 지나지 않는다. 따라서 『선조명찬본』처럼 있는 그대로 번역하는 것을 꺼릴 이유가 없다.

16/10

공자께서 말씀하셨다.

"군자에게는 아홉 가지 생각이 있다. 봄에 있어서는 밝음을 생각하고 들음에 있어서는 슬기로움을 생각하고 얼굴빛에 있어서는 따뜻함을 생각하고 외모에 있어서는 공손함을 생각하고 말에 있어서는 충성됨을 생각하고 일에 있어서는 경건함을 생각하고 의문 나는 것에 있어서는 물을 것을 생각하고 분노에 있어서는 나중의 어려움을 생각하고 득 되는 것을 보면 의로운 것인지를 생각한다."

孔子曰:君子有九思.視思明,聽思聰,色思溫,貌思恭,言思忠,事思敬,疑思問,忿思難,見得思義.

- 聰(총) : 총명하다. 귀가 밝다. 슬기롭다.
- 忿(분) : 분노하다. 성내다.
- 難(난) : 어려움. 분노가 빚어내는 감당키 어려운 결과.

16/11

공자께서 말씀하셨다.

"선한 것 보기를 미치지 못한 듯이 하고 선하지 못한 것 보기를 끓는 물에 손을 대듯 한다. 나는 그런 사람을 보았고 그런 말도 들었다. 숨어 삶으로써 그 뜻을 구하고 의로움을 행함으로써 그 도에 이른다. 나는 그런 말은 들었으나 그런 사람은 보지 못하였다."

孔子曰:見善如不及,見不善如探湯.吾見其人矣,吾聞其語矣.隱居以求其志,行義以達其道.吾聞其語矣,未見其人也.

- 見善如不及(견선여불급) : 如不及은 미치지 못해서 善을 간절히 바라는 자세를 말한다. 學如不及(8/18)에서와 같은 용례다.
- 探湯(탐탕) : 끓는 물에 손을 대다. 探은 더듬다, 시험하다試. 가까이하지 않으며 손을 대더라도 얼른 뗀다는 뜻이다.

- 求其志(구기지) : 그 뜻을 구하다. 그 뜻을 잃지 않고 간직하다.

16/12

('진실로 부유함 때문이 아니라 역시 다른 까닭으로 인함이네.')

"제나라의 경공景公은 사두마차 천 대를 가지고 있었으나 죽는 날에 백성들이 덕이 있다 일컫지 않았다. 백이숙제는 수양산 아래에서 굶어 죽었지만 백성들이 오늘에 이르기까지 그들을 일컫고 있다. 그것은 바로 이런 것을 말하는 것이 아니겠느냐?"

(誠不以富,亦祗以異.)齊景公有馬千駟,死之日,民無德而稱焉.伯夷叔齊餓于首陽之下,民到于今稱之.其斯之謂與?

- 齊景公(제경공) : 제나라의 경공. 58년 간 재위했으나 욕심 많은 암군(暗君)이었다. 12/12 각주 참조.
- 駟(사) : 네 필의 말이 끄는 마차. 말과 수레는 춘추시대에 부富의 지표였다. 특히 사두마차는 최고의 부를 상징했다.
- 其斯之謂與(기사지위여) : 마지막 문장인 其斯之謂與는 이 단편의 앞에 子日 또는 孔子日이 없는 것과 관련하여 원래 더 길었던 단편의 앞부분이 잘려 나간 것임을 암시하고 있다. 정자의 설에 의하면 12/11에 있는 誠不以富,亦祗以異진실로 부유함 때문이 아니라 역시 다른 까닭으로 인함이네가 이 단편의 앞에 와야 한다고 본다. 많은 역해자들이 정자의 설을 지지한다. 다만 이 단편은 그 내용이 계씨편의 단편들과 어울리지 않는 점 등을 고려하면 그 원래 위치는 12/11로서 誠不以富,亦祗以異 뒤에 있다가 어떤 사정으로 앞부분이 잘린 채 이곳 계씨편으로 옮겨진 것으로 보인다. 다만 호씨胡氏는 문제의 시가 이 단편의 앞이 아니라 이 구절의 앞에 있었던 것이라 하였고 주자도 그의 설을 지지하였다. 문장의 흐름만으로 보면 이 구절의 앞에 놓이는 것이 더 자연스러운 것이 사실이다. 그러나 왜 12/11

에 있던 단편이 문장 가운데에 있던 문제의 시만 남기고 나머지 앞과 뒤의 부분만 선별하여 16편으로 왔겠느냐 하는 의문에 답하기가 어려워지는 만큼 정자처럼 문두에 있었다고 보는 것이 옳아 보인다.

- 誠不以富,亦祇以異(성불이부,역지이이) : 이 시는 『시경』 소아小雅 아행기야我行其野의 일절로서 결혼생활이 파탄에 이르러 친정으로 돌아가는 여인이 서러움을 호소하는 내용이다. 해당 구절인 이 시의 제3절은 다음과 같다.

  我行其野(아행기야)　　나 들판 길을 걸어가며
  言采其葍(언채기복)　　메나물이나 캐누나
  不思舊姻(불사구인)　　옛정일랑 생각 말고
  求爾新特(구이신특)　　새 사람을 찾아야지
  成不以富(성불이부)　　진실로 부유함 때문이 아니라
  亦祇以異(역지이이)　　역시 다른 까닭으로 인함이네

  따라서 이 시에서 成(誠)不以富,亦祇以異는 자신을 더 이상 돌보지 않는 남편과 헤어져 친정으로 돌아가며 정말로 좋은 사람은 부유한 사람이 아니라 진정으로 자신을 돌보아 줄 수 있는 사람임을 말한 것이다.

16/13

진항陳亢이 백어伯魚에게 물었다.

"당신은 역시 달리 들은 것이 있겠지요?"

백어가 대답했다.

"없습니다. 일찍이 혼자 서 계실 때 내가 바삐 뜰을 지나가는데 '시는 배웠느냐?'고 하시기에 '아직 배우지 못했습니다' 했더니 '시를 배우지 않으면 말을 할 수가 없단다' 하셨습니다. 나는 물러나 시를 배웠습니다. 후일 또 홀로 서 계실 때 내가 바삐 뜰을 지나가는데 '예는 배웠느냐?'고 하시기에 '아직 배우지 못했습니다' 했더니 '예를 배우지 않으면 설 수가 없단다' 하셨습니다. 나는 물러나 예를 배웠습니다. 이 두 가지를 들었습니다."

진항이 물러나와 기뻐하며 말했다.

"한 가지를 물어서 세 가지를 얻었다. 시에 대해 들었고 예에 대해 들었으며 또 군자는 자기 자식을 멀리한다는 것을 들었다."

陳亢問於伯魚曰:子亦有異聞乎?對曰:未也.嘗獨立,鯉趨而過庭.曰,學詩乎?對曰,未也.不學詩,無以言.鯉退而學詩.他日又獨立,鯉趨而過庭.曰,學禮乎?對曰,未也.不學禮,無以立.鯉退而學禮.聞斯二者.陳亢退而喜曰:問一得三.聞詩,聞禮,又聞君子之遠其子也.

- 異聞(이문) : 달리 들은 것. 특별히 들은 것.
- 陳亢(진항) : 진자금陳子禽. 공자의 제자. 1/10 각주 참조.
- 伯魚(백어) : 공자의 아들. 공자보다 일찍 죽었다. 이름은 이鯉. 11/8 각주 참조.
- 趨(추) : 종종 걸음을 하다. 뛰다. 빨리 가다.

16/14

나라 임금의 아내를 임금 자신은 부인夫人이라 칭하고 부인은 스스로를 소동小童이라 칭하며 나라 사람들은 군부인君夫人이라 칭한다. 다른 나라 사람에 대해서는 과소군寡小君이라 칭하고 다른 나라 사람은 역시 군부인君夫人이라 칭한다.

邦君之妻,君稱之曰夫人,夫人自稱曰小童,邦人稱之曰君夫人.稱諸異邦曰寡小君,異邦人稱之亦曰君夫人.

- 마치 『예기』의 한 구절 같은 이런 단편이 어떻게 여기에 수록되었는지는

알 수 없다. 공자가 예법에 대하여 제자들에게 가르친 내용이 필기되었다가 이곳에 수록되었다고 볼 수도 있겠으나 편말에 수록되어 있고 子曰이 없다는 점에서 공자의 말은 아닌 것으로 보인다.

17
양화陽貨

양화편은 논어 전체 20개 편 중에서 수준이 비교적 낮거나 평이한 단편들이 많이 포함되어 있는 특징을 보여 준다. 그것은 공자가 저급한 수준의 얘기를 했다는 뜻이 아니라 이해력이 부족한 사람의 수준에 맞게 들려준 교훈이나 공자가 특별한 의미를 부여하지 않고 무심히 한 말을 채록한 단편들이 다수 포함되어 있다는 뜻이다. 그러나 의미심장한 단편도 적지 않으며 마지막 5개 편에 속하지만 위작의 가능성은 적다.

17/1

양화陽貨[1]가 공자를 만나려 하였으나 공자께서 만나지 않으시자 공자께 돼지를 선물로 보냈다. 공자께서 그가 없을 때를 틈타 사례하러 갔는데 길에서 그를 만나게 되었다. 그가 공자에게 말했다.

"오시오. 내 당신과 할 말이 있소."

그가 말했다.

"보배로운 것을 품고 있으면서도 나라를 혼미하게 내버려둔다면 어질다 할 수 있겠소?"

그가 말했다.

"할 수 없을 것이오. 나랏일에 간여하기를 좋아하면서도 자주 기회를 놓친다면 지혜롭다 할 수 있겠소?"

그가 말했다.

"할 수 없을 것이오. 해와 달은 가고 세월은 나와 함께하지 않소."

공자께서 말씀하셨다.

---

1) 양화(陽貨) : 노나라 계씨가(季氏家)의 가신(家臣). 공자보다 약간 나이가 많았다. 보통 『좌전』에 나오는 양호(陽虎)와 동일인으로 보는데 호(虎)는 그의 이름, 화(貨)는 자라 한다. 그가 노나라의 정권을 전횡한 것은 계평자(季平子)가 죽고 계환자(季桓子)가 가문을 이어받은 정공(定公) 5년(공자 47세)부터인데 그 해 양호는 계환자를 잡아 가두고 정적(政敵)들을 죽이거나 쫓아낸 다음 계환자와 맹약을 맺었다. 정공 6년의 기록을 보면 노나라가 정(鄭)나라를 치고 돌아올 때 양호는 계씨와 맹씨로 하여금 위나라 도읍을 가로질러 가게 하였다. 이는 양호가 노나라의 국정을 완전히 장악하고 있었고 다른 나라에도 위세를 떨치고 있었음을 말하는 것이다. 또 그 해 말에는 양호가 정공(定公), 삼환(三桓)과 주사(周社)에서 맹약을 맺었다. 정공 8년 드디어 양호는 계환자를 비롯한 삼환(三桓)을 제거하려는 계략을 꾸몄으나 실패하자 출분, 결국 진(晋)나라의 조간자(趙簡子)에게 몸을 의탁하게 된다. 그에 의한 약 4년간의 국정 유린은 "양호가 정권을 잡아 노나라가 복종하고 있으며 그의 뜻을 어기면 죽음을 초래하게 됩니다"(陽虎爲政,魯國服焉,違之,徵死) 하는 임초(林楚)의 말(정공 8년)에 잘 나타나 있다.

"알겠습니다. 내 장차 관직을 맡겠습니다."

陽貨欲見孔子,孔子不見,歸孔子豚.孔子時其亡也,而往拜之,遇諸塗.謂孔子曰:來,予與爾言.曰:懷其寶而迷其邦,可謂仁乎?曰:不可.好從事而亟失時,可謂知乎?曰:不可.日月逝矣.歲不我與.孔子曰:諾.吾將仕矣.

- 歸(귀) : 보내다, 선물하다.
- 豚(돈) : 돼지.
- 時其亡(시기무) : 그가 없는 틈을 타서. 亡은 무로 읽고 無와 같이 해석함.
- 遇諸塗(우저도) : 遇之於塗. 길에서 그를 만나다. 塗는 途와 같으며 길이란 뜻.
- 亟(기) : 자주頻數. 누차.
- 歲不我與(세불아여) : 세월은 나와 함께하지 않는다. 당신에게 호의적인 내가 있을 때 정치에 참여하라는 뜻이다.
- 諾(락) : 알겠습니다. 동의하는 뜻의 대답.
- 仕(사) : 벼슬하다. 관직에 나아가다.
- 두 번에 걸친 "그렇다 할 수 없을 것이오"不可는 공자의 대답으로 보기도 한다. 그러나 단편 맨 끝에만 孔子曰이 있는 것을 보면 양화의 자문자답으로 보아야 할 것이다.
- 『좌전』에 의하면 양화는 당시 계평자季平子의 가신으로 계평자가 죽은 후 정공定公과 계환자(계평자의 아들)를 구금하고 협박하여 사실상 노나라의 통치권을 빼앗았다. 그 후 정적들을 무자비하게 죽이거나 축출한 다음 불만 세력들을 모아 약 4년간 노나라에 공포정치를 실시하였다. 여기에 묘사된 양화와 공자의 만남은 그 공포정치 기간에 있었던 것으로 보인다. 양화가 공자를 자기편으로 끌어들이기 위해 돼지를 선물로 보낸 일, 공자가 양화를 만나지 않기 위해 일부러 그가 없는 틈을 타서 사례 인사를 가다가 길에서 우연히 그를 만난 일, 양화가 공자에게 정치 참여를 설

득하고 있는 일 등에서 당시 공포정치의 분위기가 느껴진다.

- 양화의 정치 참여 설득에 대해 공자가 수락하는 듯한 대답을 한 것에 대해 주자는 "원칙적인 답변만 하고 마치 그 말뜻을 모르는 사람처럼 더 이상 변론하지 않았다"고 하였다.
- 양화가 권력을 잡은 것이 공자 47세 때의 일이고 공자를 끌어들이기 위해 회유한 것이 그 해 또는 그 이듬해쯤의 일이라면 당시 공자는 이미 정치적 위상 내지 이용가치를 가지고 있었다는 말이 된다. 따라서 공자학단은 그보다 훨씬 전, 어쩌면 공자 40대 초반이나 30대 말에는 형성되어 있었을지도 모른다.

17/2

선생님께서 말씀하셨다.

"본성으로는 서로 가까우나 길든 바로는 서로 멀다."

子曰:性相近也,習相遠也.

- 性(성) : 정자와 주자는 이 단편의 성性을 기질지성氣質之性이라 해서 진정한 본성性之本과 구별하고 있다. 이러한 성리학적 관점은 공자가 말한 性을 약간은 즉물적이라고 보는 입장이다. 정자는 "성性은 곧 이理고 이理는 선하지 않음이 없으니 맹자께서 '본성은 다 선하다' 하신 것이 바로 그것이다. 어찌 서로 가까움이 있겠는가?"性則是理,理無不善,孟子之言性善,是也.何相近之有哉?라고 하여 "본성으로는 서로 가깝다"性相近는 공자의 말을 성리학적으로 비판하고 있다. 그러나 그들이 이해하지 못했던 것은 바로 이 점에서 역설적으로 논어의 건강성이 확보되고 있다는 사실이다. 논어의 세계는 관념 이전에 있고 따라서 관념화의 폐단을 넘어서 있다.
- 習(습) : 후천적으로 형성되는 관습, 성격을 비롯하여 지식, 문화, 세계관 등 제반 교양을 말한다.

17/3

선생님께서 말씀하셨다.

"오직 가장 지혜로운 자와 가장 어리석은 자만이 옮기지 않는다."

子曰:唯上知與下愚不移.

종래의 해석 선생님께서 말씀하셨다. "오직 가장 지혜로운 자와 가장 어리석은 자만이 변화하지 않는다."

- 移(이) : 옮기다. 관점에 있어서 일관성의 결여를 말한다. 이런 일에서는 이런 관점에 있다가 저런 일에서는 저런 관점으로 이동하는 것. 따라서 선을 향해 나아가는 추이推移로 본 정자나 주자의 성리학적 해석은 잘못된 것이다. 2/14의 君子周而不比,小人比而不周나 4/15, 15/3의 一以貫之와 관련시켜 이해할 수 있다. 공자는 移를 부정적인 의미로 사용하였으나 정자나 주자는 공자가 긍정적인 의미로 사용했다고 본 점에 잘못이 있다.
- 이 단편의 본지는 극소수 上知와 下愚의 '옮기지 않음'에 있는 것이 아니라 그 사이에 놓인 대부분의 比而不周한 사람들의 '옮김'에 있다. 공자의 말은 반어적인 표현이다.

17/4

선생님께서 무성武城에 가셔서 거문고로 노래하는 소리를 들으셨다. 선생님께서 빙그레 웃으시며 말씀하셨다.

"닭을 잡는 데 어찌 소 잡는 칼을 쓰느냐?"

자유가 대답했다.

"전에 제가 선생님께 듣기로 '군자가 도를 배우면 사람을 사랑하고 소인이 도를 배우면 부리기가 쉽다'고 하셨습니다."

선생님께서 말씀하셨다.

"얘들아, 언偃의 말이 맞다. 아까 내가 한 말은 우스개였을 뿐이다."

子之武城,聞弦歌之聲.夫子莞爾而笑曰:割鷄焉用牛刀?子游對曰:昔者偃也聞諸夫子曰,君子學道則愛人,小人學道則易使也.子曰:二三子,偃之言是也.前言戲之耳.

- 之(지) : 가다.
- 武城(무성) : 노나라 변경의 한 성읍城邑. 비읍費邑에서 가까웠다. 자유는 이때 무성의 읍재邑宰로 있었다. 지도 참조.
- 弦歌之聲(현가지성) : 현악기를 뜯으며 노래하는 소리.
- 莞爾(완이) : 빙그레 웃는 모양.
- 昔者(석자) : 옛날에. 전에.
- 偃(언) : 자유子游의 이름.
- 昔者偃也聞諸夫子曰(석자언야문저부자왈) : 전에 제가 선생님께 듣기로는. 이 표현은 후대의 각종 위작에 흔히 등장하는 문구로 제3자에게 공자의 말을 전하는 가장 전형적인 표현 방법이다. 공자 앞에서 당신께서 과거에 이렇게 말씀하시지 않았느냐 하고 말하는 것이 다소 부적절해 보이고 또 직접 스승을 면전에서 夫子라고 칭하는 것도 전례 없는 일이다. 이를 이유로 이 단편이 위작이라 여기는 견해가 적지 않다.

17/5

공산불요公山弗擾[2]가 비읍에서 반역을 꾀하고 선생님을 부르자 선생님께서 가시려고 하셨다. 자로子路가 못마땅해하며 말했다.

"가지 마십시오. 하필 공산씨에게 가시려고 하십니까?"

선생님께서 말씀하셨다.

"무릇 나를 부르는 자라면 어찌 하찮은 자이기야 하겠느냐? 만약 나를 쓰는 자가 있다면 나는 그곳을 동방의 주周나라로 만들겠다."

公山弗擾以費畔,召.子欲往.子路不說曰:末之也已.何必公山氏之之也.子曰:夫召我者,而豈徒哉?如有用我者,吾其爲東周乎.

- *以費畔*(이비반) : 비읍費邑을 근거지로 하여 반역하다. 이 기사는 아마 양호의 난에 가담했던 정공 5년과 제나라로 출분했던 정공 12년 사이에 공산불요公山不擾가 취했던 일련의 반계씨反季氏 노선을 포괄적으로 지칭하는 것이라 여겨진다. 정공 12년 자로가 비읍의 성을 허물 당시 그가 이에 항거하여 노도魯都를 공격한 것을 *以費畔*이라 보기에는 곤란한 점이 있다.

---

2) 공산불요(公山弗擾) : 계씨가(季氏家)의 가신(家臣)으로 비읍의 읍재였다. 성은 공산(公山), 이름은 불요(弗擾) 또는 불뉴(不狃), 자는 자설(子洩). 정공 5년 그는 양호(陽虎)를 부추겨 계환자(季桓子)를 잡아 가두고 정변을 일으키게 했고 그 후에도 양호의 세력에 기대어 사실상 계환자와는 대립적 관계에 있었다. 양호의 난이 실패하자 그는 정공 12년 숙손첩(叔孫輒)과 함께 여러 나라를 전전한다. 따라서 전통적인 해석에 따르면 그는 주인을 배신한 자라 아니할 수 없다. 그러나 『좌전』은 공산불요를 양호와는 다른 어조로 기술하고 있다. 예를 들면 애공 8년의 한 기사는 다음과 같다.

오나라가 노나라를 치려 하자 그는 이를 찬성한 숙손첩을 나무라며 이렇게 말했다.

"군자는 자기 나라에서 도망을 가더라도 원수의 나라에는 가지 않소. 그리고 그 나라의 신하가 되지 않은 한 그 나라가 자기 나라를 친다면 본국으로 가서 죽는 것이 옳소. 외국에 나가 있어도 자기 나라의 일은 숨겨야 하고 사사로운 원한으로 자기 나라를 저버려서는 아니 되오. 그런데 당신은 본국에 대한 원한으로 지금 자기 나라를 뒤엎으려 하고 있소. 어찌 그럴 수 있단 말이오."

그는 노나라 삼환의 귀족 체제에 환멸을 느끼고 양호와 함께 정권의 전복을 꾀했던 것으로 보인다. 공산불요가 비읍에서 공자를 부른 것은 그를 정신적 후원자로 삼아 정통성을 확보하려 한 것인지도 모른다.

- 末之也已(말지야이) : 가지 마십시오. 之는 가다.
- 何必公山氏之之也(하필공산씨지지야) : 앞의 之는 어조사, 뒤의 之는 가다는 뜻.
- 豈徒哉(기도재) : 어찌 하찮은 자이기야 하겠느냐. 夫召我者而豈徒哉에서 而의 역할과 뒤이은 如有用我者를 주목하면 徒는 召我者에 대한 설명임을 알 수 있다. 즉 적어도 나를 부르는 자라면 그는 결코 하찮은 자는 아닐 것이라는 뜻이다. 이 말은 공자가 공산불요를 하찮은 사람으로 본 것은 아니지만 비범한 인물로 단정한 것도 아니며 단지 어딘가는 남다른 데가 있을 것이니 만나 볼 수는 있지 않겠느냐 하는 일말의 기대를 표명한 말이라 하겠다.
- 東周(동주) : 동쪽에 있는 주나라 같은 나라. 주나라는 서쪽에 있었고 공자가 살던 노나라는 동쪽에 있었기 때문에 한 말. 따라서 낙읍으로 도읍을 옮긴 이후를 후대의 사학자들이 동주東周(B.C. 770~B.C. 256)라고 지칭할 때의 동주와는 직접적인 관련이 없는 말이다. 吾其爲東周乎는 공자의 말답지 않게 자신의 능력을 과시하고 있다는 점에서 기록자에 의해 얼마간 왜곡되었을 가능성이 있다.

17/6

자장子張이 공자께 어짊에 대해 묻자 공자께서 말씀하셨다.

"천하에 능히 다섯 가지를 행할 수 있다면 어질다 할 것이다."

자장이 그것을 청하여 묻자 말씀하셨다.

"공손함, 관대함, 믿음직함, 민첩함, 은혜로움이다. 공손하면 수모를 당하지 않고 관대하면 민심을 얻고 믿음직하면 남들이 신임하고 민첩하면 이룸이 있고 은혜로우면 족히 사람을 부릴 수 있다."

子張問仁於孔子.孔子曰:能行五者於天下,爲仁矣.請問之.曰:恭寬信敏惠.恭則不侮,寬則得衆,信則人任焉,敏則有功,惠則足以使人.

- 孔子(공자) : 양화편에서는 공자孔子라는 표현과 자子라는 표현이 함께 쓰이고 있다. 양화편의 형성 배경이 단일하지 않다는 점을 보여 주는 것이라 하겠다.
- 侮(모) : 모멸 당하다. 수모를 겪다.
- 人任(인임) : 남들이 맡기다. 여기서 맡기는 것은 백성을 다스리는 갖가지 권한을 말하겠으나 근대적 의미의 위임이라기보다 주로 신뢰 등 심정적 의탁을 말한다 할 것이다.
- 有功(유공) : 실천에 민첩함으로써 그 결과가 가시적으로 나타나는 것.
- 寬則得衆 이하의 구절은 20/1 말미에 寬則得衆,信則民任焉.敏則有功,公則說.이라는 표현으로 약간 변형되어 다시 나온다.

17/7

필힐佛肸[3]이 부르자 선생님께서 가시려 하니 자로가 말했다.

"옛날 제가 선생님께 듣기로는 '자신이 직접 불선한 일을 행한 자에게 군자는 가담하지 않는다'고 하셨습니다. 필힐은 중모中牟에서 반역을 꾀한 자입니다. 선생님께서 그에게 가시겠다니 어찌 된 일입니까?"

선생님께서 말씀하셨다.

3) 필힐(佛肸) : 진(晋)나라 사람으로 중모(中牟)의 읍재(邑宰)였다. 대부 범중행(范中行)의 가신으로 보는 시각도 있으나 조간자(趙簡子)의 신(臣)이었다고 보는 것이 통설이다. 그는 중모에서 반역하였는데 이는 조간자에 대한 도전이었던 것으로 보인다. 『신서(新序)』, 『설원(說苑)』에는 그가 다소 신의의 관념을 지녔던 사람으로 기록되어 있다.

"그렇다. 그런 말을 한 적이 있다. 그러나 '갈아도 얇아지지 않는다면 견고하다 할 수 있지 않겠느냐? 검게 물들이려 해도 검어지지 않는다면 희다 할 수 있지 않겠느냐?' 내가 어찌 박이겠느냐? 어찌 능히 매달려만 있고 먹히지는 않겠느냐?"

佛肹召.子欲往.子路曰:昔者由也聞諸夫子曰,親於其身爲不善者,君子不入也.佛肹以中牟畔,子之往也,如之何?子曰:然,有是言也.不曰堅乎?磨而不磷,不曰白乎?涅而不緇.吾豈匏瓜也哉!焉能繫而不食?

- 親於其身(친어기신) : 자기 자신이 직접. 몸소.
- 以中牟畔(이중모반) : 중모를 근거지로 하여 반역하다. 畔은 叛.
- 磨(마) : 갈다. 마찰하다.
- 磷(린) : 얇아지다. 원 뜻은 얇은 돌薄石. 돌비늘. 운모.
- 涅(날) : 검은 물을 들이다染黑.
- 緇(치) : 검다.
- 匏瓜(포과) : 박. 여주.
- 繫(계) : 매다. 묶다. 얽다.
- 『좌전』 정공 5년조에 "조간자趙簡子가 위衛나라를 치는 기회에 중모를 포위했다"는 기록이 나오는 것을 보면 그 이전부터 필힐이 중모에서 오랫동안 조간자에게 저항하고 있었을 가능성이 있다.
- 공자는 다소 행적에 문제가 있었던 사람이라 하더라도 자신에 대해 관심과 기대를 가지고 다가오는 사람에게는 폐쇄적이라기보다 개방적이었다.
- 전체적인 취지는 9/12에 나오는 공자의 말 "팔아야지! 팔아야지! 나는 살 사람을 기다리고 있다"沽之哉!沽之哉!我待賈者也와 상통한다.

17/8

선생님께서 말씀하셨다.

"유由야, 너는 여섯 가지 말과 여섯 가지 폐단에 대해 들어 본 적이 있느냐?"

자로가 대답했다.

"없습니다."

"앉아라. 내가 너에게 말해 주겠다. 어진 것을 좋아하고 배우기를 좋아하지 않으면 그 폐단은 어리석음이다. 지혜를 좋아하고 배우기를 좋아하지 않으면 그 폐단은 독선獨善이다. 신의를 좋아하고 배우기를 좋아하지 않으면 그 폐단은 도적의 무리를 이루는 것이다. 곧음을 좋아하고 배우기를 좋아하지 않으면 그 폐단은 가혹함이다. 용기를 좋아하고 배우기를 좋아하지 않으면 그 폐단은 세상을 어지럽히는 것이다. 굳세기를 좋아하고 배우기를 좋아하지 않으면 그 폐단은 과격함이다."

子曰:由也,女聞六言六蔽矣乎?對曰:未也.居,吾語女.好仁不好學,其蔽也愚.好知不好學,其蔽也蕩.好信不好學,其蔽也賊.好直不好學,其蔽也絞.好勇不好學,其蔽也亂.好剛不好學,其蔽也狂.

- 由也(유야) : 자로를 부르는 호칭. 자로는 공자보다 9세 밖에 적지 않았기 때문에 공자가 부를 때도 단지 "由"라고만 호칭하였다. 也를 붙였다는 것은 이 단편이 위작임을 보여 주는 증거이기도 하다.
- 蕩(탕) : 법 없이 행동하다. 방탕하다無檢束.
- 賊(적) : 도적의 무리를 이루는 것. 반당反黨의 무리를 이루는 것. 이를 '해치다'는 뜻으로 해석하기도 하나 그럴 경우 好信과의 관계가 살아나지

않는다. 도적들이 귀하게 여기는 바가 바로 왜곡된 신의信義다.

- 絞(교) : 가혹하다. 목을 조르다.

17/9

선생님께서 말씀하셨다.

"너희들은 왜 시를 배우지 않느냐? 시는 그로써 깨어 일어날 수 있고 그로써 살필 수 있고 그로써 어울릴 수 있으며 그로써 원망할 수 있다. 또 가깝게는 아버지를 섬기고 멀리로는 임금을 섬기며 새와 짐승과 풀과 나무의 이름도 많이 알게 된다."

子曰:小子何莫學夫詩?詩,可以興,可以觀,可以群,可以怨,邇之事父,遠之事君,多識於鳥獸草木之名.

- 何莫(하막) : 어찌 ~ 하지 않느냐. 정약용에 의하면 민망히 여겨 하는 말.
- 夫(부) : 저. 가리키는 말. 번역에서는 윤문상 생략하였다.
- 興(흥) : 일다. 일어나다. 깨어 일어나다. 감흥을 일으키는 것과는 다소 거리가 있다.
- 邇(이) : 가깝다近. 가까이하다.
- 시의 기능 내지 효과에 대한 말로서 평범하면서도 매우 적실한 언명이라고 할 수 있다.

17/10

선생님께서 백어伯魚에게 말씀하셨다.

"너는 주남周南과 소남召南을 배웠느냐? 사람이 주남과 소남을 배우지 않으면 그것은 담을 마주하고 서 있는 것과 같을 것이다."

子謂伯魚曰:女爲周南召南矣乎?人而不爲周南召南,其猶正牆面而立也與.

- 伯魚(백어) : 공자의 아들. 11/8 각주 참조.
- 爲(위) : 보통 공부하다 또는 배우다로 새기나 정약용은 음악을 연주하며 노래 부르는 것을 의미한다고 본다. 일리 있는 해석이라 생각한다. 여기서는 배운다는 표현이 포괄적이라는 점에서 역어로 선택하였다.
- 周南召南(주남소남) : 『시경』에 맨 처음 나오는 두 시편으로 국풍國風에 속한다. 주(周)나라의 덕화德化가 미친 시라 한다. 周南은 주공단周公旦이 다스리던 땅, 召南은 소공석召公奭이 다스리던 땅이라 하는데 두 땅은 가까이 인접해 있었다.
- 正牆面(정장면) : 담을 똑바로 마주하다.
- 담을 마주하고 서면 아무것도 볼 수 없다. 시는 무언가를 바라볼 수 있는 전망을 열어 주는 일에 주효한 것임을 말해 주고 있다. 앞장과 더불어 인간의 상정常情에 이르지 않고는 그 이상의 세계로 나아갈 수 없는데 그 상정에 이르는 데에는 시만한 것이 없다는 공자 특유의 시관詩觀이 잘 드러나 있다.

17/11

선생님께서 말씀하셨다.

"예禮, 예禮 하지만 구슬과 비단을 말하겠느냐? 음악, 음악 하지만 종과 북을 말하겠느냐?"

子曰:禮云禮云,玉帛云乎哉?樂云樂云,鍾鼓云乎哉?

- 禮云(예운) : 예에 관하여 운운함.

• 예악을 겉으로 드러난 양상에 의해서만 이해해서는 안 됨을 말한 것이다.

17/12

선생님께서 말씀하셨다.

"겉모습은 엄숙하나 속이 유약한 것은 소인에 비유한다면 벽에 구멍을 뚫는 도둑과 같겠구나."

子曰:色厲而內荏,譬諸小人,其猶穿窬之盜也與.

- 厲(여) : 엄하다嚴. 사납다虐.
- 荏(임) : 부드럽다柔. 유약하다.
- 穿(천) : 파다. 뚫다. 구멍을 내다.
- 窬(유) : 구멍을 뚫음. 작은 문을 냄.
- 필요한 노력을 기울여 인격을 완성함이 없이 겉모습만 엄숙히 취하는 것은 일종의 편법으로 정당한 노력으로 재물을 확보하지 않고 편법으로 재산을 얻으려는 도둑질과 같다는 말이다.

17/13

선생님께서 말씀하셨다.

"시골의 수더분한 자는 덕의 도적이다."

子曰:鄕原,德之賊也.

- 鄕原(향원) : 鄕原의 정확한 개념에 대해서는 『맹자』「진심하」편을 참고할 수 있다. 맹자는 "나의 문門을 지나 나의 방에 들어오지 않더라도 내

가 유감스럽게 생각하지 않는 자는 오직 향원鄕原일 것이다. 향원은 덕의 도적이다"라고 한, 논어에는 그 말미만 나오는 공자의 말을 인용하며 향원을 사이비 유덕자로 정의하고 있다. 맹자가 "이 세상에 태어나서 이 세상을 위하여 선하게 하는 것이 가하다 하여 내시같이 세상에 잘 보이려고만 드는 자가 곧 향원이다"生斯世也, 爲斯世也, 善斯可矣, 閹然媚於世也者, 是鄕原也 고 말하자 만장萬章은 "한 마을이 다 착하다 하면 어딜 가더라도 착할 텐데 왜 공자께서는 덕의 도적이라 하셨습니까?" 하고 반문하였다. 이에 맹자는 "비난하려 하여도 비난할 것이 없고 풍자하려 하여도 풍자할 것이 없으며 세속의 흐름에 함께하고 흐린 세상에 합하여 거함에 있어서는 충성스럽고 믿음성 있는 듯이 하고 행함에 있어서는 청렴하고 깨끗한 듯이 하여 모든 사람들이 다 기뻐하니 이로써 스스로 옳다 여기지만 요순의 도에는 들어가지 않는다. 고로 덕의 도적이라 하는 것이다"非之無擧也, 刺之無刺也, 同乎流俗, 合乎汙世, 居之似忠信, 行之似廉潔, 衆皆悅之, 自以爲是而不可與入堯舜之道, 故曰, 德之賊也라고 하였다. 또 공자의 말을 인용하여 이렇게 말하고 있다. "비슷하지만 아닌 것似而非을 미워하니 … 향원을 미워하는 것은 그가 덕을 어지럽게 할까 두렵기 때문이다."

- 賊(적) : 도적. 해치다로 해석하기도 한다. 정약용은 賊을 대도大盜라 하였다. 賊大盜也

17/14

선생님께서 말씀하셨다.

"이 길에서 들은 것을 저 길에서 이야기하는 것은 덕을 버리는 짓이다."

子曰 : 道聽而塗說, 德之棄也.

- 塗(도) : 길. 途와 통함.

- 道와 塗를 구별하여 쓴 이유는 분명치 않으나 현재로서는 정약용의 "道와 塗 두 자를 반드시 짝지어 언급한 것은 여기에서 듣고 저기에다 전하는 것을 밝힌 것이다"道塗二字必雙言之者, 明聽於此而傳於彼也. 『論語古今注』는 해설이 그런 대로 설득력이 있어 보인다. 특별한 의도가 있는 것은 아닌 셈이다.
- 들은 것을 반추하여 몸에 익히기 전에 경솔하게 주변에 말부터 하는 것이 덕에 상응하는 행위가 아님을 말한 것으로 보인다.

17/15

선생님께서 말씀하셨다.

"비루한 사나이와 함께 임금을 섬길 수 있겠느냐? 그것을 얻지 못하고 있을 때에는 얻으려고 걱정하고 그것을 얻고 나서는 잃을까 걱정한다. 실로 그것을 잃을까 걱정한다면 못할 짓이 없을 것이다."

子曰: 鄙夫可與事君也與哉? 其未得之也, 患得之. 旣得之, 患失之. 苟患失之, 無所不至矣.

- 得之(득지) : 그것을 얻다. 여기서 그것之은 권력과 직간접으로 관련되는 모든 것을 말하는 듯하다.
- 無所不至(무소부지) : 이르지 못하는 데가 없다. 못할 짓이 없다.
- 공자의 모종의 경험에서 비롯된 말이 아닐까 한다. 실제로 권력의 현장에는 예나 지금이나 권력을 갖기 위해, 또 잃지 않기 위해 발버둥치는 비부가 언제나 있고 그들이 보여 주는 무소부지의 행태는 정의를 구현하고자 하는 자들의 절망을 유발하곤 한다.

17/16

선생님께서 말씀하셨다.

"옛날에는 사람들에게 세 가지 병통이 있었는데 오늘날에는 그것이 없어지지 않았나 한다. 옛날의 과격한 이는 거리낌 없이 행동했으나 오늘날의 과격한 이는 제멋대로 행동한다. 옛날의 자긍하는 이는 고지식했으나 오늘날의 자긍하는 이는 성내고 사납게 군다. 옛날의 어리석은 이는 솔직했으나 오늘날의 어리석은 이는 속이려 들 뿐이다."

子曰:古者民有三疾,今也或是之亡也.古之狂也肆,今之狂也蕩.古之矜也廉,今之矜也忿戾.古之愚也直,今之愚也詐而已矣.

- 或是之亡也(혹시지무야) : 그것이 없어진 모양이다. 그것이 없어진 것이 아닌가 한다. 약간의 의문을 남기는 듯한 표현이지만 결국 강조의 의미로 쓰였다. 또 병통이 없어졌다고 표현되어 마치 좋아진 것처럼 얘기하면서 실제로는 나빠진 것을 얘기하니 전형적인 역설paradox이다.
- 肆(사) : 거리낌 없다. 제멋대로 하다. 방자하다.
- 蕩(탕) : 소탕하다. 쓸어 없애다. 법 없이 행동하다. 방탕하다.
- 矜(긍) : 긍지. 여기서는 다소 부정적 의미의 긍지이므로 뽐냄 정도를 말한다.
- 廉(렴) : 청렴하다. 검소하다. 고지식하다. 꼬장꼬장하다.
- 忿戾(분려) : 성내고 사납다. 성내고 부딪히다.
- 詐而已矣(사이이의) : 속이고 말 뿐이다. 숨길 뿐이다. 즉 어리석으면서도 알기 위해 솔직하지 않고 어리석음을 거짓된 언사와 논리로 적당히 덮으려 할 따름이라는 말이다.
- 옛날의 병통을 이야기하면서 실제로는 그것이 오늘날에 와서 더 심각해

진 상태를 이야기하는 역설적 구도를 가지고 있다. 자세히 관찰하면 옛날의 병통들이 가지고 있는 문제는 모두 일신의 문제이기를 넘어서지 않고 있다. 그러나 오늘날의 병통들이 가진 문제는 모두 일신을 넘어 남에게 해를 끼치거나 남을 위협하고 속이는 양상을 보이고 있다.

- 다른 단편(5/23 등)에서도 엿보이듯이 여기서도 옛날古은 원시적 순결을 지니고 있었는데 오늘날今은 그것을 잃어버림으로써 사악해졌음을 한탄하고 있다.

17/17

선생님께서 말씀하셨다.

"세련된 말과 의젓한 모습이 어짊인 경우는 드물다."

子曰:巧言令色,鮮矣仁.

- 1/3에 동일한 단편이 나온다.

17/18

선생님께서 말씀하셨다.

"자주색이 붉은색을 빼앗는 것을 미워한다. 정나라 노래가 아악을 어지럽히는 것을 미워한다. 날랜 입들이 나라와 대부의 가家를 뒤엎는 것을 미워한다."

子曰:惡紫之奪朱也.惡鄭聲之亂雅樂也.惡利口之覆邦家者.

- 利(리) : 날카롭다. 날래다.

- 覆(복) : 뒤엎다. 전복하다.
- 者(자) : 者가 也로 되어 있거나 아예 없는 원문 자료도 있다.

17/19

선생님께서 말씀하셨다.

"나는 아무 말도 하고 싶지 않다."

자공子貢이 말했다.

"선생님께서 만약 아무 말씀도 하지 않으시면 저희들은 무엇을 전술傳述하겠습니까?"

선생님께서 말씀하셨다.

"하늘이 무슨 말을 하더냐? 사철이 운행하고 만물이 자랄 뿐 하늘이 무슨 말을 하더냐?"

子曰:予欲無言.子貢曰:子如不言,則小子何述焉?子曰:天何言哉?四時行焉,百物生焉,天何言哉?

- 如(여) : 만약.
- 述(술) : 풀이하다. 전술傳述하다. 배워 알리다.
- 四時(사시) : 네 계절. 사시사철.

17/20

유비孺悲[4]가 공자를 만나고자 하니 공자께서 병을 핑계로 거절하셨다. 말을 전하러 온 사람이 막 문을 나가자 거문고를 끌어당겨 노래를 부르시어 그로 하여금 듣게 하셨다.

孺悲欲見孔子,孔子辭以疾.將命者出戶,取瑟而歌,使之聞之.

- 欲見孔子(욕견공자) : 공자를 만나고자 하다. 만나자고 사람을 보내 전갈하는 것을 말함.
- 辭(사) : 사양하다.
- 使之聞之(사지문지) : 앞의 之는 말 심부름하러 온 사람, 뒤의 之는 거문고 소리.
- 공자가 이러한 행위를 한 자세한 이유는 전혀 알려져 있지 않다. 아마 그의 비례나 무도無道, 허물을 책하기 위해서였을 것이다. 최술崔述은 공자가 결코 이런 겉 다르고 속 다른 행위를 하지 않았을 것이라 하여 이 단편을 위작으로 보지만 그것은 공자를 너무 완전한 존재로만 보는 비현실적 시각에서 나온 것이라 생각한다.

17/21

재아宰我가 물었다.

"삼년상은 기간이 너무 깁니다. 군자가 삼 년간 예를 도모하지

4) 유비(孺悲) : 하안(何晏)에 의하면 노나라 사람이며 조정에서 집례에 관한 일을 맡고 있었던 듯하다. 『예기』에 기록된 바는 다음과 같다. "휼유(恤由)의 상(喪)에 애공이 유비로 하여금 공자에게 가서 선비에 관한 상례(喪禮)를 배우게 하였다. 사상례(士喪禮)가 여기에서 비로소 기록되었다."

않으면 예가 필경 무너지고 삼 년간 음악을 도모하지 않으면 음악이 반드시 무너질 것입니다. 옛 곡식이 이미 다하고 새 곡식이 이미 나오며 나무를 비벼 불도 새로 바꾸는 만큼 1년이면 되리라 봅니다."

선생님께서 말씀하셨다.

"쌀밥을 먹고 비단옷을 입는 것이 너에게는 편안하냐?"

재아가 말했다.

"편안합니다."

"네가 편안하다면 그렇게 하여라. 실로 군자가 상중에 있을 때에는 맛있는 것을 먹어도 맛있지 않고 음악을 들어도 즐겁지 않으며 집에 거해도 편안하지 않은 까닭에 그렇게 하지 않는 것이다. 그러나 지금 네가 편안하다면 그렇게 하여라."

재아가 나가자 선생님께서 말씀하셨다.

"여予는 어질지 못하구나. 자식은 태어나서 삼 년이 지난 후에야 부모의 품을 벗어나니 실로 삼년상은 천하 공통의 상례다. 여予도 그 부모로부터 삼 년 동안의 사랑은 받았을 것이다."

宰我問:三年之喪,期已久矣.君子三年不爲禮,禮必壞.三年不爲樂,樂必崩.舊穀旣沒,新穀旣升,鑽燧改火,期可已矣.子曰:食夫稻,衣夫錦,於女安乎?曰:安.女安則爲之.夫君子之居喪,食旨不甘,聞樂不樂,居處不安,故不爲也.今女安,則爲之.宰我出.子曰:予之不仁也.子生三年,然後免於父母之懷.夫三年之喪,天下之通喪也.予也有三年之愛於其父母乎.

• 期已久矣(기이구의) : 기간이 너무 길다. 여기서의 期는 기간이라는 뜻으로 뒤에 나오는 期可已矣의 주년周年을 의미하는 期와는 다르다.

- 君子三年不爲禮의 君子는 황간皇侃에 의하면 人君, 즉 제후를 의미한다고 한다.
- 舊穀旣沒(구곡기몰) : 지난해의 곡식이 이미 다 스러지다.
- 新穀旣升(신곡기승) : 새 곡식이 이미 나오다.
- 鑽燧改火(찬수개화) : 매년 불을 새로 마찰하여 다시 얻는 것. 일종의 의식儀式이었을 것이다. 鑽은 불을 얻기 위해 나무를 마찰하는 것이며 燧는 그렇게 마찰하여 얻은 불을 말한다.
- 舊穀…改火(구곡…개화) : 모든 자연의 섭리와 마찬가지로 낡은 것을 밀치고 새것이 등장하는 단위가 1년임을 강조한 말이다.
- 期可已矣(기가이의) : 1년이면 가하다.
- 食夫稻,衣夫錦(식부도, 의부금) : 夫는 어조사.
- 旨(지) : 맛味. 맛있는 것.
- 居喪(거상) : 상을 당해 상주로서의 기간을 지내는 일.
- 居處(거처) : 집에 거하다. 편안히 살다.
- 父母之懷(부모지회) : 부모의 품.
- 예외적으로 긴 대화, 予之不仁也 같은 공자답지 않은 표현, 삼 년간 부모의 품에 있었으니 역시 삼 년간 거상을 하여야 한다는 형식적인 논리 전개 등에 비추어 볼 때 위작의 가능성이 높다. 거상 기간을 3년으로 정하고자 하는 후대의 어느 유가가 소급하여 위작을 논어에 편입하였는지도 모른다.

17/22

선생님께서 말씀하셨다.

"종일 배불리 먹고 마음 쓸 곳이 없다면 난감한 노릇이다. 장기나 바둑이라도 있지 않느냐? 그것이라도 하는 것이 오히려 나을 것이다."

子曰:飽食終日,無所用心,難矣哉!不有博奕者乎?爲之猶賢乎已.

博(박) : 장기.

奕(혁) : 바둑.

- 乎已(호이) : 드물게 쓰이는 어조사라 할 것이다. "아무것도 하지 않는 것보다"로 번역하기도 하나 앞에 나오는 말뜻과 중복된다.

17/23

자로子路가 말했다.

"군자는 용기를 숭상합니까?"

선생님께서 말씀하셨다.

"군자는 의로움을 가장 높이 여긴다. 군자가 용기만 있고 의로움이 없으면 난을 일삼고 소인이 용기만 있고 의로움이 없으면 도둑질을 일삼는다."

> 子路曰:君子尙勇乎?子曰:君子義以爲上.君子有勇而無義爲亂,小人有勇而無義爲盜.

- 尙(상) : 숭상하다.
- 인간의 기본적 자질로서의 의로움을 강조한 것이다. 자로에게 이 얘기를 한 것은 자로의 단계가 아직은 의로움에 미진한 용기의 단계에 머물러 있다고 보았기 때문일 것이다.

17/24

자공子貢이 말했다.

"군자도 역시 미워하는 것이 있습니까?"

선생님께서 말씀하셨다.

"미워하는 것이 있다. 남의 나쁜 점을 들추는 자를 미워하며 속된 경지에 처해 있으면서 높은 경지를 비방하는 자를 미워하며 용기만 있고 무례한 자를 미워하며 과감하지만 막힌 자를 미워한다."

자공이 말했다.

"저도 역시 미워하는 것이 있습니다. 몇 마디 주워들은 것으로 지혜로운 체하는 자를 미워하며 불손한 것으로 용기 있는 체하는 자를 미워하며 폭로하는 것으로 곧은 체하는 자를 미워합니다."

子貢曰:君子亦有惡乎?子曰:有惡.惡稱人之惡者.惡居下流而訕上者.惡勇而無禮者.惡果敢而窒者.曰:賜也亦有惡乎.惡徼以爲知者.惡不孫以爲勇者.惡訐以爲直者.

- 下流(하류) : 19/20을 참조할 때 여기서 말하는 하류는 신분상의 하류를 말하는 것이 아니라 도덕적 기준에서 보는 하류를 말한다.
- 訕(산) : 나무라다. 비방하다.
- 窒(질) : 막히다.
- 徼(요) : 돌아다니다. 구하다. 추리다抄. 훔치다.
- 訐(알) : 들춰내다發人陰私.
- 賜也亦有惡乎(사야역유오호) : 『논어의소論語義疏』에 인용된 강희江熙의 설에 의하면 이 말은 자공의 말이다. 그러나 주자는 惡徼以下만 자공의 말이라 하여 이 말을 "사야. 너도 역시 미워하는 것이 있느냐?" 하는 공자의 질문으로 보았다. 여기서는 강희의 설을 따랐다.

17/25

선생님께서 말씀하셨다.

"오직 여자와 소인만은 양성하기가 어렵다. 가까이하면 불손하게 굴고 멀리하면 원망한다."

子曰:唯女子與小人爲難養也.近之則不孫,遠之則怨.

- 養(양) : 양성하다. 교양하다. 키우다. 교육하다.
- 종종 성차별 시비의 대상이 되기도 하는 단편이다. 불교에서 여성의 출가수행을 석가가 받아들이지 않다가 이모인 마하프라자파티의 간청을 받고는 뒤늦게 비구들보다 훨씬 많은 계율을 지키는 조건으로 허용한 것을 연상케 하는 바가 있다.

17/26

선생님께서 말씀하셨다.
"나이 사십이 되어서도 남의 미움을 받는다면 다 끝난 것이다."

子曰:年四十而見惡焉,其終也已.

- 見惡(견오) : 미움을 받다. 『묵자墨子』에 나오는 愛人者必見愛남을 사랑하는 자는 반드시 남의 사랑을 받는다의 見愛와 같은 표현법이다. 여기서 見은 뒤에 나오는 동사 愛를 피동형으로 바꾸는 역할을 한다.

18
미자微子

일민逸民에 대한 독특한 관심이 나타나 있다. 피세辟世에 동의하지는 않는다는 점에서 논어의 기본 노선을 벗어나 있지는 않지만 사실상 이인異人에 대한 기대가 강하게 표출되어 있다는 것은 이미 현세에 대한 믿음을 현저히 상실하고 있음을 말하는 것이다.

대부분 공자의 시대와 크게 멀어진 시점에 형성된 근거 없는 이야기들을 수집한 것으로 보이지만 도가 사상과의 접점에서 있다는 점에서 나름대로 사상사적 의의를 지니고 있다.

18/1

미자微子[1]는 떠나고 기자箕子[2]는 노예가 되고 비간比干[3]은 간하다가 죽었다. 공자께서 말씀하셨다.

"은나라에는 세 명의 어진 이가 있었다."

微子去之,箕子爲之奴,比干諫而死.孔子曰:殷有三仁焉.

- 去之(거지) : 나라를 떠나다. 之를 대명사로 보기도 하고 '가다'로 보기도 하는데 여기서는 대명사로 보았다.
- 爲之奴(위지노) : 노예가 되다.
- 미자, 기자, 비간은 모두 주紂의 혈족으로 주의 방탕함을 간했으나 받아들여지지 않았다는 점에서 공통점이 있다. 다만 그 후의 행동은 서로 차이가 있었으니 미자는 나라를 떠났고 기자는 나라를 떠나지 않았지만 숨어 살았고 비간은 숨어 살지도 않고 끝까지 간하다가 죽었다. 그러나 공자는 이들 모두를 함께 아울러서 삼인三仁이라 평하고 있다.

---

1) 미자(微子) : 은(殷)나라 마지막 왕 주(紂)의 서형(庶兄). 이름은 계(啓) 혹은 개(開). 주(紂)의 폭정을 자주 간하였으나 받아들여지지 않자 나라를 떠날 것을 생각하던 중 주 무왕(武王)이 은을 정벌한다는 소식을 듣고 무왕에게 나아가 항복했다. 무왕은 그를 본래의 봉국 미(微:微子라는 이름이 여기서 유래하였다)에 복위케 하였다. 후에 은나라의 뒤를 잇게 하기 위해 세웠던 송(宋)나라에서 무경(武庚:紂의 아들)이 난을 일으키자 주공(周公)은 미자를 송나라에 봉하였다. 공자는 바로 이 미자의 후손이라 전해지고 있다.

2) 기자(箕子) : 주(紂)의 숙부. 이름은 서여(胥餘). 주(紂)의 방탕함을 수차 간하였으나 받아들여지지 않았다. 나라를 떠날 것을 권유하는 사람이 있어도 따르지 않고 미친 사람처럼 하고 남의 노예가 되어 탄금(彈琴)으로 슬픔을 달랬다. 무왕이 주(周)나라를 세우고 그에게 천하를 다스리는 대도(大道)를 묻자 「홍범(洪範)」을 지어 바쳤다. 후에 조선(朝鮮)으로 가서 왕이 되었다 한다.

3) 비간(比干) : 주(紂)의 숙부. 기자가 주(紂)의 방탕함을 제지하지 못하고 노예가 되자 자신은 "주군에게 잘못이 있으면 죽음으로써 간하지 않으면 안 된다"고 하면서 끝까지 간했다. 주(紂)는 "자고로 성인의 심장에는 일곱 개의 구멍이 있다고 했는데 한번 보자" 하며 그를 죽여 심장을 찢었다 한다.

18/2

유하혜柳下惠는 사사士師가 되어 세 번 쫓겨났다. 사람들이 말했다.

"당신은 다른 나라로 가 버릴 수 없었던가요?"

그가 말했다.

"정도를 곧게 지키면서 남을 섬기면 어디로 간들 세 번 쫓겨나지 않겠소? 정도를 굽혀서 남을 섬기려면 왜 구태여 부모의 나라를 떠나겠소?"

柳下惠爲士師,三黜.人日:子未可以去乎?日:直道而事人,焉往而不三黜?枉道而事人,何必去父母之邦?

- 柳下惠(유하혜) : 공자보다 한 세기 전에 살았던 노나라의 충직한 대부. 15/14 각주 참조.
- 士師(사사) : 형정刑政을 담당하는 직책.
- 黜(출) : 내쫓다. 물리치다.
- 焉往(언왕) : 어디로 간들. 焉은 여기서 '어디로'를 뜻함.

18/3

제나라의 경공景公이 공자를 대우하는 문제로 말했다.

"계씨와 같이 대우한다면 나는 못하겠고 계씨와 맹씨의 중간 정도로는 대우하겠소."

또 말했다.

"내가 늙어서 등용할 수가 없소."

공자께서는 떠나가셨다.

齊景公待孔子曰:若季氏,則吾不能,以季孟之間待之.曰:吾老矣,不能用也.孔子行.

- 齊景公(제경공) : 제나라의 암군暗君. 욕심이 많았다. 12/12 각주 참조.
- 季孟之間(계맹지간) : 계씨와 맹씨의 사이. 실권 있는 대부와 그렇지 못한 대부의 중간 정도.
- 공자가 제나라를 방문했을 때 있었던 일련의 일화는 대부분 신빙성이 현저히 떨어진다. 이 일화도 마찬가지로 아직 젊은 나이였던 공자를 경공이 계맹지간으로 대우해 주겠다고 했다는 것도 현실성이 없다. 공자와 관련하여 여기 저기 굴러다니던 일화 중 하나가 유입되었다고 보는 것이 좋을 듯하다.

18/4

제나라 사람들이 여자 악사들을 보내왔다. 계환자季桓子[4]가 이를 받고 삼일 간 조회를 갖지 않으니 공자께서 떠나셨다.

齊人歸女樂.季桓子受之,三日不朝.孔子行.

- 歸(귀) : 보내다. 17/1에 나온 歸孔子豚에서와 같은 용례다.
- 不朝(부조) : 조회를 갖지 않다.
- 『사기』「공자세가」에는 공자가 노나라의 사구司寇가 되어 노나라를 바로

4) 계환자(季桓子) : 노나라의 대부. 계강자(季康子)의 아버지 계손사(季孫斯)를 말함. 아버지 계평자(季平子)의 뒤를 이어 정공 5년부터 애공 3년까지 14년 간 계씨가를 이끌었다. 대부가 되던 첫 해부터 자기 가문의 가신(家臣)이었던 양호(陽虎)에 의해 감금되는가 하면 맹약을 강요당하고 살해의 위협에 시달리게 된다. 공자가 노나라의 정치에 간여하던 기간은 대부분 계환자의 치세와 같은 기간이었다.

잡아 가자 제나라 사람들이 노나라가 패권을 잡을 것을 두려워하여 이를 방해하기 위해 80명의 미녀를 뽑아 강락무康樂舞를 가르쳐 무늬 있는 말 120필과 함께 노나라에 보내었다고 한다. 계환자는 정공과 함께 순시를 빙자하여 남문 밖에 나가 그 여악을 관람하는 등 정사를 게을리 하자 공자는 자로의 권유를 받고 마침내 노나라를 떠나 외유의 길에 오른다.「공자세가」의 대부분의 기록이 그렇듯이 역사적 근거가 없는 후대의 설화이며 그 일부가 논어에도 편입된 것으로 보인다.

18/5

초나라의 미치광이 접여接輿[5]가 노래를 부르며 공자 옆을 지나가면서 말했다.

"봉이여! 봉이여! 어찌 그리 덕이 쇠하였느뇨. 지나간 것은 간할 수 없지만 올 것은 그래도 좇을 수 있으리니. 아서라. 아서. 지금 정치에 종사하는 자들은 위태로워라."

공자께서 내리셔서 그와 이야기하려 하셨으나 뛰어 달아나 피하므로 이야기를 나누지 못하셨다.

楚狂接輿歌而過孔子曰:鳳兮鳳兮,何德之衰!往者不可諫,來者猶可追.已而已而,今之從政者殆而.孔子下,欲與之言,趨而辟之,不得與之言.

- 鳳(봉) : 봉은 공자를 지칭함.
- 何德之衰(하덕지쇠) : 어찌 그리 덕이 쇠하였느냐. 공자의 종정從政을 덕

---

5) 초광접여(楚狂接輿) : 초나라의 미치광이 접여(接輿). 전설적 인물인지 실제 인물인지 분명하지 않다. 그에 관한 일화는『전국책(戰國策)』이나『한시외전(韓詩外傳)』,『장자(莊子)』등에 전하고 있으며 모두 도가적(道家的) 배경 하에 지어진 것들이다.

이 쇠한 결과로 본 것이다.

- 往者不可諫(왕자불가간) : 지나간 것은 간할 수 없지만. 공자의 지금까지의 행적이야 돌이킬 수 없지만.
- 來者猶可追(내자유가추) : 앞으로 올 것은 그래도 따를 수 있으니. 지금부터라도 당신은 바른 길을 걸을 수 있으니.
- 已而已而(이이이이) : 아서라, 아서. 즉 종정從政하며 이 세상을 바루어 보겠다는 허망한 생각을 버려라.
- 趨(추) : 달리다. 빨리 걷다.
- 辟(피) : 피하다. 避와 같음.
- 도가적 사유가 공문의 전통적 사유를 위협하며 성장하던 시기에 형성된 일화가 아닐까 한다. 초나라의 미치광이 접여가 등장한다는 점에서 도가사상이 남방 초나라 쪽에서 서서히 형성되었음을 보여 주는 것이기도 하다.

18/6

장저長沮와 걸익桀溺[6]이 나란히 밭을 갈고 있었는데 공자께서 그 앞을 지나가시다가 자로子路로 하여금 나루터를 물어보게 하셨다. 장저가 말했다.

"저기 수레를 잡고 있는 자는 누구요?"

자로가 말했다.

"공구孔丘라는 분입니다."

장저가 말했다.

"저 자가 노나라의 공구란 말이오?"

자공이 말했다.

6) 장저, 걸익(長沮, 桀溺) : 정현(鄭玄)은 두 사람을 은자(隱者)라 했다. 그러나 실제 인물이라기보다는 그냥 설화 속 주인공들로 보는 것이 무난할 것이다.

"그렇습니다."

장저가 말했다.

"저 자는 나루터를 알고 있소."

걸익에게 물으니 걸익이 말했다.

"당신은 누구요?"

자로가 말했다.

"중유仲由라 합니다."

걸익이 말했다.

"그러면 노나라 공구의 문도門徒요?"

자로가 대답했다.

"그렇습니다."

걸익이 말했다.

"도도히 흐르는 물처럼 천하가 다 이러하니 누가 그 흐름을 바꾸겠소? 당신도 사람을 피하는 선비를 따르기보다 차라리 세상을 피하는 선비를 따르는 것이 어떻겠소?"

그들은 고무래질을 그치지 않았다. 자로가 가서 있었던 일을 고하니 선생님께서 쓸쓸히 말씀하셨다.

"새나 짐승과는 함께 무리지어 살 수 없느니 내가 이 사람들 속에 섞여 살지 않는다면 무엇과 함께 살겠느냐? 천하에 도가 있다면 나도 굳이 바꾸려 들지 않을 것이다."

長沮桀溺耦而耕,孔子過之,使子路問津焉.長沮曰:夫執輿者爲誰?子路曰:爲孔丘.曰:是魯孔丘與?曰:是也.曰:是知津矣.問於桀溺.桀溺曰:子爲誰?曰:爲仲由.曰:是魯孔丘之徒與?對曰:然.曰:滔滔者天下皆是也.而誰以易之?且而與其從辟人之士也,豈若從辟世之士哉?耰而不輟.子路行以告.夫子憮然曰:鳥獸不可與同群,吾非斯人之徒與而誰與?天下有道,丘不與易也.

- 耦而耕(우이경) : 둘이 나란히 서서 밭을 가는 것. 耦는 쟁기.
- 津(진) : 나루터.
- 是知津矣(시지진의) : 그는 나루터를 알 것이오. 주자는 공자가 자주 돌아다녔기 때문에 나루터를 잘 알 것이라고 대답했다 한다. 그 말에는 돌아다니는 것을 비웃는 뜻이 포함되어 있다고 보는 이도 있으나 별로 석연치는 않다.
- 辟人之士(피인지사) : 사람을 피하는 선비. 공자의 현재 입장을 말하니 걸익의 입장에서 보면 아직 천하무도의 심각함을 모르는 자라 하겠다.
- 辟世之士(피세지사) : 세상을 피하는 선비. 장저걸익의 입장을 말하니 이미 세상은 무도의 상태에 빠져 더 이상 손 댈 수조차 없게 되었으므로 세상 그 자체를 피하는 한 단계 위의 자세를 갖춘 자라 하겠다.
- 耰(우) : 고무래. 곰방메.
- 輟(철) : 거두다歇. 그치다止.
- 憮(무) : 서글픈 모습. 쓸쓸한 모습.
- 공자의 마지막 말은 도가 사상의 위협적 성장에 맞서 유가적 입장의 불가피성을 옹호하는 발언이지만, 현저히 무력감을 노출하고 있다. 아무리 빨라도 공자 사후 반세기 정도는 지난 후에 형성된 일화가 아닐까 한다.

18/7

자로子路가 수행하다가 뒤쳐져서 한 노인을 만났는데 그는 지팡이로 대그릇을 메고 있었다. 자로가 물었다.

"노인께서는 우리 선생님을 보셨습니까?"

노인이 말했다.

"사지가 부지런하지 못하고 오곡五穀도 분간하지 못하니 누가 당신 선생이란 말인가?"

지팡이를 땅에 꽂고 김을 매자 자로는 손을 모으고 서 있었다. 노인은 자로를 붙들어 묵어가게 하였는데 닭을 잡고 기장밥을 지어 대접했으며 자신의 두 아들을 인사시켰다.

이튿날 자로가 가서 있었던 일을 고하니 선생님께서 말씀하셨다.

"은자隱者다."

자로로 하여금 되돌아가서 그를 뵙게 하였으나 가보니 이미 떠나고 없었다. 자로가 말했다.

"벼슬을 하지 않는 것은 의로운 일이 아닙니다. 어른과 아이의 범절도 없앨 수 없거늘 하물며 임금과 신하의 의를 어떻게 없앨 수 있겠습니까? 제 한 몸 깨끗이 하려다가는 큰 인륜을 어지럽히게 됩니다. 군자가 벼슬하는 것은 그런 의로움을 행하려는 것입니다. 도道가 행해지지 않는다는 것은 이미 알고 있습니다."

子路從而後,遇丈人以杖荷蓧.子路問曰:子見夫子乎?丈人曰:四體不勤,五穀不分,孰爲夫子?植其杖而芸.子路拱而立.止子路宿,殺鷄爲黍而食之,見其二子焉.明日,子路行,以告.子曰:隱者也.使子路反見之,至則行矣.子路曰:不仕無義.長幼之節,不可廢也.君臣之義,如之何其廢之?欲潔其身而亂大倫.君子之仕也,行其義也.道之不行,已知之矣.

- 丈(장) : 어른. 늙은이.
- 杖(장) : 지팡이.
- 荷(하) : 메다擔. 지다負.

- 蓧(조) : 대그릇. 삼태竹器.
- 四體不勤,五穀不分(사체불근, 오곡불분) : 이 말은 공자를 두고 한 말로 보인다. 숨어서 농사를 짓는 은둔자의 입장에서 공자의 지식인적 태도, 즉 몸을 움직여 노동하지 않고 곡식의 종류도 구분하지 못함을 비웃는 말이다. 역시 도가적 가치관이 깔려 있다.
- 植(치) : 꽂다. 심을 植식은 꽂다의 뜻일 경우 치로 읽는다.
- 芸(운) : 풀을 베다. 김매다. 耘운으로 표기된 자료도 있다.
- 拱(공) : 두 손을 공손히 모아 잡는 것.
- 止子路宿(지자로숙) : 자로를 붙잡아 묵어가게 하다.
- 爲黍(위서) : 기장밥을 짓다.
- 食(사) : 먹이다.
- 仕(사) : 벼슬살이. 나라 일에 종사하는 것.
- 이 단편에서도 자로의 마지막 말은 앞서 18/6에 나오는 공자의 마지막 말처럼 역시 유가적 원칙을 고수하기 위한 안간힘을 보여 주지만 이미 도가의 신비로운 힘에 도취되어 여지없이 힘을 잃고 있다. 그러나 이런 일화들을 수집하여 논어에 편찬해 넣은 사람들은 그나마 이런 단편들이 도가적 사유가 위세를 떨치는 가운데 나름대로 유가적 입장을 옹호하는 호교론적 근거가 되지 않을까 하는 기대를 가지고 있었을 것이다.

18/8

세상을 피해 숨어 지낸 사람으로 백이伯夷와 숙제叔齊, 우중虞仲[7], 이일夷逸[8], 주장朱張[9], 유하혜柳下惠 그리고 소련少連[10]이 있었다.

선생님께서 말씀하셨다.

"그 뜻을 굽히지 않고 그 몸을 욕되게 하지 않은 이는 백이와 숙제일 것이다."

유하혜와 소련에 대해 말씀하셨다.

"뜻을 굽히고 몸을 욕되게 하였으나 말이 인륜에 맞았고 행동이 사려에 맞았으니 그들은 바로 그럴 따름이었다."

우중과 이일에 대해 말씀하셨다.

"숨어 살며 구애받지 않고 말했으나 몸은 맑음을 잃지 않았고 폐廢한 것이 권도權道에 맞았다. 나로 말할 것 같으면 이와는 다르니 가하다는 것도 없고 불가하다는 것도 없다."

---

7) 우중(虞仲) : 주(周) 문왕(文王)의 큰아버지(伯父). 중옹(仲雍) 또는 오중(吳仲)이라고도 한다. 문왕의 할아버지인 태왕(太王)에게는 장남 태백, 차남 우중(虞仲), 삼남 계력(季歷)이 있었는데 태왕은 삼남 계력의 아들 창(昌:文王)의 사람됨을 보고 그에게 왕위를 물려주려 하였다. 이에 장남과 차남은 아버지의 뜻을 알고 아우 계력에게 양위하기 위하여 형만(荊蠻) 지방으로 도망가서 몸에 문신을 새기고 머리를 잘라 임금이 될 수 없음을 표명하였다.

8) 이일(夷逸) : 『시자(尸子)』에 의하면 어떤 사람이 그에게 벼슬할 것을 권하자 "예컨대 소에 비유해서 말한다면 수놓은 비단을 걸치고 묘(廟)에 들어가 희생되는 것보다는 차라리 멍에를 매고 밭에서 일하는 것이 낫다"며 거절했다고 한다.

9) 주장(朱張) : 그에 관해서는 여러 설이 분분하나 왕필(王弼)은 『순자(荀子)』에 나오는 자궁(子弓)이 곧 그라고 한다. 그러나 자궁은 공자의 제자일 뿐 아니라 중궁(仲弓)을 말한다는 설이 유력하므로 왕필의 주장은 타당치 못하다. 역시 전설적 인물이거나 그 행적이 남지 않은 은자(隱者)로 보아야 할 것이다.

10) 소련(少連) : 동이(東夷)의 후예로서 『예기』에 의하면 거상(居喪)을 잘했다 한다.

逸民,伯夷,叔齊,虞仲,夷逸,朱張,柳下惠,少連.子曰:不降其志,不辱其身,伯夷叔齊與!謂柳下惠少連,降志辱身矣,言中倫,行中慮,其斯而已矣.謂虞仲夷逸,隱居放言,身中淸,廢中權.我則異於是,無可無不可.

- 逸民(일민) : 학문과 덕행이 있으면서도 세상에 나서지 않고 숨어 지내는 은둔자. 逸은 달아나다. 숨다. 달아나는 것은 무도한 세상을 피하여 달아나는 것이기 때문에 결국 숨는다는 뜻과 동일하다.
- 言中倫(언중륜) : 말이 인륜에 맞다.
- 其斯而已矣(기사이이의) : 그들이 저러하였던 것이다. 즉 그들이 지금처럼 저렇게 좋은 이름을 남기고 있는 것이다.
- 放言(방언) : 말을 기탄없이 하다. 종정從政하는 자들이 예를 좇아 신언愼言하는 것에 대응하는 개념이다.
- 廢中權(폐중권) : 폐함이 權에 맞았다. 權은 저울추라는 말로 숨어 사는 처지이지만 그러한 처지가 세상의 판도 안에서 나름대로 정치적 의미를 지니고 있었다는 것을 말한다.
- 마지막의 我則異於是,無可無不可의 의미에 주목할 필요가 있다. 공자가 천하를 대하는 태도는 그 자신의 말대로 無適也,無莫也,義之與比(4/10)이다.
- 이 단편은 공자가 제자들을 가르칠 때에 고전적인 인물 여섯 명을 일괄하여 평가하는 자리에서 실제 했던 말을 누군가가 기억하고 있다가 기록하였을 가능성이 있다. 비록 위작들과 나란히 편집되어 있지만 굳이 위작으로 단정하기는 어려운 단편이다.

18/9

악사장 지摯는 제나라로 갔다. 아반 간干[11]은 초나라로 갔고 삼반 요繚는 채나라로 갔으며 사반 결缺은 진秦나라로 갔다. 북을 치던 방숙方叔은 황하黃河 유역으로 들어갔고 소고를 흔들던 무武는 한수漢水 유역으로 들어갔으며 부악사장 양陽과 경磬을 치던 양襄은 바다 쪽으로 갔다.

大師摯適齊.亞飯干適楚.三飯繚適蔡.四飯缺適秦.鼓方叔入於河.播鼗武入於漢.少師陽擊磬襄入於海.

- 大師摯(태사지) : 악사장 지摯. 공자 당대의 악사장. 8/16 각주 참조.
- 適(적) : 가다.
- 亞飯, 三飯, 四飯(아반, 삼반, 사반) : 제후가 하루 4회 식사를 할 때 2, 3, 4회째 식사 중에 주악 연주를 담당하는 악관.
- 播鼗(파도) : 작은 북을 흔들다. 鼗는 작은 북, 播는 까불다揚.
- 入於河(입어하) : 하수 유역으로 가다. 북쪽 황하강 유역으로 가다.
- 入於漢(입어한) : 한수 유역으로 가다. 남쪽 양자강 유역으로 가다.
- 入於海(입어해) : 바다 쪽으로 가다. 동쪽 해변 지대로 가다. 주자는 "바다의 섬으로 가다"로 이해했다.
- 少師(소사) : 부악사장副樂士長.
- 노나라 애공 당시 道가 쇠미해지고 음악이 무너짐에 따라 악사들이 흩어져 간 사실을 기록한 것이다. 묵시록적 냄새가 풍기는 이 단편도 논어의 일반적 특징과는 전혀 상관없는 외부 자료의 혼입으로 여겨진다.

---

11) 干, 繚, 缺, 方叔, 武(간, 료, 결, 방숙, 무) : 노나라 악사들의 이름. 모두 애공(哀公) 당시의 악사들이다.

18/10

주공周公이 노공魯公[12]에게 말했다.

"군자는 그 친족에게만 편중하지 않아 대신들로 하여금 써주지 않는다고 원망하게 하지 않는다. 오래 함께해 온 사람은 큰 문제가 없는 한 버리지 않는다. 한 사람에게 모든 것이 갖추어져 있기를 요구하지 않는다."

周公謂魯公曰:君子不施其親,不使大臣怨乎不以.故舊無大故,則不棄也.無求備於一人.

- 不施其親(불이기친) : 주자나 정약용은 不弛其親으로 된 자료가 있음을 들어 "그의 친족을 소홀히 하지 않는다"로 해석하고 있다. 그러나 손작孫綽은 不施를 不偏, 즉 "치우치지 않음"이라 하면서 "친족에게만 편중되게 은혜를 베풀지 않아야 한다는 뜻으로서 노공으로 하여금 지극히 공정한 것을 숭상케 한 것이다"不施猶不偏也,謂不惠偏所親,使魯公崇至公也고 하였고 장빙張憑은 "군자는 사람에 대하여 의로써 견줄 뿐이므로 친족에게만 편중됨이 없게 된 연후에야 모든 친족이 공신과 함께 융성하고 어진 마음과 지극히 공정함이 함께 뚜렷해진다"君子於人,義之與比.無偏施於親親,然後九族與庸勳並隆,仁心與至公俱著也고 하였다. 손작이나 장빙의 견해가 주자나 정약용의 견해보다 더 설득력이 있다. 이 경우 施는 이로 읽는다.
- 不以(불이) : 쓰이지 않다. 참여하지 못하다.
- 故舊(고구) : 옛 벗. 오래 함께해 온 사람.
- 공자의 말이 아니고 까마득한 옛날 주공의 말임에도 논어에 수록된 이유

12) 노공(魯公) : 주공(周公)의 맏아들 백금(伯禽)을 말한다. 아버지 주공이 노나라에 봉해졌지만 주왕실을 보필하느라 가지 못함으로써 결국 아들 백금이 노나라의 사실상의 시조가 되었다.

는 불분명하다. 내용에서는 주나라 초기 무왕의 친족들과 공신들을 상대로 논공행상을 하는 과정에서의 고민과 그 기준이 엿보이고 있다.

18/11

주나라에 여덟 명의 선비가 있었으니 백달伯達[13]과 백괄伯适, 중돌仲突과 중홀仲忽, 숙야叔夜와 숙하叔夏, 계수季隨와 계왜季騧였다.

周有八士.伯達,伯适,仲突,仲忽,叔夜,叔夏,季隨,季騧.

• 이 단편의 수록 취지는 알 수 없다.

13) 백달(伯達), 백괄(伯适), 중돌(仲突), 중홀(仲忽), 숙야(叔夜), 숙하(叔夏), 계수(季隨), 계왜(季騧) : 伯, 仲, 叔, 季가 각각 한 쌍을 이루고 있어 마치 쌍둥이 팔 형제처럼 보이나 그 인물에 대해 전하는 바는 전혀 없다.

19
자장子張

공자의 말은 전혀 나오지 않는 특이한 편으로 자장, 자하, 자유, 증자, 자공 등 제자들의 언행만 나온다. 대신 자료의 신뢰도만큼은 극히 높다고 할 수 있다. 마지막에 공자에 대한 자공의 신앙에 가까운 언급이 인상적이며 이는 한때 이 제19편이 논어의 마지막 편이었음을 시사해 준다.

19/1

자장子張이 말했다.

"선비가 위급한 일을 보면 목숨을 내걸고 이득 되는 것을 보면 옳은 것인지를 생각하고 제례祭禮에 있어서는 경건함을 생각하고 상을 당해서는 슬픔을 생각하면 그것으로 기본은 된 것이다."

子張曰:士見危致命,見得思義,祭思敬,喪思哀,其可已矣.

- 見危致命(견위치명) : 위급한 일을 보면 목숨을 내걸다. 14/13에 나오는 見危授命과 같은 취지의 말이다. 여기서 위급한 일이란 국가 안위에 관한 일이다.
- 見得思義(견득사의) : 16/10에 같은 말이 나오고 14/13에는 見利思義라는 말이 나온다.
- 其可已矣(기가이의) : 그것으로 어느 정도 되겠다. 충분하다는 뜻이 아니라 기본은 되었다는 뜻이다.

19/2

자장子張이 말했다.

"덕을 지니면서도 넓지 못하고 도를 믿으면서도 독실하지 못하면 덕과 도가 어떻게 있다 할 수 있으며 어떻게 없다 할 수 있겠는가?"

子張曰:執德不弘,信道不篤,焉能爲有?焉能爲亡?

- 不弘(불홍) : 덕을 지닌 사람이라면 매사에 마음 씀씀이가 넓어야(弘) 함

에도 부덕한 사람처럼 편협한 것.

- 不篤(부독) : 도에 대한 신념이 있는 사람이라면 언행에 남다른 독실함篤이 있어야 함에도 그런 신념이 없는 사람처럼 데면데면한 것.
- 焉能爲有,焉能爲亡(언능위유, 언능위무) : 道니 德이니 하지만 그것이 실천적으로 나타나지 않는다면 어떻게 지니고 있다, 없다 하는 말을 할 수 있겠느냐 하는 뜻. 자장의 외향적 성격이 나타나 있다.

19/3

자하子夏의 제자가 자장子張에게 사귐에 관해 묻자 자장이 말했다.

"자하는 무어라 하던가?"

그가 대답했다.

"자하께서는 '가한 자와는 벗하되 불가한 자는 물리치라'고 하셨습니다."

자장이 말했다.

"내가 들은 것과는 다르구나. 군자는 훌륭한 자를 존경하면서도 뭇사람을 포용하고 선한 자는 기리되 그렇지 못한 자는 불쌍히 여긴다. 내가 크게 훌륭하다면 남에 대해 수용하지 못할 것이 무엇이 있겠느냐? 그러나 내가 훌륭하지 못하다면 남이 나를 물리칠 텐데 내가 남을 물리쳐서 무엇하겠느냐?"

子夏之門人問交於子張.子張曰:子夏云何?對曰:子夏曰,可者與之,其不可者拒之.子張曰:異乎吾所聞.君子尊賢而容衆,嘉善而矜不能.我之大賢與,於人何所不容?我之不賢與,人將拒我,如之何其拒人也?

- 交(교) : 사귀다. 교제하다.
- 拒(거) : 물리치다. 거절하다.
- 嘉(가) : 기리다褒.
- 矜(긍) : 애석해하다惜. 불쌍히 여기다哀.
- 자하와 자장은 공자의 제자들 중에서 가장 어린 축에 속한다. 자하는 공자보다 44세 연하, 자장은 48세 연하로 그래도 자하가 네 살 위였다. 둘은 기질적으로 차이도 커서 자하는 소심하고 꼼꼼하며 학자 스타일인가 하면 자장은 성격이 외향적이고 즉흥적이며 성급했다. 공자의 저 유명한 過猶不及(11/17)이라는 말도 자장過과 자하不及를 비교하면서 나온 말이다. 이 단편에서도 둘은 극히 대조적인 기질과 관점을 보여 주고 있다.

19/4

자하子夏가 말했다.

"비록 작은 길이라 하더라도 반드시 볼 만한 것이 있기는 하지만 깊숙이 좇다가 보면 수렁에 빠져들 우려가 있으므로 군자는 작은 길을 좇지 않는다."

子夏曰:雖小道必有可觀者焉,致遠恐泥,是以君子不爲也.

- 致遠(치원) : 멀리까지 이르다. 깊숙이 들어가다. 소도小道를 좇아 깊은 데에까지 이르는 것을 말한다. 이를 소도小道와 관계없이 '원대한 목표를 추구하는 것'으로 보기도 하나 잘못된 해석이다.
- 泥(니) : 수렁. 진흙.

19/5

자하子夏가 말했다.

"나날이 자신이 결여하고 있는 것을 알아 가고 다달이 자신이 능한 바를 잊지 않는다면 가히 배우기를 좋아한다 할 수 있다."

子夏曰:日知其所亡,月無忘其所能,可謂好學也已矣.

- 日知其所亡(일지기소무) : 亡는 무로 읽는다. 알지 못하는 바를 매일 매일 배워 간다는 뜻이다.
- 日知其所亡에서 日을 쓰고 月無忘其所能에서는 月을 쓴 것에 대해서 정약용은 새로 아는 것은 급한 일이고 알고 있는 것을 잊지 않는 것은 상대적으로 느슨한 일이기 때문에 日과 月을 구별하여 쓴 것이라는 의견을 제시하고 있다.

19/6

자하子夏가 말했다.

"널리 배우고 뜻을 극진히 하며 간절히 묻고 가까운 데에서 생각하면 어짊이 그 가운데에 있다."

子夏曰:博學而篤志,切問而近思,仁在其中矣.

- 近思(근사) : 비근卑近하게 생각하다. 일신에 가까운 데에서 생각하다. 생각이 고원高遠함을 빙자하여 관념적, 비현실적으로 나아가는 것에 대응하는 말이다. 주자와 여조겸呂祖謙이 편찬한 『근사록近思錄』의 제명題名이 되기도 하였다.

19/7

자하子夏가 말했다.

"모든 장인은 작업장에 거함으로써 그 일을 이루고 군자는 배움으로써 그 도道에 이른다."

子夏曰:百工居肆以成其事,君子學以致其道.

- 肆(사) : 작업장. 점포. 肆는 원래 진열하다는 뜻이 있으므로 점포를 의미하나 여기서는 물건을 만드는 작업장의 의미가 강하다.

19/8

자하子夏가 말했다.

"소인은 잘못이 있으면 반드시 꾸민다."

子夏曰:小人之過也必文.

- 文(문) : 꾸미다飾. 문식하다.
- 15/30의 過而不改,是謂過矣와 상통한다.

19/9

자하子夏가 말했다.

"군자는 모습에 세 가지 변화가 있다. 멀리서 바라보면 근엄하고 직접 접해 보면 따뜻하고 그 말을 들어 보면 엄정하다."

子夏曰:君子有三變.望之儼然,卽之也溫,聽其言也厲.

- 變(변) : 변화. 변모. 그때그때 다른 모습.
- 儼然(엄연) : 엄숙한 모습. 근엄한 모습.
- 卽之(즉지) : 직접 접해 보다. 그 실체를 체험해 보다. 가까이서 겪어 보다.
- 厲(려) : 엄하다. 매섭다.

19/10

자하子夏가 말했다.

"군자는 믿음을 얻은 후에야 백성에게 일을 시킨다. 믿음이 없으면 자신들을 가혹하게 대한다고 여긴다. 군자는 믿음을 얻은 후에야 간한다. 믿음이 없으면 자기를 비방한다고 여긴다."

子夏曰:君子信而後勞其民,未信則以爲厲己也.信而後諫,未信則以爲謗己也.

- 勞(노) : 사역하다. 일을 시키다.
- 厲(려) : 학대하다虐. 가혹하게 대하다.
- 以爲謗己(이위방기) : 자기를 비방한다고 여기다. 以爲는 ~라 여기다. 謗은 비방하다, 나무라다, 헐뜯다.

19/11

자하子夏가 말했다.

"큰 덕은 한계를 넘을 수 없지만 작은 덕은 넘나들어도 된다."

子夏曰:大德不踰閑,小德出入可也.

- 踰(유) : 넘다越.
- 閑(한) : 문지방. 한정法.
- 大德不踰閑을 조건절로 보아 "큰 덕이 한계를 넘지 않으면"으로 해석하는 경우도 있다. 역시 가능한 해석이다.

19/12

자유子游가 말했다.

"자하의 제자 아이들은 물 뿌리고, 쓸고, 응하고, 대하고, 나아가고 물러서고 하는 데에 있어서는 웬만큼 하나 도무지 지엽적인 것이다. 근본적인 것을 따져 보면 이렇다 할 것이 없으니 어쩐 일이냐?"

자하가 그 말을 전해 듣고 말했다.

"아아, 언유言游는 지나치구나! 군자의 도 중에서 어떤 것을 먼저 전하고 어떤 것을 뒤로하여 게을리 하겠느냐? 초목에 비유하여 말한다면 각 부위별로 서로 다른 것과 같다. 군자의 도를 어떻게 거짓으로 가르치겠느냐? 처음과 끝을 함께 갖춘 이는 오직 성인뿐일 것이다."

子游曰:子夏之門人小子,當洒掃應對進退則可矣,抑末也.本之則無,如之何?子夏聞之曰:噫!言游過矣.君子之道,孰先傳焉?孰後倦焉?譬諸草木,區以別矣.君子之道,焉可誣也?有始有卒者,其唯聖人乎!

종래의 해석 (앞부분 같음) "… 아아, 언유言游는 지나치구나! … 초목에 비유하여 말한다면 종류별로 달리 키우는 것과 같으니…" (뒷부분 같음)

- 洒掃(쇄소) : 洒는 물 뿌리다. 灑와 같음. 掃는 쓸다, 소제하다.
- 應對(응대) : 응하고 대하다. 포함包咸 등의 고주에 의하면 빈객을 맞이하여 의례를 갖추는 일이라 한다.
- 洒掃應對進退(쇄소응대진퇴) : 모두 일상사의 조그마한 예禮를 말한다.
- 言游(언유) : 자유子游. 자유의 성姓이 언言이다.
- 倦(권) : 게으르다懈.
- 譬諸草木,區以別矣(비저초목, 구이별의) : 초목에 뿌리根本와 지엽枝葉과 꽃花의 別이 있다는 뜻. 각 부분이 모여 결국 초목을 이루는 것처럼 군자를 이룸에 있어서도 본말 그 어느 것이든 똑같은 중요성으로 군자를 형성하고 있음을 강조한 것이다. 주자는 區를 類와 같다고 하며 "마치 초목이 크고 작음이 있듯이 그 종류가 본래 구별이 있다"如草木之有大小,其類固有別矣고 했는데 이는 자하가 구태여 초목에 비유한 취지를 이해하지 못했기 때문이다. 뒤에 나오는 有始有卒者라는 말도 간접적으로 區가 초목의 部位區別을 말함을 암시하고 있다.
- 焉可誣(언가무) : 어찌 가히 속이겠는가. 없는 일을 있는 일처럼 말하겠는가. 이 말은 자신의 가르침이 공자의 가르침의 일부분에 지나지 않을 수는 있겠지만 그렇다고 해서 성인의 가르침이 아닌 것은 아니라는 뜻이다.
- 有始有卒(유시유졸) : 처음과 끝을 모두 갖추다. 본말本末을 모두 갖추다.
- 자하는 有始有卒者,其唯聖人乎라는 말로 자신이 다소 지엽말단에 치중해 있음을 인정하고 있다. 다만 그 지엽말단도 근본 못지않게 중요하다는 점에서 자유와 의견을 달리하고 있는 것이다.

19/13

자하子夏가 말했다.

"벼슬을 하면서 여력이 있으면 배우고 배우면서 여력이 있으면 벼슬을 할 것이다."

子夏曰:仕而優則學,學而優則仕.

- 仕(사) : 벼슬살이를 하다. 관직을 맡다. 공직을 맡다.
- 優(우) : 넉넉하다寬饒. 낫다(劣의 반대). 여력이 있다.

19/14

자유子游가 말했다.

"상을 당해서는 슬픔에 이르는 것으로 그쳐야 한다."

子游曰:喪致乎哀而止.

- 致(치) : 이르다至.
- 喪禮의 지나친 번다함과 형식성을 경계한 말이라 하겠다. 앞장에서 자하가 소소한 의례 따위에 치중하고 있음을 비판한 것과 연결시켜 이해할 수 있다.

19/15

자유子游가 말했다.

"내 친구 자장子張은 어려운 일을 해내는 데에 있어서는 유능하다. 그렇지만 아직 어질지는 못하다."

子游曰:吾友張也,爲難能也,然而未仁.

- 爲難能(위난능) : 어려운 일을 능히 해내다.
- 자장은 진陳나라 사람이라는 기록이 있다. 이로 미루어 보면 공자가 외유를 마치고 돌아올 때 진나라에서 데리고 온 제자일 가능성이 있다. 또 공자는 진나라에 있던 제자들이 모두 문에도 미치지 못하였다고 혹평한 적이 있는데 자장에 대해서도 그의 광자狂者적 기질을 늘 경계하는 등 높이 평가하지는 않았다.

19/16

증자曾子께서 말씀하셨다.

"당당하구나, 자장은! 그러나 그와 더불어 어짊을 도모하기는 어렵다."

曾子曰:堂堂乎,張也!難與並爲仁矣.

- 堂堂(당당) : 용의容儀가 훌륭하고 위엄스런 모습.
- 與並爲仁(여병위인) : 자장과與 함께並 어짊을 도모하다.
- 증자가 "자장과 더불어 어짊을 도모하기는 어렵다"고 한 것은 12/25에서 그가 "벗으로 어짊을 돕는다"以友輔仁고 한 발언과 맥이 닿아 있다.

19/17

증자曾子께서 말씀하셨다.

"내가 선생님께 듣기로 '사람이 진정眞情에 이르러 본 적이 없었던 자도 친상을 당해서는 반드시 진정에 이른다'고 하셨다."

曾子曰:吾聞諸夫子,"人未有自致者也,必也親喪乎!"

- 自致(자치) : 스스로 이르다. 무엇에 이른다는 말이 생략되어 있다. 친상을 당해서 누구나 이르는 바라면 그것은 인간과 인생에 관한 대단히 종합적인 그 무엇일 것이다. 여기서는 부득이 진정眞情이라고 했다. 주자는 致를 '극치를 다함'致盡其極也이라고 하였다.
- 親喪(친상) : 부모의 상.

19/18

증자曾子께서 말씀하셨다.

"내가 선생님께 듣기로 '맹장자孟莊子[1]의 효도 가운데서 다른 것은 해낼 수 있겠으나 아버지의 신하와 아버지의 정책을 바꾸지 않는 것은 능히 해내기 어렵다' 하셨다."

曾子曰:吾聞諸夫子,孟莊子之孝也,其他可能也,其不改父之臣與父之政,是難能也.

- 不改父之臣與父之政(불개부지신여부지정) : 아버지의 신하와 아버지의 정책을 바꾸지 않는 것. 맹장자는 대부였고 노나라의 중요한 정치적 인물이었다. 세습제인 대부에게 있어서는 아버지의 신하나 정책을 어떻게

1) 맹장자(孟莊子) : 노나라 맹손씨 권문의 대부. 이름은 속(速). 맹헌자(孟獻子)의 아들로서 대부가 된 지 4년 되던 해(공자 나이 3세)에 죽었다. 2/5에서 공자와 대담하고 있는 맹의자(孟懿子)의 백부(伯父)이기도 하다. 그에 관한 자세한 행적은 알 수 없지만 『좌전』에 제나라 군사와 맞서 싸워 제나라 군주로부터 "용기를 좋아하는 자"라는 칭찬을 들은 기사(양공 16년)와 양공을 위해 참죽나무로 거문고(琴)를 만들어 준 기사(양공 18년)가 보인다.

취급하느냐 하는 것이 매우 중요한 행동윤리였다.

- 1/11에 나오는 三年無改於父之道의 구체적 사례로 보인다.

19/19

맹씨孟氏가 양부陽膚[2]를 사사士師로 등용하자 양부가 증자께 물으니 증자께서 말씀하셨다.

"위정자들이 도를 잃어서 백성들이 흩어진 지 오래되었다. 만약 범죄의 진상을 알아내더라도 애긍히 여길 일이지 기뻐할 일은 아니다."

孟氏使陽膚爲士師,問於曾子.曾子曰:上失其道,民散久矣.如得其情,則哀矜而勿喜.

- 맹씨(孟氏) : 단지 맹씨라고만 되어 있어 구체적으로 누구인지는 알 수 없다. 2/6에 나오는 맹무백孟武伯일 가능성도 있으나 맹무백의 아들 맹경자孟敬子일 가능성이 더 높다.
- 士師(사사) : 형정을 담당하는 관직명.
- 問(문) : 묻다. 물음의 주체도 생략되어 있고 무엇을 물었는지도 생략되어 있다. 주체는 앞에 나오는 양부일 것이고 물은 것은 사사가 되어 직책상 특히 유의해야 할 것 등이었을 것이다.
- 民散(민산) : 백성들이 흩어지다. 고대 중국에서 백성들이 흩어진다는 것은 학정을 피하여 살 만한 곳을 찾아 떠나는 것을 말한다. 이 흩어짐은 지리적 흩어짐을 말하지만 민심의 흩어짐이 불가피하게 수반되고 그 과정에서 많은 범법자들이 생겨나곤 했다.
- 得其情(득기정) : 범죄의 진상을 알아내다.

2) 양부(陽膚) : 증자의 제자. 더 이상 자세한 사항은 알려진 바 없다.

• 勿喜(물희) : 기뻐하지 말라. 죄의 진상을 알아내었다 해서 기뻐하지 말라.

19/20

자공子貢이 말했다.

"주紂[3]의 선하지 못함이 알려진 것처럼 그렇게 심했던 것은 아니다. 그런 까닭에 군자는 하류에 처하기를 싫어한다. 천하의 악이 다 거기로 돌아가기 때문이다."

子貢曰:紂之不善,不如是之甚也.是以君子惡居下流,天下之惡皆歸焉.

• 君子惡居下流(군자오거하류) : 군자는 하류에 거하기를 싫어한다. 여기서 말하는 군자는 협의의 군자, 즉 위정자를 말하며 하류는 하천의 하류로서 도덕적 기준에 의한 하류를 비유한다 할 것이다.

19/21

자공子貢이 말했다.

"군자의 잘못은 마치 일식이나 월식과 같아서 잘못이 있으면 모든 사람들이 다 그것을 보게 되고 잘못을 고치면 모든 사람들이 다 그것을 우러르게 된다."

---

3) 주(紂) : 은(殷)왕조의 마지막 왕 신제(辛帝). 주(紂)는 의로운 자를 죽이고 선을 해친(殘義損善) 왕에게 붙이는 시호(諡號)이다. 그는 원래 총명하고 달변이었으며 일처리도 빨랐다. 그러나 점점 교만해져서 술과 여색을 좋아하고 달기(妲己)에 빠져 정사를 돌보지 않았으며 저속한 춤과 음악을 즐겼다. 또 간언하는 친척이나 신하는 죽이거나 내쫓고 아첨배를 등용하였다. 이윽고 은나라는 세력이 줄고 서백(西伯:文王)의 주(周)가 세력을 얻더니 그 아들 무왕(武王)에 이르러 주를 토벌하고 은(殷)을 멸망시켰다.

子貢曰:君子之過也,如日月之食焉.過也,人皆見之.更也,人皆仰之.

- 日月之食(일월지식) : 해와 달의 먹힘 현상, 즉 일식과 월식.
- 更(경) : 고치다. '고치다'는 뜻일 경우 경으로 읽고 '다시'라는 뜻일 경우 갱으로 읽는다. 예) 갑오경장甲午更張, 갱신更新
- 자공이 이 말을 한 데에는 공자가 남에게 무언가 베풀기를 좋아하는 자공의 자세를 경계하고 오직 수기修己만이 도의 길임을 자주 강조한 것이 배경에 깔려 있다. 자공이 공자의 가르침을 완벽히 이해한 것은 아니지만 그 가르침의 구조를 견지하려 한 자공 나름의 고심이 느껴지는 단편이다. 己所不欲,勿施於人(12/2, 15/24) 참조.

19/22

위나라의 공손조公孫朝[4]가 자공에게 물었다.

"중니仲尼께서는 어디서 배우셨습니까?"

자공이 말했다.

"문왕과 무왕의 도가 아직 땅에 떨어지지 아니하고 사람에게 남아 있어 현명한 자는 그 중 큰 것을 알고 있고 현명하지 못한 자는 그 중 작은 것을 알고 있습니다. 문왕과 무왕의 도를 지니지 않은 자가 없으니 우리 선생님께서 어디서인들 배우지 않으셨겠으며 또한 어찌 일정한 스승이 따로 있었겠습니까?"

4) 위공손조(衛公孫朝) : 위(衛)나라의 대부 공손조(公孫朝). 공손조의 이름 앞에 위(衛)를 붙이는 것은 춘추시대에 그와 이름이 같은 사람에 네 명이나 되기 때문이다. 그는 공손(公孫)이라는 성으로 미루어 볼 때 위나라의 공족(公族)으로 보이나 자세한 행적에 대해서는 남아 있는 기록이 없다.

衛公孫朝問於子貢曰:仲尼焉學?子貢曰:文武之道,未墜於地,在人,賢者識其大者,不賢者識其小者.莫不有文武之道焉,夫子焉不學?而亦何常師之有?

- 仲尼(중니) : 공자의 자字.
- 文武之道(문무지도) : 주나라 문왕과 무왕의 도.
- 墜(추) : 떨어지다.
- 識其大(식기대) : 그 중 큰 것을 알다. '지'로 읽고 '기억하다' 혹은 '적다'記로 풀이하기도 하나 적절하지 않다.
- 莫不有(막불유)~ : ~을 가지고 있지 않은 자가 아무도 없다.
- 공자 특유의 주장과 가르침은 사람들에게 늘 경외감을 불러 일으켰고 그것은 무엇보다 도대체 저 자가 누구로부터 배웠는가 하는 의문의 형태로 표출되었던 것 같다. 일찍이 공자는 "옛것을 되살려 새롭게 깨닫는다면 그것으로 스승을 삼을 수 있다"溫故而知新,可以爲師矣(2/11)고 대답한 바 있다.

19/23

숙손무숙叔孫武叔[5]이 조정에서 대부들에게 말했다.

"자공이 중니仲尼보다 더 낫습니다."

자복경백子服景伯이 그 일을 자공에게 고하자 자공이 말했다.

"궁궐의 담장에 비유하여 말하면 나의 담장은 어깨 정도에 이르러 궐내闕內의 온갖 좋은 것이 다 드려다 보이지만 선생님의 담장은

5) 숙손무숙(叔孫武叔) : 노나라 숙손씨 가문의 대부. 이름은 주구(州仇). 공자와 동시대인. 숙손성자(叔孫成子)의 아들이었다. 『좌전』에 그에 관한 기록이 단편적으로 나오는데 그는 다소 소심한 사람이었고 별로 두각을 나타내지 못한 것으로 보인다.

한없이 높아 그 문을 찾아서 들어가지 않으면 그 종묘의 아름다움과 백관의 많음을 보지 못합니다. 그 문을 찾아내는 자가 필시 적을 것이니 그분께서 그렇게 말씀하시는 것도 어쩌면 당연하지 않겠습니까?"

叔孫武叔語大夫於朝日:子貢賢於仲尼.子服景伯以告子貢.子貢日:譬之宮牆,賜之牆也及肩,闚見室家之好.夫子之牆數仞,不得其門而入,不見宗廟之美,百官之富.得其門者或寡矣,夫子之云不亦宜乎?

- 仲尼(중니) : 공자의 자.
- 牆(장) : 담장.
- 及肩(급견) : 어깨에 미치다.
- 闚(규) : 엿보다. 훔쳐보다.
- 室家之好(실가지호) : 궐내闕內의 온갖 좋은 것.
- 仞(인) : 길다長. 높다高. 여덟 자.
- 寡(과) : 적다.
- 不亦宜(불역의) : 또한 의당宜當하지 않은가.
- 공자가 주변인들, 특히 권력자들에게 어떻게 인식되었던가를 보여 주는 대표적 단편이다. 특히 30여 세 아래의 제자와 비교되고 있는 것이 특이한데 자공은 대인관계나 교우관계 등에서 매우 다정다감했고 남을 위해 헌신적이었던 까닭에 때로는 엄격하고 냉정했던 공자보다 좋게 보일 소지를 다분히 지니고 있었다고 할 수 있다. 자공의 단호한 부인과 공자에 대한 열정적 변호가 돋보인다.

19/24

숙손무숙叔孫武叔이 중니仲尼를 헐뜯자 자공이 말했다.

"소용없는 짓이다. 중니는 헐뜯을 수 없는 존재다. 다른 사람의 훌륭함이란 언덕과 같아서 그래도 넘을 수 있지만 중니는 해나 달과 같아서 도저히 넘을 수가 없다. 사람이 비록 제 스스로 해나 달과의 관계를 끊으려 하더라도 그것이 해와 달에게 무슨 손상을 입힐 수 있겠느냐? 다만 자신의 식견 없음만 드러낼 뿐이다."

叔孫武叔毁仲尼.子貢曰:無以爲也.仲尼不可毁也.他人之賢者,丘陵也,猶可踰也.仲尼,日月也,無得而踰焉.人雖欲自絕,其何傷於日月乎?多見其不知量也.

- 毁(훼) : 헐뜯다. 비방하다.
- 仲尼(중니) : 공자의 자.
- 無以爲也(무이위야) : 그리 될 수가 없다. 즉 헐뜯을 수 없다.
- 丘陵(구릉) : 언덕.
- 踰(유) : 넘다.
- 自絕(자절) : 스스로 해와 달로부터 끊고자 하다.
- 多(다) : 다만. 마침. 바로.
- 不知量(부지량) : 식견이 없다. 제대로 알지 못하다.
- 여기서 자공의 말은 숙손무숙에게 직접 한 말이 아니라 숙손무숙의 말을 전해 듣는 자리에서 한 말임이 분명하다. 숙손무숙의 정치적 지위이나 경륜은 자공에 비해 현저히 높았기 때문에 이런 비판을 자공이 직접 대놓고 하지는 못했을 것이다. 앞장의 경우도 마찬가지로 자복경백의 전언에 대한 자공의 반응이었음을 참고할 수 있다.

19/25

진자금陳子禽이 자공에게 말했다.

"당신은 공손하십니다. 중니仲尼가 어떻게 당신보다 더 낫겠습니까?"

자공이 말했다.

"군자는 한 마디로 지혜로워지기도 하고 한 마디로 지혜롭지 못해지기도 하니 말이란 불가불 신중히 해야 하오. 선생님께 미칠 수 없는 것은 마치 사다리를 타고 하늘에 올라갈 수 없는 것과 같소. 선생님께서 나라나 대부의 가家를 맡으셨다면 이른바 세우면 곧 서고 이끌면 곧 가고 편안케 하면 곧 모여오고 움직이면 곧 조화되었을 것이오. 그의 삶은 영광스러웠고 그의 죽음은 슬펐소. 어떻게 그에 미칠 수 있겠소?"

陳子禽謂子貢曰:子爲恭也.仲尼豈賢於子乎?子貢曰:君子一言以爲知,一言以爲不知,言不可不愼也.夫子之不可及也,猶天之不可階而升也.夫子之得邦家者,所謂立之斯立,道之斯行,綏之斯來,動之斯和.其生也榮,其死也哀.如之何其可及也?

- 陳子禽(진자금) : 위衛나라 사람. 1/10 각주 참조.
- 階而升(계이승) : 사다리를 타고 올라가다. 階는 梯.
- 邦家(방가) : 나라와 대부의 가문.
- 綏(수) : 편안하다. 편안케 하다.
- 1/10을 참고하면 진자금은 공자가 살아 있었을 때에도 공자를 경험하여 알고 있었음이 분명하다. 그런 그가 자공이 공자보다 낫다고 한 것은 공자와 자공에 대한 외부인들의 일반적 평가였을 가능성을 시사한다.

- 이 편 마지막 3개 장은 모두 공자에 대한 자공의 감동적 평가로 되어 있다. 후대에 덧붙여진 것이 분명한 요왈편을 제외하면 원래 이 편이 논어의 마지막 편이었을 텐데 그 마지막 부분에 이 세 개의 단편을 배치한 것은 당시 편집자의 의도적 배치였음이 분명하다.

20
요왈堯日

논어의 일반적인 내용이나 구성과는 다른 특수한 편이다. 아마 상당 기간이 지난 후 누군가에 의해 덧붙여진 것으로 보인다. 공자의 말로 되어 있는 2장과 3장은 약간 근거 있는 뼈대에 임의로 구성된 살이 붙은 것으로 보인다.

20/1

요堯임금이 말했다.

"아아, 너 순舜아. 하늘의 정해진 운수가 너의 일신에 있으니 모름지기 그 가운데를 잡을지어다. 온 세상이 곤궁해지면 하늘의 녹이 영영 끊어지리라."

순임금은 역시 그 말로써 우禹임금께 명했다.

(탕왕이) 말했다.

"나 소자小子 이履는 감히 검은 황소를 바치고 감히 크디크신 천제天帝께 소상히 아뢰나이다. 죄가 있으면 감히 용서받을 수 없나이다. 천제와 신하 사이는 가릴 수 없으니 살펴보심이 천제의 마음에 있나이다. 짐의 일신에 죄가 있다면 만방의 백성과는 무관하고 만방의 백성에게 죄가 있다면 짐의 일신에 죄가 있기 때문이나이다."

(무왕이 말했다.)

"주나라는 크나큰 천은天恩을 입어 선한 사람이 이처럼 많도다. 비록 주周의 친척이 있다 하나 어진 사람만은 못하느니라. 백성들이 잘못이 있다면 그 원인은 나 한 사람에게 있느니라."

(무왕은) 도량형度量衡을 엄히 다스리고 법도를 살피며 없어진 관직을 새로 만드니 사방의 정치가 시행되어 나갔다. 멸망한 나라를 다시 일으켜 주고 끊어진 가문을 다시 이어 주며 숨어 살던 인재들을 등용하니 천하의 백성이 다시 마음을 돌려 왔다. 중히 여긴 바는 백성과 양식과 상사와 제례였다.

관대하면 무리를 얻고 믿음직하면 백성들이 신임하고 민첩하면 이룸이 있고 공평히 하면 기뻐한다.

堯曰:咨,爾舜.天之曆數在爾躬,允執其中.四海困窮,天祿永終.舜亦以命禹,曰:予小子履,敢用玄牡,敢昭告于皇皇后帝.有罪不敢赦.帝臣不蔽,簡在帝心.朕躬有罪,無以萬方.萬方有罪,罪在朕躬.周有大賚,善人是富.雖有周親,不如仁人.百姓有過,在予一人.謹權量,審法度,脩廢官,四方之政行焉.興滅國,繼絕世,擧逸民,天下之民歸心焉.所重民食喪祭.寬則得衆,信則民任焉,敏則有功,公則說.

- 咨(자) : 탄식하는 소리.
- 曆數(역수) : 역수曆數. 돌아가는 운수. 임금이 될 차례.
- 允(윤) : 마땅히當. 진실로信. 모름지기.
- 履(이) : 탕왕湯王의 이름.
- 牡(모) : 수놈. 수컷. 수소.
- 昭(소) : 소명하다祥.
- 皇(황) : 크다大. 바르다正.
- 簡(간) : 분별하다. 살펴보다. 가리다選.
- 大賚(대뢰) : 하늘이 내린 큰 선물. 천은天恩. 賚는 주다賜.
- 周親(주친) : 주나라의 친척, 희씨姬氏들(공안국). 주자는 가까운 친척이라 하나 공안국의 해석이 더 적절하다.
- 興滅國,繼絕世,擧逸民(흥멸국, 계절세, 거일민) : 멸망한 나라를 다시 일으켜 주고 끊어진 가문을 다시 이어 주며 숨어 살던 인재들을 등용하는 것은 결국 주紂의 폭정에 의해 무너진 것들을 다시 일으켜 세우는 일들이다.
- 歸心(귀심) : 거두었던 마음을 다시 돌려 오다.
- 이 단편은 네 개의 서로 다른 문장들의 조합이다. 실제 정약용은 이 제1장을 4개 장으로 나누어 요왈편을 총 6개 장으로 하였다. 그러나 편집자의 의도는 단편 자체를 하나로 한 것이 분명하므로 여러 개의 단편으로 취급하는 것은 옳지 않다. 구분하면 다음과 같다.

  —堯曰~命禹 : 요임금이 순임금에게 한 말과 그 후속사.

—日~朕躬：탕湯임금이 하늘에 올린 제문.

—周有~喪祭：주 무왕武王의 말과 공적.

—寬則~則說：17/6에서 공자가 자장에게 한 말을 군왕의 덕이라는 차원에서 변형하여 편입시켰다. 이를테면 恭則不侮는 빼고 寬則得衆은 유지시키며 信則人任焉은 信則民任焉으로 바꾸었다.

20/2

자장子張이 공자께 물었다.

"어떻게 하여야 가히 정사에 종사할 수 있겠습니까?"

선생님께서 말씀하셨다.

"다섯 가지 아름다움을 존중하고 네 가지 나쁜 점을 물리치면 가히 정사에 종사할 수 있다."

자장이 말했다.

"무엇이 다섯 가지 아름다움입니까?"

선생님께서 말씀하셨다.

"군자가 혜택을 주고 헛수고는 하지 않으며 일을 시키더라도 원망을 듣지 않으며 바라지만 탐하지는 않으며 의연하지만 교만하지는 않으며 위엄이 있지만 사납지는 않은 것이다."

자장이 말했다.

"무엇을 혜택을 주고 헛수고는 하지 않는다는 것입니까?"

선생님께서 말씀하셨다.

"백성이 이로운 바에 따라 이롭게 하는 것이 곧 혜택을 주고 헛수고는 하지 않는 것이 아니겠느냐? 일할 만한 것을 택하여 일을 시키니 또한 누가 원망할 것이냐? 어짊을 바라 어짊을 얻었는데 또 무엇을 탐하겠느냐? 군자는 사람이 많든 적든 사람됨이 크든 작든 감히 오만하게 대함이 없으니 이 또한 의연하지만 교만하지 않은 것이 아니겠느냐? 군자는 자신의 의관을 바르게 하고 그 시선을 존엄히 하면 장중하여 남들이 우러르고 어려워하니 이것이 또한 위엄이 있지만 사납지는 않은 것이 아니겠느냐?"

자장이 말했다.

"무엇이 네 가지 나쁜 점입니까?"

선생님께서 말씀하셨다.

"가르치지 않고 죽이는 것을 일컬어 잔학함이라 하고 미리 계고戒告하지 않고 잘된 결과만 보려는 것을 일컬어 횡포함이라 하며 허술히 지시해 놓고 기한을 독촉하는 것을 일컬어 괴롭힘이라 하고 똑같이 나누어 주는 일에서도 출납을 인색하게 하는 것을 일컬어 유사有司라 한다."

子張問於孔子日:何如斯可以從政矣?子日:尊五美,屛四惡,斯可以從政矣.子張日:何謂五美?子日:君子惠而不費,勞而不怨,欲而不貪,泰而不驕,威而不猛.子張日:何謂惠而不費?子日:因民之所利而利之,斯不亦惠而不費乎?擇可勞而勞之,又誰怨?欲仁而得仁,又焉貪?君子無衆寡,無小大,無敢慢,斯不亦泰而不驕乎?君子正其衣冠,尊其瞻視,儼然,人望而畏之,斯不亦威而不猛乎?子張日:何謂四惡?子日:不敎而殺謂之虐.不戒視成謂之暴.慢令致期謂之賊.猶之與人也,出納之吝,謂之有司.

- 屛(병) : 덮다蔽. 물리치다.
- 惠而不費(혜이불비) : 혜택을 주고 헛수고는 하지 않는다. 원래 이 말은 혜택을 주되 자기소모를 하는 식으로는 하지 않는다는 특별한 뜻을 지닌 말이었던 것으로 보인다. 물론 여기서는 그런 심오한 뜻으로 사용되지는

않았다. 이는 이 말이 잇따르는 勞而不怨과 마찬가지로 원래의 뜻이 전의轉義되어 쓰이고 있었음을 시사한다.

- 勞而不怨(노이불원) : 4/18에 동일한 표현이 나오는데 서로 뜻이 다르다. "애쓰되 원망하지 않는다"가 원래의 뜻이나 해석이 와전되면서 본장에서와 같은 뜻으로 전의轉義된 것으로 보인다.
- 瞻視(첨시) : 쳐다봄. 바라봄. 시선을 둠. 시선.
- 不敎而殺(불교이살) : 가르치지 않고 죽이다. 백성에게 옳고 그른 것이 무엇인지 가르치지 않고 다짜고짜로 잘못했다 하여 죽이는 것을 말한다.
- 不戒視成(불계시성) : 경계하여 미리 금지시키지 않고 잘 된 결과만을 보려하다.
- 慢(만) : 게을리 하다. 등한히 하다.
- 致期(치기) : 기한을 맞추다.
- 賊(적) : 해치다. 괴롭히다.
- 猶之(유지) : 똑같이. 공평히. 동일하게.
- 有司(유사) : 전문직의 관리. 여기서는 직권을 빙자하여 까탈을 부리고 트집을 잡는 관리를 말한다. 관리를 뜻하는 일반적인 용어가 탐관오리를 뜻할 만큼 이 단편이 성립될 당시에는 관리들의 해악이 심했고 따라서 有司를 둘러싼 의미도 변화하였던 것이 아닌가 한다.
- 이 단편은 위작임이 틀림없으나 惠而不費 등 소위 오미五美는 수집된 것으로 공자의 실제 발언일 가능성도 있다.

20/3

공자께서 말씀하셨다.

"명命을 모르면 군자가 될 수 없다. 예를 모르면 설 수 없다. 말을 모르면 사람을 알 수 없다."

子曰:不知命,無以爲君子也.不知禮,無以立也.不知言,無以知人也.

- 命(명) : 하늘의 정한 이치.
- 不知命,無以爲君子也(부지명,무이위군자야) : 16/8에 나오는 君子有三畏.畏天命…小人不知天命,而不畏也…와 상통하는 것으로 16/8과 마찬가지로 후세의 필요성에 의한 위작으로 보인다.
- 『경전석문』에 의하면 노론魯論에는 이 장章이 없었다고 한다. 정현鄭玄에 의해 고론古論에 있던 것이 추록, 편집된 것으로 보이는데 이는 고론이 노론보다 늦게 정착된 판본일 가능성을 시사하는 몇 가지 증거 중 하나다.

부록

● 공자 연표

- **B.C. 551** (양공 22년, 1세) : 노(魯)나라에서 태어나다.
- **B.C. 537** (소공 5년, 15세) : 중군(中軍) 폐지로 군주의 권한이 무력화되다.
- **B.C. 517** (소공 25년, 35세) : 소공(昭公)이 계평자 제거에 실패, 제나라로 망명하다.
- **B.C. 505** (정공 5년, 47세) : 양호가 노나라의 권력을 잡다.
- **B.C. 502** (정공 8년, 50세) : 양호가 패망하여 도망가다.
- **B.C. 500** (정공 10년, 52세) : 공자가 제나라와의 회합에 정공을 수행하다.
- **B.C. 498** (정공 12년, 54세) : 자로가 계씨의 가재가 되어 삼가(三家)의 성을 헐다.
- **B.C. 496** (정공 14년, 56세) : 외유의 길에 올라 위(衛)나라로 가다.
- **B.C. 495** (정공 15년, 57세) : 진(陳)나라로 가다.
- **B.C. 492** (애공 3년, 60세) : 채(蔡)나라로 가다. 계환자 죽고 계강자가 대부가 되다.
- **B.C. 489** (애공 6년, 63세) : 위(衛)나라로 가다.
- **B.C. 484** (애공 11년, 68세) : 노나라에 돌아오다.
- **B.C. 480** (애공 15년, 72세) : 자로 죽다.
- **B.C. 479** (애공 16년, 73세) : 죽다.

● 공자 제자 일람

통칭	나이	출신국	성명	자	비고
자공(子貢)	31(31)	衛	端木 賜	子貢	
자로(子路)	9(9)	魯	仲 由	子路(季路)	魯 卞邑 사람
안연(顔淵)	30(30)	魯	顔 回	子淵	
증자(曾子)	46(46)	魯	曾 參	子輿	魯 南武城 사람
유자(有子)	13(36)	魯	有 若	子有	
자장(子張)	48(48)	陳	顓孫 師	子張	
자하(子夏)	44(44)	衛	卜 商	子夏	
자유(子游)	45(35)	吳	言 偃	子游	家語에는 魯人
중궁(仲弓)	-(-)	魯	冉 雍	仲弓	
염유(冉有)	29(29)	魯	冉 求	子有	
재아(宰我)	-(-)	魯	宰 予	子我	
민자건(閔子騫)	15(50)	魯	閔 損	子騫	
공서화(公西華)	42(42)	魯	公西 赤	子華	
번지(樊遲)	36(46)	齊	樊 須	子遲	家語에는 魯人
원사(原思)	-(36)	魯	原 憲	子思	家語에는 宋人
사마우(司馬牛)	-(-)	宋	司馬 耕	子牛	
염백우(冉伯牛)	-(-)	魯	冉 耕	伯牛	
안로(顔路)	-(6)	魯	顔 無繇	路	顔淵의 아버지
증석(曾皙)	-(-)	魯	曾 點	皙	曾子의 아버지
공야장(公冶長)	-(-)	齊	公冶 長	子長	家語에는 魯人
남용(南容)	-(-)	魯	南宮 适	子容	
자고(子羔)	30(40)	衛	高 柴	子羔	家語에는 齊人
칠조개(漆雕開)	-(11)	魯	漆雕 開	子開(子若)	家語에는 蔡人
무마기(巫馬期)	30(30)	魯	巫馬 施	子期	家語에는 陳人
진자금(陳子禽)	-(40)	陳	陳 亢	子禽	
금장(琴張)	-(-)	衛	琴 牢	子開	字를 張이라고도 함
담대멸망(澹臺滅明)	39(49)	魯	澹臺滅明	子羽	魯 武城 사람
자천(子賤)	30(49)	魯	宓不 齊	子賤	

※ 위 자료에는 일부 공자의 제자 여부가 의심스러운 인물도 포함됨.

※ 나이는 공자와 대비, 연소차(年少差)를 표기한 것이며 『사기』「중니제자열전」을 기준으로 함. ( ) 안의 수치는 『공자가어』의 기록에 따른 것임. - 는 기록 없음.

※ 출신국은 『사기』「중니제자열전」을 기준으로 하되 정현(鄭玄)이나 공안국의 주석을 참고한 것임.

● 중국 역대 왕조

왕조王朝	개조開朝	참고 사항
삼황오제시대 三皇五帝時代	전설시대	삼황: 복희, 신농, 황제 오제: 소호, 전욱, 고신, 요, 순
하夏	B.C. 2070?~	우禹임금에 의해 개창됨 세습제가 처음 시작됨
은殷	B.C. 1600?~	탕湯임금에 의해 개창됨 상商나라라고도 함
주周	B.C. 1046?~	무왕武王에 의해 개창 춘추시대에 공자 출현 마지막 전국시대에 제자백가 출현
진秦	B.C. 221~	진시황에 의한 천하통일. 불과 16년 지속
한漢	B.C. 202~	한고조 유방劉邦에 의해 개창됨 유교문화의 재건 및 정착
삼국시대三國時代	A.D. 220~	소설 『삼국지』의 배경 시대
위진남북조 魏晉南北朝	A.D. 265~	북방에 오호십육국五胡十六國 남북조南北朝는 육조六朝라고도 함
수隋	A.D. 581~	
당唐	A.D. 618~	불교 전성기
오대십국五代十國	A.D. 907~	
송宋	A.D. 960~	성리학의 전성기
원元	A.D. 1271~	몽골족에 의해 개창됨
명明	A.D. 1368~	한족의 재집권
청淸	A.D. 1616~	만주족에 의해 개창됨 고증학의 발달
현대 중국	A.D. 1912~	

※ 왕조 구분은 개략적인 것이며 소소하거나 일시적이었던 왕조는 제외하였음.

● 주周나라의 변천

구분			시기	참고 사항
은나라의 멸망				주왕紂王의 폭정
주	서주시대		B.C. 1046~	무왕武王, 은殷 정벌하고 주나라 건국 삼감三監의 난
			B.C. 841	여왕厲王 축출, 공화정共和政 개시(~B.C. 828) 견융犬戎의 침입으로 유왕幽王이 피살됨
	동주시대	춘추시대	B.C. 770~	도읍을 호경鎬京에서 낙읍洛邑으로 옮김
			B.C. 722	노나라, 춘추 기록 시작(~B.C. 481)
			B.C. 679	제환공齊桓公, 첫 패자霸者가 됨
			B.C. 632	진문공晉文公, 두 번째 패자가 됨
			B.C. 551	공자 태어남
			B.C. 517	노소공魯昭公, 계평자 제거에 실패하여 망명함
			B.C. 479	공자 죽음
		전국시대	B.C. 453~	진晉나라가 조趙, 한韓, 위魏로 분열됨
			B.C. 403	조趙, 한韓, 위魏, 제후국으로 공식 임명됨 제자백가의 시대
			B.C. 256	진秦나라가 주周왕실을 멸망시킴
진의 천하통일			B.C. 221	

● 공자 생존 시 주요국 세계世系

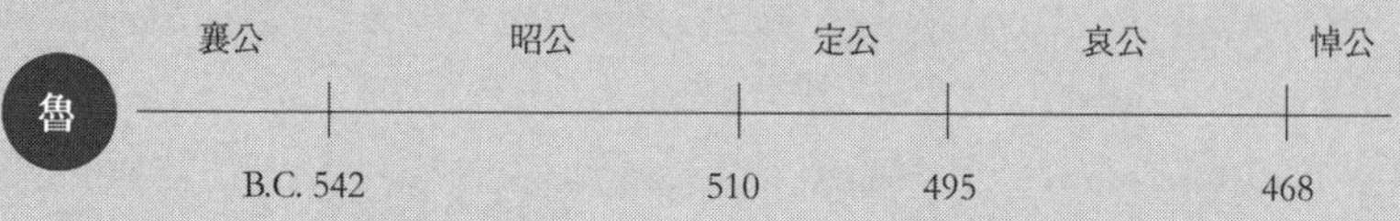

● 공자 생존 시 노나라 삼환三桓 세계世系

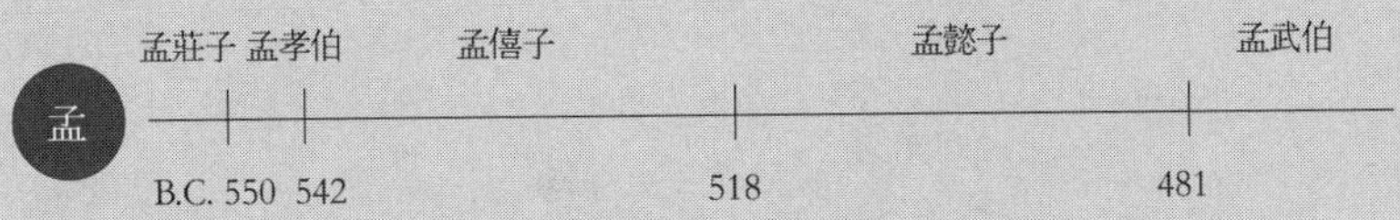

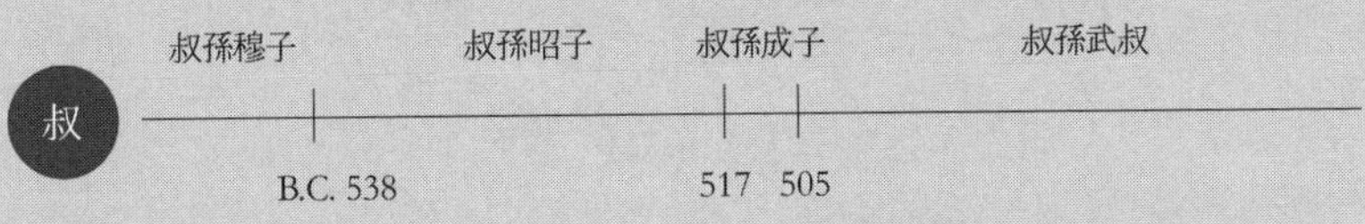

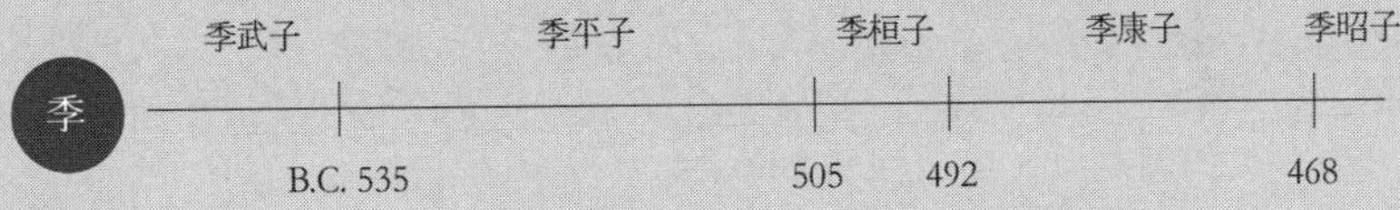

춘추시대의 중국

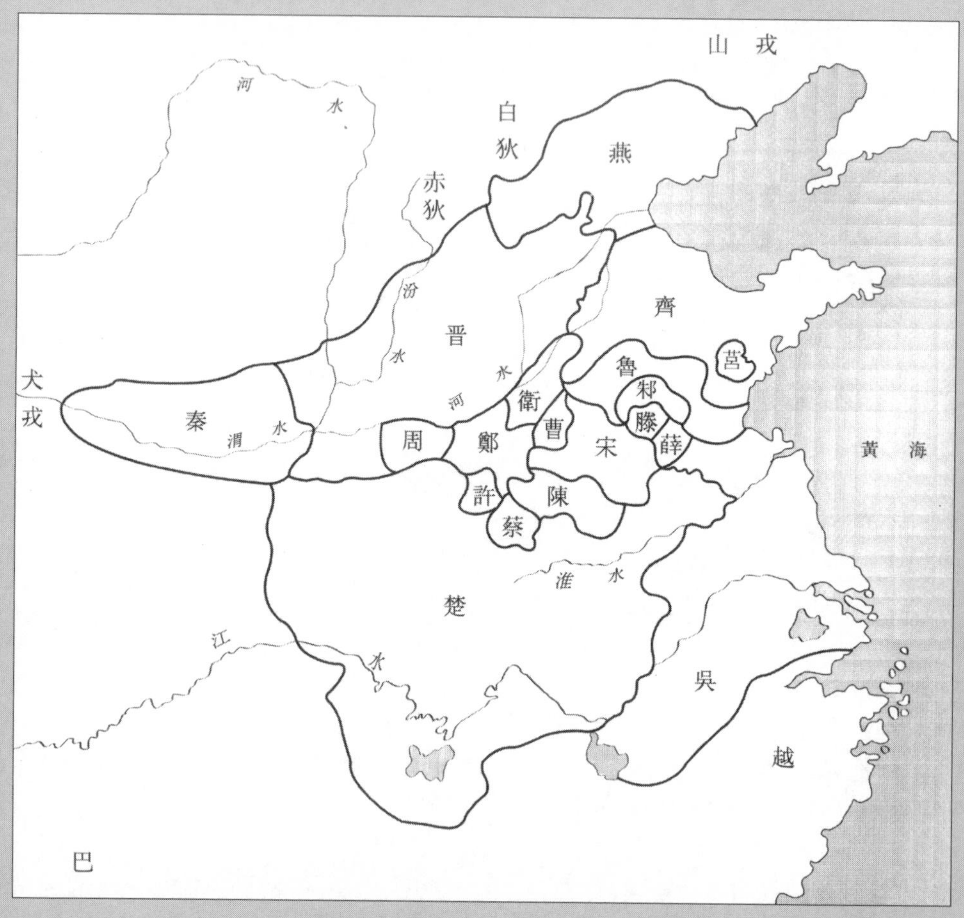

※ 춘추시대는 성읍(城邑)국가의 성격이 강하여 위 제후국별 경계선은 오늘날의 국경선과는 의미가 다른, 대체적인 세력권을 나타낼 뿐이다. 위 세력권은 대개 기원전 6세기경의 세력권으로서 패권 추구 과정에서 자주 변경되었다.

춘추시대의 중원 제후국

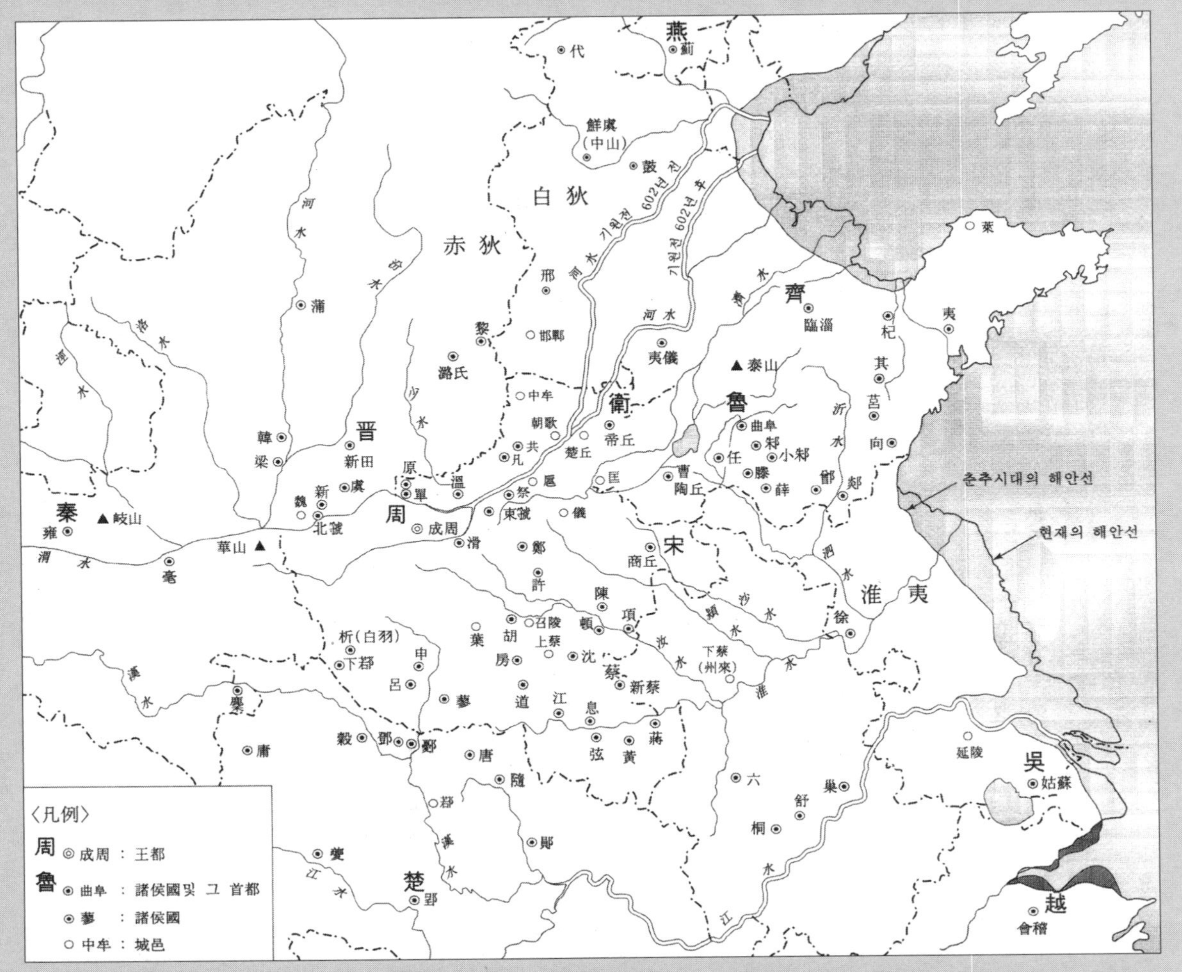
燕
代
薊
鮮虞(中山)
鼓
白狄
赤狄
河水 기원전 602년 전
기원전 602년 후
河水
齊
臨淄
萊
夷
杞
其
莒
向
泰山
魯
曲阜
邾
小邾
任
滕
薛
鄫
郯
衛
帝丘
楚丘
匡
曹
陶丘
宋
商丘
淮夷
徐
晉
新田
韓
梁
蒲
原
溫
單
虞
新
魏
北虢
周
成周
滑
秦
雍
岐山
華山
亳
渭水
洛水
汾水
沙水
邢
黎
潞氏
邯鄲
中牟
朝歌
共
凡
祭
東虢
鄭
儀
許
陳
項
頓
召陵
上蔡
沈
蔡
新蔡
下蔡(州來)
胡
房
葉
道
江
息
蔣
黃
弦
析(白羽)
下鄀
申
呂
蓼
穀
鄧
鄾
唐
隨
鄀
鄖
庸
夔
楚
郢
六
舒
巢
桐
吳
姑蘇
延陵
越
會稽
汝水
潁水
泗水
淮水
沂水
漢水
江水
춘추시대의 해안선
현재의 해안선
〈凡例〉
周 ◎ 成周 : 王都
魯 ◉ 曲阜 : 諸侯國및 그 首都
◉ 蓼 : 諸侯國
○ 中牟 : 城邑

춘추시대의 노나라 인근

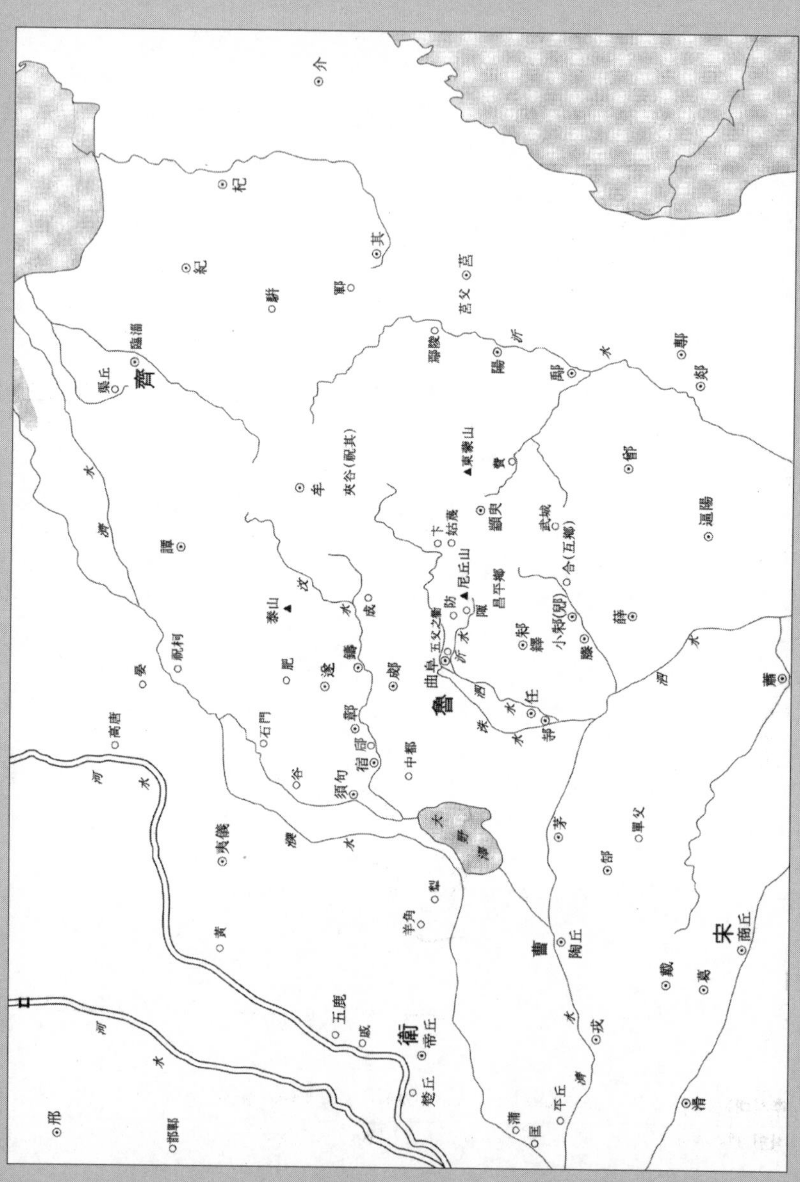

● 인명 색인

• 간공簡公 14/22
• 강자康子→계강자季康子
• 거백옥蘧伯玉 14/26, 15/7
• 걸익桀溺 18/6
• 결缺 18/9
• 계季→계씨季氏
• 계강자季康子 2/20, 6/8, 10/16, 11/7, 12/18 · 19 · 20, 14/20
• 계로季路→자로子路
• 계문자季文子 5/20
• 계손季孫→계씨季氏
• 계수季隨 18/11
• 계씨季氏 3/1 · 6, 6/9, 11/18, 13/2, 14/38, 16/1, 18/3
• 계왜季騧 18/11
• 계자연季子然 11/25
• 계환자季桓子 18/4
• 고요皐陶 12/23
• 고종高宗 14/43
• 공구孔丘:孔子 18/6
• 공명가公明賈 14/14
• 공문자孔文子 5/15, 14/20
• 공백료公伯寮 14/38
• 공산불요公山弗擾 17/5
• 공산씨公山氏→공산불요公山弗擾
• 공서화公西華 5/8, 6/4, 7/36, 11/23 · 27
• 공손조公孫朝 19/22
• 공숙문자公叔文子 14/14 · 19
• 공씨孔氏:孔子 14/41 · 42
• 공야장公冶長 5/1
• 공자孔子 2/19 · 21, 3/1 · 19, 5/25 · 28, 6/3, 7/20 · 25 · 33 · 37, 8/21, 9/2, 10/1 · 16, 11/6 · 7 · 16, 12/12 · 18~20, 13/15 · 18, 14/6 · 20 · 22 · 26 · 34 · 41 · 42 15/1, 16/1~11, 17/1 · 6 · 20, 18/1 · 3~6, 20/2 · 3
• 공자규公子糾 14/17 · 18
• 공자형公子荊 13/8
• 공작公綽→맹공작孟公綽
• 관씨管氏→관중管仲
• 관중管仲 3/22, 14/10 · 17 · 18
• 구求→염유冉有
• 구丘→공자孔子 5/25 · 28, 7/25 · 35 · 37, 10/16/, 11/16, 14/34, 16/1, 18/6
• 궐당동자闕黨童子 14/47
• 극자성棘子成 12/8
• 기자箕子 18/1
• 남궁괄南宮适 14/6
• 남용南容 5/2, 11/6
• 남자南子 6/28
• 노牢 9/6
• 노공魯公 18/10
• 노팽老彭 7/1
• 담대멸망澹臺滅明 6/14
• 맹孟→맹씨孟氏
• 맹경자孟敬子 8/5
• 맹공작孟公綽 14/12 · 13
• 맹무백孟武伯 2/6, 5/8
• 맹손孟孫→맹씨孟氏
• 맹씨孟氏 2/5, 18/3, 19/19
• 맹의자孟懿子 2/5
• 맹장자孟莊子 19/18
• 맹지반孟之反 6/15
• 무마기巫馬期 7/33
• 문文→문왕文王

- 문왕文王 9/5 · 22
- 문자文子→공숙문자公叔文子
- 미생고微生高 5/24
- 미생무微生畝 14/34
- 미자微子 18/1
- 민자閔子→민자건閔子騫
- 민자건閔子騫 6/9, 11/3 · 5 · 13 · 15
- 백괄伯适 18/11
- 백달伯達 18/11
- 백씨伯氏 14/10
- 백어伯魚 16/13, 17/10
- 백우伯牛→염백우冉伯牛
- 백이伯夷 5/23, 7/16, 16/12, 18/8
- 번수樊須→번지樊遲
- 번지樊遲 2/5, 6/22, 12/22 · 23, 13/4
- 변장자卞莊子 14/13
- 비간比干 18/1
- 비심裨諶 14/9
- 사賜→자공子貢
- 사師→자장子張
- 사마우司馬牛 12/3～5
- 사어史魚 15/7
- 삼參→증자曾子
- 상商→자하子夏
- 선僎 14/19
- 섭공葉公 7/20, 13/16 · 18
- 소공昭公 7/33
- 소련少連 18/8
- 소홀召忽 14/17
- 송조宋朝 6/16
- 손숙무숙叔孫武叔 19/23 · 24
- 숙야叔夜 18/11
- 숙제叔齊 5/23, 7/16, 16/12, 18/8
- 숙하叔夏 18/11
- 순舜 6/30, 8/19 · 21, 12/23, 14/45, 15/5, 20/1
- 시柴→자고子羔
- 신정申棖 5/11
- 안로顔路 11/8
- 안연顔淵 2/9, 5/9 · 26, 6/3 · 7 · 11, 7/11, 9/10 · 19 · 20, 11/3 · 4 · 7～11 · 20 · 24, 12/1, 15/10
- 안평중晏平仲 5/17
- 안회顔回→안연
- 애공哀公 2/19, 3/21, 6/3, 12/9, 14/22
- 양陽 18/9
- 양부陽膚 19/19
- 양화陽貨 17/1
- 언偃→자유子游
- 언유言游→자유子游
- 여予→재아宰予
- 염구冉求→염유冉有
- 염백우冉伯牛 6/10, 11/3
- 염유冉有 3/6, 5/8, 6/4 · 8 · 12, 7/16, 11/3 · 13 · 18 · 23 · 25 · 27, 13/9 · 14, 16/1
- 염자冉子→염유冉有
- 영무자甯武子 5/21
- 예羿 14/6
- 오奡 14/6
- 오맹자吳孟子 7/33
- 옹雍→중궁仲弓
- 왕손가王孫賈 3/13, 14/20
- 요繚 18/9
- 요堯 6/30, 8/20, 14/45, 20/1
- 우禹 8/19 · 22, 14/6, 20/1
- 우중虞仲 18/8
- 원사原思 6/5
- 원양原壤 14/46
- 위령공衛靈公 14/20, 15/1
- 유由→자로子路
- 유비孺悲 17/20
- 유약有若→유자有子 12/9
- 유자有子 1/1 · 12 · 13, 12/9

- 유하혜柳下惠 15/14, 18/2 · 8
- 의봉인儀封人 3/24
- 이鯉→백어伯魚
- 이윤伊尹 12/23
- 이방林放 3/4 · 6
- 자고子羔 11/19 · 26
- 자공子貢 1/10 · 15, 2/13, 3/17, 5/4 · 9 · 12 · 13 · 15 · 30, 6/8, 7/16, 9/6 · 12, 11/3 · 13 · 17 · 20, 12/7 · 8 · 24, 13/20 · 24, 14/18 · 30 · 31 · 37, 15/3 · 10 · 24, 17/19 · 24, 19/20~25
- 자금子禽→진자금陳子禽 1/10
- 자로子路 2/17, 5/7 · 8 · 14 · 26, 6/8 · 28, 7/12 · 20 · 37, 9/11 · 26 · 27, 10/28, 11/3 · 12 · 13 · 14 · 16 · 19 · 23 · 25 · 26 · 27, 12/13, 13/1 · 3 · 28, 14/13 · 17 · 23 · 38 · 41 · 45, 15/2 · 4, 16/1, 17/5 · 7 · 8 · 23, 18/6 · 7
- 자문子文 5/19
- 자복경백子服景伯 14/38
- 자산子産 5/16, 14/9 · 10
- 자상백자子桑伯子 6/2
- 자서子西 14/10
- 자우子羽 14/9
- 자유子游 2/7, 4/26, 6/14, 11/3, 17/4, 19/12 · 14 · 15
- 자장子張 2/18 · 23, 5/19, 11/17 · 19 · 21, 12/6 · 10 · 15 · 21, 14/43, 15/6 · 42, 17/6, 19/1~3 · 15 · 16, 20/2
- 자천子賤 5/3
- 자하子夏 1/7, 2/8, 3/8, 6/13, 11/3 · 17, 12/5 · 23, 13/17, 19/3~13
- 자화子華→공서화公西華 6/4
- 장張→자장子張
- 장무중臧武仲 14/13 · 15
- 장문중臧文仲 5/18, 15/14
- 장저長沮 18/6
- 재아宰我 3/21, 5/10, 6/26, 11/3, 17/21
- 재여宰予→재아宰我
- 적赤→공서화公西華
- 점點→증석曾晳
- 정棖→신정申棖
- 정공定公 3/19, 13/15
- 제경공齊景公 12/12, 16/12, 18/3
- 제환공齊桓公 14/16
- 좌구명左丘明 5/25
- 주紂 19/20
- 주공周公 7/5, 8/12, 11/18, 18/10
- 중궁仲弓 5/5, 6/1 · 2 · 6, 6/6, 11/3, 12/2, 13/2
- 중니仲尼:공자孔子 19/22~25
- 중돌仲突 18/11
- 중숙어仲叔圉→공문자孔文子
- 중유仲由→자로子路
- 중홀仲忽 18/11
- 증석曾晳 11/27
- 증자曾子 1/4 · 9, 4/15, 8/4~8, 11/19, 12/25, 14/28, 19/16~19
- 지摯 8/15, 18/9
- 진문자陳文子 5/19
- 진성자陳成子 14/22
- 진자금陳子禽 1/10, 16/13, 19/25
- 진항陳恒→진성자陳成子
- 진항陳亢→진자금陳子禽
- 초광접여楚狂接輿 18/5
- 최자崔子 5/19
- 축타祝鮀 6/16, 14/20
- 칠조개漆彫開 5/6
- 태백泰伯 8/1
- 필힐佛肸 17/7
- 하우씨夏后氏 3/21
- 헌憲→원사原思 14/1

• 환공桓公 14/16 · 17
• 환퇴桓魋 7/24
• 회回→안연顔淵

※ 공자를 의미하는 子는 생략함. 다만 孔子 또는 仲尼, 丘 등으로 표현된 경우는 편장을 밝힘.